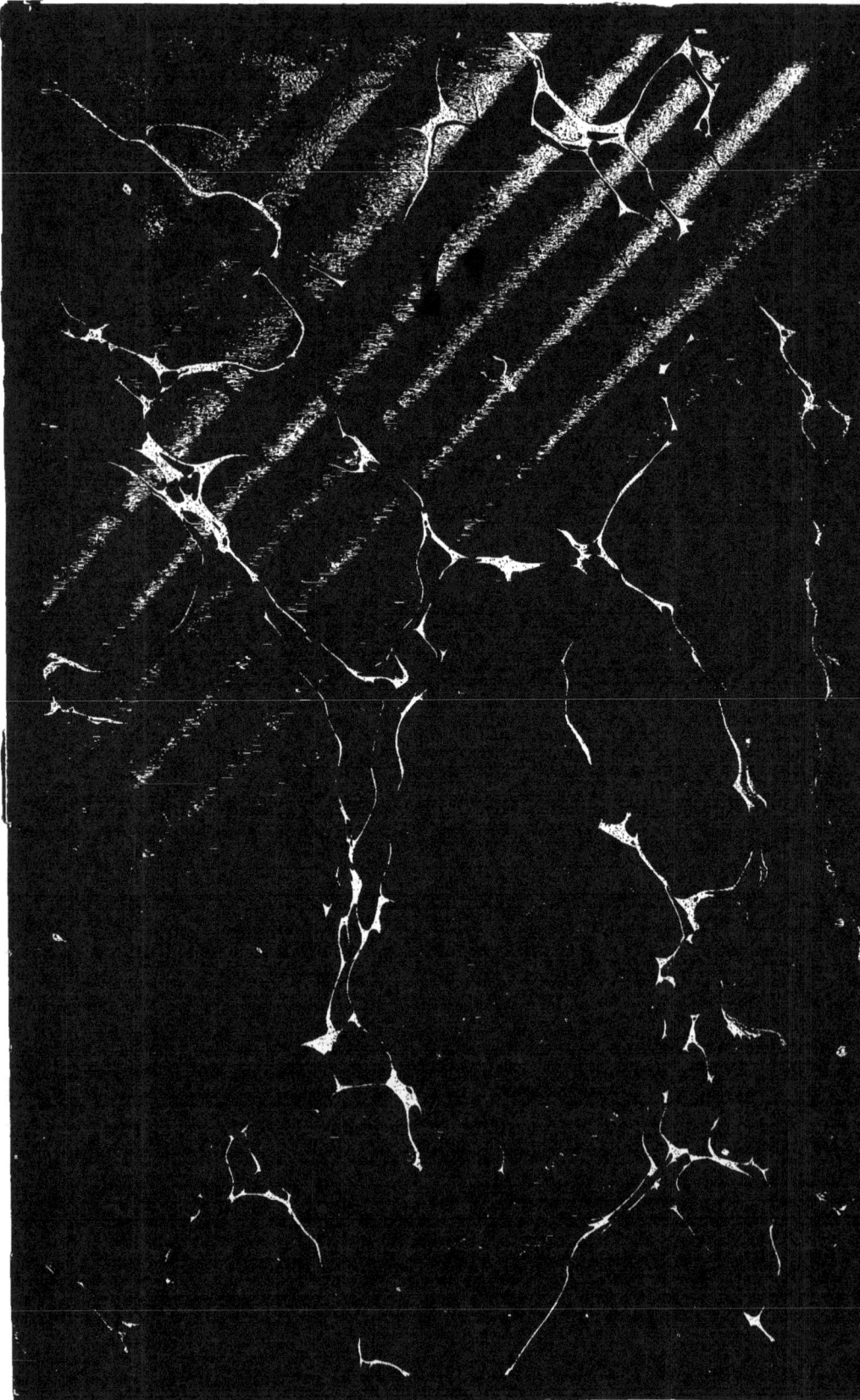

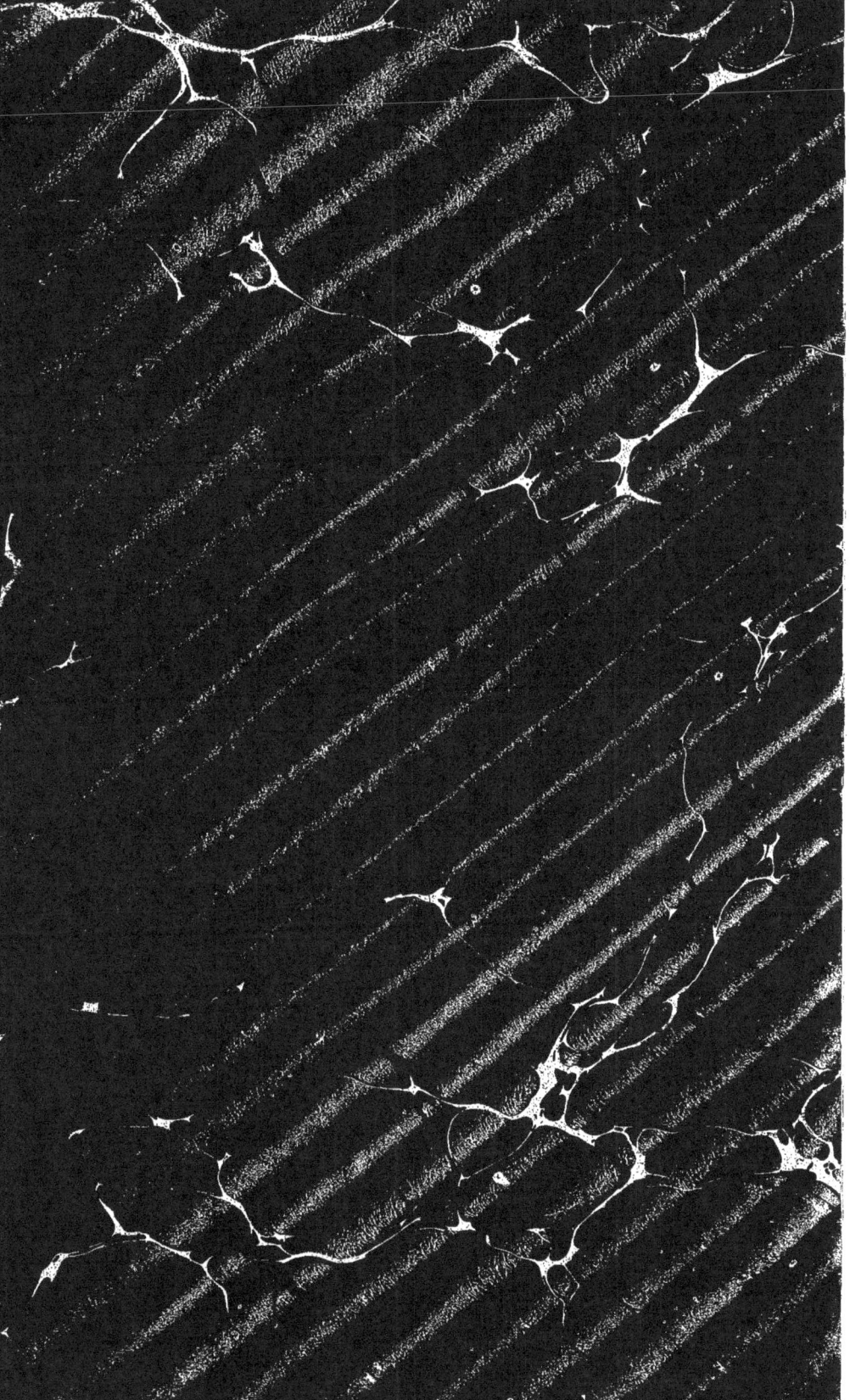

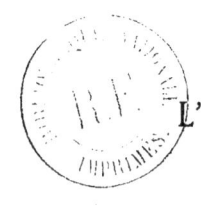L'ARCHÉOLOGIE

PRÉHISTORIQUE

TOUS DROITS RÉSERVÉS

PARIS. — Impr. J. CLAYE. — A. QUANTIN et Cie, rue St-Benoît

L'ARCHÉOLOGIE
PRÉHISTORIQUE

PAR

LE BARON J. DE BAYE

OFFICIER D'ACADÉMIE
COMMANDEUR DE L'ORDRE ROYAL DE CHARLES III
CHEVALIER DE LA COURONNE D'ITALIE

Correspondant de l'Institut royal de Portugal
Correspondant du Ministère de l'Instruction publique, de la Société des Antiquaires de France
Membre de la Société française d'Archéologie, de la Société d'Anthropologie de Paris, de l'Académie de Reims
de la Société académique de l'Aube, des Sociétés d'Agriculture, Sciences et Arts
de la Marne et de Vitry-le-François.

ÉPOQUE TERTIAIRE — ÉPOQUE QUATERNAIRE
LA TRANSITION ENTRE LES DEUX ÉPOQUES DE LA PIERRE
ÉPOQUE NÉOLITHIQUE — GROTTES ARTIFICIELLES DE LA MARNE
LES GROTTES A SCULPTURES
LES SÉPULTURES — APERÇUS ANTHROPOLOGIQUES
LA TRÉPANATION PRÉHISTORIQUE
FLECHES A TRANCHANT TRANSVERSAL, ETC.

Ouvrage publié sous les auspices de la Société française d'Archéologie
Illustré de nombreuses gravures et de plusieurs planches hors texte

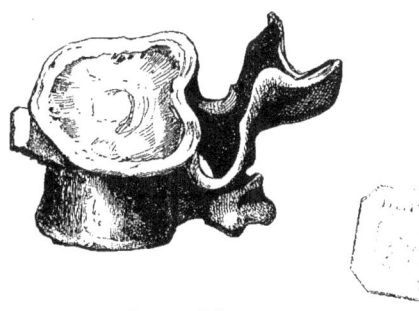

PARIS
ERNEST LEROUX, ÉDITEUR
LIBRAIRE DE LA SOCIÉTÉ ASIATIQUE, DE L'ÉCOLE DES LANGUES ORIENTALES
VIVANTES, DE LA SOCIÉTÉ DE L'ORIENT LATIN, ETC.

28, RUE BONAPARTE, 28

1880

©

PRÉFACE

La découverte des stations de l'âge de la pierre polie en Champagne a eu un retentissement qui nous imposait des obligations vis-à-vis de la science. L'importance de la région préhistorique ne permettait pas de laisser dans l'obscurité des faits qui apportaient des enseignements si nouveaux et inédits. Nous n'avons rien négligé pour appeler l'attention des archéologues sur les observations que nous avons faites en pratiquant des fouilles qui se prolongèrent pendant plusieurs années. Les premiers résultats ont été communiqués partiellement, selon les circonstances, dans les Congrès spéciaux et aux sociétés savantes qui s'occupent particulièrement des études préhistoriques.

Diverses questions ont été traitées sur les premières données; elles furent même l'objet d'assez vives discussions. Pendant que les diverses opinions se produisaient, les découvertes se multipliaient et donnaient souvent avec une incontestable autorité des solutions vainement recherchées naguère. Dans cette situation, il n'était pas possible de publier un travail général sur les stations néolithiques de la vallée du Petit-Morin, puisque les documents s'accumulaient sans cesse, et que les jugements les plus opposés étaient continuellement portés avec une abondance qui créait la confusion. Le temps seul pouvait produire les conditions favorables à une publication importante. Lorsque toutes les grottes furent bien connues, plusieurs points importants examinés avec le soin nécessaire ne laissant plus de prise à une opposition éclairée, il parut alors opportun de publier un travail d'ensemble sur les stations qui avaient été successivement explorées. Ce travail nous fut instamment demandé. Pour répondre aux devoirs qui résultaient de l'attention provoquée par les découvertes, il fallait faire connaître tous les détails intéressants qui avaient été successivement constatés. Une monographie paraissait à la première vue devoir répondre suffisamment aux besoins de la situation. Mais, en suivant cette voie, l'étude de nos monuments préhistoriques ne constituait plus qu'un simple document, mis à la disposition des savants. Les désirs exprimés dans l'opinion demandaient beaucoup plus. Il fallait répondre aux vœux d'un nombre considérable de personnes qui voulaient s'initier à la connaissance de ces temps si reculés, qui avaient puissamment provoqué la curiosité. Nous avons pensé qu'il était avantageux d'adopter un plan qui répondît à la curiosité du grand nombre, sans préjudicier aux intérêts des classes savantes, qui recherchent principalement les nouvelles perspectives favorables au développement des études. La forme que nous avons adoptée nous paraît répondre au but qu'il fallait atteindre. Les savants trouveront tous les renseignements qu'ils peuvent souhaiter, et ceux qui ont le désir de s'éclairer auront à leur disposition un ouvrage vulgarisateur qui les guidera utilement.

PRÉFACE.

Si nous avions publié notre étude sur les stations de la pierre polie isolément, le plus grand nombre de nos lecteurs se trouvant en présence d'une période détachée, cette question se serait alors inévitablement présentée à leur esprit : Pourquoi désigne-t-on cette époque sous le nom de pierre polie? Il existe donc un autre âge de la pierre? Nous avons jugé utile de renseigner nos lecteurs de manière à ce qu'ils puissent comprendre la dénomination de la pierre polie et le rang qu'elle occupe dans l'ordre archéologique.

Il serait téméraire de préjuger aujourd'hui ce qu'il adviendra du problème de l'homme à l'époque tertiaire. La question est toujours pendante. Peut-être fera-t-elle quelques pas au Congrès de Lisbonne, puisque de nouveaux documents seront alors mis à l'étude et la question agitée de nouveau. Quoi qu'il en soit, nous avons dû traiter de l'époque tertiaire afin de préciser l'état de la question sur cette période. Les études qui s'y rapportent sont presque toutes disséminées dans des recueils périodiques ou dans des ouvrages en très petit nombre. L'exposé que nous en avons fait peut parfaitement suffire pour se former une idée de la question de l'existence de l'homme à l'époque tertiaire, telle qu'elle se présente aujourd'hui.

L'époque quaternaire, beaucoup plus abondante en produits, représentée dans des proportions incomparables, devait nécessairement avoir sa mention. C'est surtout à son outillage que l'époque de la pierre a emprunté son nom. La civilisation qu'elle rappelle a des rapports avec les temps de la pierre polie. Les instruments de l'époque quaternaire, beaucoup plus nombreux qu'on ne le suppose vulgairement, offrent des types pleins de ressemblance avec les instruments de la pierre polie. Il est donc vrai de dire qu'il y avait une incontestable utilité à donner la notion et les traits principaux des époques qui ont précédé les temps néolithiques. Le lecteur ainsi initié saura déterminer le rang qui est occupé par la pierre polie. Il verra que cet âge est un développement perfectionné de la première industrie de la pierre. Les exposés que nous avons faits des époques tertiaire et quaternaire seront donc des guides qui dirigeront le plus grand nombre vers la connaissance de l'époque de la pierre polie. Les savants, de leur côté, trouveront comme dans une mine ouverte les documents nombreux que nous avons consignés sur la période néolithique.

Les grottes ont été l'objet d'une étude aussi détaillée que possible. Cette partie se signale particulièrement à l'attention des archéologues. De nombreuses questions naissent de l'existence même de ces grottes. Le troglodytisme, avec ses mœurs appropriées, n'est plus douteux pour quiconque en connaît les détails. Ce qui est relatif à cette question a été mentionné avec soin, et tout a été scrupuleusement contrôlé. Les paléontologistes trouveront donc ici des renseignements sérieux reposant sur des faits multipliés qui se corroborent mutuellement.

L'existence des sculptures dans les grottes fut la cause de nombreuses discussions; les polémiques qui ont eu lieu contribuèrent à les entourer d'une plus vive lumière. Nous avons cru avantageux de ne faire aucune mention de ces discussions épuisées. Des savants d'une grande notoriété ont promptement fait justice des négations sans autorité qui s'étaient produites sous la plume d'archéologues qui n'avaient jamais pu faire la moindre étude de ces sculptures. M. le Dr Broca a tiré plusieurs déductions savantes de ces sculptures qui sont encore uniques, comme il le disait naguère. Les premières appréciations qui ont été formulées par le Dr Broca autorisaient l'espérance de le voir compléter son jugement. Sa mort sera pour la science une perte dont nous ressentons douloureusement le premier contre-coup.

PRÉFACE.

Les sépultures, qui sont depuis un certain temps la matière de travaux intéressants, présentent des aspects peu connus que nous avons signalés avec de longs développements. Cette partie sera pour les archéologues une source de nombreux renseignements.

Les pièces anatomiques que nous avons conservées avec le plus grand soin n'ont pas encore été assez étudiées pour en tirer toutes les conséquences qu'elles comportent. Nous devons citer notre collection de crânes, et les différentes pièces anatomiques qui proviennent des grottes, afin qu'elles puissent être un jour étudiées comme elles le méritent par les anthropologues.

Toutes les pièces qui se rattachent à la pratique de la trépanation préhistorique ont été préconisées avec des éclaircissements indispensables. La question de la trépanation, encore nouvelle dans le programme des études archéologiques, a déjà une importance évidente. Les documents que nous publions offriront aux savants des ressources précieuses et seront les sujets nécessaires d'un examen attentif pour quiconque voudra se former une opinion éclairée sur la trépanation.

L'emploi des flèches à tranchant transversal a fourni la matière d'un chapitre important. Nous ne connaissons sur cette matière aucun travail dont les données soient aussi abondantes. Les objections relatives à l'usage des flèches à tranchant transversal trouvent leur réponse dans les documents que nous publions. Les archéologues qui ont tenté de les affecter à des emplois différents ne semblent pas avoir connu ces faits concluants que nous avons relevés en si grand nombre.

Les instruments provenant des grottes et l'outillage en os constituent de belles séries enrichies de divers spécimens rares, uniques peut-être. Elles serviront utilement à l'étude des autres stations de la même époque.

Les parures sont l'objet d'un chapitre qui traite d'un

ensemble peu ordinaire. L'intérêt de cette matière résulte surtout de l'abondance des pièces provenant toutes de la même origine.

La céramique des stations de la vallée du Petit-Morin, représentée par des échantillons d'une quantité très-considérable, founira des moyens abondants de rectifier plusieurs erreurs relatives à la céramique préhistorique. Nous appelons particulièrement l'attention des savants sur ce sujet. Les rares publications qui ont traité cette matière, avec quelques développements, ont adopté une classification qui n'est pas toujours conforme aux démonstrations qui résultent des faits eux-mêmes.

ÉPOQUE TERTIAIRE

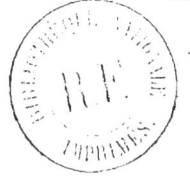

SILEX

REGARDÉS COMME INDICES DU TRAVAIL HUMAIN

a paléontologie humaine, dont les rapides développements embrassent aujourd'hui de si vastes horizons, semble, par de récentes découvertes, devoir encore reculer les limites de son spacieux domaine. Les silex observés dans les couches tertiaires de Thenay ouvrent de nouvelles perspectives.

M. l'abbé Bourgeois, si connu dans la science par son infatigable persévérance, a découvert et signalé au monde savant, des silex dont la forme se rapproche de plusieurs instruments de l'âge de la pierre. Ces indices du travail humain ont été recueillis par lui dans la couche miocène de Thenay (Loir-et-Cher).

L'intérêt de cette étonnante découverte, destinée à exercer une puissante influence, s'est rapidement décuplé par l'émotion qu'elle a causée parmi les savants. Les opinions des géologues et des archéologues se sont énergiquement partagées à son occasion. Les uns ont admis les faits préconisés par M. l'abbé Bourgeois avec enthousiasme. Les autres les ont récusés avec une insurmontable opiniâtreté. Depuis huit ans environ, les démonstrations, les discussions, se sont succédé avec une animation qui donne la mesure de la gravité du sujet.

Malgré le rang élevé où cette question a été placée et l'intérêt croissant qu'elle inspire, l'observateur calme, sans idées préconçues, qui cherche avant tout la vérité, ne saisit pas encore d'une manière précise le progrès qu'elle a pu faire dans le sens d'une solution définitive généralement admise. L'état de stagnation dans lequel demeure un problème d'une importance hautement proclamée, s'explique par la haute portée des conséquences qui découleraient nécessairement de l'admission des traces de l'industrie humaine dans les couches miocènes.

Les faits se présentaient et s'imposaient aux investigations de la science; au lieu de les étudier avec tout le soin qu'ils méritaient, des paléontologistes ont envisagé avec une sorte d'épouvante la révolution qui naîtrait de leur introduction dans le domaine de la paléontologie. Les pièces découvertes furent donc négligées et perdirent ainsi leur part légitime de l'attention, qui était détournée vers les résultats prévus du jugement à intervenir en leur faveur.

Quel que soit le sort réservé dans la science à ces découvertes d'une importance évidente, il n'est pas permis de les tenir dans l'ombre. Elles offrent un sujet d'examen et de recherches qui s'impose forcément. En effet, la publicité savante s'en est fréquemment inspirée avec de visibles préoccupations émanant des tendances les plus opposées. Ce retentissement considérable dont elles ont été l'objet leur a conquis le droit de cité dans l'histoire de la paléontologie.

Cette intéressante question des silex tertiaires, si diversement débattue, se place donc naturellement en première ligne dans notre essai d'archéologie préhistorique. Nous espérons ainsi contribuer à vulgariser sa notion. De nouveaux combattants prendront part à la lutte, et surtout des juges exempts de préjugés et suffisamment éclairés par les débats de ces derniers temps, surgiront pour porter avec impartialité un arrêt impatiemment attendu. L'honneur de prendre part à cette mêlée scientifique n'est pas sans péril, mais le danger ne doit jamais faire déserter l'arène où les intérêts de la vérité sont en jeu.

Pour inaugurer dans ces pages la découverte désormais célèbre des silex tertiaires de Thenay, nous laisserons parler lui-même M. l'abbé Bourgeois. Tout le monde sait combien il porte noblement le drapeau de l'honneur scientifique : « J'ai trouvé, dit-il, au village de Thenay, près Pontlevoy, à la base du calcaire de Beauce, et près des limites de l'ancien lac, une grande quantité de silex taillés par la main de l'homme. J'y ai rencontré les types ordinaires, c'est-à-dire des instruments pour couper, pour percer, pour racler, pour frapper. Plusieurs ont évidemment subi l'action du feu, quelques-uns présentent des traces de percussion ou d'usure, comme ceux qu'on recueille à la surface du sol[1]. »

Cet exposé si clair et si simple tout à la fois se borne, on le voit, à révéler un fait constaté. Il était difficile de porter à la connaissance d'une réunion de savants, une découverte d'un ordre si élevé, avec des accents plus convaincus et dans un langage plus modeste en même temps.

Précédemment, au Congrès International d'anthropologie et d'archéologie préhistoriques de Paris, M. l'abbé Bourgeois avait ainsi introduit la question : « J'ai signalé, le 7 janvier 1867 (comptes rendus de l'Académie des sciences), l'existence de silex taillés dans le dépôt à Elephas meridionalis de Saint-Prest, là même où M. Desnoyers avait déjà recueilli des ossements qui lui paraissaient avoir été incisés par l'homme. Depuis, j'ai dû naturellement porter mes investigations sur des terrains de date plus ancienne, et c'est le résultat de ces recherches que je me propose de vous communiquer aujourd'hui[2]. »

---

1. M. l'abbé Bourgeois, *Mémoire sur l'Archéologie préhistorique*, p. 4.
2. *L'homme tertiaire*, par M. l'abbé Bourgeois, p. 1.

Alors M. l'abbé Bourgeois décrit avec soin l'état des terrains au point de vue de la stratigraphie, et indique quatre couches différentes où il a reconnu des gisements de silex taillés; puis il ajoute : « J'ai comparé minutieusement ces instruments tertiaires avec ceux que j'ai recueillis en si grand nombre à la surface du sol dans la même contrée, et je n'ai pas tardé à remarquer la complète identité des types fondamentaux... Mais, de même qu'à Saint-Prest, je n'ai pas rencontré la forme classique de Saint-Acheul. »

« Quoique l'aspect général de ces instruments dénote un travail grossier, néanmoins on y observe des retouches fines et faites avec habileté. Pour apprécier le talent des ouvriers primitifs qui les ont fabriqués, nous devons tenir compte de la nature des silex qu'ils avaient à leur disposition. C'étaient des nodules caverneux et à cassure esquilleuse, empruntés aux couches supérieures du terrain crétacé. Les silex à pâte fine et homogène de la craie turonienne à inocérames, qui furent si artistement travaillés pendant l'époque de la pierre polie, et qui sont encore employés aujourd'hui pour la fabrication de la pierre à fusil, n'existaient pas alors dans le pays. C'est pendant la période quaternaire qu'ils ont été amenés sur nos plateaux par les eaux du Cher. »

« Beaucoup de ces instruments ont été déformés par l'action du feu, et conséquemment il faut admettre que l'homme était en possession de cet élément. Je ne puis expliquer par la foudre un phénomène qui se présente avec les mêmes caractères et les mêmes circonstances dans plusieurs localités séparées par une distance de 30 à 40 kilomètres. On dirait que des habitations lacustres, semblables à celles de la Suisse, ont été détruites par un incendie. Ces silex, qui ne sont plus dans leur position originelle puisqu'ils proviennent de la craie, ont été transportés là par une cause quelconque. Pour un grand nombre, on peut invoquer l'action de l'eau, car on y remarque des traces d'érosion ; mais il en est aussi dont les arêtes sont vives et qui, par conséquent, n'ont pas été roulés. Quelquefois les arêtes sont vives à la partie de l'instrument qui devait recevoir le manche, et la partie destinée à frapper ou à percer a été polie par l'usage. Enfin je trouve là presque tous les signes auxquels on reconnaît l'action de l'homme, savoir : les retouches, les entailles symétriques, les entailles artificielles produites pour correspondre à une entaille naturelle, les traces d'usure et surtout la reproduction multipliée de plusieurs formes. »

« La présence des silex taillés à la base du calcaire de Beauce est un fait étrange, inouï, de haute gravité, mais un fait indubitable pour moi[1]. »

Parmi les objets qui ont encore attiré son attention comme indices de l'existence de l'homme, M. l'abbé Bourgeois mentionne un galet, composé d'une pâte artificielle mélangée de charbon, trouvé associé à des ossements de mastodonte et de dinothérium dans une couche exempte de remaniement.

D'autres observations, qui ont été faites dans les mêmes terrains miocènes, établissent que les silex tertiaires de Thenay sont mêlés dans les strates à des coquilles perforantes. Cette association est caractéristique ; car elle indique un ancien rivage où le gisement de silex s'explique fort naturellement. Il est facile de reconnaître aussi une frappante infériorité dans le travail des silex relativement à celui des dépôts quaternaires de la même région. Enfin, M. l'abbé Bourgeois termine ainsi : « Quand ces faits auront été constatés par d'autres plus autorisés que moi, quelles conclusions devrons-nous en tirer relativement à l'ancienneté de l'homme ? Au point de vue purement scientifique, la question me paraît impliquer de nombreux mystères, et je crois que nous ne devons rien affirmer sans la plus grande réserve. En effet, je crois pouvoir dire que nous ne possédons pas encore de chronomètres certains. »

Cette communication si calme fut, pour ainsi dire, le signal d'une profonde agitation parmi les géologues et les archéologues.

Les silex considérés comme ouvrés avaient-ils été certainement taillés de la main de l'homme ? Des spécialistes

---

1. *L'homme tertiaire*, par M. l'abbé Bourgeois, p. 5.

célèbres, d'une incontestable compétence, refusaient d'y reconnaître un travail intentionnel. D'autres paléontologistes d'une aussi notoire célébrité accueillirent avec une faveur marquée l'émouvante découverte, et n'hésitèrent pas à déclarer les traces d'un travail humain d'une frappante évidence, et conclurent incontinent à l'existence de l'homme tertiaire. La science officielle, dont la prudence se garde avec soin des nouveautés, s'est particulièrement tenue dans une réserve qui ressemble à une répudiation des silex de Thenay comme œuvre humaine.

Cette opposition, M. le docteur Hamy pense devoir l'attribuer à la facilité avec laquelle M. l'abbé Bourgeois et d'autres ont admis comme travaillés, des silex où l'action de l'homme paraissait douteuse [1]. Cette grande facilité, signalée par M. Hamy, pourrait s'appeler une plus grande expérience. L'habitude de manipuler, d'étudier, de comparer des silex ouvrés, fait apercevoir des gradations dans le travail, et prédispose, par des comparaisons multipliées, à découvrir des traces qui échappent aux curieux qui examinent isolément pour la première fois quelques silex imparfaitement ébauchés.

M. G. de Mortillet, selon l'appréciation de M. le docteur Hamy, en choisissant des exemplaires d'une forme plus fortement caractérisée, et en les comparant avec les instruments semblables de l'époque quaternaire, a plus utilement préparé une solution avantageuse et dissipé les doutes. La question est néanmoins restée pendante, et M. l'abbé Bourgeois a voulu la poser de nouveau devant le congrès de Bruxelles. Sur la demande qu'il en fit, une commission spéciale fut nommée pour examiner les silex tertiaires et prononcer une sentence scientifique à leur endroit. La commission était composée de quinze membres. Parmi eux, six déclarèrent expressément, sous diverses formules, que les séries soumises à leur examen ne portaient pas de traces de la main de l'homme.

Six autres ont reconnu et accepté dans la série, les

---

1. Docteur Hamy, *Précis de Paléontologie humaine*, p. 48.

poinçons, les racloirs et quelques couteaux. M. Franks a déclaré n'admettre qu'un seul spécimen, le grattoir trouvé dans la coupe du gisement. Un autre membre a déclaré qu'il se trouvait dans l'impossibilité de se prononcer. Enfin, M. le marquis de Vibraye a reconnu le travail humain sur quelques exemplaires, et l'a admis sous certaines réserves.

Le travail de la commission n'a pas eu le résultat que l'on pouvait en espérer, l'autorité de la science n'apparaissant pas avec netteté. La question paraît être restée dans le *statu quo*. Admis après un sérieux examen par MM. Worsaae, de Vibraye, de Mortillet, Valdemar Schmidt, Roujou; répudiés par MM. Nilsson, Hébert, etc..., les silex tertiaires de Thenay sont à peu près universellement repoussés par les sociétés savantes. Le concert des opinions particulières n'est pas moins varié. Dans sa réfutation du transformisme, M. Rimbaud, en parlant de ces silex, s'exprime ainsi : *Des silex portant l'apparence d'un travail humain, des silex présumés travaillés et qui représentent des instruments propres à frapper, à percer, ou à trancher* [1]. Ensuite, malgré le secours qu'il entrevoit dans l'existence de l'homme tertiaire pour établir sa démonstration, il se borne à ces conclusions : *On croit avoir trouvé de nombreux indices d'un travail intelligent, on croit avoir aperçu des traces du passage de l'homme. S'il venait à être constaté que l'homme tertiaire a existé* [2].

M. Fabre d'Envieu, après avoir dit : « Il résulterait de ces faits que des hommes ont vécu dans une très-haute antiquité, ajoute : « Toutefois, on a des doutes à cet égard : ces traces ont peut-être été faites accidentellement. Certaines variétés de silex se divisent naturellement en éclats par tranches et par lames, et donnent ainsi lieu à des produits qui imitent des instruments primitifs. Parmi les silex qui paraissent déceler la main de l'homme, il y a beaucoup de *ludi* [3]. » M. de Valroger, de son côté, a pu tirer la conclusion suivante :

---

[1]. Rimbaud, *Réfutation du Transformisme*, p. 31.
[2]. *Loco citato*.
[3]. Fabre d'Envieu, *Les origines de la terre et de l'homme*, p. 457.

ÉPOQUE TERTIAIRE.

Les silex taillés à l'âge tertiaire peuvent donc être tenus pour intentionnellement taillés. M. Pozzi, dans un ouvrage d'un mérite éminent : *La terre et le récit biblique de la création*, a dû se préoccuper de la découverte des silex tertiaires ; il s'en inspire en effet dans son argumentation et s'exprime ainsi : « Nous devrions, grâce aux silex taillés de M. Bourgeois, aller encore plus loin, et faire remonter l'homme jusqu'aux calcaires de Beauce, ou miocène inférieur. Mais M. Hébert, professeur de géologie à la Faculté de Paris, qui a examiné ces pièces attentivement et en présence de MM. Bourgeois et de Vibraye, a déclaré, de la manière la plus formelle, que ces silex ne présentent rien qui soit de nature à exiger l'intervention de la main de l'homme. Nous avons recueilli une déclaration toute semblable de la bouche de M. Gruner, inspecteur des études à l'École des mines de Paris, où quelques-uns de ces silex ont été apportés et examinés [1]. »

Les silex tertiaires ont été discutés par les apologistes chrétiens avec des accents très-variés. Le plus solennel écho a retenti sous les voûtes de Notre-Dame de Paris. Le R. P. Monsabré s'est nettement prononcé en parlant des couches miocènes explorées par M. l'abbé Bourgeois. Il expose ainsi ses impressions concernant les couches du tertiaire moyen qu'il a examinées : « Là gisent des silex dont il est impossible de méconnaître la destination et qui, par leurs retouches, leurs entailles symétriques et artificielles produites pour correspondre à une entaille naturelle, leurs traces de percussion, attestent les intentions, le travail et l'usage d'un être qui a voulu des instruments et qui s'en est servi... J'ai vu, poursuit-il, de mes yeux et touché de mes mains le terrain et les instruments qu'on y trouve, et tout en reconnaissant l'authenticité et l'importance de cette découverte, je n'en ai pas été ému, mes convictions sur la jeunesse relative de l'homme sont restées calmes et sereines [2]. » Telle est la situation au point de vue archéologique.

---

1. Pozzi. *La terre et le récit biblique de la création*, pp. 230 et 231.
2. *Conférences de Notre-Dame de Paris*, 1875, p. 67.

Sous un autre aspect, les silex tertiaires prennent un intérêt qui n'est pas moins considérable. Effectivement, ces silex ont été trouvés, ainsi qu'il a déjà été dit à la base du calcaire de Beauce, dans une couche miocène composée de plusieurs assises, où ils ont été rencontrés en quantité variable selon les différentes strates. L'étude des silex tertiaires de Thenay se complique donc d'une question géologique d'une importance majeure. L'auteur de la découverte a exposé ce côté de la question avec une savante lucidité, et sous ce rapport le succès a été complet. Les réserves qui ont été faites s'appliquent exclusivement au gisement qui recèle les silex dont personne ne discute la provenance. Ces réserves relatives au gisement retardent néanmoins la solution, car jusqu'à ce jour les géologues n'ont pu parvenir à une entente à peu près unanime, si désirable dans une question d'une pareille gravité. Les silex de Thenay ne sauraient occuper la place qui leur appartient dans les faits scientifiques, si les couches géologiques qui les contiennent sont encore le sujet d'appréciations opposées.

Nous indiquons sommairement les différentes opinions émises par les géologues concernant les gisements de silex. M. l'abbé Bourgeois, dans ses communications, affirme, avec l'autorité qui convient à une science éprouvée, que la question du gisement a été déclarée incontestable par tous les géologues sérieux qui ont visité la localité. « Bon nombre d'hommes compétents, dit-il, vinrent de France, d'Angleterre et du Danemark, pour étudier sérieusement un fait dont ils comprenaient toute la gravité. Plusieurs s'en allèrent complétement convaincus, et trois d'entre eux, MM. de Mortillet, Valdemar Schmidt, Raulin, exprimèrent leur opinion devant la Société géologique de France. Ceux qui, tout en étant fortement ébranlés, restèrent dans le doute, considérèrent le fait comme très-important et très-digne d'attention [1]. »

M. le docteur Hamy, dans sa *Paléontologie humaine,* traite

---

[1]. Congrès international d'anthropologie et d'archéologie préhistoriques de Bruxelles.

naturellement la question, et déclare d'une manière positive que les silex découverts par M. l'abbé Bourgeois commencent à apparaître avec les marnes lacustres à la base du calcaire de Beauce, et atteignent leur maximum dans la couche d'argile jaune-verdâtre[1]. Les pierres sur lesquelles M. l'abbé Bourgeois, continue-t-il, a cru reconnaître l'action d'une main humaine, sont bien antérieures aux faunes du calcaire de Beauce et des sables de l'Orléanais. M. le docteur Hamy, comme on le voit, ne fait pas la moindre réserve; il ne soulève pas même l'ombre d'un doute.

M. Belgrand, dont le nom fait autorité, a reconnu expressément que la couche miocène contenant les silex était exempte de tout remaniement. M. de Mortillet, M. Valdemar Schmidt, ont exprimé la même opinion. D'autres géologues, loin de se prononcer aussi catégoriquement, ont fait de nombreuses réserves.

M. Evans, président de la Société géologique de Londres, dans un ouvrage publié en 1872[2], c'est-à-dire au moment où les discussions relatives aux silex tertiaires de Thenay se produisaient avec le plus de vivacité, s'est refusé d'y reconnaître un travail humain. Plus récemment, dans un discours qu'il prononça en sa qualité de président de la Société géologique à la réunion annuelle tenue dans le mois de février 1875, il a exprimé les mêmes sentiments. Nous citons ses paroles : « The abbé Bourgeois, indeed, would carry man back to Lower Miocene times, relying on implements presumed to have been found in beds of the Calcaire de Beauce, at Thenay, near Pontlevoy. He candidly acknowledges, however, that the implements offer a complete identity with those found on the surface; and I cannot but suspect some possible error of observation as to their occurrence in the beds. Did they really belong to them, we should have the remarkable fact that at that remote period, characterized by

---

1. Docteur Hamy, *Precis de Paléontologie humaine*, p. 46.
2. *The ancient stone implements weapons and ornaments of Great Britain*, by John Evans, p. 574.

mammals as distinct from those of the present day as the *Acerotherium* is from the Rhinoceros, or the *Mastodon* from the Elephant, primæval man was fashioning implements indistinguishable from those of neolithic times ; while it is not until we come to the Sables de l'Orléanais, which are superimposed upon the Calcaire de Beauce, that we find the earliest trace of an anthropomorphous ape, in the shape of the *Hylobates Antiquus*. The *Dryopithecus*, it will be remembered, belongs to the Upper Miocene.

« While speaking of possible errors of observation, I may mention that in Sweden the Sodertelje hut, which has often been cited as affording evidence of the great antiquity of the human occupation of that country, is no longer regarded as belonging to so ancient a period as was fomerly assigned to it, out is considered as being of comparatively modern date [1]. »

M. Fabre d'Envieu, professeur à la Faculté de théologie de Paris, reconnaît la pureté des strates. « Le terrain tertiaire non remanié nous livre, dit-il, des haches[2], des couteaux, des silex, des os d'éléphant fossile, portant la marque d'entailles faites à l'aide de ces instruments[3]. » Il est difficile d'être plus affirmatif, mais cependant il ne faut pas perdre de vue que précédemment, il s'est fait l'écho de doutes qui mettent en question le caractère des silex tertiaires de Thenay.

M. le marquis de Nadaillac, après avoir résumé avec un très-grand intérêt et la plus haute impartialité la question des silex tertiaires, s'exprime ainsi : « Mais en contemplant ces misérables cailloux, il reste une question que chacun doit se faire; quelle était l'utilité d'un pareil travail fort long assurément, avec les faibles moyens que les hommes tertiaires, s'ils existaient, avaient à leur disposition[4] ? »

Nous pourrions dresser de longues listes de contradicteurs, mais le nombre n'ajouterait probablement pas beaucoup de valeur à l'opinion. Souvent, en effet, la contradiction ne

---

1. John Evans. *Adress. Geologial Society of London*, 1875, p. 43.
2. C'est par erreur que les haches sont mentionnées ici.
3. Fabre d'Envieu, *Les origines de la terre et de l'homme*, p. 457.
4. Marquis de Nadaillac, *L'ancienneté de l'homme*, p. 182.

marche pas de pair avec la compétence. Il est, du reste, impossible, en lisant plusieurs thèses contraires aux silex découverts par M. l'abbé Bourgeois, de ne pas se heurter contre les preuves d'une précipitation qui nuit puissamment à la considération que l'on voudrait avoir pour l'opinion de quelques opposants. Il faut le répéter avec M. l'abbé Bourgeois : « Ainsi qu'il arrive toujours, les plus ardents pour la négation furent ceux qui ne vinrent pas voir[1]. »

L'action du feu remarquée sur un grand nombre de silex, par l'auteur de la découverte, a été également l'objet de vives discussions. Quelques paléontologistes refusent de voir l'intervention du feu, ou au moins de reconnaître que ce feu avait été allumé par l'homme. Leur répugnance ne saurait s'expliquer que par l'idée exagérée qu'ils ont conçue de l'importance de la possession de cet élément. Mais le feu n'est pas chose si extraordinaire, ni si difficile à rencontrer dans la nature. Combien de causes ne peuvent-elles pas le produire et ainsi le livrer à l'homme, auquel il serait facile de le conserver? Sous un autre point de vue, il faut bien le reconnaître, les traces de feu pourraient s'expliquer par des incendies déterminés par la foudre, le frottement, la percussion ou une concentration accidentelle des rayons solaires. Ne peut-on pas aussi supposer des combinaisons chimiques dans le gigantesque laboratoire de la nature? On aurait ainsi de puissants foyers de calorique capables d'agir sur les silex. L'étendue des gisements ne répugne pas absolument à ces hypothèses, car les silex ont pu être chauffés sur un point, puis transportés par les eaux, et disséminés dans les couches où ils sont déposés. Toutefois, il importe de remarquer que de bons esprits n'ont pas hésité à reconnaître, dans les silex craquelés, une preuve que l'homme était en possession du feu.

Le terrain considéré stratigraphiquement a aussi donné lieu à plusieurs remarques. En effet, la couche de calcaire de Beauce qui recouvre les strates pliocènes, miocènes et

---

1. *Congrès International d'anthropologie et d'archéologie préhistoriques.* Bruxelles, 1872, p. 82.

éocènes, ne se développe pas sur les assises où les silex ont été recueillis jusqu'à présent. Il semble qu'il existe là une garantie de moins. La présence des silex devient susceptible de plusieurs interprétations, et ne revêt pas un caractère aussi indiscutable aux yeux de quelques géologues. L'observateur rigoureux est tenté de se demander si les silex auraient pu pénétrer, par différentes causes, dans la couche qui les renferme. Enfin les couches tertiaires elles-mêmes ne présentent pas, de l'avis de plusieurs savants, cette puissance de développement qui seule saurait les mettre au-dessus de toute discussion.

Quoi qu'il en soit, les indices de l'existence de l'homme dans les terrains tertiaires ont attiré l'attention d'un grand nombre d'archéologues. La lutte est engagée et se continue, les uns militent pour démontrer les faits; les autres combattent pour les atténuer et leur refuser toute valeur scientifique.

La solution de ce grand problème encore à l'étude pourra se faire attendre longtemps. Les annales de la science ont enregistré les phases progressives de la découverte de M. Boucher de Perthes; on sait tout ce que cet observateur convaincu dut soutenir de contradictions. Les silex tertiaires sont étudiés avec un soin persévérant. La dignité de la science est engagée, des faits d'une aussi haute portée s'imposent et ne souffrent pas l'oubli.

L'initiative de cette vaste discussion appartient à M. l'abbé Bourgeois. C'est à lui que revient le mérite de la découverte, et surtout l'honneur d'avoir réuni les éléments destinés à donner à ses recherches la place qui leur convient dans la science. Cependant d'autres ont pareillement signalé des observations faites dans le même ordre de choses.

M. Desnoyers a, depuis longtemps, saisi le monde savant du résultat de ses recherches sur les ossements provenant des strates pliocènes de Saint-Prest. Des ossements, en quantité notable, appartenant à l'Elephas meridionalis, à l'Hippopotamus major, au Rhinoceros leptorhinus, à plusieurs ruminants, darmi lesquels le Megaceros carnutorum, portaient des entailles, des traces d'incision, d'excoriation ou de choc et différentes stries. Ces traces, selon la description donnée par le savant géologue, paraissaient tout à fait analogues à celles que produiraient les outils de silex tranchant à pointe plus ou moins aiguë, à bords plus ou moins dentelés. De l'avis de Sir Lubbock, quelques-unes de ces traces, au moins, semblent d'origine humaine; cependant il ajoute : Dans l'état actuel de nos connaissances, je ne serais pas prêt à affirmer que ces traces n'ont pas pu être faites d'une autre façon[1]. Quoi qu'il en soit, les incisions sur les ossements des animaux ont attiré l'attention des paléontologistes et ont paru dignes des préoccupations des savants. A Saint-Prest, les ossements incisés ont une signification plus importante qu'ils empruntent à la présence des silex qui les accompagnent.

M. Ribeiro, chef des travaux géologiques de Lisbonne, a présenté au Congrès de Bruxelles, en 1872, des silex portant des retailles, trouvés dans les terrains miocènes et pliocènes du Portugal. Le savant géologue a fait un remarquable exposé de sa découverte, et donné des détails stratigraphiques pleins d'intérêt. Les silex, qu'il considère comme des instruments préparés par l'homme, n'ont pas obtenu le même succès. M. l'abbé Bourgeois a reconnu un seul de ces silex comme travaillé. M. Franks en a admis plusieurs qu'il regarde comme taillés de main d'homme.

Les gisements qui recèlent ces silex ont été l'objet de réserves de la part des archéologues. Cette attitude n'a rien qui doive influer sur le jugement à porter. Quant à M. Ribeiro qui a examiné les terrains, l'authenticité du gisement ne fait pas le moindre doute pour lui.

M. le baron von Ducker a plusieurs fois provoqué l'attention des savants, sur des ossements d'animaux qu'il croit avoir été brisés par l'homme. Il affirme avoir trouvé dans le terrain miocène de Pikermi (Grèce) des ossements brisés artificiellement. Ces os portent les traces d'une cassure méthodique pratiquée pour extraire la moelle. La grande

---

1. *L'homme avant l'histoire,* p. 334.

quantité des éclats d'ossements, les crânes des animaux séparés des mâchoires supérieures, comme si on avait voulu recueillir la masse cérébrale, paraissent, à M. von Ducker, les débris d'un repas d'un être intelligent[1]. Cette conclusion a été très-vivement combattue, et les faits relatifs aux ossements de Pikermi sont à peu près restés, jusqu'à ce jour, sans nul appoint pour la science.

Une autre découverte, si elle était revêtue de toutes les preuves d'authencité nécessaire dans une question si grave, était de nature à produire une plus profonde impression. Il s'agit d'un crâne humain qui aurait été trouvé dans les couches miocènes de la Californie par M. Whitney[2]. Ce fait, porté à la connaissance du Congrès de Paris en 1867, a causé une grande émotion parmi les savants réunis, ainsi que M. de Quatrefages l'a rappelé au Congrès de Bruxelles. Il est à regretter que ce fait, d'une portée considérable, ne soit pas établi conformément aux légitimes exigences de la science. Des détails et des renseignements ont été réclamés souvent, mais M. Whitney a déclaré qu'il réservait cette question et les faits qui s'y rapportent, pour un ouvrage qu'il se proposait de publier. L'importance de ce crâne est prédominante, car c'est précisément les restes de l'homme lui-même, que les savants réclament comme accompagnement des silex miocènes. Ils s'étonnent de ne pas découvrir d'ossements humains dans ces couches à silex, où les ossements d'animaux parfaitement conservés se rencontrent en grand nombre. Malheureusement, le mystère presque impénétrable qui enveloppe le crâne miocène de la Californie, le laisse à l'état de lettre morte.

Au moment où nous traitions cette question, M. le professeur Capellini nous a gracieusement adressé une note ayant pour titre : *L'uomo pliocenico in Toscana*. Dans cet intéressant travail, le célèbre professeur raconte une excursion scientifique entreprise en société, avec plusieurs de ses amis,

---

1. *Congrès de Bruxelles*, 1872, p. 106.
2. *Congrès de Bruxelles*, 1872, p. 109.

sur le *Monte Aperto*. Une abondante moisson d'ossements fossiles provenant de cétacés, du genre *Balænotus*, fut le résultat de ses actives recherches. Ces ossements fossiles sont précieux, puisque, comme le dit le savant professeur de Bologne, ils sont destinés à prouver, d'une manière incontestable, que l'homme a vécu en Toscane à la fin de l'époque tertiaire. En effet, continue-t-il, à peine avais-je commencé à laver ces ossements qui avaient été trouvés dans l'argile pliocène, que je fus grandement surpris de voir sur une apophyse dorsale une entaille et une rainure. Cette dernière, spécialement, est si nette et si profonde, qu'on était tenté d'admettre qu'un acier bien affilé avait été l'instrument avec lequel elle avait été faite. En poursuivant infatigablement le pénible travail de recomposition de chacune des côtes qui avaient été trouvées brisées en une quantité considérable de pièces et de minimes fragments, en lavant avec soin ces ossements pour les dépouiller de l'argile qui était encore adhérente, j'ai découvert, dit le professeur Capellini, d'autres rayures bien évidentes sur la face externe de l'extrémité inférieure. Plusieurs rayures et entailles entre-croisées furent également remarquées sur une autre apophyse de vertèbre vers l'extrémité inférieure, mais seulement d'un côté.

Ce sont ces ossements de la baleine de *Monte Aperto* qui sont soumis à l'examen de plusieurs savants de l'Académie des sciences de l'Institut de Bologne. Une vertèbre lombaire, à laquelle il ne manque que de minimes fragments sans importance, mérite une attention spéciale. Vers l'extrémité supérieure de cette vertèbre restaurée avec beaucoup de patience, on voit sur le côté droit quelques entailles entre-croisées qui, à la différence des autres, semblent avoir été faites non en frappant des coups successifs, mais en frottant avec un instrument tranchant. Toutes ces entailles sont autant de preuves évidentes que les ossements de la baleine de *Monte Aperto* ont été maniés, avant d'être ensevelis dans les sédiments de la mer pliocène et pétrifiés. Ils fournissent ainsi, dans cette circonstance, l'occasion de conclure que l'homme a vécu sur les rivages de cette mer pliocène et qu'il a pu laisser sur la baleine de *Monte Aperto* des preuves non douteuses de sa présence dans cette région à la fin d'une époque si reculée [1].

Il y a lieu de croire qu'une baleine est venue s'échouer sur la côte de la mer pliocène, comme il est souvent arrivé depuis à d'autres baleines, et que les hommes primitifs de la contrée s'empressèrent d'en tirer parti. Les entailles et les coupures proviennent des coups des instruments en pierre employés pour dépecer le cétacé jeté à la côte, et laissant probablement apercevoir son côté droit, pendant que la partie gauche était enfouie dans le sable.

La récente découverte de M. Capellini lui fournit l'occasion de rappeler que les faits de ce genre ne sont pas sans précédents en Italie. Il mentionne la mâchoire humaine et les autres ossements trouvés par M. Issel dans l'argile pliocène de *colle del vento* à Savone. Le crâne humain des dépôts pliocènes du *Valdarno* découvert par M. Cocchi [2]. Les ossements incisés de mammifères signalés par M. Ramorino. Tous ces faits sont connus, ils ont même été discutés dans la paléontologie humaine du docteur Hamy [3]. Mais ils avaient été accueillis avec une grande réserve en Italie, et généralement les constatations n'ont pas été l'objet de l'attention qu'elles méritaient.

Aujourd'hui, les savants italiens attachent une sérieuse importance à la question de l'existence de l'homme à l'époque tertiaire. Leurs conclusions revêtent un caractère très-affirmatif en faveur de l'existence de l'homme tertiaire. L'auteur de la note : *L'uomo pliocenico in Toscana*, termine en disant que la question de l'antiquité de l'homme est destinée encore à faire de notables progrès [4].

Les silex tertiaires, regardés comme produits de l'industrie humaine, sont assez généralement d'une imperfection qui touche à la grossièreté. Il existe cependant des exceptions,

---

[1]. Prof. G. Capellini. *L'uomo pliocenico in Toscana*, 1875.
[2]. Prof. Cocchi. *L'uomo fossile nell' Italia centrale*. Mem. della Società italiana di Scienze naturali. Vol. II. Milano, 1867.
[3]. Docteur Hamy. *Précis de Paléontologie humaine*, p. 63.
[4]. Estratta dal Rendiconto dell' Accademia delle Scienze dell' Instituto di Bologna e letta nella Sessione de 25 novembre 1875.

qui ne laissent pas de révéler une certaine dextérité. L'incorrection des pierres ne saurait être néanmoins un motif suffisant pour refuser de les admettre. L'artisan ne pouvait-il pas être peu exercé et ne posséder qu'une expérience incomplète? La nature du silex était aussi plus rebelle, plus difficile à traiter que les pierres qui furent utilisées dans les époques postérieures. M. l'abbé Bourgeois n'a pas manqué, du reste, de faire ressortir ces particularités importantes à connaître.

Malgré notre désir de nous tenir dans les strictes limites de l'archéologie, il nous est impossible de garder le silence sur quelques explications qui ont été tentées pour motiver l'existence des silex dans les terrains tertiaires. Ces opinions, ces conjectures, ne sont pas, à proprement parler, du domaine de l'archéologie, mais il est nécessaire de les mentionner sommairement, pour esquisser les principaux traits de cette étonnante question.

M. de Mortillet, après avoir constaté que le problème des silex tertiaires restait à peu près le même, après comme avant le Congrès de Bruxelles, ajoute : « Mais ce *statu quo* était presque un échec. M. l'abbé Bourgeois le comprit; loin de se laisser décourager, il se remit à fouiller avec une nouvelle ardeur. Sa persévérance fut couronnée de succès. Les nouvelles fouilles lui ont procuré, entre autres, deux pièces bien plus intéressantes, bien plus probantes que les précédentes. Il les a apportées dernièrement à Paris, en venant assister aux séances du conseil supérieur de l'Instruction publique, dont il a été nommé membre. »

« L'une, la plus belle, la plus curieuse, est une espèce de pointe de lance, ou plutôt de scie ovale, dont tout le pourtour présente de nombreuses entailles, très-régulièrement faites. Naturellement, M. Bourgeois a gardé cette pièce. »

« Mais il a bien voulu donner au musée de Saint-Germain la seconde, que j'ai l'honneur de vous présenter. C'est, comme vous le voyez, un instrument de la forme bien connue des grattoirs, forme déjà rencontrée plusieurs fois dans le gisement tertiaire de Thenay. Seulement, ce nouveau grattoir est beaucoup plus grand et plus net que les autres. Vous voyez sur une face, qui a environ trois centimètres de longueur, des entailles fort régulières, mais sans interruptions, toutes dans le même sens. Ce sont autant de caractères d'une taille intentionnelle. Une action mécanique naturelle aurait-elle pu produire cette régularité, cette continuité? Vous voyez aussi que tous les autres bords ou arêtes du silex sont restés anguleux, vifs, sans petits éclats. Ce silex n'a donc pas été roulé et heurté, n'a donc pas subi d'actions mécaniques, pouvant expliquer plus ou moins la production de petits éclats simulant les retailles. Comment dès lors expliquer la formation de ce grattoir, si ce n'est par l'intervention d'une volonté déterminée et réfléchie? Il est donc tout naturel d'admettre l'intervention de l'homme ou de l'ancêtre de l'homme. »

« Je m'exprime ainsi, parce que d'après les lois de la paléontologie l'homme actuel ne devait pas exister à l'époque du calcaire de Beauce. »

Après ces considérations, dont l'importance n'échappera à personne, M. de Mortillet énumère les différentes transformations accomplies dans les diverses faunes des terrains miocènes, et il tire cette conclusion : « Comment l'homme, qui a une organisation des plus compliquée, aurait-il seul échappé à cette loi (loi de transformation)? Nous devons donc conclure que si, comme tout le fait présumer, les silex de Thenay portent des traces d'une taille intentionnelle, ils sont l'œuvre, non pas de l'homme actuel, mais d'une autre espèce d'homme, probablement même d'un genre précurseur de l'homme devant combler un des vides de la série animale[1] ! »

M. Roujou prélude de cette manière sur cette même question : « Je me garderai également d'être l'apologiste ou le détracteur des silex miocènes, car c'est rendre un mauvais service à la vérité que de chercher à l'établir sur des preuves contestables... et formule ainsi son opinion : « Pour ce qui est des formes grossières des silex taillés miocènes, elles peuvent très-bien s'expliquer en admettant que l'homme de cette époque était extrêmement inférieur même à celui de Saint-

---

1. *Bul. Soc. Anthrop. de Paris.* Comm. sur l'homme tertiaire, 1873, p. 673.

Acheul, par exemple, dont il était séparé par un nombre de siècles incalculable, et bien supérieur, sans doute, aux temps qui se sont écoulés depuis la fin du quaternaire jusqu'à nos jours. »

« On nous dit encore que des formes analogues à celles des silex de M. l'abbé Bourgeois se trouvaient dans des débris de taille de tous les âges; cela est certain, mais ne donne aucun renseignement sur leur date; car, dans ces débris plus récents, on trouve avec ces ébauches grossières, des objets bien plus parfaits, ce qui n'a jamais lieu pour les silex tertiaires. En outre, les instruments de cette époque reculée dont l'usage ne peut nullement être deviné, d'après ce que nous savons des temps antéhistoriques et présents, ces instruments, dis-je, ont toujours des contours irréguliers, des biseaux émoussés, des tailles incertaines, ce qui rend douteux l'intervention humaine, et ce qui nous fait penser que l'homme de ces temps, au moins dans le bassin de la Loire, était à peine un homme, constituait une espèce à part et tenait encore considérablement de l'animal[1]. »

Ce recours à un être antérieur à l'homme, de la part des paléontologistes, pour expliquer les silex tertiaires, n'est pas une tentative isolée. M. l'abbé Fabre d'Envieu, discutant ces questions, est entré à peu près dans la même voie : « Il faudrait, dit-il, tout au plus conclure, de l'existence de ces travaux d'art, que l'on a trouvé les traces d'un animal raisonnable dans les terrains tertiaires; nous ne pouvons pas soutenir, en effet, qu'il n'y a pas eu, pendant les formations antéhexamériques, des intelligences servies par des organes différents des organes humains. » Plus loin : « Les géologues devraient ne rien affirmer au delà des faits et ne pas trancher, sans preuves et au hasard, des questions qui sont très-complexes. Ainsi ils soutiendraient, sans motif sérieux, que les hommes antérieurs au diluvium gris sont nos parents, car il peut y avoir eu sur la terre des races humaines antérieures à l'Adam biblique[2]. »

1. *Bul. Soc. Anthrop. de Paris.* Comm. sur l'homme tertiaire, 1873, p. 677.
2. Fabre d'Envieu. *Les origines de la terre et de l'homme*, p. 459 et 460.

Le R. P. Monsabré ne répugne pas à admettre les mêmes moyens de conciliation : « De deux choses l'une, déclare-t-il, ou bien les savants reconnaîtront qu'ils ont exagéré la valeur de leurs chronomètres et se verront obligés de rajeunir leurs terrains, ou bien de nouvelles découvertes nous mettront sur la trace d'un être anthropomorphe qui fut, dans l'admirable progression du plan divin, dont nous étudierons prochainement l'harmonie, l'ébauche et le précurseur de l'homme, et auquel il faudra attribuer les instruments de l'époque tertiaire[1]. »

Telles sont les merveilleuses proportions de cette question qu'on ose à peine rattacher à l'archéologie préhistorique. Il nous est impossible de l'embrasser dans ses prodigieux développements, car il faut en faire l'aveu, nous touchons à un terrain nouveau, sur lequel l'archéologue ne saurait utilement s'engager.

La linguistique s'est fait entendre aussi, à l'occasion du problème de l'homme tertiaire. Ses explications planent dans des régions presque inaccessibles au vulgaire, et ne peuvent guère prendre place dans un essai d'archéologie préhistorique. Nous nous bornons à cette unique mention qui suffira pour provoquer de plus amples études.

L'opposition ardente qui s'attaque aux silex miocènes s'explique par un malentendu. Des archéologues d'une science superficielle, entendant attribuer ces silex à l'homme primitif, reportent leur pensée vers le premier homme, et s'imaginent que les ébauches d'instruments sont données comme les premiers essais de l'industrie humaine et les tâtonnements d'une intelligence naissante, appelée à se développer dans un progrès successif. Les silex tertiaires sont l'œuvre d'un rameau détaché de la grande famille humaine; mais ils ne sont pas, on ose à peine le faire remarquer, le travail des descendants immédiats du premier homme ; pas plus que les instruments grossiers encore en usage chez certaines peuplades sauvages. Ils représentent une situation pauvre, dénuée, mais nullement les premiers essais d'une intelligence inexercée.

---

1. Conf. de N. D. de Paris, 1875, p. 68.

Une tribu peut être pauvre, dépourvue, sans pourtant être composée de brutes.

Le désir de vaincre la difficulté qui s'opposait à ce qu'on attribuât à l'homme génésiaque les instruments de l'époque tertiaire, a suggéré l'idée d'un être anthropomorphe. Nous avons vu préconiser les diverses hypothèses d'une ébauche, d'un précurseur de l'homme; enfin l'homme préadamique. Il serait certainement d'un rare intérêt d'étudier ces divers êtres; mais jusqu'à ce jour, ils ont été d'une désespérante discrétion. Ils n'ont point laissé transpirer le moindre mot de leur problématique existence.

Les paléontologistes, que l'attrait de ces questions émouvantes enthousiasme, représentent les savants qui suspendent leur jugement, vu l'insuffisance des preuves, comme des attardés dans les derniers embarras d'une vieille routine. Cependant l'archéologue sérieux, qui admet seulement les faits basés sur de solides preuves, rend plus de service malgré la lenteur de sa marche, que celui qui se porte prestement en avant, sans que la science éprouvée ose le suivre!

Les dénominations spécialement propres à la géologie appliquées aux époques archéologiques ainsi qualifiées, de tertiaire ou quaternaire, ne sont pas sympathiques à tous les savants. Elles conviennent parfaitement pour désigner les périodes géologiques, mais elles sont moins favorablement admises archéologiquement. Nous citerons seulement les réserves faites par M. Fraas : « MM. l'abbé Bourgeois et Cartailhac ont parlé de silex quaternaires. Je suis étonné de ces mots, c'est là une expression géologique. Quand on parle de *Miocène* ou de *Pliocène*, il s'agit de l'époque à laquelle les couches de la terre se sont formées au fond de la mer et des lacs, là où l'homme ne pouvait habiter. Il ne faut pas confondre la formation des couches avec les phénomènes qui se produisirent quand la croûte terrestre eut déjà été formée [1]. » Ces expressions resteront probablement encore

---

[1]. *Congrès international d'Anthrop. et d'Archéol. préhistoriques*, de Bruxelles, p. 455.

longtemps en usage. Le temps et le progrès apporteront des perfectionnements qu'il faut savoir attendre.

Dans l'état actuel de la science, on ne voit pas comment il serait possible d'isoler la question des silex tertiaires du domaine de la géologie. Cependant, la question archéologique est entravée dans sa marche par son association avec la géologie. Effectivement, lorsque la question est traitée géologiquement, les faits sont si bien établis et prennent tant d'intérêt au point de vue de la stratigraphie, que cet intérêt suréminent rejaillit sur les instruments des couches miocènes, et leur donne un prestige emprunté. Il se forme alors une idée associée, qui laisse dans l'esprit cette notion, que l'homme est le contemporain bien authentique, bien certain, de la flore et de la faune tertiaires. Cependant cette conclusion n'est pas généralement admise. Ce n'est pas, du reste, ce qui résulte des faits.

Il y aurait donc lieu de séparer la question archéologique, de la préciser et de la dégager du vague presque mystérieux où elle est ensevelie. Lorsque ce travail de dégagement sera accompli, alors par l'étude des différentes assises, il sera peut-être possible d'assigner à l'homme sa véritable place, et son âge d'après les observations d'une science démontrée.

Il a été souvent répété, que du moment où les silex tertiaires seraient reconnus archéologiquement comme l'œuvre de l'industrie humaine, et que les différentes couches qui les contiennent seraient proclamées géologiquement exemptes de remaniements, la question serait tranchée d'une manière définitive. Cette conclusion est loin d'être revêtue de l'autorité qu'elle semble posséder. Pour ne citer qu'une allégation qui la combat, n'a-t-on pas déjà affirmé souvent que, très-probablement, le résultat des études nouvelles aura pour effet de rajeunir les terrains et de vieillir l'homme? Du reste, les autorités les plus célèbres n'ont-elles pas constaté le travail intentionnel des silex? Des géologues illustres n'ont-ils pas reconnu l'authenticité et la pureté des strates miocènes? Et cependant la question est encore en suspens, les discussions, n'en continuent pas moins. Si notre cadre comportait de pareilles discussions, nous aurions à citer ici les raisons multipliées, à l'aide desquelles on a prétendu expliquer la présence des silex dans les terrains tertiaires ou autres. Mais nous avons donné des indications suffisantes pour exciter la curiosité studieuse et pour mettre sur ses gardes la science prudente.

Le parti que l'on a voulu tirer des découvertes faites dans les terrains tertiaires contre l'enseignement biblique, a aussi contribué à entourer la question de difficultés nombreuses. D'un côté, on a trop visé le but sans apprécier suffisamment les moyens. De l'autre, on a trop redouté les effets de l'attaque sans envisager froidement la réalité du péril. Les silex miocènes ont été les victimes de ces espérances prématurées et de ces craintes irréfléchies.

Il importe de constater que l'appréciation de ces faits scientifiques, d'une portée transcendante, n'appartient à personne exclusivement. Les archéologues de toutes les catégories peuvent s'en préoccuper sans avoir le moindrement à redouter le terrible bûcher dont on évoque si inutilement le fantôme. Le monde est un grand livre, comme on l'a fréquemment dit, où le Créateur a écrit. La révélation est un autre livre où sa main toute-puissante a également tracé des lignes impérissables. Il est puéril d'espérer ou de craindre de rencontrer des contradictions dans ces deux livres consultés à la lueur du flambeau de la vraie science.

Nous avons omis, à dessein, de signaler l'opinion de M. Delfortrie de Bordeaux lorsque précédemment nous avons consigné les jugements formulés au sujet des silex miocènes. Cependant elle est d'une incontestable importance. Il nous paraît utile de rapporter ici la conclusion de ses savantes observations : « La paléontologie, consultée sur l'existence de l'homme miocène, ne peut que formuler un *non* bien accentué[1]. » Il ne faut pas oublier que l'argumentation de

---

1. *Les ossements entaillés et striés du miocène aquitanien.* Extrait des actes de la Société linnéenne de Bordeaux. T. XXVII.

M. Delfortrie, étant basée sur les incisions observées par M. l'abbé Delaunay sur les ossements d'*Haliterium*, la conclusion ne saurait s'étendre aux silex miocènes, dont elle ne tient nul compte. Aussi M. l'abbé Delaunay, qui a reconnu la valeur des observations de M. Delfortrie, accorde-t-il toute sa confiance aux silex tertiaires, comme œuvres de l'industrie humaine. L'opinion de M. Delaunay a une portée considérable, car il est sérieusement associé à la découverte de M. l'abbé Bourgeois, dont il a suivi tous les progrès.

Avant de terminer l'exposé de la question relative aux silex de Thenay, pour ne rien négliger de ce qui pourrait servir à la solution des difficultés qui environnent ce grave sujet, nous mentionnerons quelques opinions qui s'y rapportent.

M. Roujou, dans une séance de la Société d'anthropologie de Paris, où il fut question de l'homme tertiaire, s'est ainsi exprimé : « Transformiste convaincu, je n'ai pas attendu la découverte des silex miocènes pour admettre l'existence de l'homme tertiaire, car c'est une conséquence nécessaire du transformisme dans l'état présent de nos connaissances, et un corollaire indispensable des idées que je partage sur les rapports morphologiques des mammifères et sur leur mode de filiation. Ma manière de voir, à cet égard, peut donc se résumer ainsi : nous n'avons pas encore trouvé de traces positives et indiscutables de l'homme miocène, nous n'en trouverons peut-être pas d'ici à longtemps; mais, malgré cela, on peut dire que l'homme existait certainement alors, car c'est une nécessité logique, et, s'il n'en était pas ainsi, toute la philosophie zoologique ne serait qu'un rêve[1]. »

M. Leguay : « Je ne pense pas, dit-il, qu'on puisse se croire autorisé à conclure, de l'examen des silex[2] présentés par M. de Mortillet, l'existence de l'homme tertiaire tel qu'il le comprend. Ces formes d'objets se retrouvent dans beaucoup de gisements, et on ne peut pas en induire qu'ils soient les

---

[1]. *Bul. Soc. Anthrop. de Paris.* T. VIII, 2me série, p. 675.
[2]. Il s'agit des silex de Thenay.

produits d'une race particulière. Il faut, ce me semble, attendre d'autres faits, et surtout la découverte d'ossements humains bien authentiques. » Enfin, M. Pellarin déclare que les faits présentés ne lui semblent en aucune façon rendre admissible l'existence de l'homme de Pontlevoy dans les temps tertiaires.

Nous avons groupé des éléments variés, ils suffisent certainement pour vulgariser la connaissance des silex miocènes. Le temps fournira des faits nouveaux qui prépareront la solution impatiemment attendue.

LES INSTRUMENTS TERTIAIRES

A diversité des opinions exprimées au sujet des silex tertiaires divise les archéologues en deux camps opposés. Les uns ne voient dans les silex préconisés que des jeux de la nature et des formes capricieuses dues à l'action fortuite et aveugle des forces matérielles. Pour ces premiers, l'existence d'une époque archéologique tertiaire n'est même pas un problème, ils se prononcent dans le sens d'une négation absolue. La solution est nette, point de travail humain, partant point d'instruments, point d'outils. D'autres, au contraire, n'admettent pas même la possibilité du doute. Ils présentent avec confiance une série d'objets qu'ils placent au même rang que les instruments des époques postérieures généralement admis sans discussion.

Au point de vue de l'histoire du travail humain, il est indispensable de faire connaître les pièces qui rappellent par leur type les instruments pour ainsi dire classiques, constituant l'outillage des époques de la pierre plus rapprochées.

Cette question ne préjuge rien concernant la solution à intervenir. L'insuffisance de la chronométrie géologique ne permet pas aujourd'hui, il est vrai, de dater sûrement les silex tertiaires. D'un autre côté, la comparaison des meilleurs types qu'ils présentent avec les silex travaillés dans la durée de l'âge de la pierre n'autorise pas plus à leur refuser le rôle d'instruments préparés pour l'usage de l'homme.

Les silex, objets de la discussion, ne sont pas seulement des indices vagues du travail humain, parce que l'observateur y reconnaît des retailles analogues à celles qui caractérisent les instruments en pierre de l'époque la plus perfectionnée. Ils sont des instruments réels, discutables au point de vue de leur origine, il faut bien l'admettre, en présence de la polémique dont ils ont fourni la matière, mais difficiles à renier comme outils, surtout pour certaines pièces. M. l'abbé Bourgeois, qu'une savante réserve dirige dans toutes ses communications, a largement fait pressentir son opinion à ce sujet. Il n'a pas dénommé ni décrit les instruments tertiaires; ce détail n'était pas, du reste, nécessaire à la démonstration de sa thèse. Il s'est borné à dire qu'il a remarqué la complète identité des types fondamentaux, et que, comme partout ailleurs et comme à toutes les époques subséquentes, ce sont des outils pour couper, percer, racler ou frapper. L'usage de l'instrument est nettement affirmé. L'opinion de M. Bourgeois a une valeur considérable, car il a fait son travail de comparaison avec un soin rare et dans de vastes proportions. Il a examiné, manié tant d'instruments en pierre!

M. de Valroger, dont le témoignage ne saurait être suspect, parle en ces termes de l'auteur de la découverte de Thenay : « Même parmi les observateurs qui se sont dévoués à l'étude persévérante d'une seule localité, il en est certainement bien peu qui puissent offrir une garantie égale à celle que présentait M. Bourgeois. » Aussi dit-il ailleurs : « Je n'ai jamais mis en doute ni la conviction sincère de M. Bourgeois, ni même la vérité *possible* de son opinion [1]. »

Les grattoirs signalés parmi les silex recueillis à Thenay ont particulièrement attiré l'attention. Ces grattoirs n'offrent généralement qu'une partie travaillée. Les retailles sont fines ordinairement. Ce ne sont que des éclats de très-petite dimension, qui ont été enlevés le plus souvent sur les bords à l'ex-

---

1. *Revue des questions historiques*, 1876, pp. 427 et 429.

clusion des autres surfaces. Cette disposition particulière a souvent suggéré l'idée d'expliquer les cassures par des chocs dont la nature offre de très-fréquentes occasions. Cependant le docteur Hamy n'hésite pas à tirer cette conclusion : « Si, après avoir étudié le travail de ces pierres, on examine les grattoirs quaternaires placés à côté des précédents, l'on retrouve avec une exécution bien plus habile les mêmes formes générales[1]. »

Précédemment il avait dit que certaines formes choisies parmi les silex de Thenay, comme ayant une plus grande puissance de démonstration, avaient été rangées par M. de Mortillet auprès des types analogues de l'époque quaternaire provenant de la même région, et que ce rapprochement est de nature à lever bien des doutes[2].

Ce qui attire le plus l'attention, c'est la fréquence de ces mêmes types de grattoirs. La physionomie générale est assez frappante, on remarque un ensemble de même origine ; mais nous nous demandons si la ressemblance des pièces est aussi évidente? La nature du silex pourrait facilement expliquer l'imperfection relative du travail.

Le procédé employé pour préparer ces instruments pourrait également expliquer la nuance entre les types des deux époques tertiaire et quaternaire. Quelques archéologues prétendent effectivement que le silex était préalablement chauffé pour faciliter l'enlèvement des éclats. Cette manière d'opérer ne semble pas toutefois avoir été suffisamment étudiée. N'est-il pas nécessaire de rappeler les effets produits par le feu sur les silex sérieusement soumis à son influence? Le silex décrépité se brise irrégulièrement ; c'est lorsqu'il a été réduit à cet état qu'il devient difficile à l'ouvrier d'obtenir la répétition du même type, puisque l'habileté et la volonté sont réduites à l'impuissance par l'état physique de la pierre. On obtient aisément par le feu un silex facile à réduire en mille fragments, mais il est presque impossible d'obtenir des formes répétées

---

1. Dr Hamy. *Précis de Paléontologie humaine*, p. 50.
2. *Ibidem*, p. 49.

et surtout un instrument solide capable de résister au moindre choc. La cassure, résultat de l'étonnement, devient impraticable pour le silex qui a été soumis au feu. Un nucléus très-remarquable, faisant partie de la collection des silex de Thenay, n'a pas été chauffé. Les lames qui en ont été enlevées l'attestent, car il serait impossible de les tirer d'un silex décrépité. Le silex chauffé éclate spontanément, et les éclats sont généralement impropres à former des instruments.

Ces observations sont loin de tendre à nier les impressions du feu remarquées sur les silex tertiaires. Ils ont pu parfaitement être craquelés après avoir été taillés. C'est, du reste, l'opinion exprimée par M. l'abbé Bourgeois lorsqu'il déclare qu'il semble que des habitations lacustres, semblables à celles de la Suisse, auraient été détruites par un incendie dans l'ancien lac de Beauce[1].

Le grattoir, qui constitue une des plus belles pièces trouvées par M. l'abbé Bourgeois, n'a certainement point été traité par le feu. Ce type de grattoir, trouvé plus récemment, est bien caractérisé et possède une puissance de démonstration supérieure aux grattoirs primitivement recueillis.

Les autres instruments sont des perçoirs, leurs formes sont incontestablement moins expressives. Aussi ont-ils été l'objet de doutes de la part des savants les plus disposés à admettre la découverte. D'autres silex ont été décorés trop pompeusement peut-être du nom de pointe de lance et de flèche. Il ne faut pas oublier, néanmoins, que plus tard des silex coupants ou affilés et peu retaillés ont été employés comme projectiles.

Les percuteurs formant une nombreuse collection, laissent peu apercevoir les traces de l'usage. Il faut une grande attention pour y découvrir ces marques de percussion si faciles à reconnaître dans les instruments similaires des autres époques. Les formes globuleuses ne sont point accusées, on ne voit pas cet effacement des angles résultant des chocs réitérés. Ces instruments, en somme, sont peu caractérisés.

Si l'on veut conserver à ces silex la qualité d'instrument,

---

1. *L'Homme tertiaire*, par M. l'abbé Bourgeois, p. 4.

il faudrait probablement se ranger à l'opinion de M. de Mortillet, qui les considère comme des casse-tête dont l'emploi était fréquent dans d'autres temps.

Le nucléus trouvé dans les couches miocènes de Thenay pourrait être une démonstration du travail de l'homme, puisque les lames enlevées sont parfaitement attestées par ses facettes bien accusées. Mais ce sont précisément ces lames dont on regrette l'absence dans les terrains tertiaires. Ce nucléus offre parmi les silex tertiaires une physionomie qui le détache et le singularise. Le travail humain s'y affirme, mais avec un caractère différent de celui qui distingue les silex tertiaires en général.

L'outillage tertiaire est, comme on le voit, peu varié, composé de pièces d'une importance infime. Le fait capital se résume donc principalement dans la répétition de certaines formes.

Nous avions depuis longtemps terminé cet exposé de l'époque tertiaire lorsque nous avons lu les lignes qui suivent : « On a découvert depuis vingt ans, dans les terrains meubles qu'on appelle *diluviens, quaternaires, tertiaires supérieurs* (pliocènes) ou même *tertiaires moyens* (miocènes), un grand nombre d'objets fossiles qu'on rapporte vaguement à l'homme pour des motifs plus ou moins vraisemblables [1]. »

Le même auteur, dans une autre publication, semble aussi disposé à considérer les silex tertiaires comme le travail du précurseur de l'homme. En effet, dit-il : « L'idée de ces précurseurs mystérieux du règne humain peut être chimérique, mais elle n'a rien d'hétérodoxe. Elle peut être arbitrairement encadrée dans des théories matérialistes, athées, polygénistes, qui la compromettent; mais elle peut être dégagée de tout mélange funeste, de tout voisinage dangereux [2]. »

---

[1]. *Revue des questions historiques*, 1876, p. 447.
[2]. *Polybiblion*. H. de Valroger, juin 1876, p. 507.

ÉPOQUE QUATERNAIRE

ÉPOQUE QUATERNAIRE

ous abordons présentement une période archéologique qui se préconise sous un aspect très-différent de celui que présente l'époque tertiaire. Ce ne sont plus seulement quelques rares silex sans cesse discutés qui la personnifient. L'industrie de l'époque quaternaire revêt un caractère incomparablement mieux déterminé; elle apparaît enrichie d'une grande variété d'œuvres où le travail humain s'affirme indubitablement. On commettrait donc une grave erreur en plaçant ces deux époques au même rang, sous le double rapport de l'importance et de la signification.

Les traces abondantes de l'industrie quaternaire sont très-accentuées. Ces restes antiques portent les marques d'un travail évident, incontestable, aux yeux des plus incrédules. Les difficultés qui compliquent si sérieusement l'époque tertiaire et la laissent encore, sinon dans le domaine des suppositions, du moins dans la sphère des discussions, disparaissent complétement pour l'époque quaternaire. C'est à l'homme de la création génésiaque que les instruments et les autres objets travaillés sont unanimement attribués. « L'homme quaternaire, comme le prouvent un grand nombre de squelettes de provenances incontestées, avait la même conformation, la même taille moyenne que nous. Le front élevé et portant tous les indices d'une race forte et intelligente [1]. »

L'admission de ces faits ne constitue pas une marche avancée, que l'on pourrait considérer comme une audacieuse témérité au point de vue de la science. Mgr Meignan, évêque de Châlons, en plusieurs circonstances, base ses savantes démonstrations sur l'existence même de l'homme à l'époque quaternaire : « Des recherches multipliées ont été faites ; et ce n'est plus en un seul endroit, c'est dans mille localités, qu'on rencontre les vestiges et même les ossements de l'homme primitif : en France, en Angleterre, en Allemagne, en Belgique, en Espagne, en Italie, en Grèce, en Russie, en Turquie, en Asie, en Amérique, enfin dans toutes les contrées du monde. Le fait est certain ; il est désormais incontestable [2]. »

Boucher de Perthes, par ses persévérantes recherches dans la vallée de la Somme, a le premier attiré l'attention sur les instruments qui se trouvaient dans les couches quaternaires. Nous n'avons pas à parler ici de l'opposition et de l'incrédulité qui rendirent sa tâche si difficile. Il eut le rare courage de triompher de l'indifférence dédaigneuse et de la dérision meurtrière. Nous ne citons son nom que pour lui attribuer l'honneur d'avoir créé une science nouvelle et obtenu un succès d'autant plus grand que les obstacles étaient plus nombreux : « Quoique convaincu moi-même, raconte-t-il, je n'ai pas toujours pu faire partager ma conviction ; plus d'une fois on a accueilli ma démonstration avec un sourire d'incrédulité qui aurait peut-être ébranlé ma propre croyance, si l'objet en litige eût été isolé ou si de nombreuses analogies n'étaient pas venues à l'appui de mes assertions [3]. »

---

1. A. Bertrand. *Revue Archéologique*, vol. XXVII, p. 295. — De Quatrefages et Hamy. *Crania Ethnica*. 1873-1874.
2. Mgr Meignan. *Le monde et l'homme primitif*, p. 141.
3. Boucher de Perthes. *Antiquités celtiques et antédiluviennes*. T. I, p. 6.

ÉPOQUE QUATERNAIRE.

Au point de développement où les études préhistoriques sont arrivées, les découvertes de Boucher de Perthes nous placent presque exclusivement en présence des objets les plus anciens de l'industrie humaine accusée avec une netteté reconnue. La question du travail de l'homme à l'époque tertiaire n'est pas en effet encore tranchée d'une manière définitive pour tous les savants. Il n'y a pas à en douter, les premières constatations de M. Boucher de Perthes attendaient d'autres découvertes encore plus expressives. Par le fait, l'exploration des cavernes constitue un pas énorme qui autorise d'autres espérances dans l'avenir. « Parce que nous avons levé un coin du voile, en faut-il conclure que nous avons vu tout ce que le voile recouvre[1] ? » Ces paroles sont encore vraies aujourd'hui.

La multitude des gisements particuliers et des groupes typiques de l'époque quaternaire forme une sorte de dédale. Du moment où l'on aborde l'énumération, il se déroule nécessairement une liste considérable qui répand l'obscurité sur cette période. Envisagée dans son ensemble, elle est forcément pleine de difficultés et facilite les méprises. Chaque découverte, chaque fait, a néanmoins été exposé avec un intérêt incontestable et mérite l'attention. Mais il n'en faut pas moins une certaine hardiesse pour pénétrer dans ce labyrinthe, lorsqu'on veut procéder à une étude méthodique.

LES GISEMENTS QUATERNAIRES.

L'époque quaternaire, qui offre un si grand intérêt archéologique dans son ensemble, s'est révélée au monde savant par une succession de découvertes partielles qui ont chacune leur portée spéciale et constituent pour la science un précieux apport. On connaîtrait cependant d'une manière insuffisante l'époque quaternaire si les objets exhumés des cavernes et des

---

[1]. Boucher de Perthes. *Antiquités celtiques et antédiluviennes.* T. I, p. 25.

abris étaient seuls mentionnés. Il importe de signaler les gisements et les découvertes auxquelles ils ont donné lieu.

Lorsque Boucher de Perthes eut ouvert la marche, l'attention étant éveillée, les études s'enrichirent progressivement d'une quantité de faits, sur les points les plus opposés de l'Europe.

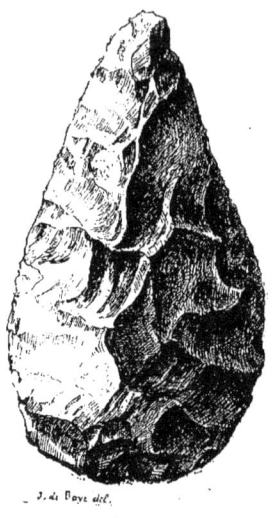

Fig. 1.

Le gisement le plus anciennement connu est celui de Saint-Acheul. Il a donné son nom à des instruments typiques qui sont désignés sous le nom de haches de Saint-Acheul (fig. 1). Cet instrument n'est pas toutefois le seul de l'époque acheuléenne, ni des couches quaternaires de la vallée de la Somme. Il est néanmoins le plus connu, bien qu'il soit associé à beaucoup d'autres qui lui sont contemporains. Sa forme varie considérablement et il se distingue plus par le genre du travail que par une forme fixe.

ALLUVIONS.

Depuis que l'attention s'est appliquée à la recherche des instruments quaternaires, les régions les plus éloignées ont fourni beaucoup de pièces analogues à celles de la vallée de la Somme. Toutefois, Saint-Acheul étant le gisement le plus étendu, le plus constamment exploité, donne toujours son nom aux objets qui se rattachent à l'industrie acheuléenne. Les instruments de cette catégorie se rencontrent pour ainsi dire partout dans le sol et à la surface et figurent maintenant dans un grand nombre de collections. D'autres gisements dans les alluvions ont acquis une notoriété considérable; comme le gisement quaternaire parisien composé de plusieurs localités, le gisement du Pecq (Seine-et-Oise), de Vaudricourt (Pas-de-Calais), de Thennes (Somme), de Sotteville-lès-Rouen (Seine-Inférieure), de Cœuvres (Aisne). Les plateaux du Grand-Pressigny, de Vallières (Loir-et-Cher), de Charbonnières, de Beaumont (Vienne), de la Ganterie (Côtes-du-Nord), Montguillain (Oise), les vallées de la Sausse et de la Ceillone (Haute-Garonne).

Dans les pays étrangers, Hoxne, Bournemouth, Reculver, Gray's Inn Lane, etc..., en Angleterre [1], San Isidro en Espagne, etc...

Beaucoup d'autres lieux sont aussi connus des archéologues. Les instruments du type acheuléen appartiennent aux alluvions et paraissent rarement dans les cavernes. Cependant ces dernières contiennent des gisements où l'époque quaternaire est splendidement représentée.

CAVERNES.

Époque du Moustier. La première époque des cavernes est représentée par la grotte du Moustier (Dordogne). La

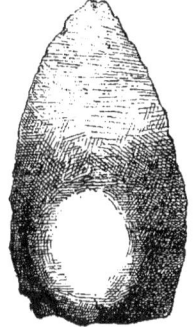

Fig. 2.

forme des haches du Moustier est moins variable que celle de Saint-Acheul. Elle rappelle un ovale lancéolé ; un côté seulement est taillé (fig. 2). Certains types affectent la

---

1. Evans. *Ancient stone implements of Great Britain. Passim.*

forme triangulaire imparfaite. L'examen atteste un travail très-soigné. Les racloirs présentant un large développement sont particuliers au Moustier. Ces instruments sont des sortes de haches à main[1]. Des grattoirs, des pointes de lances et de flèches se rencontrent aussi à cette époque. L'industrie du Moustier se caractérise par l'absence d'instruments en os[2], par une quantité considérable de silex de grandes dimensions. Cette époque contemporaine des animaux éteints abonde en restes remarquables du mammouth et de l'hyène.

Les stations de Pey de l'Azé, de Chez Pourré (Corèze)[3], de Sarlat (Dordogne), de la Martinière, de l'Hermitage (Vienne),

---

1. *Matériaux*. T. III, p. 191.

2. D'importantes observations ont été faites dans un sens contraire. Nous les citons à cause de leur haute portée. « Parmi les fragments d'os brisés que contenait ce limon, j'en ai recueilli plusieurs cassés intentionnellement en pointe, pour servir d'armes; j'en possède plusieurs fragments qui sont excessivement remarquables et prouvent, d'une manière irrécusable, que ces os étaient brisés ainsi avec intention pour être utilisés. Leur partie pointue porte des traces évidentes d'un raclage fait avec une lame de silex pour la rendre aiguë. Ces os devaient certainement être destinés à faire des lances ou des flèches. L'un d'eux, plus gros que les autres, était assez long pour pouvoir, au besoin, se tenir à la main et servir de poignard.

« Des fragments identiques, recueillis dans toutes les cavernes du Poitou que j'ai explorées, prouvent évidemment que ces cassures étaient cherchées tout aussi bien que celles des silex taillés que l'on y rencontre si abondamment. J'en possède plusieurs trouvés par moi-même dans la caverne des Fadets, près Lussac-les-Châteaux, dans celles du Chaffaud et de Jioux, qui sont à tous les degrés de travail.

« J'ai de simples éclats sans aucune retouche, d'autres seulement aiguisés et conservant encore les arêtes de la cassure naturelle, d'autres entièrement grattés pour faire des pointes de flèches, mais portant encore les preuves évidentes de leur cassure.

« On peut donc affirmer, sans crainte de trop s'avancer, qu'en dehors des bois de Renne et de Cerf, qui étaient le plus ordinairement les matériaux dont on fabriquait les outils, poinçons, aiguilles, etc., les ossements de tous les animaux dont se nourrissaient ces premiers peuples étaient également cassés avec soin pour être utilisés comme armes, soit à la chasse, soit à la pêche.

« Beaucoup de ces os ont été brisés avec intention, près de leur apophyse. Quelques-uns, semblables de forme, ont été fendus de préférence dans leur partie médullaire, au moyen d'un instrument tranchant, dont la coupure se reconnaît d'une manière incontestable sur l'apophyse de ces os. Après avoir été fendus ainsi, ils ont été cassés en pointe, dans le but d'obtenir des instruments quelconques.

« Toutes les cavernes que j'ai fouillées m'ont offert les mêmes particularités. Des observations analogues ont été constatées par plusieurs savants extrêmement compétents en pareille matière. » A. Brouillet. *Matériaux*. T. I, p. 405.

3. Hamy. *Paléontologie humaine*, p. 227. — *Matériaux*. T. IV, p. 185.

et de Charroux, de Vallières (Loir-et-Cher)[1], de Néron (Ardèche), de Lussac-les-Châteaux, de Goudnans-les-Moulins (Doubs), etc...... se rattachent à cet âge. Les nuances sont cependant particulières à chaque caverne, et souvent la faune date avec plus de sûreté que l'industrie qui s'affirme dans l'outillage. Les stations de Goyet et quelques-unes des cavernes de la Lesse en Belgique appartiennent à cette même époque[2].

Pendant longtemps la deuxième époque des cavernes était connue sous le nom de Laugerie-Haute, mais, pour éviter la confusion, on l'a désignée sous le nom de Solutré. La célèbre station de Solutré a en effet une importance et des caractères qui la rendent digne de donner son nom à l'industrie qu'elle personnifie, peut-être avec trop de splendeur.

Époque de Solutré. L'époque solutréenne se distingue par un grand progrès dans l'industrie. Les formes relativement grossières des époques précédentes disparaissent. Un grand perfectionnement s'accomplit dans le travail du silex. Les pointes en feuilles de laurier, délicatement retaillées sur les deux faces et aux extrémités, sont des pièces caractéristiques de cette époque (fig. 3).

Fig. 3.

Les pointes de lance en os ou en bois de renne sont excessivement rares, les os gravés font complétement défaut. Ce-

---

1. *Matériaux*, T. II, p. 300.
2. E. Dupont. *L'homme pendant les âges de pierre*, p. 121.

pendant l'art y est représenté par un renne gravé sur la pierre qui a été découvert à Solutré[1]. Les coquillages méritent à peine une mention. La perfection avec laquelle le silex est taillé a porté quelques archéologues à considérer l'industrie solutréenne comme ayant des affinités avec l'époque néolithique. La ressemblance dans la finesse des retailles n'autorise point cette conclusion, car tous les caractères distinctifs de l'époque quaternaire se retrouvent avec ces silex si bien travaillés, et ils sont eux-mêmes le seul motif qui insinue des relations avec la pierre polie. Cette dernière époque n'a du reste rien produit de plus parfait dans la taille des instruments en pierre.

La perfection du travail est surtout remarquable dans les fameux silex de Volgu. Cette localité a donné des lames que l'on peut parfaitement comparer aux silex de la Scandinavie. Malgré cette supériorité, les archéologues rattachent les silex de Volgu à l'époque solutréenne. « Le Musée de Châlon, dit M. Chevrier, a le privilége de posséder des richesses qui l'ont classé à un rang très-distingué et qui ont attiré l'attention du monde savant, — les silex de Volgu. »

« Ces pièces, absolument uniques dans leur dimension comme dans leur beauté exceptionnelles, sont un trésor incomparable que les plus riches Musées d'Europe peuvent envier[2]. »

La faune de l'époque solutréenne est bien franchement quaternaire. Le mammouth révèle sa présence, le Felis Spælea, le Cervus megaceros également. Toutefois le cheval est très-abondant à Solutré. Les magmas formés d'ossements de chevaux sont assez connus.

La célèbre caverne d'Aurignac[3] se rattache à cette époque, et il en est de même de la Gorge d'Enfer[4], de la Chaise[5], de

---

1. J. Evans. *Ancient stone implements*, p. 436.
2. J. Chevrier. *Rapport*, 1876, p. 15.
3. Pozzi. *La terre et le récit biblique*, p. 172. — Lyell. *Ancienneté de l'homme*, p. 181. — Hamy. *Paléontologie humaine*, p. 257.
4. *Matériaux*. T. IV, p. 459.
5. Bourgeois et Delaunay. *Matériaux*. T. II, p. 156. — *Revue Archéologique*, 1865.

Vouthon, de la grotte des Fées[1], d'Arcy-sur-Eure, de Châtelperron[2], de Laugerie-Haute, de Badegols, de Saint-Martin d'Exideuil[3], de Bourdeilles, etc... En Belgique la grotte du Trou du Sureau appartient à la même époque[4].

Époque de la Madeleine. La grotte de la Madeleine, située sur les bords de la Vézère, au territoire de Tursac (Dordogne), a fourni les types de la troisième époque des cavernes. Cette station sous abri a été explorée avec le plus grand soin par Lartet et Christy. Cette époque ne donne pas seulement des instruments en pierre, elle abonde au contraire en instruments en os et en bois de différents cervidés. Les ossements donnent la matière des instruments, de là une transformation notable dans l'industrie du silex. La taille de la pierre est moins soignée parce qu'un autre outillage s'introduit. Le travail de l'os se généralisant on voit apparaître des instruments en silex destinés à travailler l'os et les bois de cervidés. De là les couteaux nombreux, des scies, des perçoirs destinés à façonner ces matières premières. L'ivoire est aussi employé. Les bâtons de commandement appartiennent à cette époque. Ce sont, comme on le sait, des objets en os ou en cornes de cervidés percés d'un trou à l'extrémité et souvent ornés de dessins représentant divers animaux. Ces bâtons de commandement varient dans leur ornementation. Malgré la dénomination employée pour les désigner, leur usage est encore environné de la plus grande incertitude.

Les ornements formés d'os percés et de dents, de coquillages fossiles; des aiguilles en os d'une finesse remarquable; les harpons et les flèches barbelées sont d'une rencontre facile dans le mobilier des cavernes de l'époque de la Madeleine.

La faune est plus variée que dans les autres cavernes. Le renne domine particulièrement. Quant aux restes de mammouth ils sont extrêmement rares. Les os d'oiseaux et les arêtes de

---

1. De Vibraye. *Bull. soc. géol. de France.* Vol. XVII, p. 462.
2. Hamy. *Op. cit.,* p. 263.
3. Parrot. *Rev. d'Anthrop.* T. III, 1874, p. 223.
4. Dupont. *Bull. de l'Acad. royale de Belgique.* — *L'homme pendant les âges de la pierre,* p. 71.

poissons abondent. C'est particulièrement dans le midi de la France que cet âge est le mieux représenté.

Les plus célèbres gisements sont : les Eyzies[1], Laugerie-Basse[2], Tayac, Bruniquel[3], Chaffaud[4], Massat[5], La Vache[6], Savigné[7], Mont Salève[8], en Wurtemberg Schussenried[9], en Belgique les grottes de Chaleux[10], de Goyet[11], qui ont donné des flèches barbelées et des bâtons de commandement. La grotte du Mammouth en Pologne, explorée par M. le comte Zawisza, a donné des foyers de cette époque[12].

Ces divisions en différents âges ont une réelle importance, puisque les archéologues les plus autorisés les ont ou préconisées ou adoptées. Elles sont un moyen de grouper les découvertes et de mettre un certain ordre dans les études. Cependant elles sont loin d'être les derniers mots de la science. On ne pourrait sans légèreté les regarder comme définitivement établies. Il faut bien reconnaître, du reste, que la durée de l'époque quaternaire n'étant pas encore fixée, il y a lieu de supposer que les nuances dans la civilisation doivent être en proportion avec la durée de l'âge. Ensuite il est évident que de nouvelles découvertes produiront des faits qui réagiront sur les divisions adoptées présentement. On se convaincra facilement de la convenance des réserves à apporter, lorsqu'on verra que l'époque quaternaire n'a été recherchée et étudiée que dans une infime partie du globe.

Les nombreuses découvertes qui se rapportent à l'époque quaternaire possèdent toutes une réelle importance au point de vue archéologique. Il s'agissait de faits nouveaux, inté-

---

1. *Reliquiæ Aquitanicæ*.
2. Hamy. *Op. cit.*, p. 319.
3. *Matériaux*. T. I, p. 456.
4. Brouillet. *Époques antédiluviennes et celtiques du Poitou*, p. 14.
5. *Matériaux*. T. IV, p. 467.
6. *Idem*. T. III, p. 413.
7. Hamy. *Op. cit.*, p. 310.
8. Perrin. *Études préhistoriques sur la Savoie*, p. 6.
9. *Matériaux*. T. III, p. 253.
10. Dupont. *L'homme pendant les âges de la pierre*, p. 144.
11. *Idem*, p. 105.
12. J. Zawisza. *Recherches archéologiques en Pologne*, 1874.

ressants, tous ont été recueillis, décrits, et un grand nombre élevés au rôle de types. Il n'en pouvait guère être autrement, puisqu'ils se produisaient sur des points souvent fort éloignés et alimentaient l'activité de plusieurs archéologues opérant isolément. De là un ensemble de dénominations multipliées sans cohésion et formant, en dehors de tout classement régulier, une époque cependant bien déterminée. Ces faits incohérents ne sauraient rester toujours éparpillés et les représentants isolés de la période quaternaire. Plusieurs concourent à une même démonstration et offrent certaines relations. Ils doivent être comparés et réunis.

L'INDUSTRIE QUATERNAIRE.

Plusieurs genres d'instruments de différentes matières, des objets travaillés affectant les formes les plus variées, abondent à l'époque quaternaire. Le mobilier exhumé des cavernes se compose d'un nombreux outillage, d'ornements et de pièces décoratives qui sont autant de défis opposés aux négations des adversaires de l'industrie de la pierre. On a cependant prétendu que la hache était le seul instrument en usage à l'époque acheuléenne. Selon quelques archéologues, le travail humain s'affirmait alors avec un caractère tellement primitif, que la hache elle-même n'était pas emmanchée. Cette manière de voir n'a point prévalu et le catalogue des instruments quaternaires s'est au contraire considérablement enrichi.

M. l'abbé Bourgeois affirme, les pièces en main, qu'en dehors du type de Saint-Acheul, il existe beaucoup d'autres formes de silex taillés de la même époque. Après avoir exploré pendant sept semaines une tranchée ouverte au milieu des alluvions quaternaires, il a rencontré une bonne partie des types nombreux qui sont à la surface du sol et attribués à l'époque de la pierre polie. Il en possède une série très-riche et très-intéressante [1].

M. Reboux, parlant des silex taillés des terrains quaternaires des environs de Paris, exprime à peu près la même opinion : « Ces silex affectent des formes très-variées, il y en avait pour tous les usages de la vie. Leur abondance sur ce point avec des matrices ou nucléus me fait croire que ces silex ont été taillés sur place. On peut donc supposer qu'il existait dans ces temps reculés une bourgade ou station humaine sur l'emplacement occupé aujourd'hui par la portion des fortifications de Paris qui va du sud-ouest au nord-est et qui limitent le Perret-Vallois [2]. »

De son côté M. d'Acy, parmi d'autres observations fort intéressantes, constate la variété des instruments dans les couches quaternaires. Il affirme que la superposition d'un type à un autre n'existe pas, et les silex de la forme du Moustier : pointes, racloirs, grattoirs, perçoirs, lames, nucléus, sont tout aussi abondants dans les couches inférieures que dans les couches supérieures [3].

L'opinion de M. de Mortillet semble s'être modifiée. Il admet en effet que les lames en silex recueillies avec les haches se rencontrent dans une proportion bien inférieure à celles-ci [4]. L'existence de ces instruments contemporains de la hache acheuléenne a été constatée et affirmée par d'autres archéologues que nous ne pouvons tous citer.

Un dessin de M. de Mortillet donne la manière présumée dont l'homme quaternaire se servait de la hache acheuléenne. Il la saisissait entre les quatre doigts placés en dessous et le pouce au-dessus [5].

L'emmanchement des haches du type de Saint-Acheul a donné lieu à des discussions. Dans différentes régions il a été fait sur des instruments de forme analogue des observations

---

1. *Congrès Inter. d'anthrop. et d'archéol. préhistoriques de Bruxelles*, p. 444.
2. Reboux. *Silex taillés associés à des ossements fossiles*, p. 3.
3. *Matériaux pour servir à l'histoire de l'homme*. T. VI, p. 282.
4. *Idem*. T. VI, p. 343.
5. *Indicateur de l'Archéologue et du collectionneur*, 1873, p. 365 et 366.

favorables au mode d'emploi préconisé par M. de Mortillet. Cependant M. Reboux a signalé des haches de l'Australie, encore en usage aujourd'hui, semblables à nos types quaternaires, qui sont emmanchées transversalement au bout d'un bâton, de façon à pouvoir être utilisées par les deux extrémités [1]. A un autre point de vue, les retailles exécutées sur le pourtour de la hache constituent un travail inutile dans le cas où l'instrument devait être tenu avec la main et rendent l'usage presque impossible [2].

L'industrie quaternaire ne comporte pas seulement des instruments variés en silex, elle est aussi représentée par des instruments en os et en bois de cervidés Il est bien évident que pour l'époque acheuléenne les objets en os font défaut; car l'époque de Saint-Acheul ne se rencontrant généralement que dans les alluvions, les objets en os ont été détruits par l'action du temps et des forces naturelles.

L'époque du Moustier ne donne pas non plus d'instruments en os, ce qui autorise à supposer que réellement le travail des os n'était pas encore en usage, car les cavernes de l'époque du Moustier pouvaient conserver parfaitement les instruments en os. On le voit par la présence des ossements bruts et par la découverte à des niveaux différents, appartenant à une époque subséquente, des instruments bien conservés et attestant une industrie spéciale.

L'époque solutréenne donne des têtes de lance en os et en bois de renne, mais ces objets sont très-rares. Cependant à Cro-Magnon les instruments en os sont plus nombreux qu'au Moustier ou à Laugerie-Haute. Des pointes de lances ou têtes de dards polis en os ou en bois de renne, des harpons non barbelés, des cornes de cerf percées, des os gravés avec figures d'animaux, des sifflets formés avec des phalanges de daim [3].

A l'âge de la Madeleine, on trouve en abondance des têtes de dards en os tantôt simples et tantôt ornementés sur leurs

---

1. *Matériaux*. T. VII, 1876, p. 173. — *Bull. soc. d'anthrop. de Paris*. T. IX, 1874.
2. *Ibidem*.
3. Pozzi. *La terre et le récit biblique*, p. 169, fig. 95.

faces, aussi bien que des têtes de harpons formés de cornes de renne en os barbelés sur un ou sur deux côtés. Ces pièces sont souvent préparées pour s'adapter à l'extrémité d'une hampe. On trouve aussi des aiguilles en os remarquables et pourvues d'un chas habilement pratiqué.

LES ORNEMENTS.

Les objets de parure ne paraissent pas avoir laissé de traces avant l'époque de Solutré; alors seulement on trouve des dents d'animaux, des os de l'oreille du cheval, le rocher percé, des coquilles percées portées en qualité d'ornements. A l'époque de la Madeleine les ossements percés, les dents, les coquilles fossiles sont également employés comme objets de parure. Les coquillages étaient employés pour faire des colliers, des bracelets. Quelques-uns même étaient portés isolément, ou regardés comme amulettes.

La grotte de Gourdan a fourni des grains de collier en argile ou en terre ocreuse. Ces grains de collier sont propres à une assise de la grotte. Des grains semblables ont été aussi trouvés dans le dépôt magdalénien de Bruniquel. Une autre couche de la grotte de Gourdan contenait des grains de collier en jayet, en stéatite et en différentes autres pierres [1].

La céramique à l'époque quaternaire n'a point laissé de traces remarquées jusqu'à présent. Les archéologues qui ont le plus observé, constatent son absence et en font même un des traits caractéristiques de l'époque. Cependant on cite le vase du Trou du frontal trouvé par M. Dupont [2]. Mais la discussion n'a pas été favorable à l'origine quaternaire de ce vase. Il est probable, selon l'opinion la plus reçue, qu'il appartient à une époque beaucoup plus rapprochée.

1. E. Piette. *Sur de nouvelles fouilles dans la grotte de Gourdan*, 1875.
2. E. Dupont. *L'homme pendant les âges de la pierre*, dans les environs de Dinant-sur-Meuse, p. 198, fig. 36.

ÉPOQUE QUATERNAIRE.

OBJETS D'ART.

L'industrie s'exerçait sur une plus grande échelle. Ce n'était pas seulement pour préparer des objets de première nécessité ou de vulgaires ornements sans importance, il y avait de véritables œuvres d'art. La pierre, l'os, les bois de renne, surtout à l'époque de la Madeleine, étaient remarquablement bien travaillés. Les sculptures, en effet, forment une série très-intéressante d'objets aussi en os, en ivoire et en schiste. Les dessins sont souvent d'une grande correction. En général ce ne sont pas précisément des sculptures, mais bien plutôt des ciselures obtenues avec la pointe des silex.

La station de Laugerie-Basse a donné un poignard taillé dans un bois de renne d'un travail étonnant. Les formes naturelles de la matière mise en œuvre ont été habilement utilisées. Les bâtons de commandement forment une série d'objets travaillés très-intéressante et d'une grande variété d'inspiration. La station de la Madeleine recélait pareillement de ces instruments ornés de différentes figures d'animaux.

Lartet a mis au jour une quantité considérable de plaques en ivoire, en schiste, portant la représentation de divers animaux, comme l'ours, le mammouth, le renne dans des attitudes inspirées par une observation intelligente de la nature et savamment rendues.

M. Piette, dans les fouilles de Gourdan, a trouvé d'autres pièces traitées avec habileté, qui indiquent énergiquement l'existence d'un art réel [1]. La femme au renne est encore un autre spécimen remarquable du même art [2]. Le fameux renne de

---

[1]. E. Piette. *Sur de nouvelles fouilles dans la grotte de Gourdan.* 1875.
[2]. *Bulletin monumental,* 1875, p. 758. — *Bull. soc. d'anthrop. de Paris,* communic. de M. Piette *sur la grotte du Gourdan.* — *Matériaux pour servir à l'histoire de l'homme.*

Thaïngen[1], qui a été l'objet de tant d'études spéciales et si bien interprété, appartient à l'industrie de cette époque.

Cet art, qui révèle des connaissances si peu en harmonie avec la civilisation de l'époque quaternaire, a été l'objet de quelques réserves. Mais si l'on veut bien se reporter par la pensée vers les objets semblables que l'on trouve chez les sauvages des temps modernes, il sera facile de se convaincre que la perfection de l'art n'est pas une raison suffisante pour refuser de les attribuer à des peuples encore dans un état primitif. Les comparaisons ethnographiques ont fourni à Sir Lubbock l'occasion de conclure à l'authenticité de ces sculptures. Il dit en effet : « Les Esquimaux sont assez bons dessinateurs », et plus loin : « Ils gravent sur leurs armes et beaucoup d'autres instruments une variété de figures d'hommes, de bêtes, d'oiseaux, etc..., ayant une vérité et un caractère qui prouvent que cet art est commun parmi eux. Ils représentent ordinairement les rennes en troupeaux, dans un de ces dessins un homme les poursuit, il porte des souliers à neige; dans un autre il s'est approché plus près de son gibier et tend son arc[2]. »

Les faits relatifs à l'art quaternaire ont été commentés par M. Lenormant : « L'homme, dit-il, qui menait alors dans les cavernes du Périgord, de l'Angoumois et du Languedoc la vie de troglodyte, ne maniait pas seulement la taille avec habileté; il réussissait, avec ses outils de pierre, à fouiller et à ciseler l'ivoire et le bois de renne, ainsi que l'établissent de nombreux spécimens. Enfin, chose plus remarquable, il avait déjà l'instinct du dessin, et il figurait sur le schiste, l'ivoire, l'os ou la corne, avec la pointe d'un silex, l'image des animaux dont il était entouré.

Les espèces qu'on a le plus souvent tenté de reproduire dans ces essais d'un art qu'on pourrait presque dire antédiluvien, sont le bouquetin, l'urus ou bœuf sauvage, le cheval, alors à l'état de liberté dans nos contrées, et le renne, soit

---

1. *Revue archéologique*. T. XXVII, 1874, p. 290. — *Mittheilungen der antiquarischen Gesellschaft*. Zurich. 1874.
2. Lubbock, *Les origines de la civilisation*, pp. 36 et 38.

isolé, soit en troupe. Une plaque de schiste nous offre une excellente représentation de l'ours des cavernes; sur un os, nous avons celle du felis spelœa. Mais, de tous ces dessins à la pointe, le plus surprenant, sans contredit, est celui qui a été découvert dans la grotte de la Madeleine (commune de Turzac, arrondissement de Sarlat) : c'est une lame d'ivoire fossile où a été figurée, par une main fort inexpérimentée et qui s'y est reprise à plusieurs fois, l'image nettement caractérisée du mammouth, avec la longue crinière qui le distinguait de tous les éléphants actuellement vivants. Les troglodytes de cet âge se sont même quelquefois essayés à reproduire des scènes de chasse : un homme combattant un aurochs, un autre harponnant un cétacé, souvenir d'un passage de la tribu sur les bords du golfe de Gascogne, dans le cours de ses migrations nomades. Mais ils ont échoué d'une façon misérable dans ces tentatives pour dessiner la figure humaine.

La plupart des représentations ainsi tracées par les hommes contemporains de l'énorme multiplication du renne dans nos contrées sont fort grossières; mais il en est d'autres qui sont de l'art véritable. A ce point de vue, les sculptures qui ornent les manches de poignards en os exhumés des grottes de Laugerie-Basse et de Bruniquel, sont encore plus remarquables que les meilleurs dessins. Nous citerons le renne découvert à Laugerie-Basse par M. de Vibraye, le rhinocéros trouvé dans la même localité par M. Massénat, la pièce de Bruniquel, où M. de Mortillet a si ingénieusement reconnu le mammouth, et surtout les deux rennes trouvés par M. Peccadeau de l'Isle, dont l'auteur était certainement le Phidias de l'art quaternaire[1]. »

Le renne occupait à l'époque quaternaire un rang distingué. Aussi est-il représenté pour ainsi dire dans toutes les positions. On voit qu'il attirait puissamment l'attention des peuplades primitives. Il était du reste une des principales ressources de l'homme qui ne manquait pas de le célébrer en multipliant ses représentations. Cette disposition favorable

---

1. F. Lenormant. *Les premières civilisations.* 1874. T. , pp. 39, 40, 41.

qui attachait un si grand prix au renne, semble expliquer l'habileté remarquable avec laquelle les diverses scènes de la vie de cet animal sont reproduites. Ce même talent est loin de briller dans les dessins qui ont la représentation de l'homme pour objet. En effet, dans le même sujet, le renne est représenté avec une grande perfection et l'homme est à peine grossièrement ébauché. Cette différence n'a échappé à personne.

La figure humaine a été plus avantageusement traitée sur un bois de renne de Laugerie-Basse. Un homme poursuit en le chassant un aurochs[1]. Les attitudes sont naturelles chez le ruminant qui semble épouvanté; quant à l'homme, probablement à cause de la forme du bois de renne, il laisse beaucoup à désirer. Quant au mérite du dessin, il faut le reconnaître, il est tout à fait relatif et l'ensemble est loin d'être satisfaisant. D'autres tentatives ont été faites pour représenter la figure humaine, mais les essais n'ont pas été plus heureux. On cite cependant la figurine en ivoire appartenant à M. le marquis de Vibraye, mais la Vénus de Laugerie-Basse est loin de faire songer à la Vénus de Milo[2].

Les statuettes découvertes par M. Dupont, en Belgique[3], et M. l'abbé Landesque dans le Périgord[4], ne sont pas capables de modifier la réputation d'insuffisance que l'art quaternaire s'est acquise dans la représentation de la figure humaine.

Le renne, dont le rôle est si caractérisé, n'est pas toutefois le seul animal que la sculpture ait pris pour sujet. Le cheval a été représenté fréquemment[5], l'on connaît aussi le Bouquetin[6] provenant de Laugerie-Basse, l'Aurochs[7] et le

---

1. Pozzi. *La terre et le récit biblique*, p. 171.
2. *Compte rendu de l'Académie des sciences*. 1864.
3. Dupont. *L'homme pendant les âges de la pierre*, p. 92.
4. *Bull. monumental.* T. XXXXI, 1875, p. 760, fig. 1 et 2.
5. *Bull. monumental.* 1875, p. 760. — Pozzi. *La terre et le récit biblique de la création*, p. 170, fig. 97. — G. de Mortillet. *Promenades au Musée de Saint-Germain*, p. 114.
6. Hamy. *Paléontologie humaine*, p. 319. — *Reliquiæ Aquitanicæ*, pl. II, fig. 6.
7. Hamy. *Loco citato*. — E. Massénat. *Objets gravés de Laugerie. — Basse. Matériaux.* T. V, p. 348.

Mammouth [1] ont été retrouvés. Enfin un cétacé a été également découvert avec des poissons très-bien dessinés. Plus récemment, M. Chapelain Duparc, dans la grotte Duruthy, a trouvé les traces d'une industrie nouvelle ; ce sont des dents d'ours et d'autres carnivores portant des sculptures représentant divers sujets, parmi lesquels un poisson du genre Ésoce et un phoque facile à déterminer [2].

Il n'y a donc point à discuter à ce sujet, l'existence de l'art est un fait indubitable à l'époque quaternaire. Déjà nous l'avons dit, les instruments étaient plus variés qu'on ne le pense généralement. Du reste, il est impossible que l'homme capable de se préparer des instruments en silex n'ait eu recours aux os et aux bois. Ces matières, abondantes et faciles à travailler, constituaient des ressources qu'il ne pouvait négliger. Quel que soit le degré de civilisation de l'homme à cette époque, il était certainement doué d'une intelligence qui autorise toutes ces conclusions. Les faits parlent du reste d'eux-mêmes.

Quant à ces figures si nombreuses tracées ou ciselées sur la pierre, l'ivoire, l'os et le bois de renne, qui ont été rencontrées dans une abondance relative, elles attestent une aptitude qui a dû nécessairement s'appliquer à d'autres sujets et pourvoir à d'autres nécessités de la vie.

Il serait difficile de porter un jugement sur le caractère, la portée et le développement de cet art. Il a été reconnu, étudié sur plusieurs points ; les grottes découvertes formant un ensemble aussi considérable que varié. Cette variété de foyers ou de gisements est loin de nous présenter l'art se développant avec une régularité progressive. Elle ne constitue pas un courant homogène qui se résume enfin dans une industrie douée d'un cachet d'unité et représentant une époque. Le travail offre néanmoins des points de rapprochement que l'examen attentif reconnaît, mais la variété subsiste toujours. Ces expressions, qui se sont conservées dans le langage de la science même, l'homme de Laugerie-Basse, l'homme de la

---

1. Lubbock. *Les origines de la civilisation*, p. 34.
2. Louis Lartet et Chapelain Duparc. *Sur une épulture des anciens Troglodytes des Pyrénées. Matériaux pour servir à l'histoire de l'homme*. 1875, p. 252, fig. 37.

Madeleine, l'homme de Cro-Magnon, etc..., donnent la mesure des nuances dans l'art. Les divers groupes de populations exerçaient donc leur industrie selon leurs inspirations indépendantes. Néanmoins, il y a lieu d'admettre que leur isolement réciproque n'était pas aussi absolu qu'on pourrait le supposer.

Des anthropologues ont remarqué que certaines tribus ne supportaient point le voisinage des autres et engageaient des luttes qui allaient jusqu'à l'extermination. Mais il n'en était pas toujours ainsi. L'art revêt des caractères qui indiquent de grands traits de filiation et révèlent ainsi une inspiration commune et des emprunts.

Quelles sont les nuances de l'industrie à cette époque? Faut-il voir dans la variété de l'œuvre l'indice de divers rameaux de la race humaine ayant chacun leur industrie caractéristique, ou bien ne faut-il voir dans le travail si nuancé que l'effet d'une habileté, d'une civilisation ou de coutumes plus ou moins parfaites? On peut admettre que les deux ordres de causes ont exercé simultanément leur action. Aujourd'hui les différentes industries revêtent non-seulement des caractères de race, mais des caractères nationaux. On ne voit pas la moindre cause qui expliquerait pourquoi il en aurait été autrement à une époque où les populations avaient beaucoup moins d'occasions et de facilités pour se pénétrer réciproquement et se fusionner.

Pour acquérir une connaissance complète de l'époque quaternaire, il est donc nécessaire de faire une étude particulière de chaque grotte, d'en constater les pièces ouvrées avec leur caractère distinctif et de faire les rappprochements suggérés par les ressemblances dans l'art et l'industrie.

Cette étude comporte nécessairement l'examen des nombreuses monographies qui ont été publiées sur les stations découvertes. Les publications si savantes de Lartet et Christy[1] sont remplies de faits du plus haut intérêt. Enfin les *Matériaux pour servir à l'histoire de l'homme* sont une mine de renseignements précieux.

---

1. *Reliquiæ Aquitanicæ*.

ÉPOQUE QUATERNAIRE.

L'influence exercée par les diverses races humaines au point de vue de l'industrie ressort plus particulièrement du domaine de l'anthropologie. Déjà il a été fait, dans cet ordre de choses, des observations multipliées qui auront pour résultat de produire la distinction des types les mieux caractérisés et les plus répandus. Mais dans l'état de nos connaissances, il n'est guère possible de donner à la question une autre teinte que celle d'une érudition portant sur des détails, sans pouvoir s'appuyer sur un système scientifique absolument assis. Il suffit donc d'indiquer les rapports qui existent entre l'archéologie et l'anthropologie. Le rapport essentiel se résume particulièrement dans l'aide que les deux sciences peuvent se prêter réciproquement. Il est ainsi réservé au discernement de l'archéologue de voir dans quelles circonstances il pourra recourir aux lumières de l'anthropologie, pour obtenir la solution des problèmes qui appartiennent à l'époque quaternaire.

Le travail, dans les différents objets de l'époque quaternaire, offre des nuances manifestes. Certains instruments sont en pierre éclatée et d'autres en pierre taillée. Il est, du reste, très-aisé de comprendre que la manière de procéder devait varier avec les instruments et avec le degré de civilisation. On ne traite pas une lame comme on prépare une hache, et l'expérience se révèle dans la perfection des instruments. Les variétés dans le travail ont donné lieu à plusieurs classifications de l'industrie à l'époque quaternaire.

CLASSIFICATIONS.

L'époque quaternaire dont nous traitons a été désignée sous le nom de *Paléolithique* (παλαιος λιθος); c'est la dénomination la plus généralement employée pour l'indiquer. L'expression est encore souvent usitée malgré les essais de classification qui ont été proposés successivement.

Cette division de l'âge de la pierre en *Paléolithique* et

Néolithique, selon l'opinion de plusieurs archéologues, ne convient pas également à toutes les contrées. M. Pigorini déclare en effet qu'elle n'est pas toujours applicable en Italie; car, de l'avis de M. Nicolucci, les instruments en pierre des époques les plus reculées ne furent pas oubliés ou négligés à l'époque qui suivit, et l'usage s'en perpétua jusqu'à l'époque la plus voisine de nos temps [1].

M. Piette, dans un travail intéressant qu'il a publié sur de nouvelles fouilles dans la Grotte de Gourdan, s'exprime ainsi : « Dans l'état actuel de la science, l'industrie solutréenne semble avoir tout entière, en France, évolué vers l'industrie magdalénienne avant l'avénement de l'ère néolithique. » Et plus loin : « L'on peut dire avec vérité que l'industrie des dolmens n'est que l'expression la plus récente de l'industrie solutréenne augmentée de quelques importations venues de l'étranger. »

Lartet, s'inspirant de la présence des animaux dont les débris étaient associés aux restes de l'homme à l'époque paléolithique, proposa une classification que ses savantes recherches autorisaient pleinement. Il subdivisa les temps quaternaires en trois époques :

    I. L'âge du Grand Ours. *Ursus Spœlæus.*
    II. L'âge du Mammouth. *Elephas Primigenius.*
    III. L'âge du Renne. *Cervus Tarandus.*

La même classification se retrouve sous une autre forme :

    I. Age des animaux éteints.
    II. Age des animaux émigrés.

M. le Dr Hamy a proposé de diviser la période paléolithique en plusieurs âges [2] :

    I. Age des animaux éteints.
    II. Age des animaux éteints et émigrés.
    III. Age des animaux émigrés et actuels.

---

1. *L'età della pietra nella provincia di Molise. Bulletino di Paleontologia Italiana.* Ann. II, N. 7.
2. Hamy. *Précis de Paléontologie humaine,* p. 7.

ÉPOQUE QUATERNAIRE.

Ces classifications, basées sur la faune, ont été l'objet de critiques qui mettent en relief leur instabilité et leur insuffisance. On leur a reproché d'être trop particulièrement géologiques. M. de Mortillet, pour remédier aux défauts des anciennes classifications, a proposé un autre mode. Ce n'est plus la faune qui est caractéristique, il s'inspire des œuvres mêmes de l'homme. La classification a pour base l'industrie; en un mot, elle est archéologique.

Cette classification, dont l'usage est déjà répandu, comporte, pour la période quaternaire [1] :

    I. L'époque de Saint-Acheul.
    II. L'époque du Moustier.
    III. L'époque de Solutré.
    IV. L'époque de la Madeleine.

Sous le titre de chronologie de la pierre, M. Reboux a préconisé une autre classification :

    I. Époque de la pierre éclatée.
    II. Époque de la pierre taillée.

Cette dernière époque, qu'il appelle aussi mésolithique, établit une transition entre l'époque paléolithique et l'époque néolithique [2].

Enfin M. Dupont, dont le nom est justement célèbre parmi les paléontologistes distingués, propose sa classification dualistique [3].

Age du mammouth et du renne présentant deux nuances dans le travail humain.

    I. L'industrie propre aux régions des plaines.
    II. L'industrie des régions montagneuses.

L'époque quaternaire, dans l'ensemble que nous venons

---

1. *Congrès International d'anthrop. et d'archéol. préhistoriques de Bruxelles*, p. 436 et suiv.
2. Reboux. *Chronologie de la pierre*, pp. 1 et 8.
3. *Bul. soc. d'anthrop. de Paris*. T. IX, p. 749.

d'esquisser, a-t-elle une existence propre isolée, ou bien a-t-elle des relations avec la période archéologique de la pierre polie? Tel est le problème posé par les archéologues. Nous réunirons dans le chapitre qui suit les éléments de la solution.

LA TRANSITION

ENTRE LES DEUX ÉPOQUES DE LA PIERRE

LA TRANSITION

ENTRE LES DEUX ÉPOQUES DE LA PIERRE

u premier aspect, il semble naturel, logique même, de considérer l'époque de la pierre comme une longue période pendant laquelle l'industrie se développe avec régularité et atteint progressivement ses derniers perfectionnements avec la pierre polie. Les traces de ce développement progressif sont effectivement faciles à suivre pendant les temps paléolithiques. Les types quaternaires se modifient visiblement et acquièrent, par l'habitude et la pratique, des perfectionnements qui laissent néanmoins subsister les caractères originaires et une ressemblance saisissante. Les transitions s'affirment nettement; en un mot, il existe au point de vue de l'industrie quaternaire une filiation qu'il n'est pas possible de méconnaître.

Mais ce progrès, qui caractérise l'art à l'apparition de la pierre polie, peut-il être attribué à l'expérience des siècles et regardé comme le couronnement logique, régulier, naturel de l'industrie de la pierre? Un nombre considérable d'archéologues distingués ne l'ont pas cru. Des paléontologistes prétendirent que les dernières phases de l'industrie paléolithique, comparées avec les commencements de la pierre polie, attestaient une lacune puissamment accusée, un immense hiatus entre les deux époques de la pierre.

Édouard Lartet, dont le nom est si justement célèbre, avait cru apercevoir une brusque interruption entre les deux époques de la pierre. Il fit donc connaître cette solution de continuité qu'il avait remarquée. Il y a dans l'appréciation du savant paléontologue une preuve de l'étude profonde et méthodique qu'il avait faite. Il n'était, du reste, pas le seul qui eût aperçu la lacune qu'il avait constatée le premier. M. Forel, tout en s'efforçant de limiter l'interruption dans des bornes exemptes d'exagération, ne laissa point d'en constater l'existence et l'étendue considérable.

L'opinion de M. Lartet fût embrassée par M. de Mortillet qui s'en fit l'habile défenseur. Au Congrès préhistorique de Bruxelles, il affirma l'hiatus avec une insistance réitérée. Son opinion a une valeur trop connue pour que nous nous dispensions de l'exprimer dans toute son étendue. Nous citons textuellement ses paroles : « Entre les diverses époques paléolithiques, on suit le développement régulier et logique de l'industrie. On en retrouve des transitions et des passages, des degrés, des points intermédiaires peuvent encore faire défaut, mais on sent, on reconnaît, qu'il y a suite continue. Il n'en est plus de même entre le paléolithique et le néolithique, entre le magdalénien et le robenhausien. Il y a une large et profonde lacune, un grand hiatus ; il y a une transformation complète.

« Avec le magdalénien disparaissent les animaux quaternaires, le grand Ours, le mammouth, le mégacère ; avec le magdalénien émigrent les espèces des régions froides qui peuplaient nos plaines ; le renne, le glouton, le bœuf musqué, remontent vers le pôle ; le chamois, le bouquetin, la marmotte, gagnent le sommet neigeux de nos montagnes. Avec le robenhausien ont apparu non-seulement les instruments en pierre polie, mais encore la poterie, les monuments, dolmens et menhirs, les animaux domestiques et l'agriculture. C'est donc un changement complet[1]. »

Dans le même congrès, M. Dupont s'est ainsi exprimé en faveur de cette opinion : « Nous constatons, dit-il, que le travail du silex a subi une évolution graduelle et continue depuis les peuplades de Montaigle jusqu'à celles de Chaleux et de Furfooz. L'industrie de chacune de ces peuplades procède, par des rapports intimes de formes et de fabrication, de l'industrie troglodytique qui l'a précédé, et nous pouvons suivre, dans leurs produits successivement modifiés, les variations des mœurs et les tendances de développement des populations de nos cavernes. Mais lorsque nous comparons ce travail à celui des silex ouvrés que la géologie indique comme postérieurs et qui ne sont autres que les témoins de l'âge de la pierre polie, une solution de continuité se prononce immédiatement en ce point dans la série : il est absolument impossible de faire procéder, par voie de perfectionnement, les instruments de cet âge des produits des troglodytes.

« Cette solution de continuité devient plus profonde encore, quand on remarque, ainsi que je vais l'exposer, que le silex employé dans toutes les cavernes des provinces de Namur et de Liége provient toujours de localités champenoises situées à plus de trente-cinq lieues du centre de ces provinces, tandis que le silex dont les populations firent usage, pendant l'âge de la pierre polie, dans cette même région à cavernes, a été extrait des couches crétacées du Hainaut. Nous constatons donc en Belgique, par des faits très-concluants, l'hiatus ethnographique signalé en France par Édouard Lartet et confirmé par M. de Mortillet[2]. »

Précédemment, M. Roujou, au Congrès de Copenhague, avait affirmé l'hiatus dans des termes encore plus absolus : « En effet, entre l'âge de la pierre éclatée, dit-il, et celui de la pierre polie, l'hiatus est énorme, et pour expliquer l'apparition d'une civilisation si profondément différente, il a fallu supposer

---

1. *Congrès Intern. d'anthrop. et d'archéol. préhistoriques de Bruxelles*, p. 440.
2. *Congrès Intern. d'anthrop. et d'archéol. préhistoriques de Bruxelles*, p. 464.

l'arrivée d'une race nouvelle et plus intelligente. En résumé, les races indigènes devraient être ce qu'elles sont encore maintenant, tenaces, peu perfectibles, dénuées de l'activité, de la faculté d'inventer et du sentiment de grandeur qui commence à se manifester dès l'époque de la pierre polie, et qui ont pris un si grand développement chez les races dites ariennes [1]. »

Depuis longtemps, M. Cartailhac avait lui-même préconisé l'hiatus dont il s'est fait le héraut. Il ne s'est pas borné à de simples affirmations, il a fait valoir toutes les preuves favorables à sa thèse.

L'absence du renne à l'époque néolithique est, pour M. Cartailhac, une preuve de la lacune qu'il signale. Ensuite, au point de vue archéologique, il ne voit aucun trait de ressemblance, aucun point de contact entre l'époque paléolithique et l'âge néolithique. Il trouve que la rareté du silex à l'époque de la pierre polie est aussi une affirmation de l'hiatus. La présence de la poterie démontre également une profonde différence dans la civilisation. M. Cartailhac découvre aussi dans les mœurs la démonstration de l'hiatus. Les peuplades de l'âge du renne étaient guerrières, les tribus de la pierre polie étaient paisibles; à peine pourrait-on trouver chez elles une pointe de lance ou de flèche!!! L'impossibilité de citer une station paléolithique où le renne est inconnu semble une preuve triomphante aux yeux de M. Cartailhac. Enfin une couche épaisse de stalagmites, séparant les foyers de l'époque du renne de ceux de la pierre polie, est aussi l'affirmation de l'hiatus [2]. Nous mentionnons simplement les motifs allégués sans les discuter maintenant.

Les fauteurs de l'hiatus ne sont pas restés paisibles possesseurs du terrain sur lequel ils s'étaient établis. M. Broca, en interprétant la grotte de l'homme-mort au Congrès de Bruxelles, a supérieurement fait ressortir la continuité du développement régulier des deux époques de la pierre au double point de vue de la paléontologie et de l'archéologie : « La station de l'homme-mort, dit-il, participe à la fois des deux séries de

---

1. *Congrès Intern. d'anthrop. et d'archéol. préhistoriques de Copenhague*, p. 63.
2. *Matériaux pour servir à l'histoire de l'homme*. T. III, p. 327.

caractères propres à l'âge du renne et à la pierre polie. Un fragment de silex poli la rattache à l'époque de la pierre polie, la faune est celle de nos jours, la poterie est en usage ; mais il n'est pas certain qu'on ait des animaux domestiques. On habite dans des cavernes, et l'on dépose les morts dans des cavernes sépulcrales exactement semblables à celles d'Aurignac. Enfin la population appartient à une race entièrement différente de celle dont on trouve des ossements dans les dolmens de la région. » Après une étude fort détaillée de la grotte, M. Broca conclut qu'il est extrêmement probable que la tribu des troglodytes de l'homme-mort appartenait à une race antérieure à celle qui a construit les dolmens et qu'elle continua à représenter quelque temps encore, pendant la période de la pierre polie, les populations de l'époque de la pierre taillée [1].

Un travail, publié dans les *Bulletins de la société d'anthropologie de Paris,* sur la grotte de Gourdan, par M. E. Piette, fournit d'intéressants documents contre l'existence de l'hiatus. Il signale positivement la race de Cro-Magnon comme s'étant perpétuée et augmentée en nombre à l'époque néolithique. Et ensuite il constate que l'industrie néolithique a beaucoup plus de rapports qu'on le pense généralement avec celle des âges précédents ; elle en est bien, quoi qu'on ait dit, la continuation. Elle ne dérive pas de celle de la Madeleine, car avec le renne avait disparu l'outillage et l'armement spécial dont son bois avait été la matière première ; elle lui a fait cependant quelques emprunts. Elle a une origine complexe et elle présente deux types très-distincts qui se rattachent à ceux du Moustier et de Solutré... Sans doute la forme néolithique est beaucoup plus parfaite... Mais l'invention date réellement des temps quaternaires [2].

La savante étude publiée sur la grotte Duruthy par MM. Louis Lartet et Chapelain Duparc contient des faits multipliés qui combattent fortement contre l'hiatus. Aussi les auteurs de la notice concluent-ils en disant : « Le résultat de

1. *Congrès de Bruxelles,* p. 186 et 197.
2. Piette, *Fouilles dans la grotte de Gourdan,* pass.

cette découverte sera, nous l'espérons, de mettre en garde contre les généralisations trop hâtives et de prouver qu'entre l'âge du renne et l'arrivée de la race des dolmens, il y a encore eu place, dans les Pyrénées, pour une nouvelle série de troglodytes, descendant en ligne directe de la première et utilisant les premiers perfectionnements d'outillage que l'on regarde comme caractéristiques de l'âge de la pierre polie.

« La grotte Duruthy, par les superpositions heureuses qu'elle a laissé constater, nous donne des dates précieuses pour l'histoire de la race des chasseurs de renne dont elle prolonge ainsi l'existence sur notre sol au delà de celle des espèces animales qui lui étaient restées associées partout jusqu'à ce jour[1]. »

Nous trouvons la même manière de voir dans une étude du plus haut intérêt, publiée dans la *Revue archéologique*, par M. Bertrand, sur le renne de Thaïngen : « Pour nous, dit-il, qui n'admettons point d'époque intermédiaire entre l'âge des cavernes et l'âge de la pierre polie, la question revient à déterminer le commencement de la grande révolution à laquelle nous devons, avec la pierre polie, l'introduction dans nos contrées des animaux domestiques. » Et plus loin : « Bien qu'il semble y avoir, au premier abord, comme on l'a dit, entre l'époque des cavernes et l'époque de la pierre polie un immense hiatus, ces deux époques se touchent incontestablement[2]. »

Les arguments qui militent en faveur de la continuité dans le développement de l'industrie de l'âge de la pierre ont été réunis avec un grand talent dans un travail de M. Cazalis de Fondouce. Les preuves ont été groupées au quadruple point de vue de l'anthropologie, de la géologie, de la paléontologie et de l'industrie. Il était difficile de mieux diviser le travail qui embrasse tous les faits susceptibles d'être invoqués. La question est ainsi envisagée sous toutes ses faces.

---

1. *Matériaux*, t. V, 1874, p. 167.
2. *Revue archéologique*, 1874, p. 300 et 301.

L'anthropologie, dont les lumières avaient été invoquées pour affirmer la disparition des races anciennes et l'apparition d'une race nouvelle, après un hiatus profond, a fourni des données qui autorisent d'autres conclusions. Non-seulement les races anciennes se retrouvent à l'âge de la pierre polie, mais elles sont encore représentées dans nos populations actuelles. Au Congrès de Bruxelles, M. de Quatrefages a déclaré qu'il était impossible de refuser aux hommes qui ont vécu en même temps que le mammouth, le renne, le rhinocéros, une part dans la formation des populations actuelles. Plus je vais, plus je vois et compare, plus je suis convaincu que cette part est très-grande et qu'une bonne partie de nos contemporains se composent des descendants des hommes fossiles que nous étudions ici en ce moment [1].

Les types les plus anciens, les plus extraordinaires qui ont donné lieu à tant de discussions, se retrouvent dans la masse des populations actuelles de l'aveu des plus célèbres anthropologues. L'homme de Cro-Magnon a été retrouvé, bien plus la race du Neanderthal a été également retrouvée. Ces races, qui ont pénétré l'âge de la pierre polie, ne souffrent donc pas la lacune signalée, puisqu'ils la franchirent pour ainsi dire jusqu'à nous, à travers tant de civilisations diverses.

Les études anatomiques ont apporté aussi un précieux appoint en faveur de la perpétuité des races quaternaires à l'époque de la pierre polie. Les ressemblances anatomiques, dans certains points, qui sont considérés comme caractéristiques, se retrouvent aux deux époques paléolithique et néolithique. M. Broca a mis ces faits dans un jour brillant et M. Hamy a constaté, avec non moins de succès, des faits analogues qui l'ont autorisé à nier l'existence de l'hiatus. Ce ne sont pas seulement les sommités parmi les anthropologistes qui ont ainsi comblé l'hiatus par leurs savantes observations; une foule d'autres archéologues, par un examen consciencieux, ont reconnu et publié des faits qui établissent la continuité des âges de la pierre. L'hiatus, au point de vue anthropologique, semble

---

1. *Congrès intern. d'anthrop. et d'archeol. préhistoriques de Bruxelles,* p. 582.

n'avoir eu un succès relatif que par l'absence de constatations suffisantes.

La géologie semblait avoir prêté son concours puissant à la démonstration de la solution de continuité. Les géologues, en effet, ont reconnu une lacune placée non pas entre les dernières limites de l'époque paléolithique et les commencements de la pierre polie, mais divisant l'époque quaternaire elle-même. Elle n'est donc pas applicable à la question qui nous occupe, la remarque en a été souvent faite. Les lacunes que la géologie a constatées à d'autres époques plus rapprochées sont essentiellement locales et manquent de ce caractère de généralité qui serait nécessaire pour établir cette lacune profonde, brusque, affirmée par quelques savants. Les interruptions remarquées dans la fréquentation de certaines grottes n'ont point un caractère géologique. Les couches de stalagmites démontrent des temps d'arrêt dans la fréquentation des grottes, mais ne disent rien en faveur de l'hiatus. Aucune cause assez énergique pour faire disparaître la race humaine n'a été non plus reconnue entre les deux époques de la pierre. Nous ne donnons qu'un aperçu fort sommaire, mais les déductions de la géologie n'en sont pas moins fort intéressantes dans les exposés qui ont été faits.

Les changements survenus dans la faune ont paru des indices suffisants de l'hiatus. Mais il faut remarquer que la faune quaternaire n'a point disparu tout d'un coup pour faire place à la faune actuelle. Les faits attestent le contraire par l'existence de plusieurs animaux quaternaires, pendant et après l'époque de la pierre polie. Le renne, dont les restes sont si abondants dans certaines stations quaternaires, n'était pas nécessairement l'animal prédominant de la faune, car les accumulations de débris, étant tout à fait accidentelles, ne prouvent pas qu'il en était ainsi dans la nature. Le fait de la domestication des animaux n'est pas encore assez bien étudié pour que l'on puisse l'invoquer légitimement.

M. Steenstrup, dans une très-savante communication au Congrès de Bruxelles, a démontré l'existence de plusieurs espèces animales contemporaines du mammouth, qui ont été dans la suite domestiquées. Ces espèces ne comblent-elles pas l'hiatus ? Il y a lieu de le croire, d'autant plus qu'elles sont, pour ainsi dire, identiques, au point de vue anatomique, avec celles de l'époque quaternaire [1].

Bien que la flore, sérieusement interrogée, puisse donner les plus intéressants éléments de solution, nous nous bornons à constater qu'à l'époque glaciaire les lichens n'occupaient pas nécessairement la terre. Une autre végétation s'était emparée du sol qui lui offrait tous les éléments nécessaires à un splendide développement.

L'archéologie offre également des ressources qui peuvent puissamment aider à combler l'hiatus si souvent invoqué. Il n'est pas conforme à la réalité des faits, comme on l'a avancé, que la transformation soit assez complète à l'époque de la pierre polie, pour autoriser à déclarer qu'il n'y a plus d'art alors, ni aucun rapport avec les temps paléolithiques. D'abord on a invoqué l'absence du silex travaillé à l'époque de la pierre polie. Le fait n'est pas démontré, car n'y eût-il que les stations du Petit-Morin (Marne), où nous avons trouvé les silex par milliers, on pourrait le contester. Mais il a été trouvé d'autres stations néolithiques, tout le monde connaît le Grand-Pressigny, Spiennes. Les silex travaillés se retrouvent donc dans les stations les mieux caractérisées de la pierre polie. A un autre point de vue, les silex de Solutré n'ont-ils pas une physionomie qui autorise pleinement à les comparer avec les silex de la pierre polie? Depuis que la grande thèse de l'hiatus a été posée, n'a-t-on pas découvert des grottes où les deux époques se touchaient et se succédaient avec certains points de ressemblance qui n'admettent point la solution de continuité ? Enfin les conditions d'existence des populations quaternaires ayant changé avec la civilisation néolithique, l'art n'a-t-il pas pu se transformer ? Les mœurs étant changées, il n'y avait plus de raisons de représenter les mêmes sujets. Nous ne pouvons donner un plus grand développement à la question que nous traitons, eu égard à notre cadre. Mais nous pouvons, sans té-

---

1. *Congrès de Bruxelles,* p. 214.

mérité, déclarer que les démonstrations de M. Cazalis de Fondouce ont victorieusement combattu les motifs allégués par les partisans de l'hiatus[1].

Les motifs les plus puissants combattent l'existence de l'hiatus. D'un autre côté, nous ne comprenons pas bien la nécessité de recourir à cette lacune immense pour expliquer les transformations opérées à l'apparition de la pierre polie. Lorsque les études préhistoriques étaient encore dans l'enfance, on conçoit que des hommes, doués d'un éminent esprit d'observation et d'une grande science, aient entrevu un problème dans l'évolution accomplie à l'époque de la pierre polie. Mais aujourd'hui, après tant de nouvelles découvertes et de plus amples études, la nécessité d'invoquer l'hiatus n'est guère bien démontrée. L'expérience naturelle n'a-t-elle pas amené les perfectionnements que nous voyons dans l'art? Faut-il, en réalité, beaucoup plus de sagacité pour polir un silex que pour le tailler? L'habitude de polir les instruments en os n'est-elle pas un acheminement vers le polissage de la pierre? Les instruments barbelés en os ne sont-ils pas les modèles des flèches barbelées en pierre? La pierre polie, avec son industrie et sa civilisation, peut donc n'être que le résultat progressif des âges précédents. Il serait probablement beaucoup mieux de dire : les faits sont là pour répondre, ils parlent et paraissent s'être réservé le rôle de combler eux-mêmes la lacune signalée.

1. Cazalis de Fondouce, *Pierre taillée et pierre polie*. Revue d'anthrop., 1874, p. 613.

ÉPOQUE NÉOLITHIQUE

ÉPOQUE NÉOLITHIQUE

NE civilisation nouvelle, supérieure à celle dont nous avons esquissé les traits principaux, inaugure la période archéologique connue sous le nom d'âge de la pierre polie. Cette grande phase revêt des caractères bien tranchés qui la détachent d'une manière évidente de l'époque paléolithique. L'homme triomphe par d'incessants efforts des difficultés qui le tenaient dans un état précaire. La situation matérielle éprouve d'avantageuses transformations. Elle s'est notablement améliorée, les instruments employés en fournissent de nombreuses preuves. Dans l'ordre intellectuel, il s'est placé à un rang bien plus élevé. Le perfectionnement des objets à son usage donne, dans une certaine proportion, la mesure du progrès qui s'est accompli. Il existe effectivement une corrélation entre le progrès intellectuel et les améliorations matérielles qui se produisent, l'esprit de l'homme s'appliquant toujours à donner plus de relief à l'existence et à l'entourer d'un plus grand bien-être.

Les abris sous roche, les grottes naturelles, ne sont plus les demeures exclusivement recherchées par l'homme. Il abandonne les cavernes abruptes que la nécessité lui avait imposées. Il se pratique lui-même des grottes saines, mieux aménagées, plus propres à le préserver contre les dangers et à le garantir contre l'intempérie des saisons. La même époque voit aussi s'élever les cités lacustres, ces étonnantes constructions, où le libre choix et la volonté de l'homme s'affirment avec tant de puissance. Les allées-couvertes, aussi connues sous le nom de chambres de géants, notamment dans les régions scandinaves, sont pareillement rattachées à cette grande phase archéologique.

Le travail de l'homme s'accentue visiblement, son activité ne se borne plus à préparer des instruments de première nécessité, il s'applique à la construction des demeures, il dispose des sépultures où le respect de ses restes s'exprime dans toute sa grandeur. Sa vie n'est plus pour ainsi dire principalement consacrée à lutter contre les animaux pour se préserver de leurs attaques et pour se procurer dans leurs dépouilles le vêtement et la vie. Avec l'ère de la pierre polie, la domestication des animaux acquiert la valeur d'un fait certain. Ce progrès lui assure non-seulement de précieuses ressources, mais lui impose l'obligation d'avancer encore et d'enrichir son industrie. Le travail se développe dans d'étonnantes proportions, l'outillage se perfectionne et se complète. Une grande évolution s'exécute et proclame de nombreuses conquêtes dans l'art. Des produits nouveaux viennent augmenter le mobilier. La naissance de l'industrie céramique atteste en même temps un progrès industriel et un changement notable dans les mœurs. Ces vases pesants ne conviennent en effet qu'à des populations déjà fixées. Naguère, à l'époque paléolithique, le silex fournissait presque exclusivement la matière première de l'outillage. Il était généralement tiré de la contrée occupée par les peuplades primitives. Désormais nous verrons des roches variées de provenance exotique s'adjoindre au silex indigène et témoigner ainsi en faveur de lointaines relations et d'un progrès incontestable. Ces roches étrangères, représentées par un bon nombre d'instruments et différents objets de parure, ont été regardées par la plupart des archéologues comme appartenant au luxe de l'époque. Nous aurions ainsi une preuve de plus en faveur du progrès accompli, à moins cependant qu'on ne les considère comme des importations faites par les peuples qui émigraient. Ces pièces présentent des types particuliers que l'industrie indigène ne semble pas avoir imité. Les meilleures raisons établissent qu'elles étaient apportées dans leur état de perfection. On n'en rencontre aucune simplement ébauchée. La présence de ces instruments en roches étrangères suppose donc des relations commerciales, ou même des voyages, ce qui serait moins invraisemblable qu'on serait tenté de le supposer au premier aspect.

La civilisation, incomparablement supérieure de l'époque néolithique, ne laisse pas d'avoir néanmoins de nombreux traits de ressemblance avec les habitudes et l'industrie des temps quaternaires. L'évidence d'une sérieuse transformation est incontestable néanmoins, malgré les points de contact. Mais faut-il attribuer ce changement à un développement progressif dû à l'expérience des siècles précédents? Ou bien est-il l'œuvre d'une race nouvelle introduite parmi les populations paléolithiques? Lorsque des archéologues d'une grande célébrité affirment l'influence des importations, l'arrivée d'une nouvelle race, il est difficile d'affirmer que le développement graduel fût la seule cause de la transformation opérée. Il faut bien reconnaître du reste que les traces d'un mouvement progressif ont été peu remarquées jusqu'à présent à l'époque quaternaire. Tout ce que l'on pourrait supposer comme vraisemblable, c'est que la population des époques paléolithiques avait, par le temps, acquis une aptitude réelle pour recevoir l'impulsion imprimée par le courant d'une nouvelle population. Quelle que soit d'ailleurs l'origine du progrès remarqué et de la transformation survenue, la question reste toujours la même. Le fait de l'industrie à l'âge de la pierre polie qui doit nous occuper se présente dans les mêmes conditions.

L'industrie néolithique caractérise une période assez

considérable. Il fut un temps où l'homme, ne connaissant pas encore l'usage des métaux, demandait au silex et aux autres roches la matière première de son outillage. Ce fait est incontestable, il plane au-dessus de toutes les dénégations. Il faudrait ébranler toutes les bases de la certitude et répudier toutes les règles de la critique pour admettre les théories opposées. Il n'y a pas deux manières de raisonner. Du moment où l'on reconnaît des époques archéologiques déterminées en se basant sur les produits de ces époques, de manière à ne jamais les confondre, il faut admettre aussi les époques de la pierre puisqu'elles s'affirment avec des caractères distinctifs qui les discernent des autres phases de l'industrie humaine. Lors même que sur divers points du globe il y aurait contemporanéité entre l'usage des métaux et l'emploi exclusif de la pierre, on n'en pourrait rien conclure contre l'existence de l'âge de la pierre. De même, s'il arrivait qu'il fût bien démontré que des populations employaient l'outillage en pierre à des temps connus dans l'histoire, l'existence archéologique de l'âge de pierre n'en serait pas pour cela compromise. Et lors même enfin qu'il serait établi, ce qui n'est rien moins que probable, que les populations franques travaillaient encore le silex à l'époque mérovingienne, la démonstration serait encore sans portée pour l'époque néolithique placée dans une sphère tout à fait en dehors de ses atteintes. Ne sait-on pas que l'industrie de la pierre s'est prolongée jusqu'aux temps modernes en Scandinavie? Quel est l'archéologue sérieux qui ait songé à y voir un prétexte pour nier l'industrie des temps antéhistoriques ou d'un âge pur de la pierre? Les auteurs les plus connus dans l'antiquité sont remplis d'allusions relatives aux temps où les hommes vivaient dans un état de semi-barbarie. Il faut donc reconnaître la possibilité de ces situations antiques qui n'avaient rien de commun avec les civilisations célébrées par les écrivains grecs et romains.

M. François Lenormant a touché quelques points de cette discussion; nous le citons, car il nous paraît difficile de traiter la question avec plus de clarté et de science :

« Le métal ne s'étant substitué que graduellement et non par une révolution brusque aux instruments de pierre, il y eut un certain temps où les deux matières furent concurremment employées. Nous avons déjà remarqué qu'une partie des dolmens de la France datent de cette époque de transition. Il en est de même de certaines palafittes de la Suisse où le bronze est associé à la pierre, et de quelques « terramares » de l'Émilie, celles de Campeggine et de Castelnovo, par exemple, où les silex et les os taillés se montrent avec des armes et des ustensiles de bronze. Diverses sépultures de l'Italie septentrionale ont offert pareille association. Il s'est même rencontré en Allemagne, à Minsleben, un tumulus où étaient réunies des armes de pierre et des armes de fer, ce qui montre que l'usage de la pierre taillée subsista chez quelques populations par delà l'âge du bronze. On a également trouvé dans le Jura des forges dont les scories accumulées renferment dans leurs monceaux quelques instruments de pierre. Pendant longtemps, comme je l'ai déjà dit plus haut, le grand prix du métal a fait que les plus pauvres se contentaient d'armer leurs flèches et leurs lances de pointes de silex. Sur le champ de bataille de Marathon, l'on ramasse à la fois des bouts de flèche en bronze et en silex noir taillé par éclat; et, en effet, Hérodote signale dans l'armée des Perses qui envahit la Grèce la présence de contingents de certaines tribus africaines qui combattaient avec des flèches à la pointe de pierre. Le même fait a été observé dans plusieurs localités de la France, notamment au camp de César, près de Périgueux.

« Au reste, les exemples de la continuation de l'usage habituel d'instruments de pierre dans les temps d'une métallurgie complète abondent dans les pays les plus différents. Le fait est constant dans les civilisations développées tout à fait isolément du Mexique et du Pérou. Il s'est conservé après la conquête espagnole. Torquemada vit encore les barbiers mexicains se servant de rasoirs d'obsidienne. Même aujourd'hui, les dames de certaines parties de l'Amérique du Sud ont, dans leur corbeille à ouvrage, à côté des ciseaux d'acier anglais, une lame tranchante d'obsidienne qui sert à raser la laine dans certaines broderies. Si nous laissons l'Amérique pour l'ancien monde, nous trouvons en Chaldée des instruments de pierre les plus variés dans les mêmes tombeaux et les mêmes ruines, remontant aux plus anciennes époques historiques que les outils de bronze et même que des objets de fer; les collections formées dans les fouilles du colonel Taylor et conservées au Musée Britannique sont là pour le prouver. En Égypte, l'emploi fréquent de certains outils de pierre, souvent extrêmement grossiers, à côté des métaux, pendant les siècles les plus florissants de la civilisation et jusqu'à une date très-rapprochée de nous, est aujourd'hui parfaitement établie. C'est avec des outils de pierre que les Égyptiens exploitaient les mines de cuivre de la péninsule du Sinaï, comme l'ont établi les remarques de M. J. Keast Lord; c'est avec les mêmes outils qu'ils travaillaient dans les carrières de granit de Syène, comme j'ai pu le constater de mes propres yeux; et M. Mariette a reconnu des amoncellements de débris analogues, rejetés quand ils devenaient impropres au service, auprès de toutes les grandes excavations de l'Égypte qu'ils avaient servi à creuser. Quant aux flèches à têtes en silex, elles se rencontrent fréquemment dans les tombeaux de l'Égypte, et les pointes en abondent dans les anciens cantonnements des troupes égyptiennes au Sinaï. La Syrie a offert aussi de nombreux exemples d'armes et d'outils de pierre, même d'une exécution rudimentaire, appartenant évidemment aux âges pleinement historiques où les métaux étaient d'usage général; mais il est à remarquer qu'ils rentrent tous dans les types du couteau et de la pointe de flèche.

« Ici nous croyons nécessaire d'insister sur un point que l'on néglige souvent, à tort suivant nous : c'est la distinction à établir entre certains instruments de pierre pour les conclusions à tirer de leur découverte. Toute arme ou tout outil en pierre, ainsi que le prouvent les faits que je viens de rappeler, n'est pas nécessairement de l'âge de pierre.

« On ne peut attribuer avec une confiance absolue, à cette période du développement humain, que les stations qui présentent tout un ensemble d'outillage et de faits décelant d'une manière positive l'usage exclusif de la pierre. C'est seulement des observations faites dans ces conditions que l'on peut, en bonne critique, déduire des résultats positifs et de nature à s'imposer dans la science. Les trouvailles isolées et les dépôts qui ne renferment que certaines espèces d'armes ou d'instruments réclament, au contraire, une grande réserve dans les appréciations, et c'est ici qu'il faut distinguer entre les objets. Je ne parle pas seulement des outils de mineurs, dont le type est extrêmement particulier et toujours reconnaissable; il est trop évident que si l'on exploite une mine, — n'y employât-on que des outils de pierre par économie ou pour pouvoir mieux attaquer une roche très-dure, sur laquelle le bronze et le fer non aciéré s'émoussent, — c'est que l'on connaît et travaille les métaux. Mais je n'hésite pas à dire que les découvertes exclusives de couteaux, de pointes, de flèches et de lances, en quelques amas considérables qu'on les observe, n'ont aucune valeur décisive, rien qui permette d'en déterminer la date; ces objets peuvent être de toutes les époques, aussi bien d'un temps fort récent que du véritable âge de la pierre, et par conséquent ils ne prouvent rien [1]. »

L'époque néolithique a été étudiée avec un soin exquis dans des stations multipliées appartenant à des régions diverses. Des archéologues distingués ont constaté et démontré la réalité incontestable de l'industrie de la pierre exempte de mélange. L'existence de l'art néolithique n'est pas plus contestable que l'industrie paléolithique. Mais de même que les temps quaternaires forment une époque complexe, la période néolithique est loin aussi de se résumer, comme on serait tenté de le croire, dans un ensemble présentant un caractère uniforme. Il n'est pas possible d'y voir seulement l'expression d'une civilisation sans nuance et développée d'un seul jet. L'époque néolithique offre un triple aspect. Elle s'affirme par trois expressions distinctes et bien tranchées. Les grottes artificielles affectées à l'habitation de l'homme et aux

---

[1]. F. Lenormant, *Les Premières Civilisations*, t. I, p. 164 et suiv.

sépultures forment un ensemble d'un caractère particulier. Les cités lacustres, d'un aspect bien différent, constituent une autre partie de la même époque. Enfin les dolmens et les monuments mégalithiques forment la troisième expression archéologique des temps néolithiques.

Les grottes artificielles, les cités lacustres, les dolmens et les autres monuments qui leur sont assimilés sont propres à grouper les produits de l'industrie et à caractériser par ses traits principaux la civilisation de la pierre polie. Les points de contact qui existent entre ces trois groupes si bien accusés qui divisent cette période sont nombreux et très-intimes. Ce sont ces affinités, ces relations qui impriment à l'époque une physionomie si hautement intéressante. Ces mêmes relations, ces traits de frappante ressemblance qui unissent ces diverses nuances de la même civilisation présentent des aspects spéciaux qui relient les générations de la pierre avec celles qui, dans la suite, nous ont livré par l'histoire quelques particularités de leur existence. Déjà, nous l'avons dit, malgré sa teinte propre et sa supériorité si bien reconnue, l'industrie néolithique n'est pas un fait sans rapport avec les temps qui ont précédé son développement le plus parfait. Elle a fait des emprunts dans l'industrie et pris des exemples dans les mœurs, dans les habitudes. Il semble qu'elle émerge des temps paléolithiques pour venir se fondre dans les premières tentatives des civilisations de l'âge du bronze.

Les temps néolithiques sont très-fréquemment désignés sous le nom d'âge de la pierre polie. Malgré cet usage bien vulgarisé, il faut cependant reconnaitre que la dénomination est loin de donner une idée juste et qu'elle s'applique d'une manière inexacte. La hache polie motive seule l'appellation, mais elle est loin d'en établir la légitimité. La hache polie (fig. 4) est effectivement un instrument tout à fait inconnu à l'époque quaternaire. Néanmoins la masse générale de l'outillage, assurément contemporain de la hache, n'a rien qui autorise à le désigner sous le nom de pierre polie. Il n'est pas rare du reste de voir une expression d'étonnement mêlée de surprise se manifester chez certaines personnes,

ÉPOQUE NÉOLITHIQUE.

lorsqu'on rattache à la pierre polie les instruments éclatés ou retaillés qui lui appartiennent.

Beaucoup plus récemment la période néolithique a été désignée sous le nom d'époque robenhausienne. L'industrie néolithique ne paraît pas être ainsi plus heureusement désignée. Robenhausen n'est qu'un point dans l'époque néoli-

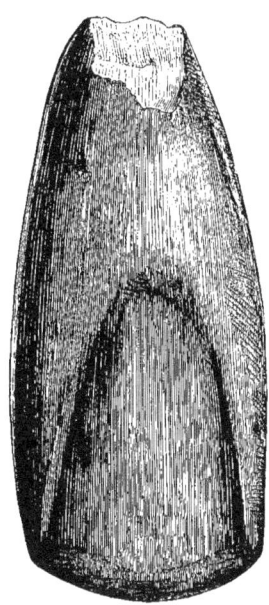

Fig. 4.

thique; de plus, il revêt une couleur particulière qui s'applique mal à l'industrie des grottes artificielles sans mieux caractériser le travail des dolmens. Quel rapport peut-on établir, par exemple, entre les produits de Robenhausen et ces pièces merveilleuses qui constituent la pierre polie, telle que nous l'admirons dans les splendides développements qu'elle a atteints en Scandinavie? Les dénominations qui ont été proposées n'ont pas obtenu assez de succès pour se substituer aux expressions : Époque néolithique (νέος λίθος), encore généralement employées.

GROTTES.

Les cavernes naturelles furent longtemps fréquentées pendant l'époque quaternaire. Elles offraient à l'homme des abris dont il fit sa demeure et sa sépulture. La nécessité lui servit de guide et fut son inspiratrice naturelle. L'expérience et le progrès lui suggérèrent dans la suite d'autres inspirations. Il ne se contenta plus alors d'utiliser les ressources que la nature lui fournissait. Il s'ingénia et se créa lui-même d'autres abris plus appropriés à ses besoins et mieux organisés. Cette amélioration laissa néanmoins subsister les usages des temps antérieurs et les cavernes naturelles ne furent pas immédiatement abandonnées à l'origine de l'âge de la pierre polie. La preuve de cette fréquentation permanente se rencontre dans les grottes, qui, après avoir été les témoins de la civilisation des temps quaternaires, servirent ensuite d'habitation aux époques postérieures. Les deux âges de la pierre taillée et de la pierre polie se sont pour ainsi dire donné rendez-vous dans les cavernes naturelles. Les recherches archéologiques ont eu pour résultat de mettre au jour des niveaux différents dans des cavernes, où l'industrie quaternaire la mieux caractérisée a vu se superposer dans les dernières couches les produits incontestables de la pierre polie.

Le recensement qui en a été fait porte à trente environ le nombre des cavernes naturelles, où se retrouvent d'une manière certaine les traces considérables de la civilisation et de l'industrie néolithiques. Les cavernes habitées à l'époque de la pierre polie, après avoir été précédemment la demeure de l'homme, ne sont pas les seules qui déposent en faveur de la période de la pierre polie. L'habitude attestée par mode de continuation s'affirme encore d'une autre manière. L'industrie exclusivement néolithique caractérise certaines autres cavernes. Il faut donc conclure que dans le début de leur emploi, elles ont été occupées par des hommes de la pierre polie et que leur inauguration date de l'introduction de la nouvelle industrie. Il semble peu nécessaire d'insister sur ces faits qui sont logiques, naturels. Il y aurait lieu, au contraire, de s'étonner si les observations qui ont été faites n'avaient eu pour résultat de les reconnaître. L'usage des grottes naturelles se comprend donc avec le changement de civilisation. D'anciennes habitudes encore vivaces, la nécessité de recourir à des abris naturels, l'isolement de quelques tribus qui durent échapper à l'influence générale expliquent surabondamment les faits qui nous occupent. Il est, du reste, essentiellement dans la nature d'une transition de porter ces caractères d'un mélange des âges qui touchent à leur fin et des temps qui commencent. Toutefois, si un peuple en émigration encore dans l'enfance utilise les ressources offertes par la nature, une population fixée ayant déjà pris quelques développements, civilisée par le progrès et par le temps, instruite par l'expérience, éprouve irrésistiblement d'autres tendances, d'autres aspirations. Les conditions de l'existence s'étant améliorées, l'homme devait se préparer des demeures plus appropriées à ses besoins, plus saines, plus sûres et mieux harmonisées avec son nouveau genre de vie.

La grotte artificielle trouva évidemment son idée inspiratrice dans la caverne naturelle. La nature avait été le premier architecte qui en avait tracé le plan. Les travaux d'appropriation, les agrandissements opérés dans la caverne naturelle furent un enseignement fort à la portée d'une intelligence aussi peu développée qu'il plaira de la supposer. L'idée de creuser dans le sol surgit naturellement, et les renseignements sur la possibilité de pratiquer des excavations ne manquent point dans les accidents du sol. Les actions naturelles produisent souvent des brèches capables de fournir une inspiration.

La grotte artificielle semble donc découler logiquement de l'usage de la grotte naturelle. M. de Mortillet admet cette conclusion, lorsqu'il dit : « Les grottes devenant rares et les morts toujours plus nombreux, on s'est mis à creuser des grottes artificielles ; puis on est arrivé à en construire de toutes pièces, avec des matériaux rapportés : ce sont les dolmens. » Et plus loin : « De ces grottes naturelles il faut rapprocher les grottes sépulcrales artificielles, comme on en a constaté dans l'Aveyron, le Finistère, l'Oise, la Seine-et-Marne, et comme notre collègue, M. Joseph de Baye, en a si bien étudié dans la Marne[1]. » M. de Mortillet considère les grottes artificielles comme exclusivement consacrées aux sépultures. Je ne puis partager son opinion, j'espère même qu'il la modifiera lorsque le temps lui permettra d'étudier d'une manière plus complète les stations de la Marne. Nous attendons ce résultat de sa sagacité et de son grand esprit d'observation. La grotte artificielle constitue une retraite, une demeure plus appropriée à un peuple déjà en voie de civilisation. Elle permet de choisir des sites plus agréables, une situation plus avantageuse pour pourvoir aux nécessités matérielles de la vie. Les détails qui composent la grotte artificielle la plus complète, la mieux organisée, font largement pressentir qu'elle était destinée à servir d'habitation. Nous donnons ici l'entrée d'une des grottes-habitations de la station de Courjeonnet (Marne). (fig. 5). La question du troglodytisme dans les stations si importantes de la Marne sera traitée avec tous les développements qu'elle mérite.

Déjà nous avons eu lieu de l'insinuer, la grotte artificielle particularise une période de la pierre polie et la caractérise. Selon toute probabilité, les grottes artificielles appartiennent à la première phase des temps néolithiques. Il est évident qu'elles ont eu, dans la suite, un usage contemporain des cités lacustres et des dolmens ; mais leur origine remonte vraisemblablement au commencement de la pierre polie. Les observations anthropologiques sont favorables à cette manière de voir. La grotte de l'Homme-Mort offre un exemple frappant de

---

[1]. *Congrès international d'anthropologie et d'archéologie préhistoriques de Stockholm*, pp. 253 et 254.

Fig. 5.

la perpétuité d'une race quaternaire à l'époque néolithique. Cette visible relation n'existe pas avec la race des dolmens de la même contrée. Le mobilier des grottes artificielles s'est assez généralement montré pur de tout mélange dans les groupes nombreux de la Vallée du Petit-Morin (Marne). Dans cette région, non-seulement la pierre polie est remarquablement représentée par le nombre, mais par la pureté de l'industrie. Les difficultés capables d'entraver le travail de l'homme lorsqu'il creusait ces grottes ne sont pas aussi puissantes qu'on serait tenté de le croire. Avec un outillage fort simple et très-primitif, il était possible de pratiquer une grotte, surtout lorsque les couches du sol s'y prêtent avantageusement comme dans la Champagne. Il faut bien du reste en faire la remarque, lorsque des obstacles imprévus se rencontraient, le travail commencé était abandonné. Les traces de ces tentatives infructueuses sont très-multipliées dans les alentours des stations.

Les temps néolithiques, caractérisés par les grottes artificielles, ne présentent pas, dans toute leur durée et sur tous les points, une teinte uniforme. Il importe de bien constater que la caverne naturelle, avec ses niveaux supérieurs appartenant à la pierre polie, fournit les anneaux d'une première transition. Dans la suite, la civilisation et l'industrie néolithiques apparaissent dégagées de tout mélange ; c'est l'époque dans toute sa pureté. Plus tard, une phase de contemporanéité constitue une seconde transition, et enfin apparaît un temps de pénétration réciproque où les deux nuances de civilisation opèrent leur fusion. A l'aide de ces distinctions, il devient facile de se guider dans l'appréciation des divers groupes distingués par des nuances si variées. Les observations souvent si opposées qui ont été faites dans l'ordre de choses dont nous traitons, trouvent par le même procédé leur utile application. Ces différentes nuances, une fois admises, auront certainement pour effet de prévenir les objections que l'on serait tenté de faire contre la priorité donnée à la phase des grottes dans le développement de la civilisation néolithique. Les faits particuliers trouvent et conservent leur place avec l'intégralité de

ÉPOQUE NÉOLITHIQUE. 87

leurs caractères distinctifs sans cependant ôter à l'ensemble ses traits généraux caractéristiques. Ainsi aucun archéologue ne se méprendra en voyant la hache polie des grottes artificielles, telle qu'on la trouve dans les grottes de la Marne

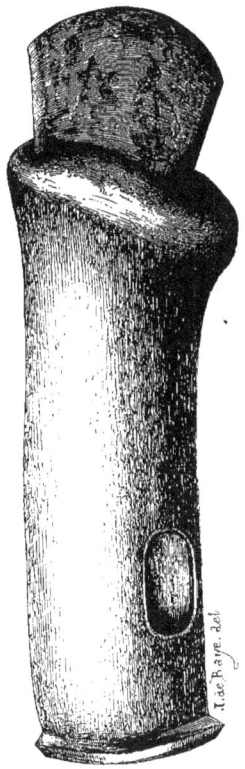

Fig. 6.

(fig. 6). Cependant ce bel instrument avec son emmanchement spécial, bien qu'il se rattache indubitablement à l'époque néolithique, est loin de présenter la physionomie du même instrument, tel que nous le donne l'industrie des cités lacustres. Pour ne citer qu'un point de comparaison, la nuance entre les figures 6, 7, 8, représentant un même instrument, n'est-elle pas assez tranchée ? Les haches sont néanmoins attribuées sans hésitation à la pierre polie. Le modèle représenté figure 8, bien que provenant du dolmen d'Argenteuil, se rencontre aussi dans les grottes artificielles de la Marne, stations d'Oyes et de Vert-la-Gravelle. qui doivent appartenir à la fin de la période néolithique.

CITÉS LACUSTRES OU PALAFITTES.

Les temps néolithiques nous apparaissent encore sous une autre face remarquable, caractérisée par les constructions lacustres, connues aussi sous le nom de Palafittes. Les cités lacustres dessinent un des aspects sous lesquels l'âge de la pierre polie se présente aux études des archéologues.

Depuis longtemps l'attention était provoquée par la présence d'un grand nombre de pieux implantés dans les lacs de la Suisse. Les populations riveraines et les pêcheurs les connaissaient. Plusieurs fois des spécimens d'une industrie extraordinaire et inconnue avaient été recueillis dans les lacs. La curiosité s'en était intéressée, mais les interprétations de la science n'étaient point intervenues. On cite des découvertes de ce genre faites dans le lac de Zurich en 1829. De nombreuses années s'étaient écoulées depuis, lorsqu'en 1854 l'abaissement considérable du niveau des eaux permit d'exécuter, dans le lac de Zurich, des travaux qui mirent au jour une intéressante série d'objets, composée d'ustensiles, d'outils, d'armes, qui représentaient un art étrange sans rapports avec les industries anciennes connues. M. le docteur Keller saisit avec une intuition profonde l'intérêt de ces découvertes et la relation qu'elles avaient avec les pilotages dans le voisinage desquels elles avaient été trouvées. Le lit de vase qui les contenait, appelé couche archéologique, fut exploré soigneusement. Les interprétations savantes de M. Keller donnèrent de la célébrité

ÉPOQUE NÉOLITHIQUE.

aux découvertes qui furent, dès lors, l'occasion d'un grand déploiement d'activité parmi les archéologues de la Suisse. Les résultats obtenus enrichirent les explorateurs des produits nombreux de l'industrie lacustre. M. Troyon[1] ajouta considérablement à l'éclat des recherches par ses aperçus pleins d'érudition. De leur côté, les études comparatives de M. Morlot[2] contribuèrent à rattacher les constructions lacustres de la Suisse avec les civilisations déjà si bien connues de la Scandinavie.

Ces premières découvertes avaient été comme un jet de lumière projeté au milieu d'une nuit obscure. Des recherches furent opérées dans le lac de Neuchâtel et la moisson fut encore plus abondante, plus intéressante, plus fructueuse pour la science. Les explorations bien dirigées du lac de Neuchâtel enrichirent les musées de la Suisse. Les publications de M. Desor[3] les rendirent célèbres et contribuèrent efficacement à établir l'existence de l'industrie des cités lacustres.

Dans la suite, M. Thioly trouva dans le lac de Genève deux stations[4] qui furent interrogées avec un grand soin. Les constructions lacustres de Moosseedorf[5] et de Grenz, près de Berne, furent aussi explorées par M. Uhlmann. Plusieurs autres pilotis furent également remarqués et visités dans divers autres lacs de la Suisse. Enfin la découverte des sépultures d'Auvernier souleva un coin du voile qui entoure l'existence des populations des cités lacustres.

La Suisse, qui avait été le premier point sur lequel les palafittes avaient été observées et si bien étudiées, ne resta pas longtemps l'unique théâtre connu des cités lacustres. La Bavière fit bientôt connaître ses constructions lacustres qui, de l'avis de M. Desor, appartiennent pour la plupart à l'âge de la pierre[6]. M. le comte Wurmbrand en signala également en

---

1. Troyon, *Habitations lacustres des temps anciens et modernes.* Lausanne, 1860.
2. Morlot, *Études géologico-archéologiques en Danemark et en Suisse. Bulletins de la Société vaudoise des sciences naturelles*, 1860.
3. Desor, *Les Palafittes ou Constructions lacustres du lac de Neuchâtel.* Paris, 1865.
4. *Matériaux pour servir à l'histoire de l'homme*, 1868, p. 50.
5. Uhlmann, *Die Pfahlbaualterthümer von Moosseedorf.* Berne, 1857. — *Matériaux pour servir à l'histoire de l'homme*, seconde année, p. 232.
6. *Matériaux pour servir à l'histoire de l'homme*, première année, pp. 21, 85, 131.

Autriche[1]. En France, on constata pareillement dans les marais de la Deule (Nord) l'existence d'une station de la pierre polie[2]. L'ensemble est assez considérable et l'étude des cités lacustres constitue maintenant une partie importante de l'époque néolithique.

Les constructions lacustres ne forment pas, au point de vue archéologique, une période isolée, ayant des caractères distinctifs qui l'isolent de la civilisation de la pierre polie. Il est beaucoup plus probable que les cités lacustres sont le résultat d'une inspiration particulière destinée à satisfaire des tendances propres à certaines populations. Mais elles tiennent certainement par plusieurs points à l'ensemble de la pierre polie et s'harmonisent visiblement avec elle. Les stations de la pierre polie sont disséminées dans toutes les contrées et ne paraissent point affecter des situations spéciales. Il n'en est pas de même des stations lacustres exclusivement propres aux régions baignées par les eaux. Elles se limitent donc aux vallées et caractérisent un groupe distinct de la population. Les études ethnographiques constatent effectivement l'existence de certaines tribus qui affectent principalement le voisinage des eaux, et contractent ainsi des habitudes distinctives qui tranchent avec celles des populations qui les environnent. Sous l'influence d'un genre de vie particulier, on voit fleurir un travail spécial correspondant aux besoins, aux occupations des habitants. Dans ces conditions il ne faut plus chercher une civilisation, une industrie, un art caractérisant d'une manière complète une époque; puisqu'il s'agit simplement d'une de ces mille nuances que la nécessité, les aptitudes, les goûts créent exceptionnellement dans le grand courant d'une civilisation déterminée. Toutefois, s'il est évident que l'on ne saurait représenter les cités lacustres comme formant une phase, comme une division de l'époque de la pierre polie avec des linéaments nettement dessinés, il n'en est pas moins vrai qu'elle fournit des faits archéolo-

---

1. Wurmbrand, *Ergebnisse der Pfahlbau-Untersuchungen.* Wien, 1875. — *Matériaux pour servir à l'histoire de l'homme*, neuvième année, p. 49.
2. *Matériaux pour servir à l'histoire de l'homme*, douzième année, p. 95.

giques intéressants et constitue une situation portant les nombreux traits d'un particularisme bien accusé. La démonstration de la nuance propre aux cités lacustres n'offre point de grandes difficultés. Il suffit de voir et de comparer pour en être frappé. Le fait est considéré comme hors de doute par les archéologues, les cités lacustres indiquent à un certain degré un progrès dans la civilisation de la pierre polie. Elles forment comme une étape dans la marche progressive de l'industrie néolithique. Si on les considère comme les œuvres d'une population nuancée par des goûts particuliers, des occupations exceptionnelles, des mœurs spéciales ou comme l'introduction d'un élément nouveau parmi des populations, elles conservent toujours la même valeur, le même intérêt, aux yeux des archéologues. Ainsi l'existence des cités lacustres peut recevoir les explications les plus opposées, être l'objet d'interprétations fort variées, elles ne sont pas susceptibles d'être radicalement séparées; on le voit par la physionomie de l'outillage qui porte les indices incontestables d'une origine commune avec celle de la pierre polie.

La conséquence naturelle de ces notions, c'est qu'il n'est point possible de trouver dans toutes les stations de la pierre polie les traces de l'industrie des palafittes. Ce serait en vain aussi que l'on chercherait les restes des constructions lacustres dans tous les endroits fréquentés à l'époque néolithique. Aussi ce n'est point sans raison qu'il a été remarqué que l'industrie de Robenhausen représentait imparfaitement l'époque de la pierre polie. Cette assertion serait mal fondée, s'il n'existait un particularisme frappant dans les cités lacustres.

Nous l'avons déjà dit, la Suisse est comme le pays classique des palafittes. Néanmoins il en existe en France, en Bavière, en Italie, en Autriche et dans d'autres pays. L'avenir fera probablement connaître encore de nouvelles stations.

La civilisation particulière des palafittes ressort, il semble, avec une nouvelle force de la perpétuité de ces constructions à travers l'âge du bronze, le premier âge du fer et vraisemblablement encore plus tard, si on veut admettre le témoignage des objets recueillis par la drague. Effectivement ces situations, offrant une sécurité incontestable et répondant aux besoins des populations adonnées à la pêche, ont dû être recherchées constamment pour les mêmes motifs. La simplicité de cette observation n'a pas cependant paru une explication suffisante aux yeux de tous les savants. Carl Vogt pense que les habitants des palafittes étaient originaires de l'Égypte, leurs connaissances agricoles en sont pour lui la démonstration et la preuve. Mais ne pourrait-on pas admettre que ces connaissances leur étaient communes avec les autres populations de la pierre polie? Ces dernières sont généralement considérées comme ayant pratiqué l'agriculture à un certain degré.

Les constructions lacustres dont nous venons de parler appartiennent à l'époque de la pierre polie, mais, ainsi que nous l'avons déjà mentionné, toutes les palafittes connues n'appartiennent pas à cette époque. Comme l'a fort bien fait remarquer M. Desor : « Il existait, sous le rapport des ustensiles, des différences notables entre les stations, les unes ne renfermant que des armes et objets en pierre et en os, les autres contenant des ustensiles et des armes en métal, spécialement en bronze, quelques-unes aussi des armes en fer, ces stations ne pouvaient être contemporaines. Elles devaient correspondre à des périodes successives de développement, ayant chacune leur caractère distinctif. On distingua ainsi comme dans le Nord trois époques : *l'âge de la pierre, l'âge du bronze, l'âge du fer*.

« Le lac de Neuchâtel a le privilége, entre tous les lacs de la Suisse, de réunir des stations des trois âges, en sorte qu'on peut y suivre, sur un espace restreint, le développement de l'humanité durant les époques reculées qui ont précédé les temps historiques[1]. »

La connaissance des palafittes n'est pas encore suffisamment vulgarisée, nous en donnons la notion sommaire.

Les cités lacustres sont des habitations construites dans des lacs ou dans d'autres lieux baignés par les eaux. Des pieux sont implantés dans le fond des lacs lorsque le sol est péné-

---

1. Desor, *Les Palafittes ou Constructions lacustres du lac de Neuchâtel*, p. 8.

ÉPOQUE NÉOLITHIQUE.

trable, ou fixés et consolidés par des pierres régulièrement disposées dans les intervalles lorsqu'il n'est pas possible de les enfoncer. Ces pieux offrent une disposition symétrique et gardent entre eux des distances égales. On forme ainsi une sorte de pilotis destiné à recevoir la construction qui doit s'élever au-dessus du niveau des eaux. Sur la partie supérieure des pilotis, des pièces transversales entre-croisées sont placées pour recevoir un plancher. Un enduit de terre recouvrait le plancher destiné à supporter la construction proprement dite. Ces constructions lacustres étaient établies à une distance probablement déterminée par le niveau des eaux de manière à être toujours complétement isolées du rivage. Dans de telles conditions, les habitants des cités lacustres trouvaient dans la pêche d'abondantes ressources pour la vie. La situation à un autre point de vue n'était pas moins avantageuse. L'homme pouvait se mettre à l'abri des atteintes des animaux et se livrer au repos sans avoir le moindre danger à redouter. Elle constituait également un moyen de défense contre les tribus voisines en cas d'attaque. La cité lacustre était donc un moyen de défense et un refuge. La difficulté de franchir la distance du rivage à la construction était un premier moyen de protection. En outre, l'habitant des palafittes se trouvait dans des conditions favorables pour se défendre, puisqu'il était dans une position supérieure et attendait de pied ferme pour repousser les agresseurs.

Les cités lacustres de l'âge de pierre sont caractérisées dans bien des cas par ce qu'on a appelé des Steinbergs, c'est-à-dire des amas artificiels de pierre, apportés par les habitants pour servir de supports aux pilotis. Il leur était en effet plus facile d'élever le sol autour des pilotis que d'enfoncer les pilotis dans le sol. D'un autre côté, quelques-unes de ces constructions, telles, par exemple, que celles d'Inkwyl et de Wauwyl, décrites respectivement par M. Morlot et par le colonel Suter, ressemblent beaucoup aux Crannoges irlandais. Nous voyons donc que, comme le dit le docteur Keller, les habitants des lacs avaient deux systèmes différents pour la construction de leurs habitations, systèmes qu'il distingue sous le nom de *pfahlbauten*, ou constructions sur pilotis, et de *packwerkbauten*, ou Crannoge. Dans le premier cas, les plates-formes étaient simplement soutenues par les pilotis; dans le second, outre les pilotis, par des masses solides de boue, de pierre, etc..., avec des couches horizontales et perpendiculaires de pieux, ces derniers servant moins à supporter le tout qu'à en faire une masse compacte. Il est évident que le *packwerkbau* est une chose beaucoup plus simple, beaucoup plus grossière, que le *pfahlbau*, car dans ce dernier cas il fallait beaucoup d'adresse pour relier fermement ensemble les piles perpendiculaires et horizontales. Cependant les packwerkbauten ne pouvaient pas s'employer dans les grands lacs, car, pendant les orages, ils auraient été détruits par les vagues, qui, au contraire, passaient librement au milieu des pilotis des pfahlbauten. Aussi trouvons-nous les premiers dans les petits lacs et dans les marais, et les seconds dans les grands lacs, quelquefois même comme à Ebersberg, sur la *terre ferme ;* coutume bien singulière, et qui cependant existe même à présent dans l'île de Bornéo, par exemple[1].

Des observations fort ingénieuses ont contribué à faire pressentir la forme des habitations lacustres. Nous citons Sir Lubbock qui a très-heureusement résumé cette question : « Les habitations des Gaulois étaient, dit-on, des huttes circulaires, construites en bois et revêtues de boue. Les huttes sur pilotis étaient probablement semblables. Cette supposition n'est pas une simple hypothèse, car on a retrouvé des morceaux d'argile employés pour le revêtement. Il est évident dans ce cas que la maison a été détruite par le feu, qui a durci l'argile et lui a ainsi permis de résister à l'action dissolvante de l'eau. Ces fragments portent, d'un côté, les marques de branches entrelacées; de l'autre, qui formait probablement le mur intérieur de la hutte, ils sont lisses. Quelques-uns de ces morceaux d'argile, trouvés à Wangen, sont si grands et si réguliers, que M. Troyon croit pouvoir en conclure que les huttes étaient circulaires et avaient de 10 à 15 pieds de diamètre. Bien que

---

1. Lubbock, *L'homme avant l'histoire*, pp. 131 et 132.

l'architecture à cette époque fût très-simple, le poids qu'avaient à supporter les plates-formes de bois devait néanmoins être considérable. La construction de ces plates-formes, qui a dû nécessiter un grand travail, indique une population nombreuse[1]. »

Les palafittes offrent une grande analogie avec des habitations sur pilotis qui existent encore de nos jours chez certains peuples dans un état de civilisation plus ou moins avancé. Au Congrès de Bruxelles, une note de M. le colonel Weitzel donna d'intéressants détails sur l'existence des cités maritimes de l'île de Java. La description des cités lacustres de la Suisse lui avait rappelé le village sur pilotis de Noessa Kembangan, tant sa ressemblance avec les palafittes était exacte. Un vieillard de Java trouva fort étrange qu'on lui eût demandé pourquoi il avait choisi une si singulière demeure, car il semblait trouver fort naturelle la vie qu'il y menait avec les autres habitants, parce qu'il pouvait échapper aux tigres et se livrer plus facilement à la pêche[2].

Les archéologues de la Suisse, dans les intéressantes études qu'ils ont publiées sur les palafittes de leur pays, ont mentionné de nombreuses demeures sur pilotis dans diverses régions; les unes appartenaient aux temps anciens, les autres existent encore de nos jours. Sir Lubbock a consacré aux constructions lacustres un intéressant chapitre, dans son ouvrage : *L'homme avant l'histoire*. Il attache une grande importance aux travaux qui ont été faits en Suisse et en signale ainsi la portée : « Quoi de plus intéressant que le spectacle d'un peuple antique et depuis longtemps oublié, se levant pour ainsi dire pour venir reprendre dans l'histoire de la race humaine la place qui lui appartient[3]. »

Lorsque les rapports de connexion qui existent entre les objets recueillis dans la couche archéologique et les pilotis furent bien établis et constatés, dès lors les constructions des palafittes furent datées par les instruments, les armes, l'outil-

1. Lubbock, *L'homme avant l'histoire*, p. 129.
2. *Congrès international d'anthrop. et d'archéol. préhistoriques de Bruxelles*, p. 431.
3. Lubbock, *L'homme avant l'histoire*, p. 173.

lage, en un mot, qui fut trouvé sur le fond des lacs où avaient été élevées les cités lacustres. Les conclusions ont ici la même autorité que celles tirées des cavernes quaternaires et des grottes de la pierre polie. L'abondance des ustensiles dans les pilotis a fait penser aux archéologues que les constructions lacustres avaient été détruites par un incendie. Il est probable qu'il a dû en être ainsi dans certains cas particuliers. Mais la fréquentation prolongée d'une cité lacustre suffit pour donner la raison de cette accumulation d'objets travaillés. Les accidents, la négligence, les causes imprévues qui se multiplient pendant le travail, ont dû précipiter quotidiennement des objets dans le lac.

Les instruments recueillis dans le voisinage et sur le sol même des palafittes sont nombreux. Ils ont pu être étudiés et comparés. Il résulte des travaux comparatifs qui ont été faits que les cités lacustres possédaient une industrie qui se rattache à l'époque de la pierre polie avec un degré de supériorité bien constaté. La hache des palafittes offre, il est vrai, un mode d'emmanchement particulier (fig. 7), mais ce procédé, que nous connaissons parce que le bois a été conservé par son séjour dans l'eau, n'est pas le seul qui était alors employé. On retrouve aussi la manière d'emmancher qui se rencontre dans les grottes. Nous aurons à donner d'autres développements sur les analogies de l'industrie des grottes et des palafittes, lorsque nous traiterons les questions relatives au mobilier des grottes néolithiques.

Les cités lacustres ne sauraient être attribuées à un même peuple. La ressemblance dans les habitudes et dans les habitations n'autorisent pas à le supposer. L'avenir permettra peut-être à l'anthropologie de se prononcer sur cette question. Si des découvertes analogues à celles d'Auvernier[1] se renouvellent, la race pourra être déterminée et connue dans ses variétés, s'il en existe. Les palafittes appartenant à des âges différents, puisque l'âge de la pierre, l'âge du bronze

---

1. Dr Gross, *Les tombes lacustres d'Auvernier*. Indicateur d'antiquités suisses; avril 1876. — Desor, *Les sépultures des populations lacustres du lac de Neuchâtel.* — *Matériaux pour servir à l'histoire de l'homme*, 1876, pp. 181 et 114.

ÉPOQUE NÉOLITHIQUE.

et le premier âge du fer y sont représentés dans diverses régions, il y a ainsi une forte présomption contre l'existence d'un peuple unique constructeur des palafittes.

L'industrie particulière aux constructions lacustres ne

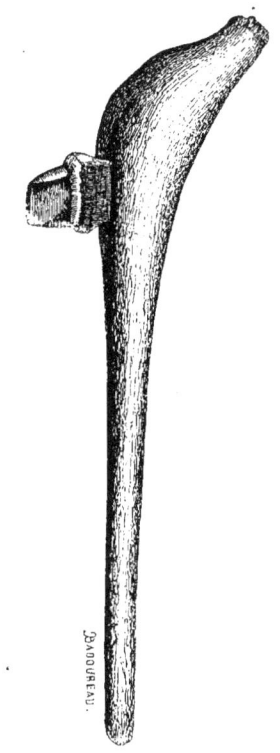

Fig. 7.

manque pas d'un intérêt spécial. Le travail est combiné d'une manière plus savante. Nous en trouvons une preuve dans le rare exemplaire d'une hache complète provenant de Concise, citée par M. Desor (fig. 7).

La civilisation des palafittes porte les traces d'une incontestable supériorité ; cependant elle offre de nombreux points de contact avec l'industrie, la civilisation caractéristique des grottes néolithiques. Encore à ce point de vue, il est difficile de voir un même peuple dans les constructeurs des cités lacustres.

Les terramares que l'on trouve en très-grande quantité en Italie rappellent, par leur pilotis, les constructions lacustres et paraissent avoir été inspirées par les mêmes causes et dans les mêmes temps. Les différentes époques archéologiques y sont également représentées. Ces constructions caractérisent l'activité de l'homme à différents points de vue. Elles ont déjà donné des pièces nombreuses et provoqué de savantes interprétations. Il est probable que le temps amènera d'autres résultats.

Les terramares ont fourni un outillage fort varié. Il n'y a pas lieu d'en douter, l'âge de la pierre polie est propre à certaines terramares; mais, comme dans les palafittes de la Suisse, on retrouve aussi l'âge du bronze et le premier âge du fer. Les ressemblances avec les constructions lacustres de la Suisse n'ont point échappé à l'attention des archéologues italiens. On peut s'en convaincre en lisant les publications de MM. Strobel, Pigorini [1], Gastaldi [2], Gozzadini, Stoppani [3], qui ont donné de très-intéressantes monographies des terramares et des palafittes explorées par eux en diverses circonstances.

M. Pigorini, directeur du musée préhistorique de Rome, dans une récente publication [4], fait connaître avec d'intéressants détails les résultats des recherches qu'il a faites dans une terramare en Hongrie. En effet, favorisé par cette généreuse hospitalité que les Hongrois exercent avec un si noble empressement, il a pu explorer une terramare à *Tosȝeg,* dans le comté de Pesth. La comparaison qu'il en a faite l'autorise à conclure qu'elle présente une grande analogie avec la terramare de

---

1. Strobel et Pigorini. *Le Terremare e le palafitte del Parmense.* Milan, 1864. — Pigorini. *Le abitaȝioni palustri di Fontanello dell'epoca del ferro.* Parme, 1865.

2. Gastaldi. *Nuovi Cenni sugli oggetti di alta antichità trovati nelle torbiere e nelle marniere dell'Italia.*

3. Stoppani. *Prima ricerca di abitaȝioni lacustri nei laghi di Lombardia. (Atti della Soc. Italiana di scienȝe naturali,* 1863. Vol. V, p. 154.)

4. *Estratto dal Bulletino di Paleontologia Italiana.* N. 15 e 16, 1876.

ÉPOQUE NÉOLITHIQUE.

Casaroldo[1]. La terramare de *Toszeg* n'appartient pas à l'âge de la pierre polie pure. Le bronze s'y retrouve, et, du reste, il y a lieu de la considérer comme contemporaine de la Nécropole étrusque, si connue de Marzabotto. Néanmoins les objets en pierre la rattachent à l'époque que nous étudions, et nous permettent de la citer comme une œuvre ayant des rapports avec les temps néolithiques.

DOLMENS

MONUMENTS MÉGALITHIQUES

L'époque de la pierre polie présente une phase à laquelle on pourrait, non sans raison, attribuer une existence distincte : c'est la période des dolmens. Les archéologues les plus savants et les plus compétents n'ont jamais hésité à admettre qu'un nombre considérable de dolmens remontaient incontestablement à l'âge de la pierre polie, surtout dans les régions du Nord. Il n'est pas moins démontré, du reste, qu'une quantité très-grande de ces monuments se rattache aussi sûrement à l'âge du bronze. Il y a lieu de considérer cette catégorie de dolmens comme appartenant aux temps où le bronze fit sa première apparition. Ils ont vu naître une civilisation nouvelle et sont certainement les dernières œuvres de l'âge de la pierre.

La question relative aux dolmens a été obscurcie par une foule de préjugés qui existent déjà depuis très-longtemps. Les interprétations où l'hypothèse gratuite joue le plus grand rôle se sont produites dans des temps pendant lesquels l'archéologie, peu étudiée, n'a fourni que des données sans valeur. Les plus savants virent dans les dolmens des monuments celtiques, druidiques, affectés à des usages religieux et encore à d'autres destinations souvent très-fantaisistes.

1. Cette terramare a été l'objet d'une mention fort détaillée au congrès de Stockholm.

M. le général Faidherbe, dans une communication sur les dolmens d'Afrique faite au congrès de Bruxelles, a combattu l'opinion qui assigne une origine celtique aux dolmens. « Des populations de l'Europe occidentale, parlant des langues celtiques, ont donné le nom de dolmens, signifiant tables de pierre, aux monuments dont nous nous occupons, à cause de leur forme. Et, soit dit en passant, si ces monuments avaient été élevés, comme on l'a dit, par des populations celtiques, il serait étonnant que la tradition s'en fût perdue au point que les descendants de ces populations, parlant encore la même langue dans les mêmes lieux, leur eussent donné, dans cette langue, un nom indiquant qu'ils n'en connaissaient même plus la destination, car les dolmens ne sont ni des tables, malgré leur nom breton, ni des autels druidiques, comme l'avaient déclaré des savants : ce sont des tombeaux et rien que des tombeaux [1]. »

Les dolmens ont été étudiés avec soin sur plusieurs points. Les fouilles qui ont été pratiquées ont eu également pour résultat de démontrer qu'ils étaient des tombeaux. C'est, du reste, le nom donné aux dolmens dans le nord de l'Afrique : « Là, les populations actuelles, berbères ou arabes, ne les ont appelés ni tables, ni autels; elles les appellent des tombeaux; et, comme elles sont musulmanes et qu'elles savent que ces sépultures sont antérieures à l'Islam, elles les appellent *les tombeaux des Djouhala*, c'est-à-dire, en arabe, les « tombeaux des ignorants, des idolâtres », et, grâce à des traditions suffisamment conservées, elles distinguent ces idolâtres des Latins et des Grecs païens ou chrétiens, et des Phéniciens qui tous ont laissé des traces et des tombeaux si nombreux dans le pays [2]. »

Les incinérations sont excessivement rares dans les dolmens et forment des exceptions qui laissent subsister l'assertion en faveur des sépultures simples, ordinaires. Néanmoins les faits constatés par M. le docteur Prunières sont bien établis. Nous empruntons d'intéressants détails au compte

---

1. *Congrès international d'archéol. et d'anthrop. préhistoriques de Bruxelles*, p. 407.
2. *Congrès international d'anthrop. et d'archéol. préhistoriques de Bruxelles*, p. 409.

rendu de l'association française pour l'avancement des sciences, session tenue à Nantes en 1875 : « Dans ses premières fouilles, M. Prunières avait plusieurs fois remarqué quelques os brûlés mêlés aux autres os des dolmens, et il n'avait trop su comment expliquer ces faits. Plus tard, il eut la bonne fortune de fouiller un très-beau dolmen sans tumulus, au sommet d'un mamelon qui domine le village de l'Aumède-Bas, commune de Chanac, dans lequel tous les os avaient subi l'action du feu. Plus tard encore, il trouva, à la surface d'un grand dolmen-tumulus, dans la cella du dolmen, un squelette brûlé avec deux beaux bracelets en bronze qui sont mis sous les yeux des membres de la section. Au-dessous étaient les os de nombreux squelettes non brûlés, avec de beaux silex et deux petites haches polies. La crémation est donc incontestable dans certains dolmens; mais il semble toutefois qu'à cette époque elle ne fut qu'exceptionnellement adoptée, peut-être un peu comme de nos jours, où on semble, sur quelques points de l'Europe, vouloir rétablir cette pratique. On dirait, en voyant dans certains dolmens quelques os brûlés mêlés à de grandes quantités d'os qui n'ont pas subi l'action du feu, qu'après avoir essayé une fois de la crémation, on est revenu aux antiques usages dans les enterrements suivants.

« Mais il y a plus : les dolmens de l'âge de la pierre polie et les tumuli de l'âge du bronze sont intimement mélangés sur les Causses lozériens[1]. » La crémation a, du reste, été pratiquée à des degrés différents à l'époque des dolmens. M. Prunières a formé deux séries d'os ayant subi l'action du feu et provenant de ses fouilles; « les premiers ont été retirés de quelques dolmens; ce sont des os éclatés à angle vif, noirs, très-résistants, enduits dans le canal médullaire des os longs et à la surface interne de la voûte crânienne, d'une sorte de vernis luisant qui paraît dû à la fusion d'un corps gras combiné avec la substance osseuse. Les os de la deuxième série, provenant d'un tumulus de la fin de l'âge du bronze, sont légers, poreux,

---

1. *Matériaux pour servir à l'histoire de l'homme*, 1875, p. 443.

blancs, en un mot, incinérés. Ils blanchissent les doigts comme la craie[1]. »

Les archéologues qui ne voient que des tombeaux dans les dolmens professent une opinion qui paraît fort absolue. Il importe de remarquer que dans certains cas ils ont pu être des habitations. Les monuments mégalithiques à galerie n'ont pas dû être exclusivement des sépultures. « Il est tout aussi impossible de prouver que de nier d'une manière absolue que ces hypogées primitifs aient pu être des habitations. C'est un fait digne de remarque que l'un des tertres ouverts à Stege, dans l'île de Moën, ne contenait pas trace de squelettes, mais par contre, une foule d'ustensiles de pierre, de vases d'argile et de parures d'ambre. C'était aussi le cas dans l'une des sépultures explorées sur les collines de Glumlof (Scanie)[2]. » M. A. Bertrand, traitant la même question, s'est largement inspiré des travaux de M. Nilsson et il conclut en disant : « Il nous semble prouvé que l'allée couverte, dont le dolmen n'est qu'un diminutif, est bien réellement une habitation souterraine à l'usage des morts, faite à l'imitation de l'habitation des vivants, mais en matériaux plus durables[3]. »

L'usage d'imiter la demeure de l'homme dans les tombeaux a souvent prévalu. Des archéologues distingués l'ont plusieurs fois constaté. M. Hans Hildebrand a touché cette question avec cette profondeur de vue qui lui est habituelle : « Il est apparent, surtout si l'on observe les dolmens de la Vestergotlande et de quelques parties de la Scanie, que les constructeurs de dolmens ont eu l'intention de faire une copie des demeures des vivants. Mais, comme les morts auxquels ces maisons étaient destinées n'étaient pas en état d'y faire les réparations indispensables et de conserver leurs demeures, il était nécessaire de rendre ces maisons aussi solides que possible, et c'est pourquoi on les a construites avec d'immenses blocs de pierre.

« Cette opinion, que le défunt qui a quitté les demeures

---

1. *Matériaux pour servir à l'histoire de l'homme*, 1875, p. 445.
2. Suen Nilsson. *Les Habitants primitifs de la Scandinavie*. Paris, 1868, p. 173.
3. A. Bertrand. *Archéologie celtique et gauloise*. Paris, 1876, p. 180.

des vivants conserve le besoin d'avoir une maison à lui, se retrouve partout dans le monde, dans le monde ancien comme dans le monde actuel des tribus sauvages. Ainsi, l'on voit dans les musées d'antiquités romaines des monuments funéraires en marbre qui montrent la forme bien prononcée d'une maison. Dans le cimetière préromain de Marino, près d'Albano, on a trouvé plusieurs urnes cinéraires affectant la forme d'une cabane. Le tombeau qui a renfermé le corps de Cyrus, le fondateur du grand royaume des Perses, a la forme d'une maison ou d'un temple élevé sur plusieurs degrés. Il serait trop long d'énumérer ici les peuples sauvages qui ont la coutume de donner aux tombeaux la forme d'une hutte[1]. »

La construction des dolmens varie, mais ils présentent généralement un aspect semblable dans leurs traits fondamentaux dans toutes les différentes régions où ils se trouvent. Le mobilier funéraire des dolmens offre une analogie incontestable avec l'industrie de la pierre. Ce n'est donc pas sans de sérieuses raisons qu'une certaine classe de dolmens est attribuée à la pierre polie.

Les archéologues ont posé cette question : Les dolmens sont-ils les œuvres d'un même peuple ? La question semblait en apparence très-autorisée, parce que l'aspect extérieur des dolmens offre des traits d'uniformité capables de suggérer l'idée d'une origine commune. Néanmoins l'opinion contraire tend chaque jour à s'établir. M. Bertrand lui-même, après avoir tracé l'itinéraire des populations des dolmens, a déclaré, dans une note récente, une opinion contraire : « Nous ne croyons plus, dit-il, à une race des dolmens[2]. » M. de Mortillet a puissamment contribué à faire abandonner l'opinion favorable à un peuple unique constructeur des dolmens. Ce ne sont pas seulement les savantes théories qui ont fait abandonner l'idée d'un peuple unique des dolmens, les faits eux-mêmes ont démontré qu'il n'était pas possible d'attribuer les dolmens à un seul et unique peuple. Rien de plus facile que de reconnaître les nuances nombreuses et très-tranchées

---

1. *Congrès international d'anthrop. et d'archéol. préhistoriques de Stockholm*, p. 206.
2. A. Bertrand. *Archéologie celtique et gauloise*. Paris, 1876, p. 128.

qui existent dans l'ensemble des dolmens. Ces monuments se distinguent entre eux et révèlent une origine différente dans le Nord et dans les régions du Sud. Les observations de l'anthropologie n'ont pas non plus reconnu une race identique. M. de Quatrefages a parfaitement fait ressortir deux races distinctes dans les discussions qui eurent lieu au sujet des crânes de Boreby (Danemark)[1]. M. Worsaæ s'est aussi prononcé sur cette question : « J'estime, dit-il, que les dolmens des différentes parties du monde ont été élevés par des peuples de différentes races[2]. »

L'industrie des dolmens est loin d'offrir un caractère unique. M. Hans Hildebrand l'a fort bien démontré : « Les

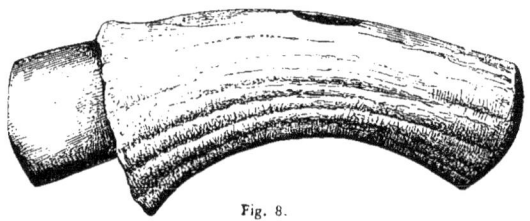

Fig. 8.

outils et les armes que l'on trouve en France appartiennent à des types bien différents de ceux que l'on peut étudier au musée de Stockholm. Comment concilier ces différences avec les analogies des tombeaux? Est-ce que la coutume de construire des dolmens est un fait caractéristique ne s'appliquant qu'à un seul peuple? Je crois que non[3]. »

Les instruments trouvés dans les dolmens n'établissent pas seulement la réalité des origines multiples auxquelles il faut nécessairement les attribuer; ils démontrent aussi des rapports avec l'industrie caractéristique des grottes artificielles de la pierre polie. Les analogies dans l'outillage sont nombreuses. Nous aurons à faire ressortir ces faits. Nous nous

---

1. *Congrès international d'anthrop. et d'archéol. préhistoriques de Bruxelles*, p. 423.
2. *Congrès international d'anthrop. et d'archéol. préhistoriques de Bruxelles*, p. 421.
3. *Congrès intern. d'anthrop. et d'archéol. préhistoriques de Stockholm*, p. 206.

bornons en ce moment à signaler la ressemblance de la hache emmanchée du dolmen d'Argenteuil (Seine-et-Oise) (fig. 8), avec des pièces du même genre trouvées dans quelques stations de la Marne. Effectivement ce type de haches emmanchées, conservé au musée de Saint-Germain et si connu par la publication qui en a été faite dans l'ouvrage de M. de Mortillet : *Promenades au musée de Saint-Germain,* se retrouve dans les stations de Vert-la-Gravelle et d'Oyes (Marne).

Fig. 9.

Les dolmens, ainsi que nous l'avons déjà fait remarquer, se présentent sous une grande variété de nuances, mais néanmoins avec des traits de ressemblance qui les font toujours reconnaître d'une manière sûre. Nous donnons ici le dessin d'un dolmen du Nord (fig. 9); c'est celui de Stala, signalé par M. Montelius au congrès de Stockholm. Ces monuments sont très-connus et les représentations en sont très-nombreuses.

L'attention s'est portée plus récemment sur certains dolmens dont la pierre fermant l'entrée est trouée. L'ouverture était obstruée par un opercule mobile qui permettait de pénétrer sans déplacer les pierres d'un grand poids qui composaient le monument. Cette variété de dolmens est aussi répandue sur des points très-éloignés. On en rencontre dans différentes parties de la France, en Angleterre, en Syrie, dans le Caucase et même dans l'Inde. Les conclusions que l'on peut tirer de ces analogies dans la construction des dolmens dans des contrées si éloignées n'apparaissent pas encore d'une manière bien nette. Il y a, du reste, beaucoup d'autres questions relatives aux dolmens qui demeurent toujours ouvertes.

Les chambres des Géants dans le Nord, les allées couvertes et certains autres monuments mégalithiques se rattachent aux dolmens et peuvent être attribués aux mêmes constructeurs.

LA PIERRE POLIE

DANS LES STATIONS DE LA MARNE

LA PIERRE POLIE

DANS LES STATIONS DE LA MARNE

L est facile de se former une idée du travail de l'homme aux diverses époques de la pierre, par l'exposé sommaire que nous en avons fait. Les stations de la pierre, disséminées sur tant de points, peuvent trouver leur place dans le cadre que nous avons tracé.

En ce qui concerne l'âge de la pierre polie, nous sortirons des généralités, pour traiter avec plus de détails des importantes stations de la Marne. Sans aucun doute, la pierre polie s'y trouve représentée avec une splendeur, une abondance qu'on chercherait vainement ailleurs en France. Les groupes néolithiques de la vallée du Petit-Morin (Marne) sont effectivement dignes d'attention et constituent le gisement français le plus riche, le plus pur, le plus complet et le mieux déterminé. Indépendamment de la série intéressante des grottes artificielles, la surface du sol est jonchée d'une quantité de silex retaillés et polis qui auraient suffi pour classer la contrée parmi les régions préhistoriques. L'outillage néolithique, comme semé dans les plaines de la Champagne, est digne d'une mention spéciale. Sa connaissance fournira aux archéologues les moyens de faire des comparaisons et des rapprochements avec l'industrie des autres pays, à la même époque.

INSTRUMENTS

RÉPANDUS A LA SURFACE DU SOL

Le séjour de l'homme en Champagne, pendant la période de la pierre polie, est parfaitement démontré par la grande quantité d'objets qui se rencontrent sur la surface du sol dans plusieurs localités. Pendant très-longtemps, les instruments remarqués étaient exclusivement les haches polies. Les autres silex travaillés restaient inaperçus. Souvent, les haches elles-mêmes, après avoir excité un instant la curiosité, étaient abandonnées. Cependant il arrivait, dans d'autres circonstances, qu'elles étaient conservées et utilisées à divers usages. Nous n'entendons point parler ici du prestige dont elles jouissaient, ni de la confiance superstitieuse dont elles étaient l'objet.

Lorsque l'attention s'appliqua à l'étude de l'archéologie préhistorique, les recherches donnèrent d'autres résultats. Toutes les pièces répandues sur la surface du sol sortirent de l'oubli et furent soigneusement recueillies. Pour la région dont nous avons à nous occuper particulièrement, je pus signaler, en 1871, l'existence d'un atelier de la pierre polie[1]. Les *Matériaux pour servir à l'histoire de l'homme* publièrent, en effet, les observations suivantes : nous les reproduisons, car elles forment le début des découvertes qui ont été successivement faites dans la région.

« Dans le courant de l'année dernière, j'ai eu l'honneur

---

1. *Matériaux pour servir à l'histoire de l'homme.* Février 1872.

de vous entretenir, d'une manière sommaire, des vestiges notables de l'âge de la pierre polie que j'avais rencontrés à la Vieille-Andecy, commune de Villevenard (Marne).

« Le plateau où j'ai fait mes observations est situé près des marais de Saint-Gond, à 3 kilomètres de Baye.

« J'ai continué mes recherches dans cette station qui n'avait jamais été constatée ni explorée. Je suis maintenant en mesure de vous signaler les principaux résultats de mes explorations multipliées. Je me bornerai néanmoins à mentionner les objets les mieux caractérisés que j'ai tous recueillis à la surface du sol.

« Le gisement remarquable de la Vieille-Andecy dénote-t-il simplement une station préhistorique, ou un atelier, comme plusieurs archéologues paraissent le croire? Je n'ose l'affirmer absolument. La présence des nombreux objets en silex poli ou taillé, et des instruments qui ont évidemment servi à les confectionner, s'explique d'une manière satisfaisante par une station prolongée. Rien, du reste, n'empêche d'admettre la simultanéité de la station et de l'atelier. La réunion d'un grand nombre d'individus en société entraîne naturellement la fabrication, sur une plus ou moins grande échelle, des objets nécessaires aux usages de la vie.

« Huit polissoirs ou pierres à polir méritent d'abord une mention particulière. Ils portent tous les traces évidentes d'un frottement prolongé et d'un long usage. Ces polissoirs sont formés de grès quartzeux qui paraît étranger à la localité. Par leur forme, ils sont faciles à manier et très-appropriés à leur destination. Enfin, ils attaquent facilement le silex, ainsi que je m'en suis assuré par l'expérience, et ils offrent, en outre, une incontestable analogie avec d'autres polissoirs trouvés dans des ateliers connus et scientifiquement étudiés. Ces polissoirs, il est inutile de le remarquer, n'affectent pas tous une forme identique, mais ils attestent un emploi évident et nous autorisent à considérer les objets trouvés comme ayant été, au moins en partie, confectionnés là où ils ont été recueillis. Il n'y a que l'inexpérience qui puisse attribuer les surfaces polies qu'ils offrent au frottement d'un instrument en métal;

car leur dureté est telle, qu'ils useraient le métal et détruiraient le tranchant, loin de l'améliorer et sans toutefois prendre le poli que nous constatons.

« J'ai aussi rencontré une seconde catégorie d'outils : ce sont des marteaux ou percuteurs au nombre de sept; les pierres percutrices se rapprochent toutes, d'une manière plus ou moins parfaite, de la forme sphérique. Elles portent des marques innombrables de percussion; quelques-unes ont dû servir de broyeurs, car les surfaces polies, qu'il est facile d'y constater, l'indiquent surabondamment.

« Le même plateau m'a donné cinq nuclei. Ces silex sont très-caractérisés; bien moins volumineux que ceux du Grand-Pressigny, par exemple, ils n'en sont pas moins parfaitement authentiques. On y trouve les traces évidentes des éclats qui en ont été séparés. Plusieurs revêtent des marques de percussion, et d'autres, on peut l'affirmer sans trop de témérité, semblent avoir subi un premier travail et représentent assez l'ébauche d'un instrument.

« Toujours dans le même rayon et mélangés aux objets dont il vient d'être fait mention, j'ai découvert de nombreux fragments de haches polies. Trois, de moyenne dimension, ont leur tranchant arrondi. Trois autres, plus petites, sont de forme carrée. Un autre fragment considérable accuse une hache de remarquable grandeur. Enfin j'ai recueilli une hache qui n'est, à proprement parler, qu'une ébauche, mais elle porte les traces incontestables d'un commencement de polissage.

« Une flèche à soie de forme triangulaire est, jusqu'à présent, le bijou par excellence que j'ai découvert. Elle est d'une grande délicatesse, parfaitement intacte; elle révèle un travail minutieux et attentif. J'ai de plus rencontré une autre flèche en amande très-soigneusement travaillée.

« Un nombre considérable de couteaux, de grattoirs, de tranchants divers, une multitude d'instruments de différents types, mais tous bien déterminés et portant les retailles les mieux accentuées, ne laissent pas de doute sur la réalité de la station.

« Si à ces objets plus particulièrement remarquables je joins la quantité d'autres instruments ébauchés, mutilés, et les silex travaillés employés à des usages encore indéterminés, il est impossible de nier l'importance du gisement.

« Parmi les instruments que j'ai signalés, j'ai découvert deux objets en silex travaillé qui n'appartiennent pas certainement à la même fabrication, et qui ont dû être apportés. D'abord une hache quaternaire du type Saint-Acheul. Cette hache offre des retailles évidentes et tous les caractères de la plus irrécusable authenticité.

« Enfin un grattoir ovale échancré aux deux extrémités. Ce grattoir appartient au type du Grand-Pressigny par sa forme ; par la nature du silex, il diffère des autres objets découverts. »

Plus tard, l'étendue des gisements augmenta considérablement et embrassa toute une région. Effectivement, depuis Montmirail (Marne) jusqu'à Colligny, et au delà en suivant la vallée, on put faire une ample moisson d'instruments en silex apartenant à l'industrie de la pierre polie.

Les rives du Petit-Morin possédaient plusieurs centres de fabrication : témoin les polissoirs du chemin des Fortras (Congy), de Montalard (Oyes), de Coléard (Saint-Prix), de Toulon (près Coizard), de Villevenard, de Saint-Gond (Oyes). Les trois premiers ont été détruits, les autres existent encore, deux ont été transportés à Baye. Les ébauches de haches (fig. 10) contribuent à démontrer le même fait.

L'outillage provenant de la surface du sol se compose de plusieurs instruments qui n'ont pas été jusqu'à présent rencontrés dans les grottes artificielles de la même région.

On le comprendra, c'est à la surface du sol qu'on rencontre les ébauches, les instruments inachevés qui donnent l'idée des procédés employés pour confectionner. On peut aussi, par l'examen des objets abandonnés, apprécier les difficultés que l'ouvrier avait à vaincre dans son travail. Les rebuts indiquent clairement les diverses phases par lesquelles passaient les instruments avant d'arriver à leur dernier état de perfectionnement.

114 LA PIERRE POLIE

Les haches étaient autrefois assez abondantes. La nature de l'instrument résistait à toutes les actions destructives ; elles se sont donc conservées longtemps. Nous les rencontrons sous

Fig. 10.

des formes nombreuses et dans des états de conservation et d'achèvement très-différents. Enfin la nature de la roche varie considérablement. Le pays a donné de ces instruments en Jadéite, en Chloromélanite, en Saussurite, en Aphanite, en Diorite, en Petrosilex et en Grès quartzeux. La Jadéite est la matière étrangère la plus abondante, les instruments formés de cette roche sont de petite dimension.

La Chloromélanite occupe le second rang au point de vue du nombre. Toutes ces roches étrangères au pays, malgré la quantité d'instruments qu'elles ont fournis, sont loin d'être aussi nombreuses que les haches en silex indigène. Ce silex appartient à deux formations distinctes.

La forme des haches affecte des types multipliés et permet ainsi de leur supposer des origines différentes. Il est même certain que toutes celles qui sont en matières étrangères au pays ont été importées, car on ne retrouve aucun éclat, aucune ébauche. Il n'en est pas de même des haches en silex qu'on retrouve fréquemment à l'état d'ébauche. L'instrument est taillé, sa forme est régulière, il n'attend plus que le polissage comme dans la figure dixième.

La présence des haches polies dans presque toutes les situations et sur des points fort éloignés des stations atteste un emploi généralisé de ces instruments. L'usage de la hache devait être fréquent et développé à en juger par le nombre de ces objets que les populations primitives ont laissés sur le sol. Nous n'entreprendrons pas de déterminer les circonstances où elle était employée, car en ces sortes de questions l'imagination peut facilement exagérer le rôle de l'instrument, et l'environner d'un prestige sans rapport avec la réalité des faits. Il existe, en outre, une grande propension à créer aux tribus néolithiques, des besoins semblables à ceux qui résultent de notre civilisation et à donner aux instruments une destination que les mœurs de l'époque de la pierre polie ne comportaient pas.

La forme primitive des haches provenant du sol a été souvent modifiée. L'instrument était soumis à un nouveau polissage lorsque le tranchant avait été oblitéré par l'usage. De là certaines irrégularités intentionnelles imposées par la nécessité de réparer les brèches. M. l'abbé Bourgeois, au congrès de Vendôme, détermina dans une sage mesure l'emploi de la hache polie : « Il résulte, dit-il, des expériences faites au musée de Saint-Germain par M. Maître, qu'il est plus facile de tailler le granit avec une hache de pierre qu'avec une hache de bronze. Elles étaient employées aussi comme arme de guerre ou comme symbole de la puissance[1]. »

Les grattoirs forment une catégorie très-considérable dans l'outillage de la pierre polie. Ils sont répandus avec abondance dans nos plaines avoisinant les stations. L'instrument était, on peut le supposer par l'usage que les Esquimaux en font encore

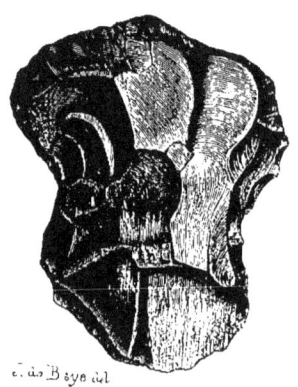

Fig. 11.

de notre temps, affecté à la préparation des peaux. Ils se rencontrent aussi dans des états d'élaboration très-variés, depuis l'ébauche la plus rudimentaire jusqu'à l'état parfait, en passant par tous les degrés. Les formes ne sont pas toujours absolument identiques. Nous donnons ici (fig. 11) celle qui est la plus commune. D'autres, en reproduisant toutefois le type ordinaire, sont pourvus d'un prolongement qui était destiné à recevoir le manche lorsque lui-même n'en remplissait pas le rôle. Cette partie prolongée du grattoir a souvent été disposée pour adapter le manche avec solidité. Elle présente des entailles

---

1. Bourgeois. *Mémoire sur l'archéologie préhistorique.* Angers, 1873, p. 13.

symétriques visiblement pratiquées dans ce but. Dans quelques autres spécimens l'instrument a été retaillé sur tous ses bords. Il forme alors une sorte de disque.

Les grattoirs entièrement achevés ont été très-employés. Les arêtes en sont arrondies; les retailles sont effacées partiellement; l'instrument a été, en un mot, comme poli par l'usage. La partie semi-circulaire dans les grattoirs à manche n'est pas la seule qui ait été utilisée pour le travail, l'extrémité opposée a également été usée par un frottement réitéré. Ces remarques, que nous avons pu faire sur les grattoirs de la Marne, ont également été faites dans d'autres contrées. M. l'abbé Bourgeois dit en effet : « Le grattoir connu de tout le monde se rencontre fréquemment à la surface du sol, dans nos contrées il est rarement long comme dans les cavernes; au contraire, il est court et quelquefois discoïdal. Le grattoir double (lame longue arrondie aux deux extrémités), si nombreux dans les grottes, est peu commun sur nos plateaux. Le grattoir de pierre avec un manche en os est encore usité aujourd'hui chez les Esquimaux pour préparer la peau du renne. La multiplicité des instruments de ce genre nous autorise à croire que les hommes de cette époque employaient la peau des animaux pour se vêtir [1]. »

Le grattoir existait à l'époque paléolithique. Il a seulement subi des modifications pour lui donner un plus grand perfectionnement. M. Piette l'a fait remarquer dans une étude comparative. « Les grattoirs néolithiques sont des imitations des grattoirs quaternaires [2]. »

Les grattoirs n'apparaissent pas seulement dans quelques contrées particulières; on les retrouve pour ainsi dire sur tous les points du globe. Ces instruments, si abondamment répandus sur la surface du sol, sont néanmoins fort rares dans les grottes néolithiques. Ils ne paraissent pas avoir eu leur place dans le mobilier funéraire.

---

1. Bourgeois. *Mémoire sur l'archéologie préhistorique.* Angers, 1873, pp. 14 et 15.
2. Piette. *Les vestiges de la période néolithique comparés à ceux des âges antérieurs.* Paris, 1875, p. 15.

Un autre genre de grattoir, pourvu de deux échancrures à ses extrémités, se rencontre aussi à la surface du sol. Sous cette forme le grattoir était également taillé sur les bords du Petit-Morin. Il en existe des ébauches qui le prouvent. Nous aurons l'occasion de revenir sur cet instrument lorsque nous parlerons du mobilier des grottes.

Les flèches jouent un rôle considérable à l'époque néolithique. Elles ont acquis alors un degré de perfection qu'elles n'avaient pas atteint dans les temps quaternaires. Six variétés

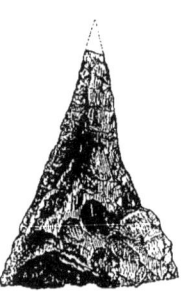

Fig. 12.

de ces armes ont été recueillies à la surface du sol, dans les environs des stations de la Marne. Il est présumable qu'il en existe encore d'autres, car les flèches, par l'exiguïté de leur dimension, échappent facilement aux regards et le temps seul les dévoilera aux persévérantes recherches des observateurs.

Les flèches triangulaires (fig. 12) sont les plus rares dans la localité. Elles ont été préparées avec une recherche visible. Les retailles ont été pratiquées avec soin. L'ouvrier y affirme un art incontestable et une grande habileté. Cette variété de flèches a dû vraisemblablement trouver son modèle dans la flèche à tranchant transversal, que l'on peut considérer comme la plus usitée parmi les tribus néolithiques de la Marne. En effet, les plus beaux types de la flèche à tranchant transversal se rapprochent sensiblement de la figure du triangle régulier. L'habitude de préparer et de manier ces projectiles a naturellement suggéré l'idée d'une variété nouvelle et d'une application particulière du silex aux formes sagittales. Ces sortes de flèche en si grand nombre dans les grottes sont relativement fort rares sur le sol.

L'existence des flèches triangulaires a été constatée dans plusieurs régions, notamment dans le Loir-et-Cher[1] et dans la Gironde[2]. Quant aux flèches à tranchant transversal, elles ont été signalées dans beaucoup de stations[3].

Une autre flèche, dont la base est légèrement évidée, semble être le premier essai de la flèche à ailerons sans pédoncule qu'elle rappelle à son état naissant. Le travail de ces flèches est généralement soigné et poussé jusqu'à un degré de frappante perfection. Cette variété se retrouve dans plusieurs collections de la Gascogne[4].

La flèche ovale à deux pointes appartient aussi aux produits recueillis à la surface du sol. Ce type s'éloigne des genres que l'on serait tenté de regarder comme plus primitifs; cependant l'adoption de la forme ovale aurait pu être inspirée par certaines pointes de Solutré dont elle offre un diminutif. Les deux faces sont également retaillées avec soin dans cette variété de projectiles.

La flèche à pédoncule sans ailerons figure également parmi celles qu'on retrouve dans les contrées fréquentées à l'époque de la pierre polie. Cette forme, d'un travail peu compliqué, n'est pas très-commune. Il y a lieu de croire à la simultanéité de l'emploi de ces flèches, et aucune d'elles n'était exclusivement destinée à fournir aux besoins des peuplades. Chaque genre se suppléait. Cependant la flèche à pédoncule sans ailerons fait partie des armes néolithiques; elle

---

[1]. Bourgeois. *Mémoire sur l'archéologie préhistorique*, p. 14.
[2]. Cartailhac. *Pointes de flèches de la Gironde*, fig. 76. *Matériaux pour servir à l'histoire de l'homme*, 1876, p. 207.
[3]. De Maricourt. *Les ateliers de l'âge de pierre dans le Vendômois*, fig. 11. *La butte de Pouline, station de la pierre polie*, fig. 4 et 5, p. 12. — Bourgeois. *Mémoire sur l'archéologie préhistorique*, p. 14, etc.
[4]. Cartailhac. *Pointes de flèches de la Gironde*, fig. 88. *Matériaux*, 1876, p. 208.

a été signalée sur plusieurs points de la France[1], en Belgique[2], en Afrique[3] et au Japon même[4].

Enfin les flèches à pédoncule et à ailerons sont assez nombreuses dans les dimensions les plus variées. Elles ont été retaillées avec tant de soin que certains archéologues les ont considérées comme des objets de luxe et d'un emploi peu vulgarisé. Il y a cependant lieu de croire qu'elles étaient d'un usage assez fréquent; car, si elles avaient été exclusivement des objets de luxe, on expliquerait difficilement leur présence sur des points si différents et si éloignés. Cette forme plus étudiée a-t-elle été adoptée seulement en vue de l'ajuster à sa monture et pour la rendre plus meurtrière? Il y a lieu de se le demander. Constitue-t-elle un progrès attribuable à l'industrie néolithique? On peut en douter, car les époques paléolithiques en ont fourni le spécimen plus ou moins parfait[5]. Ces flèches accompagnent celles dont il a été parlé précédemment, comme on peut s'en convaincre en consultant les mémoires que nous avons indiqués. M. Nilsson les a mentionnées sur des points multipliés[6]. M. Evans les signale comme ayant été recueillies dans de nombreuses localités de la Grande-Bretagne[7].

L'exploration de la superficie du sol a donné une quantité d'autres flèches aux formes indécises, mais se rapprochant toujours du type ovalaire. Tous ces projectiles, les plus simples comme les plus artistement traités, étaient certainement confectionnés dans la vallée du Petit-Morin. On retrouve des ébauches dans divers états qui se rapprochent plus ou moins de

---

1. Darlet, *Note sur une station de l'âge de pierre à Basseville* (Nièvre). Pl. 1, fig. 4 et 5. — De Maricourt. *Les ateliers de l'âge de pierre dans le Vendômois*, fig. 8.

2. *Congrès Intern. d'anthrop. et d'archéol. préhistoriques de Bruxelles*. Silex d'Hastedon. Pl. 68, fig. 4. — Silex de Linciaux (Ciney). Pl. 72, fig. 4 et 5.

3. Thomas. *Atelier préhistorique d'Hassi-el-Kaddem. Matériaux*, 1876, p. 266.

4. *Congrès Intern. d'anthrop. et d'archéol. préhistoriques de Bruxelles*. Instruments en silex du Japon. Pl. 13, fig. 3 et 4.

5. Piette. *Les vestiges de la période néolithique comparés à ceux des âges antérieurs*, p. 4.

6. Nilsson. *Les habitants primitifs de la Scandinavie*, p. 63 et suivantes.

7. Evans. *The ancient stone implements of Great Britain*. London, 1872, p. 341 et suivantes.

la forme parfaite. Toutes ces flèches sont en silex du pays. Les dimensions ne sont pas moins variées que les types eux-mêmes. Vraisemblablement elles étaient appropriées à une destination spéciale et choisies avec ce discernement dont les études ethnographiques nous fournissent des exemples chez des peuples peu civilisés. Les plaines, fréquentées par nos populations néolithiques, donnent des flèches aux proportions les plus réduites, et, si les comparaisons ethnographiques et leurs similaires en Italie ne venaient en attester l'usage, on serait porté à les considérer comme des objets de fantaisie.

La vulgarisation de ces renseignements destinés à se compléter par le temps contribuera à faciliter le classement de nos différentes régions au point de vue de l'archéologie néolithique. Ces types communs avec d'autres stations éloignées posent effectivement les questions d'origine, de relations, puisqu'ils affirment des traditions industrielles identiques. Nous avons traité ici des flèches que nous trouvons exclusivement sur le sol, car elles sont, par leur provenance, logiquement comparables à celles qui ont été observées dans les mêmes conditions sur d'autres points. Lorsque nous décrirons le mobilier des grottes nous aurons d'autres formes à faire connaître.

Les contrées fréquentées par les populations de la pierre polie ont donné plusieurs pointes de lances d'un remarquable travail. Rien ne démontre d'une manière absolue que ces magnifiques pointes fussent réellement des lances. Ce sont, du reste, de superbes pièces de grande dimension, généralement enlevées sur un nucléus et retaillées seulement sur un côté; elles affectent une forme demi-cylindrique. Elles sont pointues à une seule extrémité. Dans certains cas l'extrémité opposée à la pointe est soigneusement arrondie et semble avoir été préparée pour être tenue à la main. La plus longue que nous eussions trouvée mesure 213 millimètres. D'autres sont moins grandes, mais aussi très-artistement retaillées. Une de ces pointes, provenant de Toulon, commune fort rapprochée de la station de Coizard, est en silex du Grand-Pressigny. Une autre de la même provenance, en silex du pays, offre une particularité digne d'attention. La ligne médiane est soigneusement polie sur la moitié environ de la pointe. La partie opposée, légèrement plus étroite, paraît avoir été disposée pour recevoir le manche. MM. Lartet et Chapelin Duparc ont découvert des pièces semblables dans la grotte Duruthy. Les fragments de ces belles pièces, qui ont été trouvées dans la Marne, prouvent que ces pointes étaient employées assez fréquemment. Il est important de bien remarquer que ces pointes, d'une dimension

Fig. 13.

et d'un travail qui sortent des conditions ordinaires, ne ressemblent nullement aux belles pointes de la Scandinavie qui sont retaillées sur les deux faces. Elles ont un caractère propre et constituent une des œuvres les plus dignes d'attention de la pierre polie dans nos contrées.

Les ciseaux (fig. 13), qui ne sont à proprement parler que des haches triangulaires non polies, ont été souvent recueillis parmi les silex ouvrés dont nous avons déjà parlé. Leur nombre indique un instrument qui occupait une place sérieuse dans l'outillage des temps néolithiques. Il y a tout lieu de penser que le ciseau était emmanché. On ne voit pas effectivement comment le biseau tranchant aurait pu être utilisé sans un manche; n'y eût-il que la disposition particulière à la partie opposée au tranchant, qu'on serait autorisé à considérer l'instrument comme devant être pourvu d'un manche. La forme de ces ciseaux présente une grande analogie avec les haches triangulaires des Kjökkenmöddings. La remarque en a été faite plusieurs fois.

Les percuteurs font nécessairement partie de l'outillage. Le plus grand nombre a été grossièrement retaillé pour les rendre maniables. Ils sont généralement de forme sphéroïdale. Les marques de percussion attestent un usage prolongé. Les dimensions en sont très-variables, c'est là le résultat de la variété des emplois auxquels ils étaient affectés.

Une catégorie d'instruments assez répandus, les broyeurs, se rapproche beaucoup des percuteurs. Nous en faisons simplement la mention, car ils révèlent très-peu d'art. La matière n'est pas la même, ils sont généralement en grès.

Une série d'instruments mérite d'être mentionnée, ce sont les pilons. Sans aucun doute ils ont été intentionnellement taillés. Ils portent même les preuves d'un usage incontestable. Ils étaient d'une grande utilité et probablement, à ce titre, ils étaient moins soignés que beaucoup d'autres objets d'un emploi moins fréquent. Mais s'ils intéressent peu l'archéologue au point de vue du travail, ils ont un intérêt réel comme indiquant les mœurs et les habitudes de l'homme de la pierre polie.

Est-il nécessaire de constater que les lames vulgairement appelées couteaux abondent dans les endroits qui environnent les stations? On en trouve des fragments qui indiquent des instruments d'une grande puissance et susceptibles d'un très-bon service. Le couteau est dans la vallée du Petit-Morin, comme dans les autres contrées. Sa notion si répandue nous dispense de nous étendre plus longuement.

Il a été aussi recueilli à la surface du sol des objets en schiste. Ils représentent généralement une section plus ou moins importante d'un cercle. Ces objets sont percés à leurs extrémités d'un trou destiné à les suspendre. Il arrivait que les extrémités étant brisées, on pratiquait les trous sur un autre point, ce qui semble indiquer qu'on attachait une certaine importance à leur conservation. Plusieurs archéologues considèrent ces pièces comme des pendeloques ; peut-être avaient-elles une destination plus utile. Nous aurons l'occasion d'en parler.

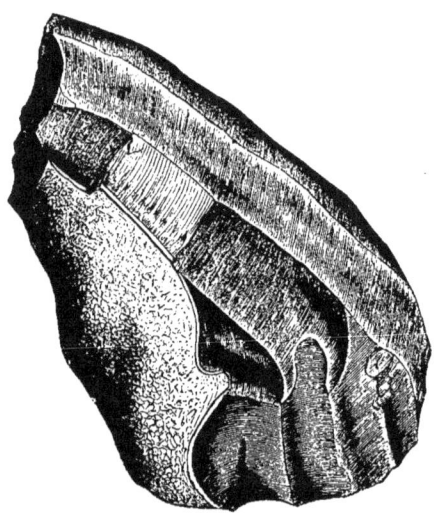

J. de Baye. del.

Fig. 14.

Le temps viendra où une foule de silex ouvrés qui gisent à la surface du sol, étant mieux connus, seront classés, décrits et nommés. Il importe aujourd'hui de les recueillir et de les conserver.

Il nous reste à mentionner les témoins les plus irrécusables qui déposent en faveur de notre fabrication indigène. Ce sont les nucléus et les polissoirs. Les nucléus (fig. 14) sont abondants dans la vallée du Petit-Morin. La plupart sont de petite dimension. Les champs ayant été épierrés pour faciliter la culture, des voies de communication ayant été créées dans la contrée, toutes ces pierres, d'un volume considérable, ont été ramassées et utilisées. Cependant il en reste assez pour affirmer le travail local.

Plusieurs grands polissoirs de la contrée ont échappé à la destruction. On en voit encore un sur le territoire de Villevenard. Bien qu'il soit de grande dimension, il ne présente qu'une seule cuvette. La roche est d'une dureté remarquable, c'est un énorme grès faisant saillie à la surface du sol. C'est probablement à cette disposition qu'il doit d'avoir été employé pour polir. Son existence est menacée, car les propriétaires, pour rendre plus facile la culture de leurs champs, enfouissent les blocs qui les gênent dans de profondes excavations qu'ils pratiquent à proximité des roches mêmes.

Le polissoir de Saint-Gond, placé dans le marais, présente une large cuvette et une encoche. Les fouilles pratiquées sous ce polissoir m'ont donné plusieurs fragments de silex et des ossements d'animaux qui avaient été brisés longitudinalement. La présence de ces vases aux formes primitives, des silex ouvrés et des os brisés, démontre que le polissoir était un lieu de rendez-vous.

Le plus beau polissoir, situé dans le voisinage de l'atelier de la Vieille-Andecy et de plusieurs groupes de grottes sur le territoire de Villevenard, a pu être transporté et sa conservation est désormais assurée. C'est une roche qui mesure 1^m,70 de longueur. Sa largeur, dans la partie qui a été utilisée, est de 50 centimètres. Cinq grandes encoches profondes attestent un emploi prolongé. A une petite distance de ces sillons énergiquement creusés, on voit une autre petite encoche peu profonde. Trois cuvettes avoisinent les encoches. L'une d'elles a 50 centimètres de longueur. La densité de la roche est exceptionnelle. La profondeur des encoches et des cuvettes autorise à croire que les populations néolithiques sont venues pendant un temps considérable y préparer leurs instruments. Un témoin oculaire a affirmé que dans sa jeunesse il avait remarqué plusieurs fragments de haches et des haches entières auprès de ce polissoir. A 1 mètre de distance de ce polissoir, se trouvait un autre bloc de grès portant aussi une cuvette bien caractérisée qui mesure 60 centimètres. Vraisemblablement, lorsque l'ouvrier qui devait nécessairement se placer entre les deux polissoirs avait opéré, pour varier ses mouvements et pour éviter la fatigue, il se retournait en sens opposé et continuait son travail.

Un autre polissoir, dont les proportions sont plus modestes, a été trouvé dans les bois de Toulon. Il a 1^m,10 de long sur 60 centimètres de largeur. Deux hommes pouvaient facilement le mouvoir et le retourner. Il doit à cette particularité d'avoir été utilisé sur ses deux faces. Il est formé d'un bloc de grès friable. D'un côté, presque toute la surface est occupée par une cuvette. L'autre face présente deux longues encoches s'étendant longitudinalement. Une troisième se dirige dans le sens transversal. Cette dernière sépare deux cuvettes assez profondes. Cinq haches ont été trouvées dans le voisinage de ce polissoir.

Les mêmes régions ont donné plusieurs autres petits polissoirs portatifs sur lesquels on voit les indices d'un sérieux emploi.

Nous ne pouvons omettre de signaler comme ayant été trouvées dans les mêmes localités des haches-marteaux en aphanite. Cette roche est étrangère au pays. Ces instruments sont percés d'un trou destiné à recevoir un manche. La perforation a été pratiquée avec une grande régularité et ressemble à celle des instruments de la Scandinavie et des habitations lacustres de la Suisse. L'existence de ces marteaux-haches en France a été signalée au Congrès de Budapest pour répondre à une demande de M. Worsaœ[1]. Il n'est pas démontré que ces instruments appartiennent à l'époque de la pierre. Ils n'ont, du reste, jamais été trouvés dans des conditions qui permettent de les dater d'une manière sûre. Leur mode d'emmanchement est beaucoup plus simplifié que celui des haches provenant des grottes artificielles et de celui que l'artiste de l'âge de la pierre polie a lui-même représenté.

---

1. Joseph de Baye. *Congrès Intern. d'anthrop. et d'archéol. préhistoriques de Budapest. Bulletin monumental,* 1876.

Les marteaux-haches dont il a été fait mention précédemment proviennent des territoires de Bannay et de Baye qui sont limitrophes. Dans les environs de Sézanne, un exemplaire de ces mêmes instruments a été aussi découvert. J'ai pu en faire l'examen attentif et le comparer avec les précédents de manière à le rattacher avec certitude à la même provenance que les deux objets similaires. Cependant il est orné d'une nervure qui ne se rencontre pas dans les premiers marteaux-haches.

Un instrument bien différent provenant d'Oyes, situé à quelques kilomètres seulement des localités qui ont donné les marteaux-haches, paraît appartenir à la même industrie. La perforation centrale destinée à recevoir le manche a été pratiquée par le procédé mis en usage pour percer les marteaux dont l'existence a été signalée. De sorte que si les instruments diffèrent essentiellement par la forme, les procédés industriels employés pour les confectionner les rapprochent singulièrement. Le dernier représente un ovale allongé susceptible d'être affecté au même usage dans ses deux extrémités. C'est en quelque sorte une bipenne.

Les carrières exploitées dans les bois de Toulon, près Coizard, ont donné une pièce en aphanite traitée avec un soin remarquable. Il est à regretter que l'instrument ait été brisé. Cependant les fragments qui se réunissent permettent de bien apprécier la perfection du travail. Le type de l'instrument se retrouve fréquemment dans les collections de la Scandinavie.

Ces quelques objets faisaient très-probablement partie d'un ensemble d'outillage provenant d'une même origine. Ils ont été recueillis dans des localités fréquentées à l'époque de la pierre polie. Toutefois leur présence parmi des objets bien datés n'autorise point à les placer au même rang que les instruments avec lesquels ils étaient mêlés. Les silex ouvrés qu'ils accompagnaient sont certainement plus anciens. Il est donc difficile de classer ces produits d'une manière sûre. Ils présentent de si notables différences avec les instruments qui caractérisent l'industrie néolithique du pays, qu'il est impossible de leur assigner une commune origine. Nous pensons ne pas trop nous écarter de la réserve commandée, en les considérant comme étrangers à notre fabrication locale. Nous avons affaire à un outillage importé qui pourrait bien être contemporain de l'âge du bronze. Les pièces recueillies jusqu'à ce jour sont, du reste, assez peu communes pour que l'on puisse les tenir comme des exceptions et les rares témoins d'un art peu répandu. Il importe néanmoins de noter que depuis le moment où une constante attention s'applique à rechercher et à recueillir les objets appartenant aux époques préhistoriques, des types inconnus jusqu'alors, apparaissent très-fréquemment et viennent ainsi témoigner en faveur des relations qui existaient entre les diverses tribus néolithiques.

GROTTES ARTIFICIELLES

DE LA PIERRE POLIE

GROTTES ARTIFICIELLES

DE LA PIERRE POLIE

ES centres considérables de fabrication, des instruments en silex abondants à la surface du sol, l'existence de ces grands et nombreux polissoirs fréquentés et employés par des générations successives, attestaient non-seulement le passage temporaire, mais la permanence des tribus néolithiques dans la contrée. Il y avait donc lieu de s'appliquer à la recherche de traces plus expressives, car il devait exister des monuments plus affirmatifs encore, du séjour des peuplades qui avaient laissé tant d'autres témoins de leur présence. Il fallait, pour suivre les leçons de l'expérience acquise, interroger le sol, le contraindre pour ainsi dire à se révéler en lui demandant la connaissance des foyers, des sépultures, des demeures qu'il recélait dans son sein.

Les recherches commencées en 1872 et suivies avec persévérance eurent pour résultat de livrer les secrets des contrées voisines des ateliers naguère explorés. Bientôt plusieurs foyers des cavernes sépulcrales, des grottes-habitations s'ouvrirent à la lumière. De longs siècles s'étaient écoulés, les laissant dans l'oubli; elles étaient complétement ignorées. Les traditions locales étaient silencieuses, rien ne pouvait faire soupçonner leur existence.

Dans l'intérêt des études archéologiques, il nous paraît important de faire ressortir l'absence de tout indice révélateur. L'état du sol à sa surface ne fournissait aucun renseignement relativement à l'existence des grottes artificielles. La couche de terrain qui les recouvrait était d'une régularité parfaite. Les pentes des collines où ces antiques retraites avaient été pratiquées se développaient naturellement sans laisser apercevoir le moindre pli. La teinte même du sol était absolument identique avec celle des parties voisines qui n'avaient jamais été ni creusées ni remaniées. Les indications provenant de l'état des plantes cultivées sur les orifices des grottes n'ont été utilisées qu'au moment où l'expérience, un examen réitéré plus approfondi résultant de la pratique, les eurent fait remarquer et prendre pour guides.

Les grottes de la vallée du Petit-Morin sont réunies par *groupes* qui constituent des stations plus ou moins importantes. Toutes les stations qui ont été successivement découvertes, à l'exception d'une seule, sont situées dans des contrées très-bien cultivées, de sorte que c'était toujours au milieu des cultures qu'il fallait aller rechercher ces grottes absolument dérobées aux regards de l'explorateur.

Le premier groupe de cavernes connu sur les bords de la vallée du Petit-Morin est situé à l'extrémité du territoire de Villevenard. Cette contrée est désignée sous le nom de *la pierre Michelot*. Elle est peu distante du village de Courjeonnet, et le plateau où se trouve l'atelier de la Vieille-Andecy la domine au nord. La station néolithique de *la pierre Michelot* est située sur un petit monticule de peu d'étendue qui offre une pente légèrement inclinée au midi, vers le marais de Saint-Gond. Ces marais, qui jouissent d'une certaine célébrité historique, sont traversés par le Petit-Morin. Cette contrée marécageuse a été plusieurs fois l'objet de tentatives de dessèchement depuis le règne de Louis XIV. C'est surtout en 1840 que des travaux considérables ont apporté de puissantes modifications à l'aspect de la vallée et diminué d'une manière fort appréciable l'étendue de l'espace baigné par les eaux. Cependant on rencontre encore dans les parages du marais des personnes âgées qui se souviennent parfaitement d'avoir vu les eaux monter jusqu'au pied des collines où sont situés, en différentes localités, certains groupes de grottes récemment découvertes.

Le voisinage des marais qui formaient un grand lac a dû influer sur le choix de la région dans l'esprit des tribus de la pierre polie. Les habitants des grottes rencontraient avec facilité les moyens de s'alimenter par la chasse et la pêche. La vallée jouissait encore, il y a cent ans, d'une grande célébrité par son abondance de poissons et de gibier d'eau. Les bois de cerfs si nombreux que les ouvriers exhument en se livrant à l'extraction de la tourbe démontrent les ressources offertes par le grand gibier dans le pays. Ces cervidés de grande taille, qui ont disparu complétement, fournissaient tout à la fois un excellent aliment et des matières industrielles précieusement utilisées. Les gaînes des haches, beaucoup d'autres emmanchements et une quantité énorme d'objets sont en effet formés de cornes de cerf. Les ceintures composées de dents de cochon, que l'on trouve dans les grottes, autorisent à supposer que ce pachyderme, à l'état sauvage, fréquentait aussi la vallée.

Peu de temps après la découverte de ce premier groupe, la colline du *Trou-Blériot,* sur le territoire de Courjeonnet, donnait onze nouvelles grottes d'un grand intérêt. En opérant des rapprochements entre les grottes de *la pierre Michelot* et du *Trou-Blériot,* avec un souterrain béant connu dans les environs, on ne tarda pas à croire à la possibilité d'une autre station. En effet, la pente de *Razet,* sur le territoire de Coizard, ayant été examinée avec soin, les nombreux hypogées du groupe de *Razet* furent découverts. Cette magnifique station, qui domine tous les groupes des alentours par sa position, donna successivement cinquante grottes appartenant à différentes catégories. C'était là un centre perfectionné où l'homme des tribus néolithiques avait réuni tout ce que les besoins de son existence comportait. Les hommes de la pierre polie séjournèrent longtemps sur la pente de Razet, les nombreuses galeries où le silex était tiré pour fabriquer les instruments le démontrent d'une manière évidente. Ces galeries sont peu distantes des grottes, dans le lieu appelé *la Haie-Jeanneton*. Il est vraisemblable que la tribu de Razet se livrait à la fabrication des instruments en silex qui étaient cédés par des échanges à d'autres populations auxquelles le silex faisait défaut. L'étendue des galeries accessibles par plusieurs puits est sans proportion avec les besoins du nombre d'habitants que l'importance de la station suppose. En outre, de semblables galeries existent aussi du côté opposé de la montagne. Enfin les éclats répandus dans les galeries accusent une ressemblance avec la manière de procéder qui a été signalée à Spiennes, qui fut, comme on le sait, un centre de fabrication. Cette station est la plus considérable; elle fournit en abondance les moyens d'étudier sous ses différents aspects l'âge de la pierre polie. Elle offre, on peut l'affirmer, un ensemble typique qui pourra un jour servir de guide dans les études archéologiques.

Nous ne saurions trop insister sur l'importance de la station au point de vue archéologique. Le nombre et la variété des instruments procurent des types sûrs pour la comparaison de l'étude. M. Evans constate ainsi la nécessité des gisements bien caractérisés : « A quelques exceptions près, dit-il, il est donc presque impossible de dire avec une certitude absolue si un objet antique en pierre remonte oui ou non à l'âge de la pierre. Cela dépend beaucoup des circonstances de la trouvaille et, dans quelques cas, la forme de l'objet peut servir de guide [1]. » Les grottes étant bien intactes, pures de tout remaniement, revêtues enfin de ces circonstances qui donnent la certitude, sont tout à fait propres à dater les objets. Elles sont donc à ce titre une précieuse ressource.

Les travaux de recherches entrepris dans la suite eurent un heureux résultat qui amena la découverte de la station des

---

[1]. Les Ages de la pierre. Instruments, armes et ornements de la Grande-Bretagne. Paris, 1878, p. 13.

Ronces à Villevenard. Ce groupe est situé sur la pente méridionale de la montagne du *Chênaie*, couronnée d'un bois de chênes au milieu desquels on voyait autrefois un dolmen dont les débris existent encore. Un très-beau polissoir de grande dimension existait aussi au nord du *Chênaie*, qui fut, on le voit, très-fréquenté à l'époque de la pierre polie. La station des *Ronces* offre des particularités dignes d'attention ; l'industrie y est très-développée ; une des grottes qui la composent renfermait un outillage en os d'un travail remarquable et des pièces uniques jusqu'à ce moment.

Dans le voisinage de cette station, à deux cents mètres environ, se trouve le groupe de la *Vigne-Basse,* qui paraît être le plus rapproché de la civilisation qui succéda à la pierre polie. Cette station est située aussi à la naissance du *Chênaie* en inclinant vers l'ouest.

A l'est de ces deux stations, à cinq cents mètres environ, une colline d'une altitude inférieure, exposée vers l'ouest, donna aussi quelques grottes. Il y a lieu de croire que cette station ne fut point longtemps habitée, car les cavernes y sont peu nombreuses. Leur petit nombre s'explique du reste facilement par la nature du banc crétacé, qui est peu solide et infiltré d'un limon rougeâtre qui ôte beaucoup de solidité à la couche de craie. Le point n'était pas favorable à la construction des grottes.

Ces divers groupes ayant été examinés, des explorations subséquentes ne tardèrent pas à mettre sur la voie d'un nouveau groupe appartenant au territoire de Courjeonnet. Sur une colline située au nord du village, dans la partie du territoire désignée aussi sous le nom de la *Vigne-basse,* une intéressante station fut reconnue également. Toutes les grottes de cette station étaient effondrées, la partie supérieure s'était affaissée, ensevelissant tout ce qui avait été déposé dans les grottes. Il est évident que ce groupe avait dû être créé à une époque plus rapprochée que ceux de *la pierre Michelot* et du *Trou-Blériot,* situés à une petite distance de la *Vigne-basse.* Après un long séjour des tribus primitives, l'accroissement de la population imposa, sans aucun doute, la nécessité de creuser de nouvelles cavernes.

Le cercle de la contrée préhistorique connue s'étendit d'une manière notable; dans la suite, on découvrit un groupe remarquable dans le bois de Vert-la-Gravelle. L'exposition des grottes dans cette localité constitue une exception. Elles sont les seules dont les ouvertures soient pratiquées dans la direction de l'est. Il est probable que les collines les mieux exposées étant déjà occupées, la solidité du banc de craie des bois de Vert-la-Gravelle attira l'attention et qu'il fut adopté. Les grottes y sont saines et solides. Elles sont certainement les plus récentes de toutes celles situées sur la rive droite du Petit-Morin. Il importe de le remarquer, tous les groupes dont il a été fait mention précédemment sont situés sur la rive droite des marais de Saint-Gond.

Le territoire d'Oyes (canton de Sézanne), jonché sur plusieurs points de traces sérieuses de l'âge de la pierre polie, se présentait comme un champ digne d'être exploré. Deux groupes bien distincts, d'une importance réelle, ne tardèrent pas à être trouvés. Jusqu'alors aucune grotte n'avait été découverte de ce côté de la vallée. Les situations étaient cependant trop convenables pour permettre la supposition qu'elles avaient pu échapper à l'attention des peuplades primitives fixées dans la région. Les collines qui dominent le marais de Saint-Gond au midi étaient couvertes, du reste, des témoignages nombreux du séjour des populations de la pierre polie. On reconnaît aussi de ce côté plusieurs centres de fabrication sur les plateaux qui s'étendent aussi au midi. Un outillage varié, recueilli sur la surface du sol, atteste la durée et l'importance du séjour des populations néolithiques.

Plus tard une autre station fut encore découverte du côté opposé de la vallée, en face des stations d'Oyes, sur le territoire de Villevenard, au lieu dit *la Craïère*. Cette station n'avait plus toutes ses grottes, car l'exploitation de la craie pour l'utilité communale en avait fait disparaître plusieurs.

La station dont nous parlons, très-rapprochée du marais, est la plus voisine de la vallée. Il est à croire que c'est à l'élévation de la colline que l'on doit le choix de cette situation particulière. Jamais les eaux du marais ne pouvaient s'élever assez haut pour gêner les habitants des grottes. Enfin une station fut encore retrouvée à l'extrémité ouest du village d'Oyes.

Ces stations si nombreuses, situées sur les deux rives du marais, appartiennent certainement à l'époque de la pierre polie. Néanmoins elles se présentent sous des aspects nuancés. Elles se distinguent par certaines particularités dans le travail des grottes elles-mêmes. Elles contiennent des objets propres à chacune d'elles. Les groupes de Coizard et de Courjeonnet sont ceux qui apparaissent comme les plus purs et les plus exempts de l'influence de la civilisation qui suit l'âge de la pierre polie.

LA SITUATION DES GROTTES.

Le plus grand nombre des stations se trouvent sur des collines presque toutes situées au midi. Le choix d'une pareille exposition a été certainement intentionnel. Du haut des monticules où les grottes ont été creusées, le regard plonge dans la vallée et s'étend au loin sur les divers mouvements de terrain dont la contrée est accidentée. Il faut remarquer que tous les points où les grottes ont été pratiquées sont situés de manière à permettre les communications entre les différents groupes. Le panorama qui se développe peut être embrassé par un regard d'ensemble. Dans les circonstances graves, dans un danger quelconque, il était facile de donner l'alarme, de communiquer par des signaux.

Le choix d'un site regardant le midi offrait, on le comprend, des avantages précieux sous le rapport de la température et de la lumière. Cependant la station de Vert-la-Gravelle forme une exception. Là les grottes ont leur ouverture tournée vers l'est. Il est très-probable que cette exception était motivée, comme nous l'avons déjà fait remarquer. D'un autre côté, les accidents de terrain sont tels que la situation est admirablement abritée. Il est, du reste, à constater que toutes les collines des environs se trouvant habitées, la population augmentant, il était devenu nécessaire de se montrer moins difficile dans le choix des sites.

Une exception d'un autre genre mérite aussi d'être signalée. La dernière grotte découverte jusqu'à ce moment à Courjeonnet est située sur un sol dont la surface est plane et dans un lieu très-rapproché de la vallée. Le monticule aurait-il été entraîné par les eaux? Il y a lieu de le supposer. Il existe effectivement dans le marais des alluvions de calcaire qui ont dû se former aux dépens des collines voisines. Une observation plus significative encore a été faite. Dans une couche sédimentaire inférieure à la tourbe, on trouve dans le marais des silex travaillés qui ont pu être entraînés avec les alluvions auxquelles ils sont incorporés. Enfin l'ouverture qui a trahi l'existence de la grotte affleurait pour ainsi dire la surface de la terre. Il est donc évident que les érosions successives, opérées par les eaux qui se précipitaient vers le marais en descendant des collines, entraînèrent une grande partie du sol et firent disparaître le tertre où la grotte avait été creusée.

NATURE DU SOL.

Toutes les grottes ont été pratiquées dans le banc crétacé, qui a une grande puissance dans la contrée. Les localités où la craie est compacte, solide, formée par des couches d'une épaisseur considérable, ont été choisies de préférence. Les stations les plus nombreuses sont celles où la craie offrait le plus de sécurité par sa solidité. Les stations sont invariablement moins considérables dans les localités où le banc de craie peu solide était susceptible de tomber et de produire de dangereux éboulements. La nécessité de trouver des demeures sûres préoccupait très-sérieusement les tribus primitives, car elles ont très-fréquemment examiné le sol, et les traces de nombreux essais infructueusement tentés déposent en faveur de la persévérance de leurs recherches. Combien de grottes commencées dont le travail a été abandonné sans autre motif apparent que le manque de solidité dans la craie!

Il faut à peine en faire la mention, les grottes de la Champagne sont sans aucune analogie avec les grottes naturelles de l'époque quaternaire. Cependant des archéologues firent des rapprochements entre les grottes naturelles ayant servi de sépultures à l'époque de la pierre polie et les grottes artificielles de l'Aveyron, du Finistère, de l'Oise, de la Seine-et-Marne et surtout de la Marne. Les instruments, le mode de sépulture, offrent en effet de grandes analogies dans les deux genres de grottes. Toutefois le caractère artificiel des grottes néolithiques ressort de leurs comparaisons. Selon la pensée de M. de Mortillet, les grottes artificielles et les dolmens ne doivent leur existence qu'à la nécessité de suppléer au manque de grottes naturelles. L'ensevelissement a d'abord eu lieu dans la grotte naturelle. Les grottes devenant rares et les morts toujours plus nombreux, on s'est mis à creuser des grottes artificielles; puis on est arrivé à en construire de toutes pièces avec des matériaux rapportés : ce sont les dolmens[1]. » Une autre ressemblance moins frappante au premier aspect n'a pu échapper à la sagacité de M. de Mortillet; il voit de la similitude entre les grottes artificielles et les dolmens. Nous citons textuellement ses paroles pour conserver à la comparaison sa nuance originelle : « La construction de la grotte a une grande analogie avec les dolmens de la région voisine, allées couvertes à vestibule. En effet, dans les grottes artificielles de la Marne, la salle ou caveau mortuaire est précédée d'un petit vestibule, et l'entrée n'est qu'une étroite ouverture qui laisse juste assez de place pour s'introduire en glissant[2]. »

Toutes les grottes de la vallée du Petit-Morin ont été creusées artificiellement. Elles sont exclusivement l'œuvre de l'homme. Il ne faut point se les figurer comme ces grottes célèbres qui représentent la période paléolithique.

---

1. G. de Mortillet. Congrès intern. d'anthrop. et d'archéol. préhistoriques. Stockholm, 1876, p. 253.

2. Congrès de Stockholm. T. I, p. 254.

GROTTES ARTIFICIELLES

LES TRANCHÉES.

Les grottes sont toutes précédées d'une tranchée qui pro-

Fig. 15.

cure un accès facile et commode. Il était indispensable, pour assurer la solidité de la partie supérieure de la grotte, de lui laisser une épaisseur bien calculée. Cette disposition nécessitait la tranchée. Les tranchées sont plus ou moins creusées selon la profondeur et la situation de la grotte. Il est aisé, en effet, de se bien convaincre qu'une grotte située à la partie inférieure de la colline doit avoir une tranchée beaucoup plus profonde que celle d'une caverne située au sommet. Le premier travail pour commencer l'excavation était celui de la tranchée. Elle était d'un grand secours pour déblayer les matériaux provenant de la grotte. Ensuite, lorsque la caverne était terminée, elle facilitait la fréquentation et donnait un accès favorable à l'air et à la lumière. La vue de l'intérieur d'une grotte de Courjeonnet, station du *Trou-Blériot*, exprime parfaitement cette situation (fig. 15). Dans certains cas, la profondeur de la tranchée était très-considérable. On peut le voir dans une grotte de la station du *Trou-Blériot*, où elle descend à plusieurs mètres au-dessous du niveau du sol. Le même fait se rencontre dans les grottes à sculptures de *Razet* qui sont situées aussi à la partie inférieure de la colline. On peut conclure de l'importance de ces travaux que les grottes pour lesquelles ils ont été exécutés jouaient un rôle considérable et une destination exceptionnelle.

Les parois de la tranchée étaient généralement taillées avec soin et leur surface affecte une régularité remarquable. L'examen le moins attentif ne manque pas de reconnaître que les tranchées conduisant aux grottes les plus vastes ont subi des dégradations qui attestent des fréquentations réitérées. Les altérations provenant des influences atmosphériques ne sont pas moins évidentes dans certaines circonstances particulières. Le travail de la tranchée a été exécuté avec beaucoup plus de soin dans les grottes-habitations que dans les grottes sépulcrales. Les habitations étaient fréquentées plusieurs fois dans le courant de la journée. Il importait donc que l'entrée fût disposée de manière à permettre de pénétrer sans difficulté.

La grotte sépulcrale, au contraire, n'était fréquentée qu'à de rares intervalles; quelquefois même pour une sépulture unique, comme on a pu le remarquer dans certains cas.

Des inhumations ont été faites aussi plusieurs fois dans les tranchées. Si l'on en juge par les objets funéraires, il n'y a point à hésiter : ces sépultures sont contemporaines des sépultures pratiquées dans l'intérieur. Peut-être qu'un sentiment de respect empêchait de pénétrer dans les grottes où déjà des corps avaient été précédemment déposés. Ne pourrait-on pas attribuer les sépultures de la tranchée à la nécessité de procéder avec promptitude? Ou bien déposait-on le corps des personnes d'un rang inférieur dans la tranchée? Les faits peuvent fort bien s'être répétés sans cependant constituer un usage raisonné et admis dans les mœurs de l'époque.

Les tranchées ont été souvent remplies d'une matière calcaire qui par le temps s'est durcie, elle est maintenant fort compacte et offre une très-grande résistance. La couche formée de cette matière s'opposait aux infiltrations de l'eau et ne permettait pas le moindrement de soupçonner l'existence d'une excavation ou d'un sol remué. Il est très-probable que cette matière est de la chaux. Tout le monde sait en effet que la chaux, lors même qu'elle n'a pas été éteinte et qu'elle a seulement fusé en absorbant l'humidité atmosphérique, a une tendance irrésistible à descendre à travers les couches du sol pour former dans les parties inférieures une couche solide qui prend une consistance toujours croissante avec le temps. Les populations néolithiques qui entretenaient de nombreux foyers dans le voisinage de leurs cavernes ont dû constater les effets du feu sur la craie et connaître ainsi le rôle de la chaux. Il n'est pas nécessaire de supposer de grandes connaissances pour expliquer chez l'homme de la pierre polie la notion de l'emploi de cette substance.

A peu de distance de l'entrée de la grotte, la tranchée contenait assez souvent une pierre de grande dimension qui était destinée à obstruer la grotte lorsqu'elle était habitée. Mais, à l'entrée proprement dite, des pierres plates disposées avec soin fermaient l'ouverture même de la grotte (fig. 16).

Le travail nécessaire pour creuser la grotte, quoique sérieux, n'obligeait pas à recourir à un outillage compliqué. La craie se laissant facilement entamer, dès que la brèche était commencée, il devenait facile de l'augmenter et d'obtenir l'excavation projetée. Du reste, l'outillage connu qui servait aux tribus

Fig. 16.

de la pierre polie, l'organisation des grottes, indiquent des hommes d'une intelligence développée, capable de donner une direction utile à leur travail.

Les empreintes si bien conservées qui subsistent toujours sur les parois des cavernes témoignent de l'habitude de travailler avec méthode et de régulariser avec art les surfaces des habitations. Ces sortes de demeures au premier aspect peuvent sembler insuffisantes et fort désagréables. Il n'en est rien cependant, car les grottes ainsi pratiquées dans la craie sont saines dans toutes les saisons. Il ne faut pas juger de leur salubrité par une simple et rapide visite. Lorsqu'on y pénètre une seule fois, quelques minutes seulement après l'ouverture de la grotte, l'impression est peu favorable. L'air alors manque de pureté ; la lumière, interceptée par les terres qui remplissent encore la tranchée, arrive parcimonieusement et l'atmosphère reste humide et malsaine. Il est hors de doute que de meilleures conditions de salubrité se trouvaient réunies lorsque les cavernes étaient constamment habitées. Le mouvement résultant d'une fréquentation quotidienne établissait des courants. Les grottes fournissaient donc en hiver des retraites sûres, solides, où régnait une température douce et invariable. Pendant l'été, au contraire, lorsque le soleil brûlait les blanches collines de la vallée en y répandant les flots d'une éblouissante lumière, on pouvait jouir dans l'intérieur des habitations d'une fraîcheur agréable sans danger et ne recevoir que des rayons atténués par leur parcours à travers les entrées.

CARACTÈRES DES GROTTES

CARACTÈRES DES GROTTES

ALGRÉ leurs traits nombreux de ressemblance, les grottes présentent une grande variété. Les unes sont simples, d'autres composées de deux parties. Dans le premier cas, l'entrée donnant accès dans la grotte suit immédiatement la tranchée. Lorsqu'au contraire la grotte est précédée d'une sorte de vestibule, il faut franchir deux entrées pour pénétrer dans la grotte proprement dite. La première partie, beaucoup plus petite, permet néanmoins d'y stationner.

Les entrées forment généralement un carré long plus haut que large (fig. 17). Toutes les surfaces formant le cadre sont taillées régulièrement. Les ouvertures sont pratiquées de manière à conserver le plus de solidité possible au banc de craie. Dans les grottes qui ont été fréquentées, les entrées ont subi une sorte de polissage dû au frottement opéré par le passage des habitants qui entraient ou sortaient. Les entrées revêtent le même caractère lorsque la grotte est simple. L'aire de la première partie est toujours inférieure au niveau de la tranchée, et la grotte proprement dite est elle-même en contre-bas de celle qui la précède.

Fig. 17.

Les vestibules sont peu proportionnés à la grandeur de la grotte; sauf de rares exceptions, ils sont étroits, moins larges que la grotte, formant seulement, à droite et à gauche de la porte, un espace équivalent de chaque côté à la largeur de l'entrée. La seconde ouverture dans les grottes pourvues de vestibule était toujours plus soigneusement fermée et mieux régularisée que la première entrée extérieure. Il est impossible, en examinant les ouvertures qui donnent accès dans les grottes, de ne pas voir que les dispositions étaient prises pour prévenir une invasion subite. Il faut, en effet, se courber et pour ainsi dire ramper pour pénétrer; la situation d'un agresseur était ainsi peu favorable, et il devenait facile de lui résister de l'intérieur. Un massif de craie était habilement ménagé et conservé de chaque côté de l'entrée afin de donner à la paroi antérieure la force de résistance nécessaire en cas d'attaque. Plusieurs entrées sont ornées d'une feuillure pratiquée sur les bords extérieurs. Il est probable que ce travail était exécuté afin d'obtenir une clôture plus parfaite en facilitant l'application de la porte. Il y a lieu de croire que le bois était employé comme fermeture, surtout pour la seconde entrée, car nous avons trouvé des restes de bois dans l'intérieur de la grotte, sur des points rapprochés de l'entrée. L'utilité de la feuillure s'explique facilement avec l'emploi du bois, son rôle devient difficile à concevoir avec l'usage d'une pierre brute. Du reste, pendant la période où les grottes étaient habitées, une pièce de bois, que l'on pouvait préparer sans difficulté, s'ajustait beaucoup mieux et se maniait sans obstacle. Plusieurs entrées sont pourvues à gauche et à droite de deux perforations correspondantes pratiquées dans la craie. Elles étaient destinées, selon toutes les apparences, à recevoir une barre transversale pour maintenir la fermeture. Il est important de bien constater que les entrées des grottes-habitations ne laissent plus apercevoir les traces des coups de hache. Ces empreintes subsistent, au contraire, dans les grottes sépulcrales qui ont été beaucoup moins fréquentées.

En franchissant l'entrée intérieure, ainsi que nous l'avons fait déjà pressentir, on ne marche pas de plain-pied dans la grotte ; il faut descendre, car souvent l'aire intérieure de la grotte est à 50 centimètres plus bas que l'entrée. Dans quelques rares circonstances, des degrés avaient été pratiqués pour rendre l'accès facile. Le sol des grottes était dans le principe régulièrement disposé ; toutefois, par suite d'une fréquentation longuement prolongée, des excavations se sont produites, et ces dégradations, opérées par le temps, ont rendu le plan inférieur très-inégal. Il n'est plus possible de reconnaître les traces du premier travail dans les grottes qui ont été longtemps fréquentées. Dans les angles, cependant, le niveau primitif se retrouve avec quelques empreintes.

Les parois ont le plus souvent conservé leur aspect primitif. La paroi antérieure coupée par la porte ne se développe point d'une manière uniforme, comme celle du fond et des côtés. Le massif dont nous avons déjà parlé, destiné à consolider l'ouverture formant une saillie considérable, divise la paroi antérieure en deux parties qui s'avancent dans la masse calcaire de chaque côté de l'entrée. Les parois latérales s'étendent parallèlement d'une manière régulière. Elles n'ont subi aucune dégradation importante par la fréquentation. Dans plusieurs cavernes il ne serait pas difficile de compter les coups de hache. Les brèches qui se trouvaient au tranchant de l'instrument sont parfaitement visibles, les traces qu'elles ont imprimées dans la craie se reconnaissent sur des points nombreux. L'œil exercé distingue au premier regard que l'instrument mis en usage pour tailler les parois n'est pas un outil ordinaire, mais la hache en silex.

Lorsque la nature du banc de craie s'y prêtait par son homogénéité, les parois prenaient une grande régularité et ressemblent dans ce cas à un pan de mur habilement dressé avec une surface sans inégalités. La présence des filons de silex rendait fréquemment le travail plus difficile. Dans ce cas, le silex était brisé avec un percuteur. Lorsqu'il y avait de simples rognons, l'ouvrier se bornait à détacher la masse calcaire adhérente et les laissait en leur site naturel où ils formaient une saillie. La paroi du fond présente aussi les mêmes caractères. Du reste, dans les grottes respectées par le temps, rien n'est disparate. L'aspect général de la grotte est identique sur tous les points, le travail révèle l'œuvre d'une main unique; la teinte est uniforme, à l'exception des parties situées à gauche et à droite de l'entrée qui sont moins accessibles à la lumière et à l'influence des agents atmosphériques.

La partie supérieure qui sert de voûte ressemble beaucoup à un plafond, la surface est plane, quelquefois cependant il y a une autre sorte de retombée de voûte qui a été ménagée, mais elle est peu prononcée. Il est à remarquer que la voûte a été disposée sans le moindre souci de donner la solidité nécessaire. En effet, les couches naturelles de la craie sont conservées avec leurs points de jonction complétement dénudés, de sorte que certaines sections des lits de craie sont comme suspendues et seulement retenues par les pressions latérales. C'est évidemment à cette disposition qu'il faut attribuer les nombreux éboulements qui eurent lieu dans la suite. Les grottes sont généralement disposées sur un plan régulier, elles n'offrent que des surfaces unies sans ornements. Le travail seul en fait tout l'intérêt. Néanmoins elles forment un ensemble qui se nuance et sont loin de produire partout la même impression. Il en est qui sont divisées par une cloison formée dans la craie vive. Il fallait de grands soins pour conserver ainsi une mince séparation taillée sur place dans un calcaire peu solide. Quelques-uns de ces travaux subsistent encore intégralement, d'autres se reconnaissent par des restes importants. Plusieurs grottes sont munies d'un trou d'aération. L'un de ces trous débouche dans la paroi du fond comme à Coizard; dans un autre cas, il est pratiqué dans la première partie de la grotte comme à Courjeonnet, station de *la pierre Michelot*. D'autres grottes portent sur leur paroi latérale une forte saillie taillée dans la craie de manière à former une sorte de crochet de suspension. L'une des dernières grottes explorées à Coizard offre une saillie ménagée dans la craie vive formant un récipient en forme de cuvette. Des étagères ont été établies pour y déposer divers objets d'un usage ordinaire. En effet, dans de nombreuses circonstances, on y a retrouvé des poinçons, des couteaux et d'autres menus objets. Enfin on compte un certain nombre de grottes qui étaient ornées de sculptures. Nous indiquons rapidement ces particularités ; nous traiterons plus longuement de ces premiers essais de l'art, dignes de plus amples détails, à cause de leur intérêt exceptionnel.

Les grottes dont nous venons de parler sont d'une plus grande dimension que les autres. Elles ont été creusées avec un soin spécial. Les dispositions en sont relativement assez commodes, et les caractères distinctifs que nous avons énumérés attestent qu'elles avaient une destination plus élevée. Elles étaient destinées à servir d'habitations. Leur usage est démontré par les traces qui témoignent d'une fréquentation réitérée. Comme nous l'avons déjà dit, les entrées sont polies, sillonnées par le frottement opéré en entrant et en sortant. La partie inférieure de l'entrée est usée, irrégulière, et rappelle parfaitement les dalles des édifices très-fréquentés. Les degrés pratiqués à l'intérieur pour faciliter l'accès de la grotte sont eux-mêmes fortement dégradés et souvent presque détruits par la fréquentation continue. Les marques des pieds sont encore visibles sur la paroi inférieure à l'entrée. En outre, la surface du sol est partout dans un état qui affirme que des pas nombreux ont laissé leurs empreintes. Ces constatations sont faciles à faire, car les effets produits par des allées et venues multipliées sont encore identiques aujourd'hui, et ce que nous voyons s'accomplir de nos jours nous apprend ce qui s'est opéré autrefois. La comparaison avec les autres grottes destinées aux sépultures met en relief la destination de cette première catégorie de « grottes » dont nous venons d'esquisser les traits principaux.

Les grottes sépulcrales, en effet, présentent un aspect bien différent, d'une dimension beaucoup plus réduite; elles ne sont, à proprement parler, que des ébauches de grottes destinées à recevoir les morts. Il en est cependant qui sont dans leur genre parfaitement terminées, et ce sont, à notre avis, les sépultures qui servaient dans les conditions ordinaires. Mais d'autres cavernes qui ont été préparées dans les circonstances imprévues laissent apercevoir un frappant caractère de précipitation. Les corps ont tous été placés simultanément dans ces grottes. Ils sont comme empilés; il y a lieu de remarquer une certaine habileté dans les dispositions prises afin d'économiser l'espace. Un examen attentif des squelettes démontre surabondamment qu'il aurait été impossible de ranger les corps dans la position qu'ils occupent s'il avait fallu placer un corps récemment frappé par la mort sur des squelettes ou sur des cadavres en décomposition. Ce ne sont pas là des sépultures de famille où les âges et les sexes se confondent. Toujours ces sépultures renferment des sujets jeunes du sexe masculin qui ont dû succomber dans une lutte et dans un laps de temps peu considérable. Comme nous venons de le dire, non-seulement l'âge et le sexe indiquent des guerriers qui ont trouvé la mort dans les combats, mais les instruments funéraires aussi ne sont pas semblables à ceux qu'on rencontre dans les sépultures faites dans les temps ordinaires.

La différence si considérable qui existe entre ces grottes et les cavernes beaucoup plus soignées dont nous avons parlé naguère suffirait à elle seule pour établir d'une certaine manière l'existence des grottes-habitations. Pourquoi, en effet, ces différences si radicales, si toutes les grottes étaient destinées au même usage? N'est-il pas évident que si toutes les grottes avaient été purement des lieux de sépulture, elles auraient conservé un même aspect, tout en conservant néanmoins ces nuances variées qui existent entre les diverses grottes sépulcrales elles-mêmes? Des usages bien connus dans l'ethnographie expliquent avec facilité les variétés qui existent dans nos hypogées de la vallée du Petit-Morin. Un petit nombre de grottes ont pu être préparées, du reste, avec un soin plus recherché dans les loisirs de la paix, il faut le reconnaître. Les morts étaient généralement l'objet d'une délicate attention. Les soins qui leur ont été prodigués ne sauraient être mis en doute, ils s'affirment dans de nombreuses occasions.

Il reste donc bien démontré que nous sommes en possession de deux catégories de grottes nettement caractérisées. Les traits distinctifs sont fort saillants et ne permettent pas de se méprendre. Néanmoins il y a lieu, en outre, de distinguer une troisième catégorie dont le travail, bien supérieur à celui des grottes sépulcrales, s'identifie avec celui des grottes-habitations. Toutefois cette catégorie ne présente pas des cavernes aussi étendues que les grottes-habitations et ne semblent pas avoir été destinées aux mêmes usages. Elles n'étaient probablement que des magasins destinés à recevoir et à conserver les provisions alimentaires. Cette catégorie pourrait aussi s'expliquer par des circonstances spéciales qui auraient laissé ces grottes sans emploi.

Le mélange des grottes ne saurait s'opposer à la distinction que nous venons d'établir; la proximité des grottes sépulcrales ne pouvait constituer un voisinage dangereux pour les habitants. De plus, les études ethnographiques nous apprennent que de nombreuses peuplades attachent une grande importance à la conservation de leurs morts, qui forment pour ainsi dire leur plus précieux patrimoine. C'est souvent aussi pour déférer à ce sentiment d'affection pour les restes de leurs ancêtres, que des familles quittent volontairement leur grotte afin d'y déposer les dépouilles mortelles d'un parent regretté. Il est probable que c'est à de semblables circonstances que nous devons, dans de grandes grottes qui étaient bien certainement des habitations, la présence d'un ou deux sujets seulement.

Le classement des grottes n'est pas arbitraire. Il est basé sur des faits nombreux, sérieusement étudiés et longuement discutés. Les opinions contraires à l'existence des grottes-habitations ne sauraient être admises, car elles ont été exprimées en dehors de tout examen et sans avoir vu les hypogées. M. de Quatrefages, dont le nom est environné d'un prestige si mérité, après une visite attentive n'a pas hésité à prendre la distinction qui avait été faite sous son savant patronage. Nous citons les lignes suivantes qu'il a écrites en 1876 : « Après une étude aussi sérieuse que le permettait la brièveté de mon séjour, je reviens bien convaincu que M. de Baye a interprété avec beaucoup de justesse deux des points qui ont soulevé le plus de discussions. Je crois avec lui que les grottes doivent être distinguées en caveaux funéraires et en grottes d'habitation plus ou moins temporaires, et je ne puis que voir de véritables pointes de flèche à tranchant transversal dans les silex qu'il a désignés ainsi. »

LES GROTTES A SCULPTURES

LES GROTTES A SCULPTURES

LUSIEURS grottes sont remarquables par des sculptures dignes sous beaucoup de rapports de fixer l'attention des archéologues. Ces premiers essais de l'art constituent un fait rare et d'un très-grand intérêt. Ces antiques sculptures ne sont pas connues, ou bien l'idée qu'on s'en forme n'est pas en harmonie avec la réalité. M. le Dr Broca qui les a étudiées en parlait ainsi dans sa communication sur les amulettes crâniennes au congrès de Budapest : « L'existence de semblables sculptures à l'époque néolithique était alors et est encore, je pense, un fait unique dans la science. Cette découverte importante et inattendue avait donc été accueillie, dans le congrès de Bruxelles, avec un étonnement voisin de la méfiance, et M. de Baye, avant d'en saisir la Société d'anthropologie de Paris, désirait en faire constater la réalité sur les lieux mêmes par quelques-uns d'entre nous. Je fis le voyage avec MM. de Mortillet et La-

gneau. Après avoir visité un certain nombre de grottes, nous avons reconnu la parfaite exactitude des faits.[1] »

Les sculptures découvertes dans les stations de la pierre polie appartiennent à sept grottes différentes situées dans plusieurs groupes détachés et séparés par des distances considérables. Ces sculptures sont non-seulement uniques, au moment où nous écrivons, mais elles résument tout l'art à cette époque, car les temps néolithiques ne donnent point ces nombreux spécimens de l'art particulier à l'époque paléolithique et spécialement à l'époque du renne. Du reste ces sculptures néolithiques n'ont rien de commun avec les objets gravés ou sculptés à l'âge précédent. Elles n'offrent pas même la plus vague réminiscence de l'art des gisements quaternaires; elles constituent un art distinct, isolé, indépendant. Les sujets choisis ne sont plus les mêmes, ils diffèrent essentiellement, on ne voit plus de représentation des animaux. Pendant la période quaternaire la nature fournissait les sujets et tous les efforts tendaient à reproduire les traits et les poses des êtres appartenant aux diverses faunes. Telle n'est point, d'après les faits, la pensée qui dominait à l'époque de la pierre polie. Le seul être vivant emprunté pour la sculpture au règne animal est l'homme; toutefois il n'est point représenté dans son état naturel, sa forme a été idéalisée. C'est un être d'imagination. Il faut voir dans les figures non pas une représentation de l'homme, mais une expression symbolique dont ses traits fournissent les éléments principaux. La hache et quelques autres instruments ont aussi inspiré les artistes de ces temps primitifs.

La première sculpture découverte a été trouvée dans une grotte du groupe principal de Courjeonnet. Elle représente une figure fort incomplète. Le nez est l'organe le plus énergiquement accusé et sans proportion avec le reste de la figure qui est ébauchée de la façon la plus naïve. Au bas de la figure et comme pour en déterminer le contour on voit un collier qui

---

(1). Congrès Intern. d'anthrop. et d'archéol. préhistoriques de Budapest. 1876 pag. 105.

J. de Baye del

Imp. Lemercier & Cie Paris

Pl. 11

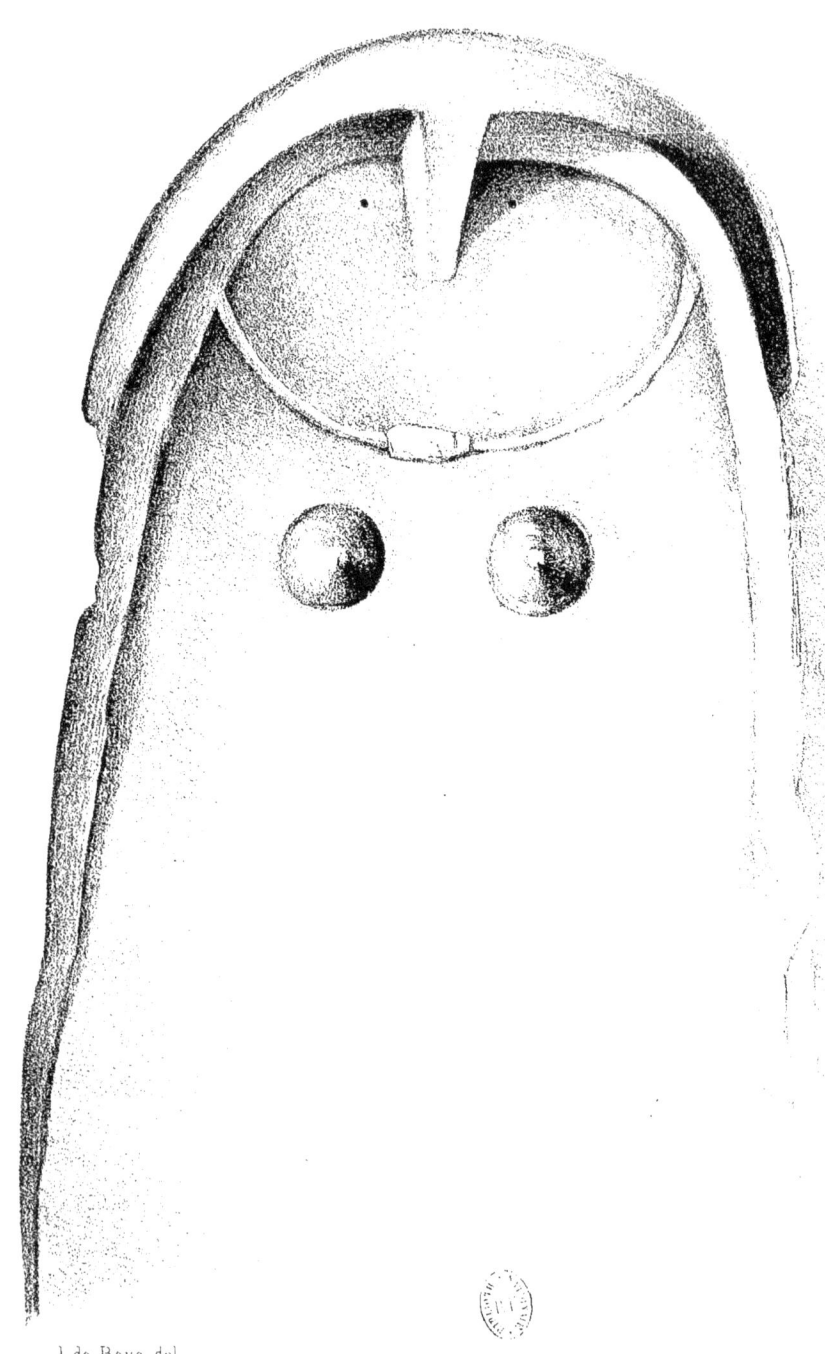

J de Baye del

Pl. II

dessine une ligne sur laquelle sont très-imparfaitement indiqués des grains de formes irrégulières et variées; la partie médiane se compose d'un grain d'une plus grande dimension jouant en quelque sorte le rôle d'un médaillon. Sur la partie centrale du sujet une hache emmanchée a été taillée en relief. Elle s'étend jusqu'à l'extrémité inférieure de la sculpture. Le sujet est représenté dans la craie vive; toutes les autres sculptures dont nous aurons à parler ont été exécutées dans les mêmes conditions. Elle occupe dans l'anti-grotte la partie située à gauche de la seconde entrée de la grotte proprement dite. Toutes les sculptures connues de nos stations reproduisant la figure humaine ont été trouvées dans les anti-grottes.

La seconde sculpture appartient à une grotte de l'important hypogée de Razet près de Coizart. (Pl. II.) La station est située à plus de 3 kilomètres de celle qui renferme la première sculpture dont il vient d'être fait mention. Le bas-relief qui nous occupe en ce moment a été sculpté dans la paroi latérale gauche de l'anti-grotte. Le sujet affecte ici de plus grandes dimensions et il a été exécuté avec toutes les recherches d'un soin attentif. En un mot, c'est un travail d'une plus haute importance. La tête est circonscrite par une courbe considérable dessinant la région frontale et les deux côtés de la face. Le nez, dont la proéminence est frappante, joue un rôle démesurément exagéré dans cette figure. La glabelle n'a pas été indiquée. Il prend sa naissance au centre de la ligne courbe qui donne les contours du front et des arcades sourcilières, puis descend à une petite distance du collier qui limite la figure dans sa région inférieure. De chaque côté, à la partie supérieure du nez, les yeux sont figurés par deux points noirs et fort réduits et mal proportionnés avec la grandeur de la figure. Ils ont été formés par l'introduction d'un corps noir dans deux trous pratiqués dans la craie vive.

Le collier qui orne ce sujet est en saillie sous la forme d'un trait arrondi dont le milieu est occupé par un grain de collier plus développé de forme allongée et coloré en jaune. Cette matière colorante a dû être empruntée à des dépôts de limonite qui existent en grande quantité à l'état naturel dans le banc de craie de l'anti-grotte. Au-dessous du collier et sans aucune proportion gardée naissent deux seins d'une proéminence marquée formant un relief dont les saillies sont très-prononcées. Ils reposent sur une surface plane et semblent jaillir verticalement et sans la moindre gradation. Sur ce point comme pour la figure, les formes naturelles sont peu fidèlement rendues.

Cette sculpture offre des dimensions assez étendues; elle occupe presque toute la paroi latérale de l'anti-grotte. Elle a en effet 0,43 cent. de hauteur et 0,23 cent. de largeur. Au-dessus de la tête et sur toute l'étendue de la paroi de l'anti-grotte règne une étagère large de 80 centimètres, profonde de 13, et laissant un vide de 10 centimètres entre le sommet de la tête et la voûte de l'anti-grotte. D'autres grottes renferment aussi des étagères semblables; le groupe d'Oyes en possède une établie absolument dans les mêmes conditions.

Un examen, même superficiel, de cette sculpture porte généralement à reconnaître les traits d'un être d'imagination tenant de l'oiseau et de la femme. Ces conceptions fabuleuses sont en effet très-connues dans la mythologie. Faut-il attribuer cette altération de la figure humaine à l'incapacité de l'artiste, ou bien avait-il réellement l'intention de représenter une divinité connue et honorée sous ces traits? Les meilleures raisons existent pour admettre la seconde hypothèse.

M. le Dr Broca, dans une remarquable communication, laisse parfaitement entrevoir qu'il a éprouvé la même impression : « Ces sculptures grossières, dit-il, mais toujours les mêmes, qui représentent une divinité féminine sur les parois des anti-grottes de Baye que nous avons vues en place prouvent que le culte des temps néolithiques s'était déjà élevé jusqu'à l'anthropomorphisme[1]. » Il ne s'agit pas ici d'une idée fugitive exprimée en passant, car l'importance qu'il attache à l'existence de cette divinité ressort de l'usage qu'il en fait. Dans une de ses savantes argumentations, il la prend pour base d'un raisonnement destiné à expliquer la trépanation

---

1. Broca. *Bul. s c. d'anthrop.*, 1874, p. 199.

préhistorique, qu'il regarde en certains cas comme une initiation à la sainteté, à un sacerdoce. En effet, il procède ainsi :
« Or un Dieu bien défini, un Dieu à forme humaine doit avoir nécessairement des prêtres initiés, et l'initiation par le sang, l'initiation chirurgicale, se retrouve, on le sait, chez un très-grand nombre de peuples, même civilisés [1]. »

Plusieurs mois après, M. Broca, continuant ses persévérantes études sur les trépanations préhistoriques, disait encore : « Les hommes de la pierre polie, ainsi que je l'ai montré dans ma première communication, avaient des dieux à forme humaine qu'ils sculptaient à l'entrée de leurs grottes [2]......... »

Le temps et les discussions donnèrent à ce jugement précédemment porté un nouvel et plus brillant éclat. En effet, l'illustre professeur s'exprime ainsi au Congrès de Budapest : « Le mobilier funéraire de ces grottes est exclusivement néolithique, et cependant plusieurs d'entre elles sont précédées d'une anti-grotte où se trouve sculptée en bas-relief une figure représentant une divinité féminine [3]. » Et plus loin : « J'ai signalé à dessein dans la partie historique de ce travail les figures de femme sculptées dans les parois des anti-grottes qui conduisaient dans les grottes artificielles de Baye ; ces figures, dont le type est assez uniforme, ne peuvent représenter que des divinités [4]. »

M. Bellucci partage la même manière de voir à ce sujet. C'est ainsi qu'il en parle dans son compte rendu du Congrès de Stockholm : « Queste sculpture fatte con instrumenti di selce, secundo la supposizione di de Baye, rappresentano figure umane grossolanamente disegnate, uccelli, asce immanicate, ed in una grotta si trovo pure una figura di donna che potrebbe supporsi anche una divinità femminina [5]. »

Ces figures n'ont pas encore été interprétées d'une manière complète. Après avoir provoqué l'étonnement des savants, elles

---

[1]. *Bul. soc. d'anthrop. de Paris*. T. IX, p. 199.
[2]. *Bulletin soc. d'anthrop. de Paris*. T. IX, p. 547.
[3]. Congrès Intern. d'anthrop. et d'archéol. préhistoriques. Budapest 1876, p. 105.
[4]. *Ibidem.*, p. 180.
[5]. G. Bellucci. *Il Congresso internazionale*, tenu en 1874 à Stockholm. p. 72.

ont été l'objet de recherches qui sont restées jusqu'à ce jour sans nouveaux résultats. Toujours uniques dans leur genre, ces sculptures ne peuvent être comparées ni classées parmi des représentations du même caractère. Il faudrait qu'elles fussent plus connues, car le nombre des savants qui les ont étudiées sur place est encore fort restreint. La conservation de ces monuments intéressants témoins de cette antique civilisation est assurée ; les terrains où ils sont situés ont été acquis et l'accès en est toujours facile aux archéologues qui désirent les étudier. Nous attendons du temps de plus amples lumières qui s'ajouteront aux déductions si élevées déjà, tirées par M. Broca et signalées dans de précédentes publications. Dès l'année 1872, dans une note à l'Académie, une mention de ces sculptures en faisait entrevoir la valeur. Ce ne sont pas seulement des haches et des instruments, mais une divinité trois fois représentée. Ces reliefs ont une portée scientifique incomparablement supérieure [1]. »

La troisième sculpture, toujours dans le même groupe de grottes, représente aussi la figure humaine, mais sous une forme moins éloignée du type naturel. (Pl. III.) Elle occupe la même situation dans l'anti-grotte que celle dont nous venons de parler. Les dimensions sont à peu près les mêmes, mais les traits se rapprochent plus de la nature. La bouche est indiquée, toutefois en compensation les yeux manquent. Les seins n'y sont point non plus représentés. Le dessin que nous en donnons reproduit exactement le sujet. La sculpture, qui a 0,43 cent. de hauteur et 0,26 cent. de largeur, ne descend pas jusqu'au sol de l'anti-grotte. Une ligne transversale en saillie la termine dans la partie inférieure.

La quatrième sculpture empruntant son sujet à l'espèce humaine, se voit sur la paroi extérieure de l'anti-grotte ; elle est placée à gauche de l'entrée de l'anti-grotte où se trouve la figure dont nous venons de donner la description précédemment. La face est tournée dans la direction de la tranchée. Cette sculpture est beaucoup plus petite que celle dont nous

---

[1]. Compte rendu de l'Académie des sciences, séance du 24 juin 1872.

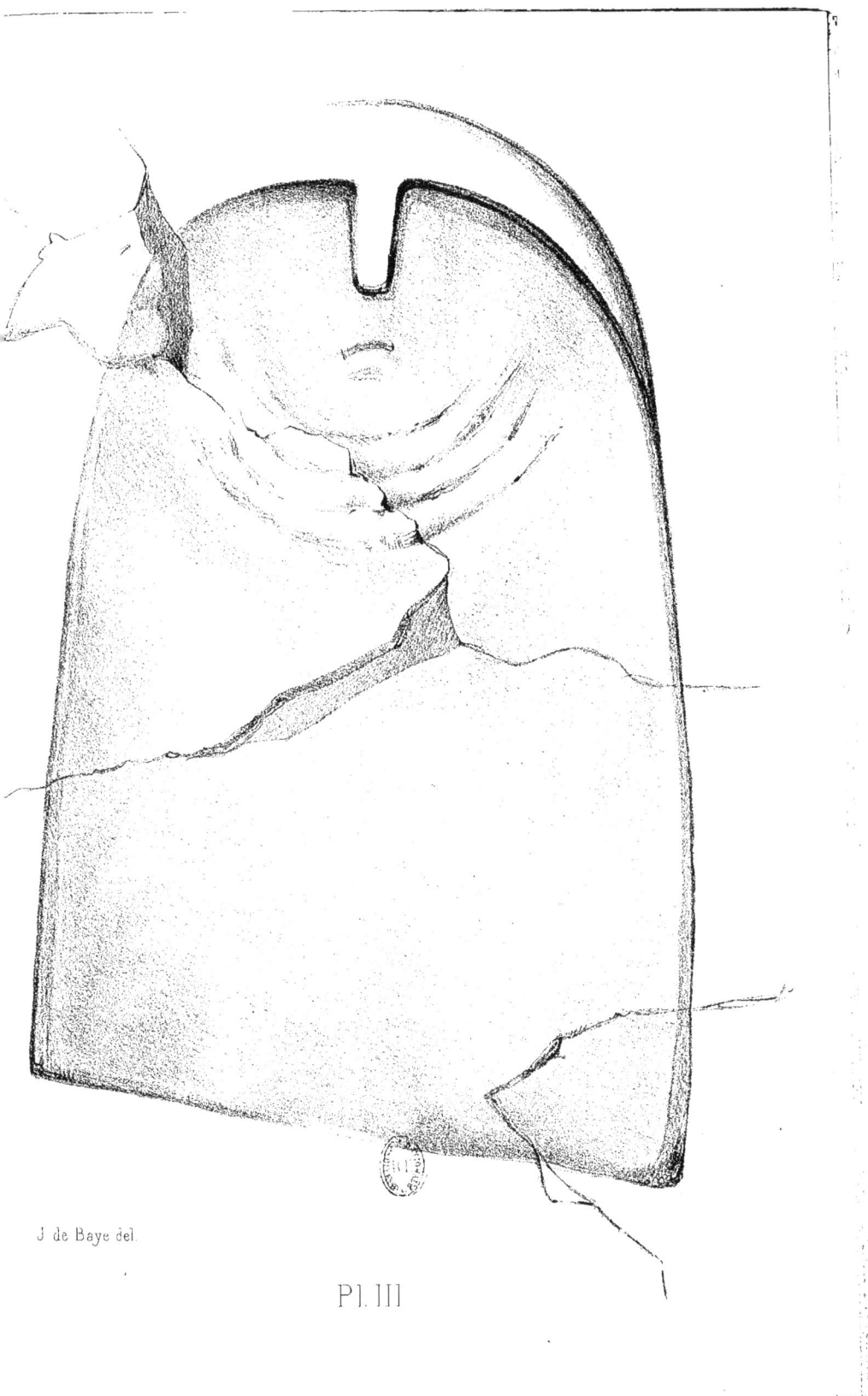

J. de Baye del.

Pl. III

venons de parler, elle est moins caractérisée que les deux
dernières. Vraisemblablement elle n'avait pas la même importance et n'était pas destinée à un rôle si élevé. Sa situation le
dénote péremptoirement. Le sujet, en outre, ne revêt pas un
caractère aussi imposant, ainsi que nous l'avons fait remarquer;
il mesure néanmoins 0,49 cent. de hauteur, 0,11 cent. de
large à la tête et 0,14 cent. au bas du sujet. Cette figure offre
une certaine analogie avec celle de l'allée couverte du bois de
Bellehaye (Oise). Nous devons à la bienveillance de M. de
Quatrefages un moulage de cette dernière, et la comparaison
nous révèle des traits de ressemblance. En effet, par la pensée
il est facile, avec le moulage, de reconstituer une figure
reproduisant les mêmes détails. Le reste de sculpture de
Bellehaye trouve donc son interprétation dans le sujet que
nous signalons, mais il ne jette aucune lumière nouvelle sur
notre relief des grottes de la vallée du Petit-Morin. Le sujet
n'a pas été, du reste, traité dans le mêmes conditions, car la
sculpture de Bellehaye a été faite sur le grès. M. E. Brongniart,
dans une communication à la Société d'anthropologie de Paris,
signale ainsi la sculpture qu'il a découverte : « La pierre
verticale qui se trouve placée contre la pierre percée à droite,
en regardant le monument du côté de l'entrée, porte une trace
extrêmement curieuse des premiers essais de l'art; à sa partie
supérieure sont sculptés un ovale ayant la dimension d'une
tête, mais tout à fait aplati et sans indication de traits du
visage, et, au-dessous de l'ovale, deux mamelles parfaitement rondes[1]. »

M. le Dr Hamy ne manqua point de faire remarquer alors
l'analogie que nous constatons par la comparaison des pièces. Ces
deux faits auront plus tard probablement leur interprétation.

Les représentations de la figure humaine ne sont pas les
seuls sujets reproduits par la sculpture à l'époque néolithique.
Dans la grotte proprement dite où se trouve la seconde sculpture dont nous avons parlé, on trouve de chaque côté de l'entrée sur la paroi antérieure une hache montée, c'est-à-dire

---

[1]. *Matériaux pour servir à l'histoire de l'homme*, 1876, pag. 178.

dans sa gaîne et pourvue de son manche. Celle située à gauche est d'une exécution moins soignée, cependant les trois éléments nécessaires pour composer l'instrument dans son état complet sont parfaitement indiqués. On voit effectivement le tranchant, ou la partie représentant le silex, puis la gaîne qui était ordinairement en corne de cerf. La gaîne et le tranchant réunis forment un relief horizontal superposé au manche. Cette dernière partie, toujours en bois, traversait la gaîne de part en part sans la franchir cependant. La position du manche est nécessairement perpendiculaire et il est représenté en ronde bosse d'une manière bien accentuée. Cet instrument, figuré à gauche, est plus délié dans ses formes, le travail est moins achevé. Le tranchant de cet instrument est dirigé vers la paroi latérale. La sculpture placée à la droite de la porte a été traitée avec beaucoup de soin. Les proportions sont plus naturelles et indiquent un instrument dans son état normal au moment de son emploi. On peut en effet comparer la sculpture avec les instruments eux-mêmes et les traits de ressenblance sont nombreux et faciles à reconnaître. Il est impossible de ne pas remarquer que par ses dimensions l'instrument possède la force de résistance nécessaire pour être employé avec succès. Le tranchant de cette hache, dirigé dans le même sens que celle dont il a été question précédemment, est coloré en noir de manière à faire mieux ressortir le tranchant (pl. IV). Les surfaces qui avoisinent cette sculpture ont été polies de manière à faire disparaître les coups de hache.

Les mêmes sujets ont été représentés dans la grotte qui contient la troisième et la quatrième figure humaine. Dans l'anti-grotte la paroi du fond est ornée de deux haches, l'une à droite et l'autre à gauche de l'entrée. Le tranchant est tourné vers l'entrée; ainsi les deux haches sont en regard l'une de l'autre et placées comme deux gardiennes de l'entrée de la grotte. Le travail est à peu près le même que dans les sculptures précédentes. Cependant en considérant la manière dont le manche est placé à l'extrémité de la gaîne de la hache sculptée à gauche, il y a lieu de croire qu'il s'agit d'une variété particulière de hache. Elle devait être affectée à un usage

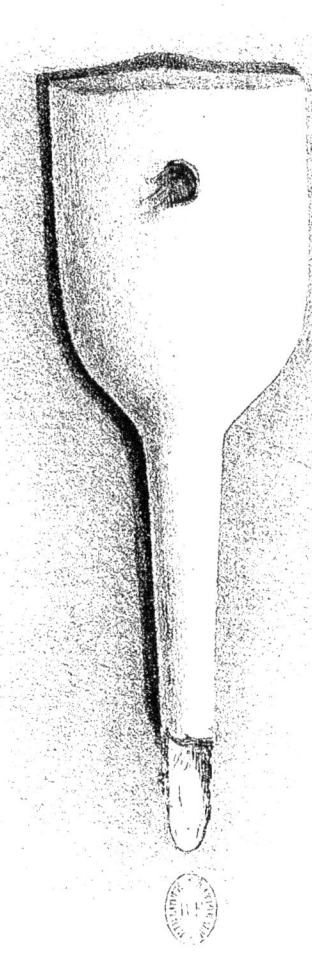

J. de Baye del.

Pl. IV

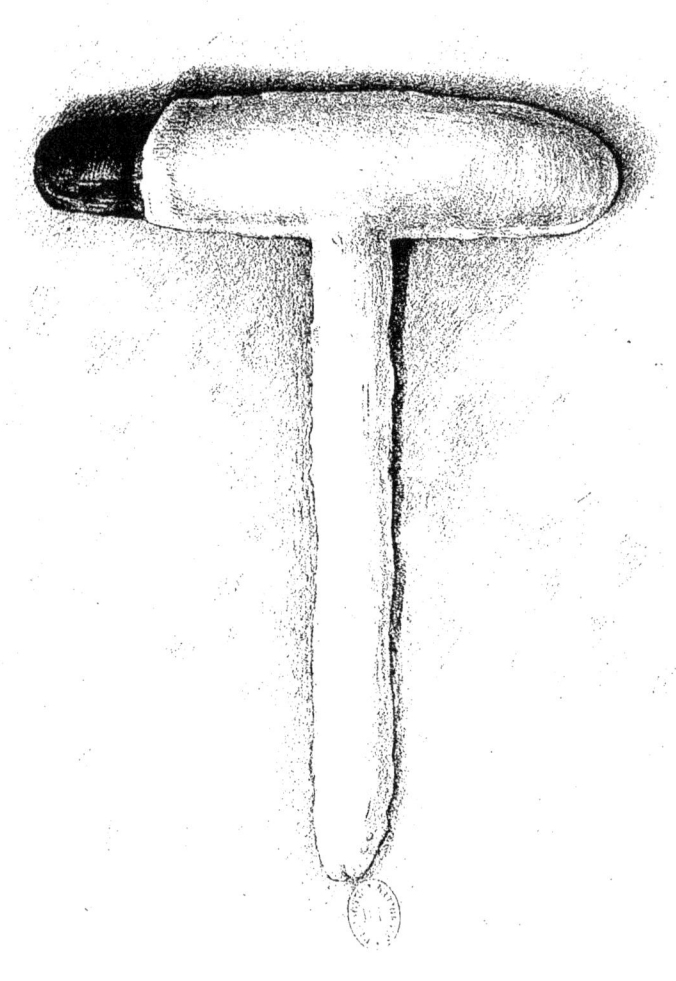

J. de Baye del. Imp. Lemercier & Cie Paris

Pl. V

spécial. Il semble, de plus, que la situation du manche devait ôter de la force aux coups portés dans ces conditions.

Les haches bien plus anciennement connues de Gavrinis, du Manè-Lud, de Locmariaker, n'ont rien de commun avec les sculptures de la vallée du Petit-Morin. Les sujets ne sont pas nettement déterminés comme dans les grottes de cette dernière localité, et les sculptures de la Champagne sont exécutées en relief, tandis que celles des dolmens de la Bretagne sont gravées en creux. Il est impossible d'y reconnaître le même art et la même époque [1].

Ces haches, représentées avec soin dans les grottes les plus importantes, suggèrent la pensée de rechercher si le choix du sujet sculpté n'était pas motivé par des croyances particulières. La hache n'avait-elle pas un rôle qui la plaçait au-dessus des instruments ordinaires? Les remarques suivantes, pleines d'érudition, de M. Evans ouvrent des perspectives sérieuses dans ce sens : « Chose assez curieuse, on semble avoir attribué à la hache, chez les Grecs de l'antiquité, une certaine importance sacrée. Selon Plutarque, Jupiter Labrandeus tire ce titre de la hache, et M. de Longpérier a cité un passage d'où il résulte que Bacchus, dans un cas tout au moins, était adoré sous la forme d'une hache ou πέλεκυς. M. de Longpérier a aussi décrit un cylindre chaldéen, sur lequel on voit un prêtre faisant des offrandes à une hache placée debout sur un trône; il a, en outre, appelé l'attention sur ce fait que l'hiéroglyphe égyptien représentant Nouter, Dieu, est simplement la figure d'une hache [2]. »

La grotte qui est ornée des deux haches sculptées dont nous venons de faire mention contient une autre sculpture placée à gauche de l'entrée et représentant un objet d'un usage inconnu (pl. V). Le sujet a 0,25 cent. de hauteur et 0,7 cent. de largeur à sa partie la plus développée. Le mobilier des grottes explorées ne renfermait rien de semblable. Nos recherches sur d'autres points ont été sans succès jusqu'à présent.

---

1. *Matériaux pour servir à l'histoire de l'homme*, 1868, p. 504 et 505.
2. Evans. *Les âges de la pierre*. Paris, 1878, p. 63

L'ethnographie ne donne aucun instrument de forme identique. Telle est la voix unanime des savants qui ont été consultés.

Les trois grottes renfermant les sculptures dont nous venons de parler sont parfaitement conservées et dans un état de solidité qui ne laisse rien à redouter pour l'instant, mais il n'en était pas de même de trois autres grottes situées à Villevenard. Pour sauver et conserver les sculptures qu'elles contenaient, les sujets ont été détachés avec soin et transportés dans la galerie du château de Baye où les collections provenant des grottes ont été rangées. Ces reliefs représentent chacun une hache complète dans différentes positions.

La haute importance de ces sculptures ne pourra échapper à l'attention des archéologues. Uniques jusqu'à présent, elles peuvent seules donner une idée de l'art à l'époque de la pierre polie. Elles occupent donc un rang exceptionnel. Nul objet d'art aussi ancien n'a été trouvé jusqu'à présent, selon les déclarations des archéologues les plus compétents. Le temps les fera connaître de plus en plus, nous en avons l'espérance. Elles provoqueront des appréciations, et elles seront un moyen sûr de classer et de dater les découvertes du même genre qui pourront être faites dans la suite.

Nous ne pensons pas qu'il soit nécessaire d'établir leur caractère franchement et purement néolithique. Leur origine n'a été suspectée que par les archéologues qui ne les ont jamais vues. Des savants qui occupent un rang si bien mérité dans la science les ont visitées, examinées, étudiées sans jamais éprouver le moindre doute. Quant à nous qui avons trouvé certaines sculptures cachées sous une couche profonde de cendres qui recouvraient des squelettes accompagnés de l'outillage de la pierre, nous ne pouvons être accessible à l'idée de les regarder comme des produits d'un autre âge.

LES SÉPULTURES

LES SÉPULTURES

L est hors de doute que les grottes artificielles des stations néolithiques de la vallée du Petit-Morin on été affectées primitivement à des usages variés. Néanmoins toutes, de différentes manières, ont servi aux sépultures. Elles provoquent donc l'attention sous ce nouveau point de vue.

Les sépultures trouvées dans toutes les cavernes laissent subsister néanmoins les catégories que nous avons établies dans les grottes. Elles ne combattent nullement l'existence des grottes-habitations. Il est admis en effet que les inhumations à l'époque quaternaire étaient pratiquées dans les foyers. Personne, il est superflu de le démontrer, n'a songé à donner aux foyers une destination purement sépulcrale.

« Les usages funéraires de l'époque quaternaire, dit Mme Clémence Royer, n'eurent aucun inconvénient pour les populations humaines vivant à l'air libre sur les bords de nos fleuves, peut-être dans des huttes, des tentes, des gourbis de diverses sortes. Où le corps tombait, on le recouvrait; tout était dit.

« Mais si la tombe devait s'élever où le mort était tombé, l'individu qui périssait dans sa hutte devait aussi y être laissé. On élevait donc le tumulus, le monceau de pierre ou de terre accoutumé dans la hutte même que peut-être on renversait sur son ancien habitant. Aujourd'hui encore certaines peuplades africaines enterrent leurs morts dans les cases où ils ont vécu, et que leur famille déserte ensuite et ferme.

« Ainsi s'expliqueraient aisément, logiquement, et seulement ainsi, les inhumations sur foyers de la station de Solutré. » Puis : « Quand un membre de la famille périssait dans la grotte, il fallait l'y laisser et en partir, au moins pour quelque temps. Peut-être que, pour hâter la décomposition du cadavre, on l'abandonnait sur le sol sans le recouvrir et l'on fermait l'entrée de la grotte d'une pierre. D'autres fois, au contraire, on le recouvrait, non plus de branches ou de pierres, mais de ce magma noirâtre, mêlé d'ossements d'animaux, de charbons, de détritus de cuisine et tout imprégné de matières graisseuses qui forme le sol de ces grottes. Cette terre ne tardait pas à former, avec les liquides cadavériques, une masse compacte qui se tassait, se pressait sous les pieds des habitants de la caverne, quand ceux qui l'avaient désertée revenaient s'y établir. D'autres familles à leur défaut, d'ailleurs, ne pouvaient manquer de venir s'installer dans la grotte abandonnée[1]. »

Avec ces données archéologiques, les faits relatifs à l'époque de la pierre polie s'expliquent sans difficulté, et la présence des inhumations dans toutes les grottes n'exclut pas les habitations proprement dites.

Les archéologues les plus compétents par l'étendue de leurs études comparatives ont reconnu un rite funéraire à l'époque de la pierre. « Pendant l'âge de la pierre l'inhumation était en usage dans presque tous les pays. On a, il est vrai, observé,

---

[1]. Mme Clémence Royer. *Les rites funéraires aux époques préhistoriques.* Revue d'anthrop., p. 446 et 447.

dans certaines régions, des tombeaux de cet âge où il semble y avoir des traces de crémation, mais on peut constater que ces sépultures appartiennent à une époque peu éloignée du commencement de l'âge du bronze [1]. » La grande quantité de sépultures que nous avons découvertes présentaient des particularités qui sont autant de renseignements propres à mettre fortement en relief les traits principaux et les plus caractéristiques du rite funéraire, à l'époque de la pierre polie. Nous exposerons sommairement l'ensemble des résultats que nous avons obtenus dans nos recherches. Le fait culminant qui frappe et s'affirme avec un éclat qui dissipe toutes les incertitudes, c'est le soin avec lequel les morts étaient traités. Les moindres circonstances dans de telles conditions sont toutes importantes et précieuses à conserver.

Le mode d'ensevelissement qui conserve les corps entiers, c'est-à-dire l'inhumation, fut à peu près exclusivement en usage à l'époque néolithique. Il n'y a pas à discuter sur cette question. Les corps sont nombreux ou rares, recouverts de cendres, de terre finement pulvérisée, ou bien déposés nus dans l'intérieur de la grotte ; mais ils sont toujours entiers et dans l'état où la mort les a frappés. D'intéressantes exceptions que nous aurons à mentionner, ne sont pas capables d'amoindrir l'autorité de nos conclusions. Elles se rattachent effectivement à l'époque de transition, à l'origine de l'âge du bronze, où elles se produisent dans des conditions qui mettent précisément en relief leur caractère exceptionnel. En effet, sur plus de deux mille squelettes ayant reçu la sépulture par inhumation, nous comptons seulement quelques exemples de crémation qui se sont toujours préconisés, avec un cortège de circonstances qui leur ôte la possibilité de constituer un rite ordinaire et suivi.

Les cavernes spécialement consacrées aux sépultures ne sont point disposées avec autant d'art que celles dont il a été parlé dans les chapitres précédents. Le travail d'excavation accompli avec plus de rapidité n'est point achevé avec le

---

1. Valdemar Schmidt. *Études comparatives sur les rites funéraires*. Congrès intern. d'anthrop. et d'archéol. préhistoriques de Budapest, p. 625.

même soin. Il est facile de voir que la grotte pratiquée pour recevoir les morts ne devait plus être ouverte à la lumière lorsqu'elle aurait été remplie des dépouilles qui lui avaient été confiées. Dans ces grottes les corps avaient été rangés, de chaque côté, avec une grande habileté pour utiliser l'espace. La tête des sujets était dirigée vers la paroi antérieure et la paroi du fond. Un étroit passage permettait de placer les corps à droite et à gauche. La disposition adoptée était très-intelligente et le monceau de cadavres méthodiquement élevé. Lorsque les morts étaient en grand nombre, ils étaient superposés avec soin et en contact immédiat les uns avec les autres. On ne rencontre plus ces stratifications opérées à l'aide de dalles brutes ou de matières pulvérulentes, comme nous aurons à le signaler dans d'autres circonstances. Les sépultures où les cadavres sont ainsi contigus et amoncelés sont celles dans lesquelles les sujets se rencontrent en plus grand nombre. Il y a lieu de conjecturer que les sujets inhumés dans ces grottes purement sépulcrales étaient les victimes d'un ou plusieurs combats et qu'ils avaient été déposés presque simultanément après la lutte. En effet, des hommes seuls avaient été ensevelis ensemble, et tous étaient adultes et jeunes. Le rite ordinaire de l'inhumation n'avait point été observé. L'aspect général de la grotte est empreint d'un cachet bien visible de précipitation et constitue une exception. Les nations les plus civilisées, même dans les temps modernes, n'agissent pas autrement après une grande bataille. Malgré la pompe qu'elles déploient dans les funérailles qui ont lieu pendant le calme de la paix, souvent des héros, dont la valeur et la bravoure ont été admirées, sont ensevelis en masse après de sanglants combats. Néanmoins le caractère exceptionnel que revêtent ces sortes de sépultures n'exclut pas le soin, l'attention, de plus les instruments et particulièrement la hache accompagnaient les morts. Les flèches à tranchant transversal abondaient dans ces sortes de sépulture attestant manifestement que les hommes ainsi inhumés avaient succombé dans de meurtrières collisions. Les projectiles se trouvaient sur tous les points du corps. Les grottes destinées à ces sortes d'inhumations ont certainement été pratiquées pour ces circonstances exceptionelles, car elles semblent n'avoir été que très-peu fréquentées. La blancheur des parois indique qu'elles n'ont pas été longtemps ni souvent livrées à l'influence des agents atmosphériques.

Il n'est pas inutile d'en faire la mention, ce ne sont pas seulement des inhumations qu'il faut voir dans ces faits. Les mœurs de l'époque néolithique s'affirment sur plusieurs points importants, et tous les détails offrent un véritable intérêt.

Ce genre de sépulture, nous avons assez insisté pour le dire, était propre aux guerriers; mais il existe d'autres grottes aussi exclusivement consacrées aux sépultures. Ces inhumations, où tous les membres de la famille trouvaient successivement leur place, présentaient un mélange bien caractérisé. Les sexes, les âges y sont indistinctement confondus. Les sépultures n'offrent plus ce frappant caractère de simultanéité que nous avons remarqué naguère. Ici la succession des sépultures est évidente. Lorsqu'un corps avait été placé dans le lieu de la sépulture, il était recouvert de cendres, probablement parce que cette matière était à proximité et facile à transporter. La terre meuble et choisie avec soin remplissait le même but. Ainsi les cadavres étaient parfaitement recouverts. Ce procédé dérobait aux regards l'aspect toujours si affreux d'un corps en décomposition et permettait de pénétrer dans la grotte lorsque la nécessité en imposait l'obligation.

Les corps étaient placés les membres allongés et les bras le plus souvent parallèlement au corps. Des pierres soutenaient les corps sur divers points et les protégeaient sur les côtés du passage ménagé entre les deux groupes de squelettes. La superposition ne devait pas être favorable à la conservation des relations anatomiques. Néanmoins l'attention la plus ordinaire reconnaissait facilement l'ordre établi dans le principe. Il était facile de restituer à chaque sujet les ossements qui lui appartenaient. La succession des sépultures se retrouvait, et, malgré ce travail sans nom que le temps accomplit dans un ensemble de vingt ou quarante cadavres, on reconnaissait sans difficulté la disposition primitive. Ces sépultures de famille, par la variété des sujets, atteignent le nombre des morts dont nous avons parlé en premier lieu. Elles étaient les plus abondantes en sujets et les plus nombreuses dans les stations; en plusieurs lieux, elles étaient les seules composant le groupe. Cependant, malgré le nombre de corps ainsi accumulés, les flèches à tranchant transversal étaient en quantité peu considérable.

Nos observations nous ont mis itérativement en présence de sépultures qui revêtaient un caractère plus solennel. La recherche dans les soins donnés aux morts s'affirmait dans des détails nombreux qui leur imprimaient un caractère frappant de grandeur. Des pierres plates, souvent apportées de loin, étaient disposées régulièrement de manière à former un lit funèbre sur lequel le corps était étendu avec une délicate attention attestée par la régularité des positions.

Les faits démontrent qu'en maintes circonstances ces pierres avaient été chauffées sérieusement. Elles portaient des traces évidentes de l'action du feu, auquel elles avaient été soumises d'une manière prolongée. Des exfoliations multipliées le prouvaient. Elles avaient certainement été placées dans la grotte dans un état pour ainsi dire incandescent. La preuve de cette conclusion se trouve dans l'empreinte laissée sur le sol même de la grotte. La nature de la craie était altérée, elle avait subi une sorte de calcination et présentait un aspect pulvérulent tout différent de la surface voisine qui n'avait pas été recouverte par les dalles chauffées. Cette couche de craie désagrégée ne peut être attribuée à l'action des liquides provenant de la décomposition des parties molles, car le même fait se rencontrerait partout où la décomposition s'est opérée dans de semblables conditions et en l'absence des pierres. Les dalles dans ces circonstances avaient donc été placées après avoir été fortement chauffées. C'était, en dehors de toute autre considération, un moyen d'assainir la grotte et de sécher l'atmosphère, d'évaporer l'humidité contenue dans le corps. Était-ce déjà une tentative de dessiccation? N'était-ce pas une coutume traditionnelle provenant des populations de l'époque quaternaire qui pratiquaient les sépultures dans les foyers mêmes? Ces faits ont été constatés à Solutré et dans d'autres gisements célè-

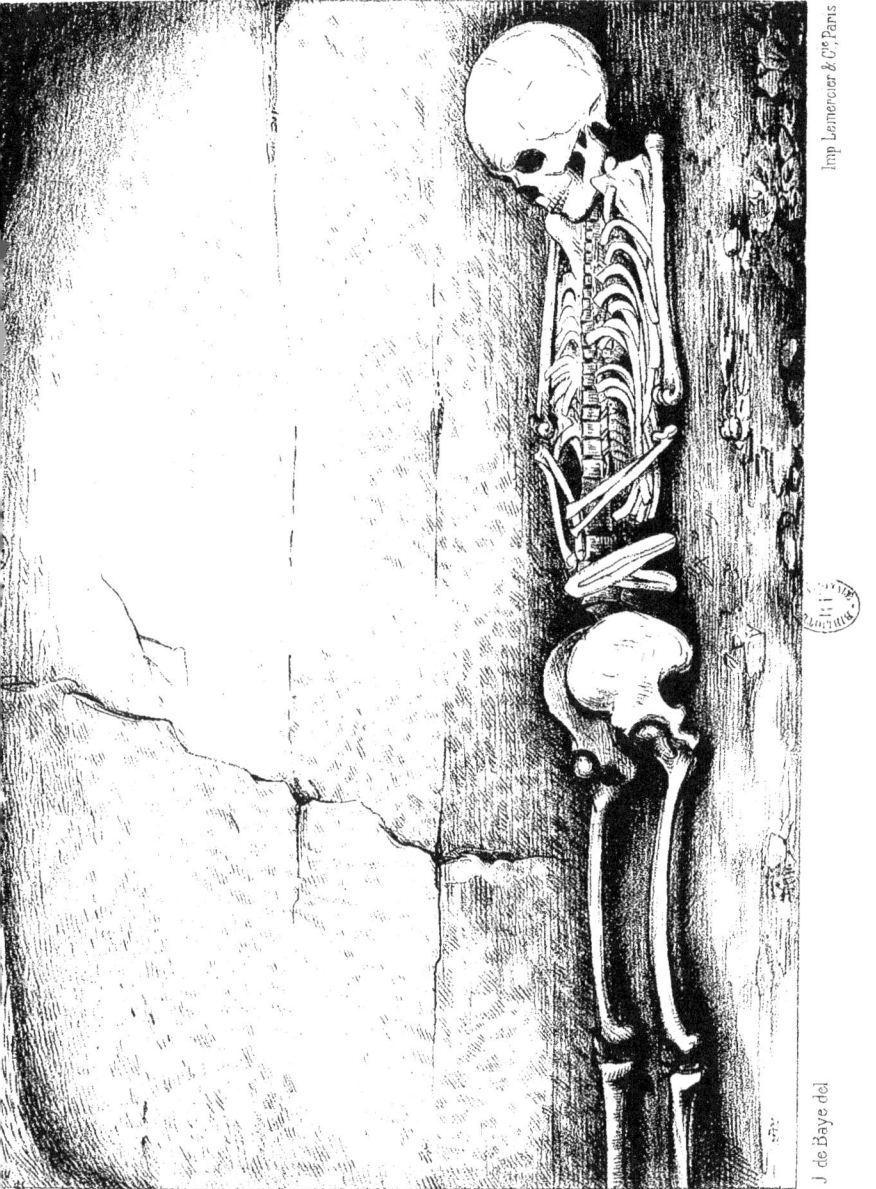

Pl. VI

bres des temps paléolithiques. Cette particularité du rite funéraire serait-elle une réminiscence de ce qui s'accomplissait dans le berceau de ces populations avant leur migration? Il est difficile de se prononcer, et il nous paraît plus utile de bien énoncer le fait que d'en risquer une interprétation précipitée.

Un autre genre de sépulture beaucoup plus simplifié, mais qui ne manquait point de grandeur, consistait à placer un corps unique dans une grotte en faisant reposer la tête, les reins et l'extrémité des pieds sur des pierres plates. Dans leur simplicité ces sortes de sépultures n'étaient pas sans expression. Rien de plus imposant que ce corps étendu dans la solitude d'une grande grotte. Il est évident que c'était sous l'influence d'une pensée délicate qu'on lui avait consacré une grotte entière. Ces inhumations, comme celles dont nous avons parlé précédemment, étaient simples, et le cadavre nu n'avait point été recouvert de matières pulvérulentes. On en conçoit facilement la raison, puisqu'il devait seul et exclusivement occuper la grotte où il reposait. Un exemple remarquable s'est présenté dans les grottes de Villevenard. Nous avons ouvert une grotte dans laquelle deux squelettes seulement étaient placés, chacun séparément, le long d'une des parois latérales. On ne voyait rien autre chose que les ossements qui avaient conservé chez les deux sujets leurs connexions naturelles. L'un de ces squelettes était dans le plus parfait état de conservation. Il reposait isolément auprès de la paroi de la grotte, le corps était allongé, les bras avaient été ramenés vers les régions abdominales. Deux silex en forme de couteau avaient été placés dans la main droite. Ces deux lames, après la décomposition des parties molles, s'étaient, en tombant, dressées à côté des vertèbres lombaires. Ce squelette a pu être transporté et conservé ; nous en donnons une esquisse à cause des silex dont il était accompagné. (Pl. VI.) Aucun autre instrument n'a été trouvé dans la grotte, les deux silex étaient les seuls objets funéraires qui accompagnaient la dépouille mortelle. Le rite funéraire revêt dans cette circonstance un caractère d'exception. Si l'absence, pour ainsi dire, d'objets funéraires caractérise cette sépulture, son importance ressort néanmoins de son isolement dans une grande et belle grotte qui avait dû, dans le principe, servir d'habitation. Ce fait exceptionnel n'est pas sans analogie avec d'autres sépultures, où quelques corps seulement se trouvaient dans des grottes d'une grande étendue. Là encore l'inhumation revêtait un caractère de solennité particulière. Souvent un lit de pierres plates avait été soigneusement préparé, comme nous l'avons dit précédemment, pour une autre nuance de sépultures. C'est surtout dans ces sépultures rares, dans la grotte, que l'on pouvait bien remarquer ces pierres choisies qui soutenaient la tête, les reins et les pieds. La régulière disposition des membres était facile à reconnaître. Souvent des objets funéraires étaient déposés et dressés auprès de la paroi, le long de laquelle le corps reposait. Toujours le tranchant de la hache était placé en haut. Plusieurs fois même la tête, appuyée sur une sorte de gradin taillé dans la craie vive, était accompagnée à son sommet d'une hache emmanchée. Dans une circonstance unique, une hache dans sa gaine et pourvue du manche en bois avait été placée à la droite du corps, à la hauteur de l'épaule. On voyait encore la poudre impalpable résultant de la décomposition du bois. La longueur de la ligne tracée par la poussière jaunâtre était d'environ 40 centimètres et dessinait parfaitement le manche.

Dans le groupe situé au lieu dit la *Pierre Michelot,* contrairement à ce que nous avons remarqué jusqu'à présent, un sujet avait été inhumé dans la position accroupie. La position des ossements l'indiquait assez, mais les côtes surtout, qui étaient retombées les unes sur les autres comme des cercles concentriques, l'affirmaient d'une manière plus évidente encore. Ce genre de sépulture, qui a été pratiqué dans d'autres localités, est tout à fait exceptionnel dans nos stations de la Marne.

Nous avons dit que la grande généralité des sépultures avait été pratiquée par inhumation. Cependant nous avons remarqué d'une manière sûre quelques cas bien évidents d'incinération. Des ossements brûlés, profondément carbonisés, en conservant toutefois leur forme naturelle, reposaient sur l'aire même de la grotte. Cette première assise d'ossements avait été ensuite recouverte par des squelettes intacts, ensevelis conformément aux usages du rite de l'inhumation. Ces faits se sont présentés plusieurs fois et particulièrement à Vert-la-Gravelle. Dans ces circonstances on ne voyait point de pierres disposées pour former un lit funèbre. Il ne serait pas difficile de préconiser quelques explications plus ou moins plausibles de ces incinérations. Mais pour le moment il nous paraît suffisant de constater ces particularités. Les incinérations de cette époque ont été signalées en petit nombre jusqu'à ce jour. Cependant des sépultures par incinération ont été découvertes par M. Chouquet à Moret (Seine-et-Marne). Les rites funéraires reconnus à Moret diffèrent de ceux que nous avons constatés, aussi l'auteur de la découverte déclare-t-il lui-même que les faits qu'il a constatés lui « paraissent établir le passage d'un âge à l'autre, le moment où la civilisation de la pierre polie était en train de se transformer ». « On avait posé précédemment, dit-il, sur le roc une ou deux pierres plates de la dimension des deux mains; sur ces deux pierres étaient les os brûlés, puis à l'entour, d'autres pierres plates posées de champ formaient une petite chambre ou cella, recouvertes par d'autres pierres. » Plus loin il ajoute : « La carbonisation des os est très-incomplète, les os entièrement noirs sont même peu abondants, les os brulés à blanc sont l'exception. On devait donc être au début de l'incinération; on ne savait pas encore incinérer[1]. » Ces derniers caractères sont aussi propres aux ossements incinérés que nous avons trouvés. Le mode de sépulture par incinération revêt à Moret un caractère d'intensité qu'il ne possède pas dans les grottes de la Marne. Du reste, les sépultures de Moret sont beaucoup plus récentes que la grande généralité de nos grottes de la vallée du Petit-Morin.

Une grotte de la *Pierre Michelot* contenait des ossements qui étaient pareillement brûlés et calcinés. La grotte était remplie de ces ossements noircis qui formaient un mélange confus avec de la cendre. Il est de toute évidence que ces ossements avaient précédemment fait un séjour dans un autre lieu de sépulture. Des haches qui accompagnaient ces ossements

---

1. *Bul. soc. d'anthrop. de Paris.* 1876, p. 277.

avaient elles-mêmes été livrées à l'action du feu, dont elles portaient des marques incontestables. Parmi ces haches, les unes étaient craquelées, d'autres s'étaient brisées en plusieurs morceaux dans le foyer. Il importe de signaler un autre fait qui se rattache à l'incinération. Une grotte de Razet contenait beaucoup de petits monceaux isolés d'ossements placés immédiatement sur l'aire de la grotte. Ces restes d'une incinération imparfaite ne renfermaient pas toutes les parties intégrantes d'un squelette. Il y a lieu de croire qu'ils avaient été successivement apportés dans la grotte.

Enfin, dans la station des *Ronces* à Villevenard, une grotte contenant de nombreux squelettes et un outillage exceptionnellement riche renfermait des restes d'incinération. Un petit vase en terre cuite, trouvé dans la même grotte, est rempli de plusieurs fragments d'os parmi lesquels on reconnaît facilement une rotule de faible dimension, à moitié carbonisée. On remarque aussi un coquillage du genre *Cardium* mêlé aux cendres et aux os brûlés. Ce vase, que l'on pourrait considérer comme la première urne funéraire, se trouvait dans une caverne où toutes les sépultures avaient été pratiquées par inhumation. Ce serait cependant forcer les conclusions que d'inférer de là que les deux modes de sépulture, inhumation et incinération, étaient simultanément en usage alors. Il s'agit simplement d'une exception, peut-être même d'une circonstance absolument accidentelle.

Toutes nos sépultures si nombreuses ont été examinées avec la plus minutieuse attention. Nous avons donc pu noter beaucoup d'autres particularités qu'il nous paraît important de publier pour faciliter les comparaisons et provoquer les interprétations. Nous ferons d'abord remarquer qu'un squelette d'enfant, qui avait reçu la sépulture dans une anti-grotte, était accompagné d'une petite hache en *chloromélanite* d'une dimension tellement réduite, qu'il est impossible de la regarder comme un instrument d'un emploi utile. Faut-il voir ici une raison de plus pour attribuer à la hache un rôle religieux? Ou bien cette jolie réduction était-elle simplement un joujou ayant appartenu à l'enfant auprès duquel elle fut déposée? Les sépultures des âges postérieurs ont souvent donné des objets appropriés à l'usage de l'enfance.

Le premier vase de l'époque néolithique, que nous avons trouvé à Coizard, était placé sur un crâne absolument comme s'il eût été une coiffure. Est-ce là le résultat d'une circonstance fortuite, ou bien la position avait-elle été intentionnellement choisie? Il est difficile de se prononcer, car le fait est unique jusqu'à ce moment.

Les sépultures présentent aussi une autre particularité qui ne saurait être laissée dans l'oubli. Quatre crânes provenant de différentes grottes ont été trouvés remplis d'ossements et de divers objets.

Le premier de ces crânes contient les restes d'un squelette d'enfant en bas âge. Les os longs, si on excepte la tête du fémur, font complètement défaut; mais les vertèbres, les phalanges, les petits os du pied y ont été introduits.

Dans le second on retrouve aussi des vertèbres d'enfant et quelques autres ossements avec quatre côtes, de plus deux coquillages façonnés pour servir d'ornements, une phalange d'adultes et un fragment de crâne qui ne provient point certainement du crâne qui le contenait. Ce fragment de crâne introduit dans un autre crâne se peut bien rattacher à la série si intéressante des faits relatifs aux rondelles craniennes, la supposition ne serait pas sans une certaine vraisemblance. M. le Dr Broca a donné à ces rondelles une grande célébrité « Parmi les rondelles ou amulettes craniennes de l'époque néolithique, nous en connaissons trois qui ont été trouvées dans l'intérieur de crânes largement ouverts par des trépanations posthumes. Ces trois faits importants ont été découverts par M. Prunières. Dans les trois cas la rondelle, intra-cranienne provient incontestablement d'un crâne étranger, car elle diffère du crâne où elle a été introduite, aussi bien par son épaisseur que par sa couleur et par le degré de densité de son tissu[1]. »

Dans le troisième crâne, on trouve un assez grand nombre

---

[1]. Broca. Sur la trépanation du crâne et les amulettes crâniennes à l'époque néolithique. Congrès international de Budapest, p. 180.

de petits ossements des pieds et des mains, des vertèbres d'enfants qui paraissent provenir de deux sujets dont l'un était plus âgé, puis une côte d'un sujet jeune, de plus trois coquillages comme ceux dont il a été parlé précédemment, ensuite sept coquillages perforés du genre olive, enfin une flèche à tranchant transversal.

Le quatrième contenait quelques ossements d'un jeune sujet, une côte, de petits ossements du pied d'un adulte et quelques fragments d'os calcinés.

Le cinquième contenait aussi des ossements d'enfant avec une abondante poussière d'os brisés.

Un sixième crâne, qui ne semble pas se rattacher à la même idée, contenait une pendeloque en os en forme de cône et percée à son sommet. Ce crâne provient des grottes de Vert-la-Gravelle. La grotte qui a donné ce dernier crâne ne renfermait aucune matière étrangère, on y voyait des squelettes et rien de plus. L'introduction n'a pu s'opérer par une circonstance fortuite. Du reste il suffit de voir l'instrument, de le comparer avec l'orifice du trou occipital, pour être convaincu qu'il a été introduit intentionnellement.

Il n'est pas plus possible d'attribuer la présence des objets et des ossements, dans les crânes cités précédemment, au hasard ou à la poussée des terres. Il est impossible d'attribuer à une cause fortuite la présence de ces divers objets dans les crânes. Le hasard n'aurait pu introduire constamment des os d'enfant ; il y a là un choix intentionnel indiqué par la répétition des faits. Ce n'est certainement pas à la petite dimension de ces ossements qu'il faut attribuer leur introduction dans le crâne ; car les côtes, par exemple, par leur conformation, ne se prêtaient guère à l'opération. Quant à la poussée des terres, dont quelques archéologues ont beaucoup trop parlé, il suffit de posséder une notion très élémentaire des lois de la physique, pour savoir qu'elle ne s'exerce jamais sous une voûte et dans un souterrain où il y a des vides considérables. S'il était permis de s'éloigner un instant de la gravité qui convient à la discussion de faits scientifiques, nous dirions que la poussée des terres ne peut s'effectuer là où la terre elle-même fait défaut.

L'état des grottes, au moment de leur découverte, donne toute la sécurité désirable ; il n'y a point de discussion possible. Elles étaient ignorées, il fallait un travail de recherches considérable pour les reconnaître. Un travail matériel plus considérable encore pour les ouvrir était nécessaire. Aussi, lorsque nous avons pénétré pour la première fois dans ces grottes, il était facile de voir qu'elles n'avaient jamais été ouvertes. Nous livrons donc des faits indiscutables à l'étude des archéologues, la matière est sérieuse, elle revêt un caractère d'authenticité incontestable. Effectivement, lorsqu'en pénétrant dans la grotte on apercevait ces nombreux squelettes étendus régulièrement, les ossements conservant leurs rapports anatomiques, les haches dressées contre la paroi de la grotte, les instruments mêlés à la poussière des corps, il était impossible de ne pas reconnaître un ensemble exempt de tout contact et de tout remaniement. Les circonstances dans lesquelles les sépultures se présentent autorisent de nombreuses déductions. Sans oublier la sobriété d'interprétations qui convient en pareille matière, il nous paraît utile de tirer quelques conclusions, qui serviront utilement à l'histoire des rites funéraires à l'époque néolithique.

L'existence d'un rite funéraire à l'époque néolithique, déjà constatée en d'autres circonstances moins significatives, trouve ici une nouvelle et puissante confirmation, les stations de la vallée du Petit-Morin étant nombreuses et bien conservées. Il résulte également que les cadavres étaient transportés avec soin et placés dans les grottes avec une délicate attention et accompagnés d'objets votifs ou funéraires. Déjà aussi à la même époque des vases étaient placés à côté des corps. Était-ce dans le même but que dans les civilisations postérieures? On peut le supposer. Un progrès considérable s'est accompli, et les divers modes de sépultures attestent que les morts sont traités avec affection. Mme Clémence Royer l'avait déjà démontré sur des données moins concluantes. Elle dit en effet : « A partir de l'époque néolithique, la vénération, le respect du mort se sont peu à peu substitués à la crainte brutale du cadavre[1]. »

---

[1]. Clémence Royer Les rites funéraires aux époques préhistoriques. *Revue d'anthrop.*, 1876, p. 462.

Ces soins donnés aux morts accusent des sentiments qui expriment l'idée d'une survivance. Tant d'attention, une si puissante affection, ne pouvaient s'adresser aux cadavres seulement. Les divinités dont nous avons parlé précédemment consacraient les sépultures et leur imprimaient un caractère religieux. « Les tombes des ancêtres devinrent des lieux sacrés, des espèces de sanctuaires [1]. »

La grotte sépulcrale était la reproduction de la demeure occupée pendant la vie, lorsque l'habitation ne recevait pas à la mort une destination funéraire. Les faits le disent, le principe était déjà admis. M. César Daly, directeur de la *Revue générale de l'architecture*, a fait une intéressante communication pour démontrer que, dans les civilisations beaucoup plus avancées, le tombeau était la reproduction monumentale de la maison [2].

« Les variations des rites funéraires, durant l'âge mégalithique, prouvent que, chez tous les peuples européens de cet âge, le culte des morts s'était développé sous l'influence d'instincts, de sentiments nouveaux, et qu'à la crainte de toucher les cadavres, à la nécessité de les cacher à la vue, de se prémunir contre les périls qu'ils pouvaient faire courir aux vivants, s'était jointe l'idée de leur construire une demeure, sinon analogue à celle que le mort avait occupée pendant sa vie, du moins où il pût dormir en sécurité, sans crainte de sentir ses os dispersés par les hommes ou par les ennemis de sa race [3]. »

Les sépultures telles qu'elles apparaissent à l'époque néolithique indiquent une pratique depuis longtemps en usage. Il y a dans cet ensemble de faits l'expression d'une coutume établie et de rites fixés. Le soin de faire disparaître toute trace indicatrice de la grotte est une autre expression du respect, et ces précautions avaient probablement pour but de préserver les morts des outrages des peuplades rivales et de soustraire les sépultures aux regards des tribus ennemies ou étrangères.

---

1. *Loco citato*, p. 456.
2. Comptes rendus du Congrès de Stockholm, p. 209.
3. *Revue d'Anthropologie*, 1875, p. 456.

Les sépultures étaient fréquemment la réunion des morts de la même famille ou de la même tribu. Le mélange des sexes, la différence des âges le prouvent d'une manière assez péremptoire.

Il ressort avec la même évidence que ce n'était pas seulement pour éviter la vue si horrible de la décomposition cadavérique, puisqu'un simple trou pouvait atteindre le même résultat. Les haches dans leur gaine représentaient une valeur qui aurait été anéantie sans utilité, si on avait seulement voulu faire disparaître le cadavre.

Le soin avec lequel les ossements desséchés étaient transportés dans une autre grotte démontre qu'il y avait une autre pensée dominante : le respect des dépouilles humaines.

Les ossements introduits dans quelques crânes attestent également des préoccupations différentes de celles qui ont pour but d'éloigner la vue d'un cadavre.

APERÇUS ANTHROPOLOGIQUES

APERÇUS ANTHROPOLOGIQUES

ES grottes artificielles de la pierre polie, où les morts prenaient, selon les circonstances, la demeure destinée aux vivants, étaient saines, inaccessibles aux influences extérieures et absolument inconnues. Toutes ces conditions favorables réunies en avaient fait autant de locaux éminemment aptes à conserver les ossements. Elles renfermaient donc de nombreux matériaux précieux pour l'étude de l'anthropologie. Dans le début même de la découverte des stations néolithiques de la Champagne, l'importance de notre nombreuse collection anthropologique a été signalée au monde savant. Toutes les pièces susceptibles d'être recueillies, vu leur état de conservation, ont été collectionnées avec le plus grand soin. Les diverses parties du squelette humain qui ont fixé particulièrement l'attention des anthropologues comme portant certains caractères distinctifs peuvent être facilement examinées et comparées. Tous ces nombreux ossements constituent, sans aucun doute, la collection la plus

considérable des pièces anthropologiques se rattachant à la période néolithique dont la vallée du Petit-Morin est le centre le plus considérable connu aujourd'hui.

Les crânes bien conservés provenant des sépultures forment une collection d'un grand intérêt. Parmi ces crânes, ceux qui ont subi des pertes de substance et qui portent des perforations ont été spécialement étudiés et appartiennent, selon l'opinion la plus admise, au domaine de l'archéologie. Ils ont été soumis aux appréciations des savants réunis au Congrès de Budapest. Plusieurs autres ont été envoyés au laboratoire d'anthropologie, et ils ont été dans la suite l'objet des remarquables interprétations de M. le Dr Broca, notamment au Congrès de Budapest.

Si nombreuses qu'elles soient, les pièces anthropologiques détachées ne sont pas les seules qui fournissent de précieuses données à la science. Il existe plusieurs squelettes entiers qui permettent un examen complet de la charpente humaine dans toutes ses parties.

Les éléments que nous avons conservés forment malheureusement un ensemble isolé. Il serait donc difficile de grouper les différents types et de les rattacher d'une manière sûre aux différentes races reconnues par les anthropologues. Néanmoins il ne sera pas sans utilité de publier ici les différentes appréciations qui ont été faites jusqu'à ce jour. Ces premiers travaux contribueront puissamment à provoquer le classement de nos pièces anatomiques et à les faire connaître plus amplement. Cependant, il importe de le bien préciser, les parties étudiées forment seulement des fractions infimes de l'ensemble réuni dans les collections provenant des stations de la vallée du Petit-Morin.

M. le Dr Broca s'est le premier occupé des crânes provenant des sépultures de la Marne. Il en a parlé avec la supériorité de sa science spéciale si bien connue de tous. Pour laisser subsister tout l'intérêt que son travail inspire, nous le citons intégralement. Il contribuera, du reste, à donner une idée des ressources que la science peut trouver dans nos collections anthropologiques.

EXTRAIT DE LA SÉANCE DE LA SOCIÉTÉ D'ANTHROPOLOGIE

Du 7 janvier 1875

SUR LES CRANES DES GROTTES DE BAYE

M. Broca : « Les grottes de Baye, dans le département de la Marne, ont été l'objet d'une communication de notre collègue M. de Baye dans une de nos précédentes séances. J'ai visité ces grottes, qui sont taillées à la main dans un calcaire tendre. Elles se composent généralement d'une antégrotte, suivie d'une grotte principale où sont rassemblés les corps. L'époque où ont été creusées ces sépultures est la deuxième moitié de la pierre polie [1]. »

« M. de Baye a extrait des nombreuses grottes qu'il a explorées jusqu'ici les restes de plus de deux cents individus [2]. » Désirant que ces restes fussent soumis à une épreuve approfondie, il a bien voulu expédier au laboratoire d'anthropologie quarante-quatre crânes et un grand nombre d'os longs, provenant de diverses grottes. Ces pièces ont séjourné plusieurs mois dans le laboratoire, où quelques-uns d'entre vous sont venus les examiner. Avant de les renvoyer à leur propriétaire, je viens vous en présenter quelques-unes, et je vous rappelle que j'ai déjà mis sous vos yeux, l'année dernière, deux de ces crânes sur lesquels existent des perforations artificielles semblables à celles que M. Prunières a découvertes dans les dolmens de la Lozère.

« Ces dolmens, où l'on trouve parfois un peu de bronze, datent de la fin de l'époque néolithique et paraissent à peu près contemporains des grottes artificielles de la Marne; on ne saurait donc s'étonner de voir la pratique des perforations crâniennes paraître à la fois dans ces deux populations, qui d'ailleurs, malgré la différence de leurs sépultures, pouvaient très bien avoir les mêmes croyances et les mêmes rites.

---

1. Cette appréciation s'applique seulement à une partie des grottes.
2. Les sujets qui ont été relevés s'élèvent certainement à plus de mille.

« Le dolmen, qui semble, au premier abord, constituer un mode tout spécial de sépulture, me paraît cependant n'être qu'un dérivé du procédé primitif de sépulture dans ces cavernes. Comme on ne trouvait pas partout des cavernes naturelles, on y suppléait, suivant les lieux, tantôt en creusant dans le calcaire tendre des coteaux des grottes artificielles, tantôt en construisant, avec de grandes pierres dures, des chambres en plein air qu'on recouvrait ensuite de terre pour imiter la caverne. Il est donc possible que la différence, en apparence si grande, qui existe entre les dolmens des causses de la Lozère et les grottes artificielles de Baye, ne soit que la conséquence des conditions géologiques qui facilitaient respectivement dans ces deux régions l'un ou l'autre procédé de sépulture.

« Les quarante-quatre crânes de M. de Baye comprennent vingt-huit hommes, vingt-quatre femmes et deux incertains.

« Leur capacité moyenne est moindre que celle des crânes de la Lozère.

« Celle des crânes d'hommes, inférieure à celle de nos jours, est de 1,535 centimètres cubes.

« Celle des crânes de femmes est, au contraire, supérieure; elle est de 1,407 centimètres cubes. Il n'y a pas là d'anomalie. Il paraît démontré que dans les temps préhistoriques, la femme, participant aux travaux de l'homme d'une manière plus active, avait en même temps une capacité cérébrale plus considérable que de nos jours.

« La moyenne générale est de 1,483 centimètres cubes.

« Comme particularité intéressante, je citerai la moins grande dolichocéphalie des crânes féminins. Tandis que l'indice moyen des hommes est de 77.74, celui des femmes est de 78.83. On sait qu'en général dans les races d'Europe c'est le contraire qui se présente.

« L'indice céphalique maximum s'élève à 85.71; le minimum à 71.69. L'écart est donc de 14 unités. Cet écart, dans les races pures, ne dépasse généralement pas le chiffre de 10; il paraît probable, d'après cela, que la population des grottes de Baye avait dû subir des croisements.

« La série des quarante-quatre crânes se décompose de la manière suivante :

Brachycéphales, indice de 83.33 et au-dessus	4	9.03 °/₀₀
Sous-brachycéphales, indice de 80 à 83.32 .	8	18.18 °/₀₀
Mésaticéphales, indice de 77.77 à 79.99......	10	22.73 °/₀₀
Sous-dolichocéphales, indice de 75 à 77.76..	12	27.27 °/₀₀
Dolichocéphales, indice au-dessous de 75....	10	22.73 °/₀₀
	44	100.00

« Ces chiffres sont ceux qui résulteraient du mélange d'une race sous-brachycéphale à 80 environ et d'une race dolichocéphale à 75 environ, mélange où l'élément sous-brachycéphale avait une légère prédominance.

« L'origine de la race dolichocéphale ne saurait nous embarrasser ; ce type céphalique, nous le savons, prédominait dans la plus grande partie de la France à l'époque de la pierre polie, et surtout à l'époque de la pierre taillée.

« Quant à la race sous-brachycéphale et presque mésaticéphale correspondant à l'indice de 80, elle se rattache probablement à celle de Furfooz, dans la vallée de la Lesse (Belgique). On sait que deux des trois crânes trouvés à Furfooz par M. Dupont, et rapportés par lui à l'âge du renne, appartiennent à une race sous-brachycéphale à 80. On sait, en outre, et notre savant collègue belge nous en a fourni la preuve dans une des précédentes séances, que tous les silex de la Lesse provenaient de la Champagne ; il y avait donc, dès l'époque de Furfooz, des relations continuelles entre la vallée de la Lesse et la vallée de la Marne, et cela expliquerait très bien la présence de l'élément ethnique de Furfooz dans les grottes de Baye.

« Ce n'est sans doute qu'une présomption ; mais elle est confirmée par l'examen des crânes. J'ai étudié avec le plus grand soin à Bruxelles les deux crânes sous-brachycéphales de Furfooz ; nous en possédons d'ailleurs les moules, et j'ai pu constater, par une comparaison directe, que bon nombre de crânes de Baye sont très semblables aux crânes de Furfooz. J'en place quelques-uns sous vos yeux; mais en voici d'autres, d'un type tout différent, qui sont tout à fait semblables aux crânes de la caverne de l'Homme-Mort. Ces derniers sont moins nombreux que les premiers, et je n'ai pas besoin d'ajouter qu'une grande partie de la série, le tiers environ, présente des caractères intermédiaires entre les deux types.

« L'étude des os longs confirme encore l'idée du mélange des deux races. A Furfooz, les tibias, les péronés et les fémurs étaient conformés comme ils le sont de nos jours; tandis que la race paléolithique dolichocéphale et les populations qui la représentaient encore à l'époque néolithique avaient le tibia platycnémique, le péroné cannelé et le fémur à pilastre (nom plus exact que celui de fémur à colonne dont je me suis servi précédemment). Or, sur les vingt tibias de Baye qui m'ont été envoyés, quatre sont très-platycnémiques, dix le sont modérément et six ne le sont pas du tout. Sur vingt fémurs, cinq ont la ligne âpre disposée en forme de pilastre; les autres non. Enfin, six péronés sur seize présentent une cannelure manifeste. On trouve donc dans les os longs de cette population néolithique les types des deux races paléolithiques. »

M. Lagneau : « M. Broca a reconnu que les crânes de Baye présentaient deux types, l'un ayant un indice approximatif de 80 pour 100, l'autre un indice approximatif de 75 pour 100. L'un de ces types aurait de grandes analogies ostéologiques avec un des types de la Belgique. Je rappellerai à cette occasion que M. Dupont a également signalé les relations archéo-paléontologiques des populations du sud-ouest de la Belgique avec celles des populations des Ardennes, de la Champagne et de la région de la Marne [1]. »

Précédemment M. le docteur Broca avait eu l'occasion de communiquer d'autres remarques qu'il avait faites sur les crânes plagiocéphales des grottes de la Marne.

---

1. Bull. soc. d'anthrop. de Paris, 1875, p. 28 à 32.

EXTRAIT DE LA SÉANCE DE LA SOCIÉTÉ D'ANTHROPOLOGIE

Du 7 janvier 1874

CRANES PLAGIOCÉPHALES DES GROTTES DE BAYE

« M. Broca rappelle que M. Virchow a rapproché de la déformation dite oblique ovalaire du bassin décrite par Nœgelé une déformation du crâne qui se traduit par l'accroissement du diamètre oblique d'un côté et la diminution du même diamètre de l'autre, et qu'il nomme *plagiocéphale*. M. Virchow attribue cette déformation à la soudure prématurée de l'une des branches de la coronale ou de la lambdoïde, et lorsque cette cause ne peut pas être invoquée, il assure que l'asymétrie est posthume et due au poids des terres agissant sur le crâne et modifiant sa forme. Voici deux exemples de crânes plagiocéphales assez déformés pour que l'un des diamètres obliques l'emporte sur l'autre de 7 millimètres sur le premier et de 8 millimètres sur le second, n'offrant aucune synostose prématurée, et pour lesquels on ne peut pas invoquer la déformation posthume, puisqu'ils viennent des grottes de Baye, où les squelettes sont simplement déposés sur le sol, et non pas inhumés. Ces deux exemples prouvent que, si un certain nombre de crânes plagiocéphales sont déformés sous l'influence d'une synostose prématurée, il en est d'autres qui le sont par l'effet d'une autre cause, qui ne peut être ici que l'inégal accroissement des lobes cérébraux [1]. »

M. de Quatrefages vint, lui aussi, visiter les collections anthropologiques de Baye. Le temps dont il disposait était limité; néanmoins sa visite ne fut pas sans profit pour la science. Il put établir des comparaisons entre les crânes néolithiques des stations de la Champagne et de la race de Cro-Magnon. Les conclusions suivantes sont appuyées sur les faits qu'il a reconnus : « Mais, pas plus que celle de Canstadt et

---

[1]. Bull. soc. d'anthrop. de Paris, 1874, p. 266.

moins encore, la race de Cro-Magnon n'a réellement disparu. On la suit à travers les âges, on la retrouve dans certaines populations de nos jours.

« A Solutré, dans les tombes néolithiques placées à côté des sépultures quaternaires, les vieux chasseurs de chevaux sont représentés par leurs descendants, dont on retrouve les crânes plus ou moins modifiés. Dans les grottes sépulcrales de la Marne, si habilement et si fructueusement exploitées par M. J. de Baye, le type de Cro-Magnon s'associe à ceux de quatre autres races quaternaires, et à une race néolithique [1]. »

Un pareil examen comparatif lui a en outre inspiré les lignes qui suivent, où il est facile de se former une idée de la variété des types déjà réunis dans les stations de la vallée du Petit-Morin : « En arrivant en Europe, les hommes de la pierre polie n'y trouvèrent pas seulement les dernières races dont il vient d'être question (races de Furfooz, de Grenelle et de Cro-Magnon); ils y rencontrèrent toutes les races quaternaires C'est ce qu'attestent plusieurs des faits déjà indiqués; c'est ce que prouve à elle seule la magnifique collection de squelettes et de crânes extraits par M. de Baye des grottes sépulcrales de la Marne. A l'exception du type de Canstadt, tous ceux que nous venons de décrire semblent s'être donné rendez-vous dans cette localité remarquable. Celui de la Truchère lui-même y est représenté par une tête presque aussi caractérisée que celle de la Seille. Le fond de cette population néolithique n'en appartient pas moins à un type nouveau venu. Il est presque inutile d'ajouter que, vieilles ou récentes, toutes ces races se sont croisées et que le métissage se trahit ici, comme d'ordinaire, tantôt par la fusion, tantôt par la juxtaposition des caractères.

« Par infiltration ou par conquête, de nouvelles races se mêlèrent aux précédentes avant même l'arrivée des premiers Aryens. Ceux-ci allèrent jusqu'aux extrémités occidentales du continent, laissant au nord et au sud des régions entières où

---

[1]. De Quatrefages. *L'espèce humaine.* Paris, 1877, p. 248.

persistèrent leurs prédécesseurs. Puis vinrent les invasions historiques. C'est du mélange de tous ces éléments brassés par la guerre, fusionnés par les habitudes de la paix, que sont sorties nos populations européennes[1]. »

Depuis un certain laps de temps, il y avait lieu de présumer l'existence de rapports entre les populations préhistoriques de la Champagne et les tribus qui habitaient les grottes de Furfooz. En effet, M. Dupont, dans son ouvrage *L'homme pendant les âges de la pierre,* a entrevu des points de contact : « Nos peuplades de l'âge du renne, dit-il, tiraient des régions situées au sud de la Lesse la plus grande partie des substances, étrangères à la localité, dont elles se sont servies. Les relations avec la Champagne sont prouvées par les coquilles tertiaires, trouvées dans nos cavernes. Elles ne le sont pas moins par les matières et les fossiles, également importés, dont les gisements existent entre la Champagne et le séjour de nos indigènes ; ces gisements jalonnent pour ainsi dire les régions traversées pour les apporter.

« Nous n'y trouvons, d'un autre côté, aucune donnée qui tendrait à indiquer leurs relations avec les provinces de Liège et de Hainaut, ou avec d'autres contrées. Aussi, quand nous venons à rechercher l'origine des blocs de silex, étrangers à la localité, qui fournirent les nombreux éclats dont nous avons étudié le procédé de fabrication, ne pouvons-nous les attribuer aux terrains crayeux de ces provinces. Ils n'en proviennent pas. Il est bien naturel, au contraire, d'admettre, devant les faits constatés plus haut, que nos peuplades se procuraient cette matière première dans les régions septentrionales de la France actuelle. Là, en effet, se trouve la Champagne, où la craie acquiert un grand développement et où, presque de nos jours, s'établirent encore des principaux centres de fabrication des pierres à fusil[2]. »

La présence des silex d'origine champenoise n'est pas la seule preuve que l'on puisse invoquer pour établir la réalité

---

1. De Quatrefages. *L'espèce humaine*, p. 257 et 258.
2. Dupont. *L'homme pendant les âges de la pierre*. Bruxelles, 1872, p. 163.

des relations qui ont existé aux époques préhistoriques entre les peuplades de la Lesse et les tribus de la Champagne. Les ornements principaux formés de coquilles fossiles ont aussi la même origine : « Elles proviennent, dit M. Dupont, du gît tertiaire de Courtagnon près de Reims et de Grignon près de Versailles, d'après l'examen qu'en ont fait les savants les plus compétents sur la matière. » Et plus loin, revenant sur sa pensée, il dit : « Les coquilles tertiaires trouvées dans nos cavernes sont celles qu'on rencontre le plus fréquemment et pareillement associées à Courtagnon près de Reims[1]. » La distance ne saurait être considérée comme une difficulté, puisque l'on admet sans réserve que le silex couleur cire vierge trouvé dans la vallée de la Lesse provient du terrain crétacé de Touraine.

Aussi M. Dupont, après avoir constaté lui-même les gisements de silex qui se trouvent sur les collines qui s'étendent depuis le mont Aimé jusqu'à Jéricho, calculé et pesé les éclats de silex champenois, affirme que : « ces relations avec le sud de la Champagne sont un des traits ethnographiques les plus saillants des Troglodytes belges[2]. »

Les faits avancés par M. Dupont ont subi victorieusement le contrôle de la discussion et de la science. M. le docteur Lagneau n'hésite pas à les invoquer : « Tandis qu'anciennement, dans le Hainaut et dans le nord de la France, les habitants se servaient des silex de ces vallées et les taillaient principalement en haches amygdaloïdes ; cette population, demeurant dans les cavernes de la province de Namur, chassant le renne, taillant ses instruments de silex dans la forme triangulaire, à bords courbes, dite du Moustier, mais aussi dans la forme allongée, dite de la Madeleine, n'aurait fait usage que de silex provenant des terrains crétacés situés au sud-ouest de la Belgique, principalement d'un gisement des environs de Vertus, sur les limites de la Brie et de la Champagne, au sud-ouest de la Marne. M. Dupont évalue à plus de 250 kilo-

---

1. Dupont. *Loco citato*, p. 158 et 161.
2. Dupont. *Congrès de Bruxelles*, p. 466, 467 et 468.

grammes, et à plus de 80,000 morceaux ou éclats, les silex champenois trouvés dans les cavernes de cette région sud-ouest de la Belgique; cavernes où pareillement on trouverait des coquilles de *cerithium giganteum* du gisement de Courtagnon, près de Reims, des grains de collier faits avec des moules silicifiés de turitelles des environs de cette ville[1]. »

Après s'être servi des données de l'archéologie préhistorique propres à éclairer la question de l'ethnogénie des régions voisines de la France, M. le Dr Lagneau, constatant l'existence du mélange des types brachycéphales et dolichocéphales à la fin de l'époque archéolithique, ajoute : « Dans le nord de notre pays, à l'époque de la pierre polie, il paraît en avoir été de même au point de vue ethnologique. Brachycéphales et dolichocéphales y existaient simultanément. D'après les fouilles faites jusqu'à ce jour, si l'on est amené à reconnaître que les sous-brachycéphales paraissent assez nombreux principalement dans une région plus méridionale, dans le bassin de la Seine et de ses affluents, comme sous le monument mégalithique de Vauréal, près de Pontoise, où MM. Caix de Saint-Aymour et Pruner-Bey ont constaté la présence de brachycéphales et de quelques dolichocéphales; comme dans la grotte sépulcrale d'Orrouy, près de Crépy, dans le département de l'Oise, grotte dont les seize crânes étudiés par M. Broca sont, sinon brachycéphales, au moins mésaticéphales avec un indice céphalique moyen de $\frac{79}{100}$; comme dans les nombreuses grottes sépulcrales, creusées dans la craie, à Toulon, près de Coizard et de Vertus, dans le département de la Marne, sépultures d'où M. Joseph de Baye a retiré des crânes sous-brachycéphales ou mésaticéphales et quelques têtes dolichocéphales[2]. »

M. le Dr Topinard, dans son *Anthropologie*, fait aussi une allusion à un type qui se retrouve dans nos stations. « Il dut se faire par le nord une invasion qui apporta la coutume d'ensevelir dans des dolmens ou des grottes collectives,

---

1. Lagneau. *Ethnogénie des populations du nord, de la France*, 1874, p. 4.
2. Lagneau. *Loco citato*, p. 6 et 7.

mais qui, dolichocéphale ou numériquement très-inférieure, laissa à la population son caractère dolicocéphale, un peu amoindri cependant (indices dans les dolmens au voisinage de Paris, 75.01; dans les grottes de la Marne, où elle est déjà moins pure, 77.78) [1]. »

Bien que l'étude qui a été faite jusqu'à ce jour n'embrasse encore qu'une partie peu considérable de la collection anthropologique des stations de la vallée du Petit-Morin, il a été constaté que les races quaternaires y étaient représentées. Il faut cependant en excepter le type de Canstadt qui n'a pas été reconnu jusqu'à ce jour.

Le type de Cro-Magnon se trouve représenté dans la population néolithique de la Marne. On sait que le crâne de Cro-Magnon (vallée de la Vézère) offre un beau type qui ne manque pas de noblesse. Le front est élevé et bien développé. Les crânes revêtus de ces caractères frappent dans nos collections. Il ne serait pas difficile de déterminer certains de ces crânes, en prenant la description qui a été faite par M. le Dr Broca : « La région faciale présente des caractères distinctifs tout aussi remarquables que les précédents. Le menton, au lieu d'être fuyant comme celui de la Naulette et d'Arcy, fait une forte saillie, et les incisives inférieures sont devenues verticales. Les arcades orbitaires supérieures ne sont plus fortement cintrées; elles sont, au contraire, très-surbaissées, et l'ouverture orbitaire, considérablement développée en largeur, n'a qu'une très-faible hauteur. La région nasale, longue et étroite, revêt la forme leptorthinienne, commune à toutes les races du type caucasique. Néanmoins les pommettes sont très écartées, et quoique la face dans son ensemble soit peu inclinée, la région des incisives supérieures présente une obliquité notable. »

La race de Cro-Magnon n'est pas caractérisée seulement par la conformation du crâne et de la face, elle l'est encore par celle des principaux os des membres. Il serait trop long de décrire ici les *fémurs à pilastre,* les *tibias* aplatis ou *platycnémiques,* les *péronés cannelés,* les *cubitus arqués;* ces dispositions

---

[1]. Topinard. *L'antropologie.* Paris 1877, p. 155.

spéciales, qui se retrouvent encore aujourd'hui chez quelques individus, non pas réunies, mais isolées et d'ailleurs plus ou moins atténuées, étaient normales dans la race de Cro-Magnon, qui se distingue par là de toutes les races modernes[1]. » M. de Quatrefages, de son côté, après des descriptions techniques que nous ne pouvons aborder, termine ainsi : « En somme, chez les hommes de Cro-Magnon, un front bien ouvert, un grand nez étroit et recourbé, devaient compenser ce que la figure pouvait emprunter d'étranger à des yeux probablement petits, à des masseters très forts, à des contours un peu en losange. A ces traits, dont le type n'a rien de désagréable et permet une véritable beauté, cette magnifique race joignait une haute stature, des muscles puissants, une constitution atlétique[2]. » A ces caractères on reconnaît beaucoup de nos spécimens. La masse des archéologues qui s'inspirent des enseignements si élevés de MM. de Quatrefages et Broca, sans atteindre la hauteur de leur science, éprouvent des impressions analogues aux données scientifiques de ces éminents anthropologues. Il n'est pas rare, en effet, d'entendre exprimer de l'admiration pour la beauté de certains de nos crânes. Il est bien évident que ces représentants de la race de Cro-Magnon ont été reproduits par l'*atavisme*, cette loi si connue d'une hérédité très éloignée. La dolichocéphalie est évidente dans ces crânes, puisqu'elle est le caractère de la race. Ce n'est pas seulement la ressemblance dans la configuration du squelette qui nous frappe, une autre ressemblance morale n'est pas moins évidente. Les habitudes guerrières, les mœurs du chasseur se trouvent retracées dans un grand nombre de grottes. Nos populations néolithiques, dans une certaine proportion, avaient conservé des caractères qui indiquent leur origine. Les flèches en si grand nombre et les dents des bêtes fauves l'attestent suffisamment.

Les os longs conservés en grand nombre accusent, par

---

[1] Broca, Discours d'ouverture du congrès du Havre de l'Association française pour l'avancement des sciences *Revue d'anthropologie*, 1878, p. 268.

[2] De Quatrefages. *L'espèce humaine*, p. 234.

leurs dimensions, des sujets d'une taille élevée et d'une grande vigueur. Les empreintes musculaires sont énergiquement dessinées. Les fémurs à contreforts se retrouvent fréquemment, ainsi que les tibias platycnémiques. En un mot, les caractères de la souche, indiqués par M. Broca, sont faciles à discerner. Nous nous bornons à ces indications fort sommaires, qui suffisent pour faire connaître les éléments dans nos collections et propres à faciliter l'étude des intéressantes questions auxquelles ils se rapportent.

L'existence du type du Cro-Magnon n'est pas exclusivement propre à nos stations néolithiques champenoises; il a été retrouvé dans de larges proportions dans la grotte de l'Homme-Mort.

Le type isolé de la Truchère (bords de la Seille, près de Lyon) existe aussi dans nos stations. Un spécimen unique, déterminé jusqu'à ce moment, le reproduit fidèlement. « Dans ce type, le crâne et la face sont remarquables par une dysharmonie aussi tranchée que dans la tête de Cro-Magnon; mais le désaccord est inverse. Ici c'est le crâne qui est large et court, tandis que la face s'allonge. Le premier, vu de face, présente un aspect pentagonal très marqué. Tous les os en sont développés dans le sens transversal, à l'exception de la moitié inférieure du coronal, qui se rétrécit brusquement pour former un front assez étroit. L'ensemble de la face est relativement petit et étroit. Le nez est très grand et long; les pommettes massives peu marquées, et la mâchoire supérieure est légèrement prognathe [1]. » Nous faisons la mention de ce crâne à cause de la rareté des échantillons de cette espèce.

La race de Grenelle apparaît également, et il est facile d'en voir les éléments dans ces ossements de dimensions réduites qui tranchent avec les grandes statures qui ne manquent jamais d'attirer l'attention. « Dans la race de Grenelle, la glabelle très prononcée et des arcs sourciliers fortement renflés impriment une direction légèrement oblique à la base du front. Mais bientôt la courbe se relève et se développe régulièrement

---

[1] De Quatrefages. *Loco citato*, p. 250.

sans ressaut ni méplat. Vu de face, le crâne apparaît comme aussi bien proportionné que de profil. La face s'harmonise avec lui. Les pommettes sont rugueuses et bien accusées; les fosses canines, hautes, mais peu profondes; les orbites se rapprochent de la forme carrée; les os du nez sont concaves et assez saillants [1]. »

L'examen de nos collections donne des ossements auxquels s'appliquent parfaitement les descriptions dues à M. de Quatrefages. « Les os des membres et du tronc sont robustes, et les saillies, les dépressions de leur surface, accusent un développement musculaire très prononcé [2]. »

Enfin la race de Furfooz est la plus abondamment représentée dans les stations néolithiques de la vallée du Petit-Morin. « Dans ce type, la face est large, et l'indice en est presque le même que celui de la race de Cro-Magnon. Mais, grâce au raccourcissement du crâne, la tête est harmonique, au lieu d'être dysharmonique comme chez les Troglodytes du Périgord. Un nez légèrement concave, mais assez saillant, des fosses canines peu marquées, une mâchoire supérieure presque orthognathe complètent cette face, dont l'ossature entière a quelque chose de sec et de fin [3]. » Selon M. le docteur Broca, « les os des membres ne présentent dans leur conformation aucun des caractères si remarquables qui distinguent les hommes de Cro-Magnon. Les fémurs, les tibias, les péronés, les cubitus sont exactement semblables aux nôtres, et la seule particularité qu'il y ait à signaler concerne le degré de fréquence de la perforation olécrânienne de l'humérus. Cette perforation, que l'on a considérée à tort comme un caractère simien, ou au moins comme un caractère d'infériorité, n'a aucune signification hiérarchique ni chez l'homme ni chez les singes » [4]. Les perforations de la fosse olécrânienne de l'humérus, fréquentes dans cette race, sont très nombreuses dans nos collections. Il y a donc lieu de croire que les habi-

---

1. De Quatrefages. *Loco citato*, p. 251.
2. *Ibidem*.
3. De Quatrefages. *Loco citato*, p. 251.
4. Broca. *Revue d'anthropologie*, 1878, p. 170.

tants de la vallée de la Lesse ne se sont pas bornés dans leurs relations à emprunter des instruments et des parures aux populations de la Champagne, mais qu'ils ont de plus mêlé leur sang.

L'élément nouveau, qui fait son apparition à l'époque de la pierre polie, occupe un rang important au point de vue numérique dans les populations de la pierre polie. Le fait est assez affirmé par la citation que nous avons faite précédemment de M. de Quatrefages. Un grand nombre de crânes affirment cette introduction nouvelle et indiquent le mélange. Les origines certaines de cette récente race sont encore ignorées. Le perfectionnement apporté dans l'industrie par le polissage des haches, et la présence des instruments appartenant à des roches étrangères au pays deviendront probablement un jour les guides qui mettront sur la voie de cette question.

Un certain nombre de fémurs ont été aussi envoyés au laboratoire d'anthropologie. L'étude de ces pièces a été l'objet d'un rapport qui a été publié dans la *Revue d'antropologie*. Nous le reproduisons dans toute son étendue.

« *Première série (Baye)*. — Le laboratoire a eu la bonne fortune de conserver pendant quelques jours un certain nombre de pièces qui lui ont été obligeamment communiquées par notre honorable collègue M. de Baye.

« Parmi ces pièces il se trouvait des crânes, des fémurs et des tibias. Notre excellent maître M. Broca a communiqué à la Société d'anthropologie les résultats de ses recherches sur les crânes, dans une des séances de cet hiver. C'est à nous qu'est échu le soin d'étudier le reste. Les tibias feront l'objet d'une étude séparée.

« Nous consignons ici les remarques que nous a suggérées l'examen des vingt ou plutôt des dix-neuf fémurs ; l'un d'eux, en effet, était fragmentaire et ne subsistait plus que par sa portion moyenne.

« *Description générale*. Assez bien conservés, ne présentant rien de particulier, quant à leur texture, ni altérations ni traces spéciales ; ils offrent simplement l'aspect d'os qui ont

APERÇUS ANTHROPOLOGIQUES.

passé un certain temps dans un terrain. Ils se font remarquer en général par la vigueur de leurs apophyses ou crêtes d'insertion. Plusieurs d'entre eux présentent la disposition décrite par M. Broca sur les fémurs dits à colonnes ou mieux à *pilastres*, c'est-à-dire que la ligne âpre très saillante est limitée de plus de chaque côté par deux gouttières plus ou moins profondes. Les mensurations que nous en donnons, prises au moyen d'une échelle graduée de 0 à 5, en donneront la meilleure idée. Le zéro correspond à une dépression occupant la place de la ligne âpre ; on rencontre ce numéro chez le singe, chez qui la coupe du fémur offre la forme d'un rein.

« Nous avons dressé des tableaux qui retracent en millimètres les mesures absolues et les indices calculés en centièmes. Nous en extrayons les chiffres ci-dessous :

	moyenne mm	maximum mm	minimum mm
Longueur totale	413	450	383
Hauteur du grand trochanter	95	96	93
Degré de courbure	52	58	46
Indices de la branche oblique	23	27	21
Diamètre de la tête	42	49	35
Saillie de la ligne âpre	2.8	4.5	2.0
Diamètre antéro-postérieur du corps	27	33	22
Indice de la section du corps	97	123	83
Largeur de l'extrémité inférieure	»	»	»
Indice de section de l'extrémité inférieure	»	»	»
Angle diaphysaire	11°	18°	8°
Angle cervico-diaphysaire	129°	140°	121°
Indice angulaire	8.5	14.0	7.5

« De l'examen de ce tableau nous tirons les conclusions suivantes :

« 1° La hauteur totale (mesure n° 1), exprimée en millim., est en moyenne de 413; le maximum, 450^{mm}, n'est atteint que par un seul fémur, et deux seulement sont de 445. Le minimum représenté par deux pièces est égal à 383^{mm}.

« 2° La hauteur de la partie la plus élevée du grand trochanter au-dessus du plan horizontal est en moyenne de 95 p. %, de la hauteur totale de l'os, son maximum de 96, son minimum de 94 p. %. Cette moyenne est donc très accusée, et la valeur de cette mesure ne subit presque pas d'oscillations.

« 3° Le degré de courbure de l'os, ou, pour parler plus correctement, la distance maxima de la face antérieure au plan sur lequel l'os repose s'est trouvée en moyenne de 52 millimètres, au maximum de 58, au minimum de 46. Sa valeur est difficile à interpréter, vu l'influence de la saillie des condyles et d'autres causes qui ne permettent pas de soumettre au calcul la courbure du corps de l'os avec cette mesure pour base.

« 4° Nous avons dit plus haut ce que nous appelions *branche oblique*, en ajoutant qu'on en déterminait la longueur avec la glissière, dont les branches s'appuient aux deux extrémités de l'axe du col, c'est-à-dire sur la tête fémorale d'un côté, sur le point du bord externe de l'os que rencontre cet axe prolongé d'autre part. Sa valeur dépend à la fois du diamètre de la tête; de la longueur du col et de l'épaisseur de l'extrémité supérieure du corps; elle est la résultante de conditions qui varient d'une manière très irrégulière en apparence. Ici elle est de 25 au maximum, de 22 en forte moyenne, de 20 au minimum (par rapport à la hauteur totale = 100).

« 5° De même l'épaisseur du col, sa hauteur moyenne (prise perpendiculairement à l'axe), ne paraissent pas varier suivant une loi. La moyenne de l'épaisseur = 22 mill. et celle de la hauteur — 32 mill.

« 6° Le diamètre de la tête articulaire présente en moyenne 42 mill. Sa plus grande valeur proportionnelle appartient à l'os le plus long (445^{mm}); il manque la tête du n° 17 qui a 450^{mm}); sa valeur la plus petite appartient à un os qui n'a que 395^{mq}. On peut en conclure que c'est l'os absolument le plus long qui possède la tête relativement la plus grosse.

« 7° Le degré de saillie de la ligne âpre, en moyenne de 2 8/10, par rapport à l'échelle numérotée de 0 à 5, atteint 4 1/2 sur un fémur de 421^m, trois seulement sur le plus long de 450 millimètres, et le minimum 2 pour un os de 445 millimètres. Il s'ensuit que le degré relatif de saillie de la ligne âpre est hors de rapport avec la dimension absolue des fémurs de Baye, et que les plus petits d'entre eux ne sont pas ceux qui présentent les lignes d'insertions musculaires les moins prononcées. Or, si les plus petits fémurs sont, comme on s'y attend *a priori,* des fémurs de femme, on pourrait en déduire que la femme de l'époque de Baye (pierre polie) était aussi bien et quelquefois mieux partagée que l'homme sous le rapport du développement musculaire, dont la vigueur se trahit par la saillie des lignes d'insertion; on en conclurait aussi qu'il faut renoncer à diagnostiquer le sexe d'après ce seul caractère. On verra plus loin si ces visées se trouvent justes.

« 8° L'indice de section du corps, en moyenne de 97, atteint jusqu'aux 123 centièmes, et plusieurs des fémurs de la série (n° 3, 9, 11, 12, 13, 15, 19) offrent un indice de 100 et plus. On comparera ces forts indices avec la valeur correspondante de la saillie de la ligne âpre. Nous y reviendrons plus bas.

« 9° L'extrémité inférieure, pour laquelle deux mesures sont à prendre, la largeur de distance des points saillants d'une tubérosité condylienne à l'autre, et le diamètre maximum antéropostérieur du condyle externe, possède des dimensions qui varient sensiblement dans le même sens. La première mesure moyenne équivaut à 17 p. %, la seconde à 14. Ces proportions restent sensiblement les mêmes. Mais, tandis que sur l'os le plus long (450 millimètres), la largeur de l'extrémité inférieure est de 17 p. % seulement, le maximum 20 p. % appartient à un os de 387 millimètres seulement; cependant le maximum absolu (86 millimètres) se trouve sur un fémur de 445 millimètres, quoique les 78 centimètres de l'os de 450 millimètres de long soient dépassés par la longueur absolue de celui de 387 millimètres (79). Autrement dit, il n'y a là en jeu que des dispositions absolument individuelles, sans trace d'influence dans un sens déterminé.

« 10° — *Angle.* — L'angle de la diaphyse avec la verticale a pour amplitude moyenne 11, 18 et 8 degrés étant les extrêmes.

« L'angle cervico-diaphysaire mesure un arc moyen de 129°, les extrêmes sont de 121° et 140°.

« Il en résulte que le rapport moyen, entre l'angle que la diaphyse fait avec la verticale et l'angle cervico-diaphysaire, est égal à 8 1/2. Nous nommerons ce rapport *indice angulaire*.

« L'étude des chiffres nous fournit encore d'autres résultats intéressants. Le plus petit angle que fasse la diaphyse avec la verticale appartient aux fémurs absolument les plus longs, la réciproque est sensiblement vraie.

« Le plus grand angle cervico-diaphysaire appartient à un os d'une longueur relativement petite (413 millimètres).

« D'autre part, aux angles diaphysaires les plus petits correspondent sensiblement les plus petits angles cervico-diaphysaires (il est pourtant une exception bizarre : le minimum des premiers, de 8°, correspond tout juste au maximum des seconds, 140°). Malgré quelques exceptions peu nombreuses, on peut arriver à dire que les fémurs les plus petits sont ceux sur lesquels l'angle cervico-diaphysaire est le plus ample, et où le rapport des deux angles a le plus de valeur (14 pour 100 au maximum pour le fémur n° 11, long de 411 millimètres), le fémur n° 17 (450 millimètres) a des angles dont le plus petit ne mesure que la 7 1/2 p. %. de l'autre. Et toutefois, dans les deux catégories ainsi établies, les grandeurs des deux angles, malgré les différences que nous venons de signaler, paraissent augmenter et diminuer ensemble (18° pour 130°, 16° pour 135°, 10° pour 129°, 8° pour 125°). Il en ressortirait que, d'une manière générale, si l'examen des autres séries fournissait les mêmes résultats, plus le fémur se rapprocherait de la direction verticale, et plus le coude que font ses deux parties, col et corps, s'effacerait; en un mot, la direction de l'os tiendrait à devenir absolument verticale et le col disparaîtrait en partie.

« Que nous donnera le calcul proportionnel appliqué aux autres séries? Nous montrera-t-il l'exagération ou l'effacement de l'obliquité et partant de l'angle cervico-diaphysaire dans les âges suivants? Y aurait-il là un caractère de perfectionnement?

« Quoi qu'il en soit, l'étude des mêmes parties chez les

singes (gorilles), faite par notre collègue et ami M. le docteur Topinard, paraît montrer la confirmation de ce que nous n'osons encore appeler une règle.

« Il y a plus. La coïncidence que l'on remarque entre la moindre amplitude des angles et la valeur plus grande des dimensions totales absolues, et le rapport inverse existant pour les fémurs de moindre hauteur totale, ne fait que confirmer ce qui est banal et d'observation vulgaire, c'est-à-dire que le sexe féminin qui, en définitive, peut revendiquer les os les plus petits, se caractérise par des angles plus forts, par plus d'obliquité. Cette obliquité, soumise à des mensurations très précises et dont les moyennes *maxima et minima* seraient déterminées, formerait un élément de diagnostic sûr pour le sexe. Il y a lieu d'appeler l'attention sur cet autre fait, qu'en outre des dimensions absolues variant ainsi dans le sexe féminin, le plus petit des angles est proportionnellement à l'angle cervico-diaphysaire plus grand que chez l'homme[1]. »

1. Dr Kuhff. Note sur quelques fémurs préhistoriques, *Revue d'anthropologie*. 1875, p. 130.

LA TRÉPANATION PRÉHISTORIQUE

LA TRÉPANATION PRÉHISTORIQUE

uelques années seulement se sont écoulées depuis le moment où la question de la perforation des crânes et du travail des os crâniens a été introduite dans le programme des études préhistoriques. Cependant elle occupe maintenant un rang distingué, malgré l'opposition manifeste dont elle a été l'objet dans le début. Les premières observations soumises à la discussion des anthropologistes et des archéologues ont amené des résultats d'une plus grande importance. Les recherches intéressantes provoquées par la découverte des rondelles crâniennes, des crânes perforés et de fragments crâniens, ont été suivies de la constatation de nouveaux faits.

M. le Dr Prunières avait le premier saisi le monde savant de plusieurs pièces crâniennes provenant des dolmens de la Lozère, qu'il continue d'explorer avec un succès toujours croissant. Ces premiers essais d'interprétation, inspirés par une science heureusement appliquée, ont été, dans la suite, l'origine des belles théories de M. Broca, qui a pour ainsi dire créé la question de la trépanation. Il lui a en effet imprimé un cachet de supériorité et d'intérêt qui a provoqué l'admiration de tous les hommes compétents. Les éléments livrés à son appréciation ne pouvaient être interprétés avec plus de science et de méthode.

Les grottes néolithiques découvertes dans la vallée du Petit-Morin ont, comme les dolmens de la Lozère, pareillement donné des crânes perforés, des rondelles crâniennes, des amulettes détachées du crâne humain. Ces diverses pièces sont rangées dans les vitrines du Musée de Baye depuis l'année 1872.

Les faits du même genre, étudiés et communiqués par M. le général Faidherbe, ont aussi révélé à la connaissance des archéologues l'existence des crânes qui avaient subi des pertes de substance. Le moulage d'un de ces crânes provenant des dolmens de Roknia (Algérie) constitue avec les différentes pièces trouvées dans la Lozère et la Marne un premier fond de documents précieux que M. le Dr Broca a brillamment exploité, nous l'avons déjà dit.

Un crâne ayant subi des pertes de substance a aussi, dans d'autres régions, attiré l'attention des savants étrangers; il provient de l'allée couverte de Borreby (Danemark). Ce fait, encore inédit, étend considérablement le champ des observations propres à démontrer l'existence d'une coutume qui aurait été très répandue à l'époque néolithique. M. Engelhardt, dans une note particulière, m'a gracieusement transmis les renseignements suivants, qui paraissent mettre sur la voie d'un même fait : « Après avoir réfléchi, dit-il dans une note particulière, aux trépanations et aux perforations que vous avez eu la complaisance de me faire voir dans votre intéressant musée, et après avoir examiné notre série de crânes attribués à l'âge de la pierre, je ne trouve là rien de correspondant. Il y a cependant dans un crâne provenant d'un dolmen à Nœs (île de Falster), qui contenait des antiquités de la pierre, un trou oblong de 55 millimètres de longueur sur 44 millimètres de largeur. Ce n'est pas une trépanation, mais une blessure, et l'homme y a survécu. Toute la tête s'est trouvée dans un état maladif. »

En examinant les contours de cette perforation, dont M. Engelhardt nous a obligeamment envoyé le dessin, il est impossible, en voyant la régularité des bords, d'attribuer la perte de substance à une blessure. Il est en effet difficile d'admettre qu'une hache de pierre ait pu être maniée avec assez de force et dans les conditions requises pour enlever une portion du crâne avec une netteté si complète. Nous savons tout le prix que l'on peut attacher à l'opinion d'un homme aussi distingué que M. Engelhardt, mais n'aurait-il pas éprouvé d'abord l'impression subie par d'autres savants illustres, qui abandonnèrent ensuite l'idée de voir dans certaines perforations le résultat d'une blessure pour reconnaître une trépanation? Cet état maladif général du crâne favorise singulièrement l'hypothèse d'une trépanation chirurgicale, motivée par une affection pathologique de la table crânienne. Nous ne pensons pas nous tromper en affirmant que les perforations traumatiques n'ont pas ordinairement pour effet d'affecter tous les tissus osseux du crâne.

Si on excepte une communication de M. Schaaffhausen, signalant un morceau de crâne humain, ovale et arrondi artificiellement avec un trou de suspension, on ne connaît point d'autres faits constatés dans les pays étrangers à la France. Du reste, cette pièce crânienne provient d'un tumulus de Thuringe, appartenant à l'âge du bronze[1]. M. Montelius a cependant mentionné un fragment de crâne trouvé par lui et M. Retzius[2]. Ce crâne, provenant de Karleby en Vestergotlande, est celui d'un adulte. Les bords de l'ouverture ne sont pas en biseau, mais droits. La sépulture qui le contenait appartenait à la transition de l'âge de la pierre à l'époque du bronze. Nous ne possédons point d'autres renseignements sur cette pièce, encore unique en son genre dans la Suède. Il semble important de citer ces faits, car ils sont pour le moment fort rares en dehors de la France.

1 *Congrès intern. d'anthrop. et d'archéol. préhistoriques de Budapest*, p. 193.
2. *Idem*, p. 195.

Enfin des constatations faites chez certains insulaires de la mer du Sud, établissent que la trépanation est encore en usage de nos jours parmi ces peuples sauvages. Ils pratiquent cette opération comme moyen thérapeutique dans le traitement de quelques affections particulières.

Le Dr A. Boulongne, dans un ouvrage ayant pour titre *Le Montenegro, le pays et les habitants,* parle longuement d'une habitude des Monténégrins, qui se font trépaner par des rebouteurs du pays pour le moindre motif, sans avoir reçu de blessure ni fait de chute, simplement pour des maux de tête. Il cite même les exemples nombreux d'individus qui se sont fait trépaner sept ou huit fois, sans inconvénient pour leur santé.

Des traces incontestables de cette étonnante pratique ont été remarquées itérativement sur divers points du globe ; elles concourent puissamment à la même démonstration et, quel que soit leur degré de signification, elles donnent un évident caractère de vraisemblance aux trépanations préhistoriques.

La question est donc introduite, elle fait partie du domaine des études préhistoriques. Des faits nouveaux surgiront, il n'en faut pas douter. Ils jetteront incontestablement une nouvelle lumière sur le sujet, mais l'intérêt ne fera que s'accroître.

Nous publiions ces lignes en 1876. Depuis cette époque, un savant illustre, M. Wirchow, en a pu dire : « Nous avons gagné un nouveau terrain à la science [1]. » Enfin, au moment où nous écrivons, on s'entretient beaucoup dans le monde savant, d'une importante découverte de l'âge de la pierre polie, faite par M. Dupont, directeur du Musée royal de Bruxelles. Parmi les intéressants documents contenus dans les grottes découvertes, on signale des rondelles crâniennes. Les renseignements nous manquent, mais les fragments crâniens supposent des crânes trépanés.

Les Bulletins de la Société d'antropologie de Paris ont publié les nombreuses démonstrations de M. le Dr Broca. La question de la trépanation a ensuite été traitée d'une manière plus étendue, avec un éclat remarquable et un succès trans-

---

[1]. *Congrès de Budapest,* p. 194.

cendant au Congrès de Budapest. Cependant les études et les discussions auxquelles elles ont donné lieu, dispersées dans les Revues spéciales, sont difficiles à consulter. Dans un but de vulgarisation, et pour entourer les faits qui sont propres à nos stations de la Champagne, de toute la lumière désirable, nous traitons la question avec les développements proportionnés à son importance.

Lorsque l'Association française pour l'avancement des sciences se réunit en congrès à Lyon, au mois d'août 1873, M. le Dr Prunières présenta à la section d'anthropologie une rondelle crânienne qui avait précédemment attiré son attention. Cette pièce, de forme elliptique, avait été détachée du

 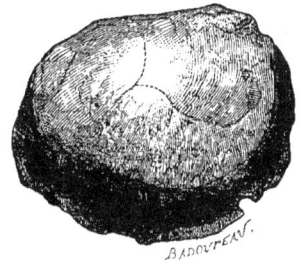

Fig. 18.

pariétal (fig. 18). Les bords qui sont taillés en biseau du côté convexe, avaient été polis avec le plus grand soin. Il y avait là un nouveau sujet d'investigations; les membres de la section d'anthropologie attachèrent une sérieuse importance à ce fragment crânien. L'étude qu'ils en firent démontra qu'il était formé d'une partie du pariétal droit. En effet, les observations anatomiques reconnaissaient cette portion du crâne parfaitement indiquée par la direction de l'artère méningée moyenne. La branche principale de cette artère est représentée par son sillon vasculaire puissamment accusé, et ainsi très facile à distinguer.

Une circonstance particulière ajoutait encore à l'intérêt de cette rondelle. Elle avait été trouvée dans l'intérieur d'un crâne provenant des dolmens de la Lozère. Le crâne qui la contenait présentait lui-même une ouverture sur le pariétal droit, et l'orifice offrait des ressemblances qui inspirèrent l'idée de considérer la rondelle comme provenant de la perte de substance opérée aux dépens du crâne lui-même. Cependant la comparaison ne permit pas de regarder la rondelle comme ayant été enlevée au crâne qui lui-même servait de réceptacle. S'il était difficile de remonter à l'origine de cette pièce, la présence du fragment crânien dans la boîte osseuse n'en constituait pas moins un fait intéressant à étudier. En opérant un rapprochement entre ce fait et d'autres crânes remplis de divers objets, il y a lieu de supposer que la rondelle avait été intentionnellement introduite.

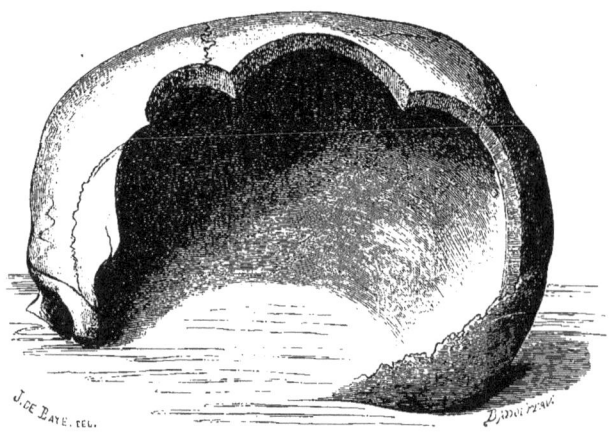

Fig. 19.

Un autre crâne, provenant du même dolmen, dont la plus grande partie avait été enlevée par des opérations successives (fig. 19), offrait, au point de vue de la couleur et de l'épaisseur, des ressemblances qui suggéraient la pensée de lui attribuer le fragment qui avait primitivement attiré l'attention. Les bords s'y adaptaient d'une manière très exacte. Cependant les preuves suffisantes manquaient pour affirmer avec certitude que la perte de substance était comblée par le fragment même qui avait fait, avant l'ablation, partie intégrante du crâne.

Les dolmens ont fourni successivement des crânes humains ayant éprouvé des pertes de substance. L'étude attentive qui en a été faite établit comme un fait général que les bords des ouvertures ont été sciés et polis. Il est probable que la forme en biseau n'était pas intentionnellement recherchée. On peut la regarder comme le résultat naturel, nécessaire du mode d'opération employé pour détacher les fragments crâniens.

Les crânes perforés et les fragments qui en avaient été détachés ne pouvaient plus désormais rester dans l'oubli. Ils furent dans la suite l'objet des actives recherches du Dr Prunières. Toutes ces pièces, d'une si intéressante nouveauté, lui inspirèrent d'heureuses interprétations favorablement accueillies, et la science lui dut dans la suite de nombreux spécimens du même genre, qui donnèrent lieu à d'utiles discussions parmi les anthropologistes et les archéologues.

Un fragment de crâne humain, affectant une configuration particulière, ne manqua point de fixer son attention. Cette pièce présente à ses deux extrémités deux encoches qui se continuent sur les faces internes et externes par un sillon fortement creusé et sans interruption. Ces dispositions indiquent suffisamment l'usage auquel le fragment était affecté. Les préparations qu'il avait subies démontrent qu'il devait être suspendu, et très problablement porté comme amulette. La collection de M. Prunières renferme encore un autre fragment crânien dont la forme démontre qu'il était destiné à être suspendu et porté.

En continuant ses infatigables et fructueuses recherches, M. Prunières apporta bientôt d'autres précieux documents à la science. Dans le mémoire seul de M. Broca, communiqué au Congrès de Budapest, il est fait mention de l'amulette falciforme du dolmen de la Galline (Lozère) d'un crâne de la caverne de l'Homme-Mort portant une trépanation chirurgicale sur la suture saggittale, d'un fragment du pariétal droit provenant du dolmen de l'Aumède. D'autres pièces remarquables ont également servi à ses démonstrations, comme le fragment du dolmen des Aiguières, un autre crâne de la caverne de l'Homme-Mort, les divers crânes des tombeaux des Poulacres et les amulettes de la même provenance. Tous ces faits, si bien analysés et mis en lumière par de savantes explications, affirment une pratique intense. Les témoignages si honorables rendus à M. Prunières révèlent l'importance de ses découvertes et la réalité de la pratique de la trépanation. Cependant il semble qu'il ne faisait que préluder et que la question pour lui était encore dans ses débuts. Dans la suite, plus de soixante pièces trouvées dans le vaste ossuaire de Beaumes-Chaudes [1] (Lozère), venaient doubler et au delà le nombre déjà si considérable des pièces livrées aux examens de la science.

Enfin une quantité d'autres rondelles, d'autres crânes, d'autres fragments, présentant de l'intérêt par le genre et les opérations variées qu'ils affirment, augmente encore la matière des études. Il semble que les faits se soient multipliés pour autoriser plus victorieusement les conclusions de la science et pour triompher de l'incrédulité opiniâtre des plus opposants.

Sur des points différents, plusieurs autres archéologues ont reconnu des faits analogues. M. Gassies a recueilli dans l'abri d'Entreroches (Charente), un fragment de pariétal portant des traces d'une trépanation posthume. M. Chauvet a aussi de son côté signalé plusieurs pièces. M. Chouquet a trouvé à Moret (Seine-et-Marne), et fait connaître divers fragments ayant des échancrures artificielles et posthumes. Enfin M. Armand Cuqu, à Tours-sur-Marne (Marne) a également trouvé un crâne représentant à son sommet une perte de substance dont les bords sont taillés en biseau. Cette dernière pièce est de provenance champenoise. Nous ne nous

---

[1]. *Bul. Soc. d'anthrop. de Paris*, 1878, p. 256.

présentons donc plus isolément, et il ne s'agit plus maintenant de particularités localisées sur quelques points spéciaux. Nos premières découvertes ont porté leurs fruits.

Pendant que le docteur Prunières découvrait ces pièces crâniennes dont il a été parlé, moi-même, de mon côté, en 1872, je faisais des remarques semblables dans les diverses stations de la vallée du Petit-Morin. Les fouilles pratiquées sur plusieurs points ont permis d'extraire des grottes de nombreux fragments crâniens détachés artificiellement et munis de perforation. Des crânes trépanés ont été également recueillis et conservés.

Cette découverte sur un point géographique si éloigné, dans des stations d'une nuance fort différente, venait augmenter la portée scientifique des observations de M. Prunières. Il importe néanmoins de remarquer que les documents si nombreux accumulés par M. Prunières se rattachent pour plusieurs cas d'une manière certaine à la pierre polie. La question de la trépanation se posait ainsi merveilleusement par des faits simultanés, reconnus à des distances considérables. Ces

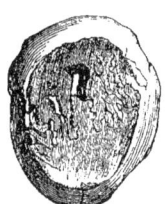
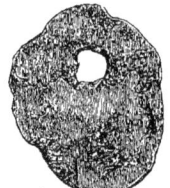

Fig. 20.

constatations indépendantes se corroboraient par leur action réciproque, qui n'avait été nullement concertée.

Les fragments crânenis trouvés dans les grottes de la Marne sont multipliés et très variés. Une pièce ellipsoïde (fig. 20), trouvée ensevelie dans l'épaisse couche pulvérulente qui recouvrait les ossements des grottes, a été comparée par M. Broca à celle communiquée par M. Prunières au Congrès de Lyon. Elle offre en effet avec cette dernière des traits frappants de ressemblance. Elle revêt cependant un caractère qui la distingue, car elle est pourvue d'un trou de suspension pratiqué dans la région moyenne. Cette pièce mesure dans sa partie la plus longue 33 millimètres, et son diamètre est de 25 millimètres. Les bords, d'une régularité bien visible, sont taillés en biseau. M. Broca, qui a pu étudier les deux pièces, en parle ainsi : « La forme elliptique, les dimensions, la nature du travail, la disposition des bords en un biseau très régulier taillé aux dépens de la face externe, tout est identique sur les deux pièces et j'ai pu le dire à M. de Baye en toute assurance, car je connais parfaitement la pièce de M. Prunières, ayant eu l'occasion de l'examiner souvent dans mon laboratoire, où elle a séjourné plusieurs mois avant d'être présentée à Lyon. Il est tout à fait certain que ces deux objets ont été faits de la même manière, et dans un même but qui ressort de la comparaison. Si nous n'avions que la rondelle percée, nous pourrions croire qu'on la portait comme un simple ornement ou peut-être comme un trophée extrait du crâne d'un ennemi vaincu; mais la rondelle sans trou qui a été déposée dans l'intérieur d'un autre crâne à travers une ouverture artificielle et posthume, prouve qu'on attachait à ces objets une idée religieuse, et que par conséquent ceux que l'on portait sur soi n'étaient pas des ornements, mais des amulettes [1]. » Le trou de suspension ne modifie pas toutefois d'une manière sensible le caractère de l'amulette provenant des stations néolithiques de la Champagne. La perforation, en effet, ne la transforme pas en un objet décoratif, comme les os polis ou les coquillages brillants percés de deux trous.

Une autre pièce d'une plus grande dimension (fig. 21) affecte la forme d'un triangle dont les angles sont arrondis. Ce spécimen très caractéristique est tout à fait digne d'attention. La partie inférieure présente un développement de 43 millimètres dans sa plus grande largeur, et de la base au sommet elle mesure 51 millimètres. Ce fragment est très régulier sur tous les points de son pourtour. Le tissu osseux ne présente

[1] *Bul. Soc. d'anthrop. de Paris*, 11ᵉ série. T. IX, p. 191.

aucune anomalie, il est sain et son aspect général atteste un état normal. Cette amulette a été l'objet d'un travail attentif, elle a été taillée et polie avec le plus grand soin. Elle ne présente aucun indice qui puisse faire supposer qu'elle était destinée à être portée.

Il faut ajouter une troisième pièce affectant la forme d'un trapèze irrégulier. Sa conformation ne se rapproche en rien de celle des deux amulettes précédemment citées. Un point de la partie convexe paraît porter une lésion. Les traces de désorganisation sont visibles, cependant la partie concave n'est nullement affectée. La table est parfaitement saine et les sillons vasculaires se décrivent parfaitement. Un examen approfondi porte à douter que le fragment ait été détaché dans un but thérapeutique. Les contours sont en effet exempts

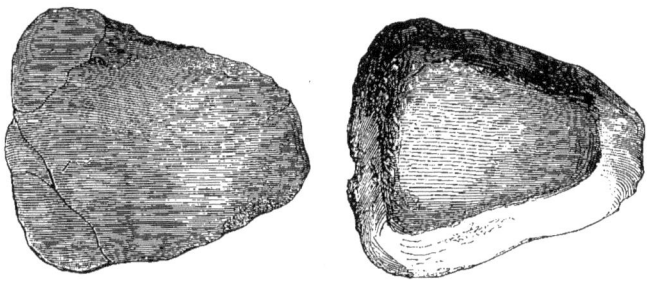

Fig. 21.

de toute altération et on s'expliquerait difficilement pourquoi la portion détachée aurait été si grande lorsqu'on pouvait la circonscrire dans les limites de la partie qui présente une nuance insolite. Les bords sont aussi en biseau. Toutefois la forme en est moins accentuée et manque de la perfection qu'on observe dans les pièces précédentes (fig. 22). Malgré ces différences, il ne serait pas invraisemblable de la ranger dans la même catégorie et de lui attribuer le même rôle. Les échancrures que l'on voit à la partie supérieure semblent avoir été primitivement deux trous de suspension, qui ont facilité la chute de la portion qui les fermait au sommet. Les biseaux des bords sont fortement oblitérés dans les parties voisines des échancrures. Il y a lieu de croire que cette modification a été apportée par l'usage et qu'elle est due à des frottements réitérés, qui s'exerçaient particulièrement vers les points de

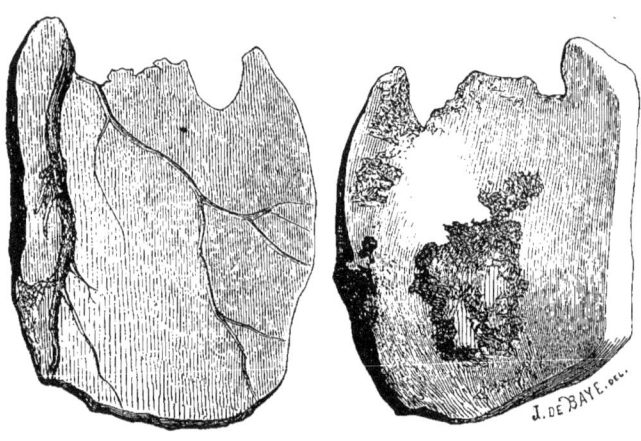

Fig. 22.

suspension, qui se sont fatigués par le temps, et enfin détachés.

Parmi les rondelles crâniennes trouvées dans les grottes de la Marne, les plus nombreuses sont percées de deux trous. Elles étaient certainement portées. Leur forme se rapproche d'une manière remarquable de celle des boutons blancs en os percés de fabrication commune (fig. 23). L'épaisseur ordinaire n'équivaut pas toujours à la dimension normale de la table crânienne. Elles ont souvent subi un dédoublement et un amincissement dû à un long usage. Le désir de posséder un plus grand nombre d'amulettes a pu suggérer l'idée de les diviser dans leur épaisseur. La manière dont la trépanation s'opérait pouvait aussi amener la séparation de la rondelle crânienne.

Enfin la division peut aussi s'expliquer par l'usage, et s'être produite spontanément, puisque les cellules diploïques rendent la séparation des deux tables très facile, surtout lorsque le fragment est de petite dimension. Les divers états dans lesquels nous retrouvons ces rondelles circulaires percées peuvent, du reste, trouver leur explication dans les différentes

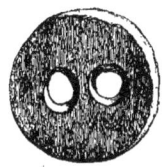

Fig. 23.

causes que nous avons indiquées. Leur action commune et simultanée est également admissible. La dimension des diverses rondelles varie, car les plus grandes présentent un diamètre de 28 millimètres et les plus petites mesurent seulement 18 millimètres.

Toutes ces rondelles perforées de dimension réduite ont été certainement portées comme amulettes, ou pour d'autres motifs. Le trou de suspension n'est pas le seul caractère révélateur de l'usage auquel elles étaient affectées. Il est visible qu'elles ont été polies par un frottement prolongé qui ne saurait être attribué qu'à un emploi constant. Nous ne considérons pas toutes les pièces de forme identique comme provenant du crâne, car il s'en trouve plusieurs tellement amincies, usées, qu'elles ont pris un aspect éburné qui ne permet plus de les déterminer sûrement. Cette série nombreuse atteste une coutume généralisée qui ne permet point d'attribuer l'existence des fragments crâniens à des causes fortuites et de les regarder comme des exceptions sans valeur.

Cette première catégorie de pièces qui ont été détachées du crâne humain ne représente pas toutes les preuves qui attestent la coutume de travailler les os crâniens. Les stations néolithiques de la Marne renfermaient six crânes dans un parfait état de conservation qui ont subi des pertes de substances. Le caractère intentionnel des perforations est de la plus grande évidence. Tous ces crânes n'ont pas été examinés par M. le D' Broca, car il avait demandé que cinquante crânes préhisto-

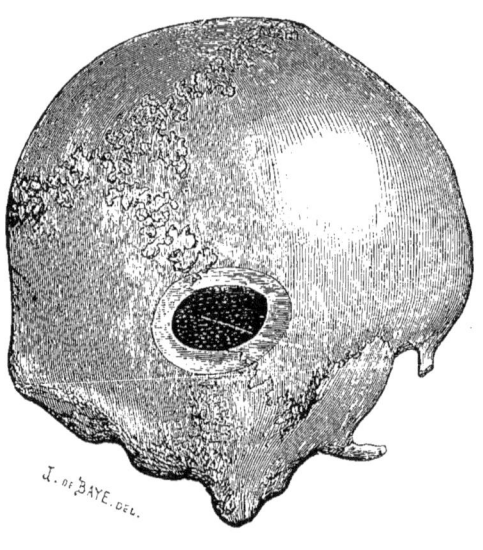

Fig. 24.

riques de la vallée du Petit-Morin lui fussent envoyés sans choix et pris indistinctement dans notre collection. Il arriva naturellement que plusieurs de ces crânes perforés ne firent point partie de la série envoyée au laboratoire d'anthropologie.

Le premier crâne portant une perforation appartient à un jeune sujet (fig. 24). La perte de substance porte sur la branche droite de la suture lambdoïde, s'étendant de chaque côté d'une manière égale. L'ouverture elliptique, taillée en biseau très aigu, mesure 44 millimètres de long et 36 millimètres de large. L'individu trépané appartient au type brachycéphale; l'examen de la voûte crânienne constate un état normal sur tous les points. Les cellules diploïques qui bordent la perforation sont béantes. Cette absence de toute action réparatrice démontre que le sujet n'a pas survécu ou que l'ablation a été

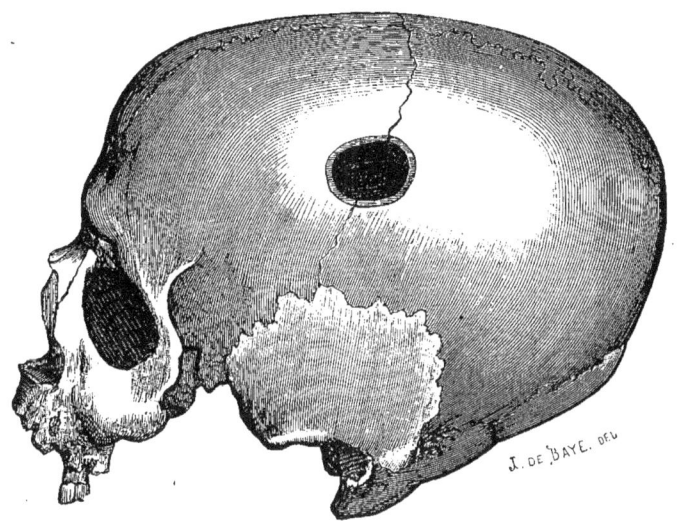

Fig. 25.

pratiquée après la mort. Les trépanations posthumes ne sont pas rares, les découvertes des dernières années en produisent plusieurs exemples. M. le Dr Broca a établi la distinction qui existe entre les trépanations posthumes et les trépanations chirurgicales.

Le deuxième crâne du type mésaticéphale porte sa trépanation sur la suture coronale qui la partage également (fig. 25).

L'ouverture ellipsoïde mesure 3 centimètres de diamètre. Le crâne ne présente aucune particularité révélant un état anormal. Le sujet avait atteint son entier développement physique et touchait à la vieillesse. La vie s'est évidemment prolongée longtemps après l'opération. En parlant de cette trépanation, M. le D' Broca a dit : « Autour de l'ouverture le tissu osseux est revenu à l'état normal. En éclairant la cavité du crâne à l'aide du crâniscope, on voit que la table interne est aussi saine que l'externe. Il n'existe à ce niveau aucune déformation de la paroi crânienne; le bord du biseau n'est déjeté ni en dedans ni en dehors, et la courbure de la région n'est nullement modifiée [1]. »

C'est à l'occasion des trépanations de ce genre, appelées chirurgicales, que les remarques suivantes ont été faites. «Leur forme, sans être géométrique, est assez régulière. Elles ne sont jamais rondes, et se rapprochent toujours plus ou moins de la forme d'une ellipse, dont le grand axe est dirigé dans le sens de la longueur du crâne. » Et plus loin : « Leur bord régulièrement aminci, toujours assez oblique, et ordinairment très oblique, est taillé aux dépens de la face interne de l'os, en un biseau aigu, quelquefois presque tranchant, dont la surface, bien lisse, est formée par une lame de tissu compacte qui, commençant brusquement sur la table interne du crâne, se continue insensiblement avec la table externe. Cette lame, intermédiaire entre les deux tables compactes de l'os, correspond nécessairement au diploé, et cependant on n'aperçoit aucune trace des cellules du tissu spongieux; on peut en conclure avec certitude, que l'état lisse des bords de l'ouverture n'est pas la conséquence d'un travail de polissage. Le polissage n'aurait pu produire rien de semblable; la surface du biseau marginal est recouverte d'une lame compacte, qui est due à un travail de cicatrisation complètement terminée [2]. »

Le troisième crâne du type brachycéphale a subi une perte de substance à 26 millimètres en arrière de la suture coronale. L'état de l'individu indique un âge avancé; les sutures sont ossifiées complètement, la perte de substance est le ré-

1. Broca. Comptes rendus du Congrès de Budapest, p. 118.
2. *Loco citato*, p. 116 et suivantes.

sultat d'une trépanation chirurgicale. Le travail de réparation est complet. En effet, les ouvertures diploïques sont obstruées, contrairement à ce qui se voit sur les fragments crâniens qui ont été polis après la mort. L'ouverture de ce crâne offre une grande ressemblance avec celui dont nous venons de parler. Pour cette raison, il n'est pas représenté ici. M. Broca l'a du reste reproduit d'après un moulage, sous le n° 5, dans son travail communiqué au Congrès de Budapest.

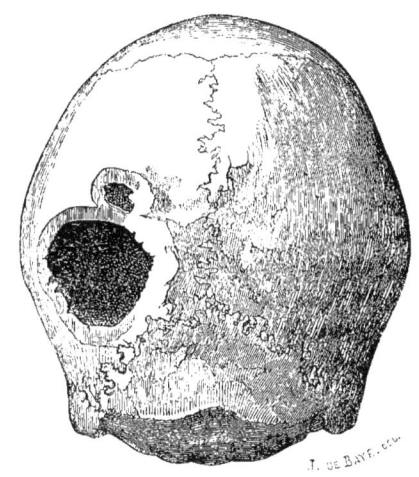

Fig. 26.

Le quatrième crâne (fig. 26) porte deux ouvertures dans le pariétal gauche, sur la partie la plus rapprochée de la suture lambdoïde. La plus grande ouverture a 55 millimètres de long sur 44 millimètres de large. L'autre, beaucoup plus petite, placée au-dessus, mesure seulement 25 millimètres de longueur sur 15 millimètres de largeur. La séparation n'a que 15 millimètres de largeur. Les bords de l'ouverture sont cicatrisés. Ces pertes de substance sont donc bien le résultat de trépanations chirurgicales. La contiguïté des deux ouvertures démontre que l'opération ne paraissait pas aussi redoutable que l'on serait tenté de le croire. Le sujet était âgé, l'ensemble de la configuration du crâne et le tissu osseux ne présentent aucune particularité méritant de fixer l'attention.

Dans un cinquième crâne, la perte de substance affecte une partie sur laquelle on ne connaissait pas de trépanation jusque dans ces derniers temps. Le front proprement dit porte une ouverture au-dessus de l'orbite droit, les bords de la trépanation attestent un travail complet de réparation cicatricielle. Les biseaux sont beaucoup moins accusés que dans les trépanations que nous avons signalées dans les quatre premiers crânes.

Nous mentionnerons simplement un sixième crâne dont la perforation porte sur le pariétal droit dans sa partie la plus voisine de la suture lambdoïde. L'état des bords de l'ouverture sortant des conditions ordinaires nous impose une certaine réserve. La critique a voulu expliquer les pertes de substance par l'action des rongeurs, mais l'hypothèse est pour le moins discutable. En général nous pouvons affirmer que nous n'avons jamais vu dans les grottes d'ossements rongés capables de servir de comparaison. Cependant il est conforme à la vérité de déclarer que quelques grottes avaient été fréquentées par des rongeurs. Du reste, lors même qu'il serait démontré que dans un cas particulier il faudrait reconnaître la dent des rongeurs, il serait toujours impossible de généraliser et d'attribuer toutes les perforations à la même cause.

Enfin, un septième crâne (fig. 27) a aussi subi une importante perte de substance, la plus considérable de toutes celles constatées dans les stations néolithiques de la vallée du Petit-Morin. Presque tout le coronal a été scié. L'ouverture atteint aussi l'occipital. La partie détachée est longue de 15 centimètres. Ce crâne provient d'une grotte de la station préhistorique d'Oyes. Un silex tranchant était engagé dans l'arcade zygomatique lorsqu'il a été trouvé. On remarque sur le frontal un long sillon partant de l'arcade sourcilière, qui ne peut être que le résultat d'une blessure. Le sujet a dû survivre à cette blessure, qui présente des traces de réparation cicatricielle. Le quatrième crâne, dont il a été parlé plus haut, provient de la même grotte. Ces deux faits, réunis sur un même point, affirment énergiquement la coutume de travailler les os du crâne humain et d'en détacher de notables parties après la mort.

Faut-il attribuer ce dernier crâne à la catégorie de ceux qui ont été soumis à la trépanation proprement dite? Non certainement; bien qu'il y ait lieu de supposer que toutes les trépanations avaient entre elles des relations plus ou moins éloignées. La perte de substance qu'il a éprouvée constitue un fait d'un très grand intérêt, mais l'opération n'appartient pas au même ordre que celles dont il a été fait mention antérieurement. L'ablation a été pratiquée après la mort. On ne voit aucune trace de réparation cicatricielle : les stries, les rainures produites par l'instrument employé pour scier la table, sont encore à

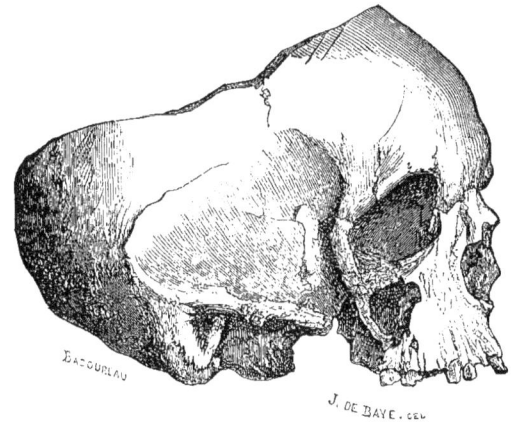

Fig. 27.

vive arête. Du reste, il est superflu d'en faire la remarque, on ne survit pas à de semblables opérations.

Le nombre important de pièces que nous venons de mentionner suffirait pour établir sérieusement la pratique de la trépanation préhistorique et l'usage de travailler les os du crâne à l'époque de la pierre polie.

Pour donner une notion exacte, il ne sera pas sans utilité de constater qu'il résulte de l'examen des pièces anatomiques composant la série, que l'opération a été pratiquée dans des circonstances variées et dans des buts différents. L'inspection la plus légère des crânes qui ont subi une perte de substance peut le reconnaître facilement. D'un autre coté, l'aspect seul sous lequel les rondelles se présentent, autorise pleinement les mêmes conclusions.

Les crânes perforés trouvés dans les stations néolithiques de la Marne, conservés au musée de Baye, sont loin de se préconiser sous une forme identique; ils apparaissent au contraire dans des conditions particulières à chacun. Quatre de ces crânes ont subi l'opération pendant la vie, les sujets trépanés ont survécu. La plaie osseuse tantôt est complètement cicatrisée, tantôt offre les caractères d'un travail de réparation cicatricielle d'une grande évidence. Les bords de l'ouverture ne portent plus les sillons imprimés par l'instrument de l'opérateur. Enfin les porosités diploïques ne sont plus béantes comme dans les rondelles, ou dans les crânes ayant subi une opération posthume. Les sujets qui ont peu survécu sont assimilables à ceux qui ont été trépanés après la mort.

Un des crânes présente deux ouvertures (fig. 27), une grande et une petite, ainsi que nous l'avons déjà constaté. Les perforations sont situées sur deux points très rapprochés; cependant la séparation qui les circonscrit et les divise est nettement caractérisée, elle n'admet pas la possibilité d'une même et unique opération. Les deux ouvertures n'appartiennent pas à la même catégorie des perforations congénitales et symétriques étudiées par M. le Dr Broca, sur un ancien crâne canarien[1].

Un autre crâne ayant subi une perte de substance appartient à un sujet qui n'a point survécu à la trépanation. On voit parfaitement qu'il a été incisé; les bords de l'ouverture sont à vive arête, et le tissu spongieux ne présente aucune trace d'occlusion.

---

1. *Bulletin Soc. d'anthrop. de Paris*, IIe série. T. X, p. 193.

Le crâne, dont le sommet a été détaché en entamant le frontal et une partie de l'occipital, ne permet aucune comparaison avec ceux dont nous venons de parler ci-dessus. La dimension de la perte de substance, malgré sa grandeur, n'est pas le résultat d'opérations successives. La perte de substance est incomparablement plus étendue. Le tissu cellulaire est béant, toutes les marques imprimées par l'instrument sont restées apparentes. L'intérêt principal de cette pièce se résume dans le fait unique de l'ablation de presque toute la partie supérieure du crâne qui a été sciée et enlevée. La grotte de la station d'Oyes qui contenait ce crâne n'a donné aucun fragment crânien ; il est donc parfaitement logique de conclure que l'opération pratiquée avait pour but de tirer des rondelles crâniennes en quantité, des amulettes, ou bien de se procurer un trophée. Ce crâne prenait certainement un caractère d'intérêt à cause de la blessure qu'il portait.

Peut-on attribuer ces pertes de substance à des coups portés par un ennemi ? Ces crânes perforés ne peuvent provenir d'un guerrier frappé à mort dans une lutte. La configuration des pertes de substance répugne à cette supposition. Nous sommes ici en présence de faits qui ne auraient s'expliquer d'une manière satisfaisante par des blessures reçues dans les combats. Cette question, du reste, a été traitée avec soin par M. le Dr Broca : « Si l'on n'étudiait qu'une seule de ces pièces, dit-il, ou seulement un petit nombre à la fois, on croirait aisément qu'il s'agit simplement de lésions accidentelles. C'est ce qui m'est arrivé lorsque j'ai eu à décrire des crânes de la caverne de l'Homme-Mort. Ainsi j'ai attribué à un coup de hache la grande ouverture du vertex du crâne n° 5. La forme bien arrondie de la perte de substance, disais-je alors, prouve qu'elle a été faite par une arme au tranchant régulier qui ne peut être qu'une hache polie. « Nos sabres de cavalerie produisent quelquefois de pareilles lésions ; mais avant d'avoir étudié ce crâne je n'aurais pas supposé qu'une hache pût ainsi détacher d'un seul coup, et d'un coup très obliquement dirigé, une pièce d'os aussi large et aussi épaisse. Il fallait que l'arme fût maniée par un bras athlétique, et je cherche en vain parmi les humérus de la caverne de l'Homme-Mort l'indice de cette force herculéenne [1]. » La répugnance que M. le Dr Broca éprouve lorsqu'il s'agit d'attribuer les pertes de substance qu'il constate à l'action d'une arme, se reconnaît facilement. Il fait ensuite ressortir encore mieux la difficulté : « En prenant maintenant une à une les autres pièces que je vous présente, et qui toutes sont relatives à des pertes de substance du crâne, on pourrait pour chacune d'elles remonter à l'hypothèse d'une blessure de guerre lorsque la perforation est complète, ou d'une blessure accidentelle, lorsque la perte de substance n'est pas pénétrante. Mais ce coup de hache obliquement appliqué sur le dessus de la tête, ce coup prodigieux, capable d'enlever sans fracture une grande rondelle du crâne et une rondelle bien régulière, ne peut évidemment pas être invoqué chaque fois. Je l'avais admis à grand'peine, faute de mieux, comme une de ces singularités que le hasard peut produire, mais il ne faut plus songer au hasard lorsqu'on voit la même lésion, toujours de même dimension, quel qu'en soit le siège, se répéter sur plusieurs crânes de provenances diverses. Il faut bien reconnaître alors l'intervention d'un procédé régulier, appliqué par un opérateur méthodique et non par un ennemi furieux [2]. »

Le mode d'opération employé pour détacher les rondelles crâniennes a été discuté par M. Broca. « Les pertes de substance non pénétrantes, expose-t-il, peuvent avoir été produites soit par le raclage des couches superficielles de l'os, soit par le simple décollement du péricrâne. Quant aux perforations complètes, il est plus difficile de dire comment on les obtenait. Était-ce en sciant, en coupant ou en raclant? Je l'ignore [3]. » Les études ethnographiques font connaître quelques procédés de trépanation. Il serait peut-être possible de trouver quelques documents dans les comparaisons.

Dans quel but la trépanation a-t-elle été pratiquée sur ces crânes parfaitement sains? Il est impossible de constater le moindre désordre dans les parties voisines des ouvertures.

---

1. *Revue d'anthropologie.* T. II, 1873.
2. *Bul. Soc. d'anthrop. de Paris*, IIe série. T. IX, p. 199.
3. *Bul. Soc. d'anthrop. de Paris*, IIe série. T. IX, p. 199, passim.

Ce serait donc sans raison que la trépanation serait regardée comme un moyen thérapeutique nécessité par une lésion. Cette explication ne peut être avantageusement préconisée que dans le cas où le traumatisme s'affirme lui-même par des traces évidentes. A moins, toutefois, qu'on ne regarde toutes les trépanations comme des moyens thérapeutiques employés dans le traitement de l'épilepsie ou de toute affection qui n'intéresse pas le tissu osseux et qui néanmoins comporte des troubles capables d'inspirer l'idée d'ouvrir le crâne. Cette explication est loin d'être applicable à tous les cas de trépanation indistinctement. Ces nombreuses rondelles crâniennes formées d'un os parfaitement sain, d'une texture normale, qui ont été portées pendant un temps considérable, imposent l'obligation de reconnaître que les opérations étaient fréquemment pratiquées dans un but absolument étranger à la thérapeutique. De savants anthropologues ont discerné des perforations traumatiques, chirurgicales et congénitales; ces distinctions sont trop légitimes pour refuser de les admetre. Mais il n'est pas moins nécessaire de reconnaître que la trépanation a été pratiquée sous l'influence d'une inspiration morale, religieuse, superstitieuse, comme il plaira de le déclarer, bien que ces expressions évoquent des idées très différentes.

Le rapprochement des crânes et des rondelles qui en proviennent serait un excellent moyen de conclure avec certitude, mais il est impossible, ou à peu près, d'opérer ce rapprochement. Cette comparaison offre les plus grandes difficultés, elle est impraticable même, car les éléments font défaut, ou bien ils ont été singulièrement modifiés. L'étude isolée des crânes et des rondelles autorise du reste les mêmes conclusions. Un crâne malade ne peut donner une rondelle normale offrant des contours solides, bien dessinés. D'un autre côté, un fragment régulier d'un tissu sain et sans lésion ne saurait provenir d'un crâne brisé par un coup violent, ou désorganisé par une affection pathologique.

Ces aperçus, autorisés par l'observation des faits, ne sont pas d'une portée absolue dans toutes les circonstances. M. Broca, dont la science fait autorité, entrevoit des trépanations thérapeutiques lors même que le tissu osseux est parfaitement sain. En effet, c'est ainsi qu'il s'exprime dans une communication relative aux trépanations préhistoriques : « Voici, dit-il, d'abord deux crânes perforés des grottes de Baye. Vous pouvez voir sur chacun d'eux une grande ouverture elliptique, régulière, à bords complètement cicatrisés et tout à fait semblables à celles qui ont déjà passé sous vos yeux. L'un de ces crânes, très grand et relativement léger, présente une voussure considérable et évidemment pathologique de la région frontale. La voussure occipitale très-prononcée, la saillie du bord antérieur des écailles temporales indique que le sujet a été atteint dans son enfance d'un léger degré d'hydrocéphalie; il est assez probable que les symptômes qu'on a cherché à combattre au moyen de la trépanation étaient la conséquence de cette maladie [1]. »

Il existe plusieurs variétés dans les rondelles crâniennes et dans les fragments crâniens, il est facile de s'en convaincre en les examinant. Ces différents spécimens peuvent, on le comprend facilement, admettre des causes multiples et motivent ainsi la trépanation sous divers points de vue. Il n'est pas, du reste, difficile, en présence de la multiplicité des os crâniens et des ouvertures d'admettre que la trépanation était opérée dans un but qui n'était pas toujours le même.

Le premier fragment (fig. 20), le moins considérable comme étendue, dont les dimensions ont été données précédemment, est parfaitement sain dans son tissu; sa conformation n'offre rien d'anormal. La suture transversale qu'il contient n'est pas encore ossifiée. Il est peu probable que cette rondelle ait été enlevée dans un but thérapeutique. Le trou de suspension dont elle est pourvue lui assigne une destination qui a dû être une des causes déterminantes de la trépanation. Les bords sont taillés en biseau; ils rappellent d'une manière frappante le fragment présenté au Congrès de Lyon par M. Prunières. M. le Dr Broca, qui a pu examiner les deux pièces et les comparer, le déclare expressément. Voilà donc deux faits

---

[1]. *Bul. Soc. d'anthrop. de Paris*, IIe série. T. IX, p. 553.

identiques, constatés sur des points très éloignés. Le fragment n'a pas été trouvé dans un crâne, mais on ne peut conclure rigoureusement qu'il n'avait pas été introduit dans le principe. Il existait effectivement une quantité de crânes brisés d'où il pouvait vraisemblablement sortir. Cette particularité aurait pu parfaitement exister, car les grottes de la vallée du Petit-Morin renfermaient des crânes nombreux, dans lesquels des ossements variés avaient été introduits. Cette agglomération ne peut être considérée comme fortuite. Il faut y voir l'expression d'une intention bien arrêtée. Ce premier fragment peut donc être placé dans la catégorie des objets consacrés par une idée religieuse ou affectés à une destination superstitieuse.

Le second, de forme triangulaire (fig. 21), est pareillement sain dans sa texture ; il est aussi taillé en biseau, mais sa dimension est beaucoup plus grande. Il n'existe point de trou de suspension, les bords conservent encore les traces très visibles de l'instrument employé pour scier la table. Les sillons vasculaires tracés sur la surface interne ne sont nullement oblitérés. Malgré l'absence du trou de suspension, il est certainement susceptible d'être considéré comme appartenant à la même catégorie que le fragment précédent.

Le troisième (fig. 22) présente un aspect qui diffère beaucoup; les contours offrent moins de régularité, la table externe, bien que portant quelques aspérités, n'accuse pas une altération profonde, car la face interne est dans son état normal le plus parfait. Ainsi que nous l'avons déjà dit, on peut distinguer à la partie supérieure les restes de deux trous parallèles qui ont dû servir pour le suspendre.

Les autres rondelles crâniennes (fig. 23) forment une catégorie spéciale. Elles ont été évidemment préparées par un travail soigné, leurs bords sont très régularisés, arrondis et polis. Les deux ouvertures dont elles sont percées attestent elles-mêmes qu'elles ont été portées.

Ces pièces, de petite dimension, ont été portées longtemps, elles ont subi l'action d'un frottement prolongé. Plusieurs spécimens ont acquis un degré de poli tel qu'il devient presque impossible de les juger. Ce sont des fragments d'os frustes qui n'ont d'intérêt que par la comparaison avec leurs similaires. Ces pièces sont très défigurées par l'usage et tellement amincies qu'il devient impossible de retrouver les formes naturelles. Il y aurait une certaine témérité à les donner toutes comme provenant du crâne humain. La réserve est aujourd'hui plus puissamment imposée, puisque dans les derniers temps on a trouvé des rondelles formées d'ossements d'animaux, qui étaient portées aussi à l'époque de la pierre polie. Les dernières découvertes de M. Prunières fournissent des témoignages bien constatés de cette coutume[1]. Il ne serait donc pas extraordinaire qu'il se trouvât aussi dans les stations de la Champagne des imitations des rondelles crâniennes authentiques.

Sous des formes variées, il est facile de compter un nombre important de trépanations dans les stations de la vallée du Petit-Morin. Une coutume qui prend des proportions si considérables mérite une sérieuse attention et offre un incontestable intérêt. La trépanation se présente donc comme un fait escorté d'un cortège de preuves nombreuses et variées.

Considérée à un point de vue plus étendu que celui où nous nous placions naguère, la trépanation admet d'autres prétextes, ou, mieux, elle suppose des causes d'une plus haute portée.

Il semble impossible d'élever des doutes sur ce sujet, il y avait des trépanations purement chirurgicales. Un état de civilisation peu avancé ne constitue pas un motif suffisant pour conclure que ces opérations étaient impossibles. De nos jours il existe encore des exemples de ces trépanations chez des peuplades qui sont certainement dans un degré de civilisation très-inférieur à celui de nos tribus préhistoriques. Les sauvages insulaires des mers du Sud pratiquent la trépanation à l'aide d'instruments aussi insuffisants, aussi imparfaits que les lames de silex. La trépanation chirurgicale est donc un fait acquis, attesté par la présence des crânes et des fragments crâniens. M. le Dr Broca avait, il est vrai, primitivement ainsi formulé son opinion : « Il me paraît difficile de supposer qu'il

---

1. *Bul. Soc. d'anthrop. de Paris.* 1878, p. 212.

existât dans les temps néolithiques une chirurgie régulière, et que les pertes de substance que nous trouvons sur les crânes de cette époque eussent été faites en vue de la thérapeutique [1]. »

Mais dans la suite, des faits plus nombreux fournissant la matière de nouvelles études, son opinion subit des modifications : « Je ne pouvais m'imaginer qu'il y eût à l'époque de la pierre polie une médecine assez avancée pour localiser certaines maladies dans le cerveau, et une chirurgie assez hardie pour traiter ces maladies par la trépanation. Mais les renseignements fournis par M. Sanson prouvent que ces conceptions théoriques et ces opérations peuvent exister chez des peuples incivilisés, et les analogies si nombreuses que l'on constate chaque jour de plus en plus entre les sauvages modernes et nos peuplades préhistoriques sous le rapport de l'industrie, des usages et des mœurs, permettent de considérer comme fort probable que nos ancêtres de l'époque de la pierre polie pratiquaient, eux aussi, la trépanation dans un but thérapeutique [2]. » Les suites d'une chute, d'un coup ayant produit de grands désordres dans la tête pouvaient parfaitement inspirer l'idée d'appliquer à des douleurs qui n'avaient pas la même cause les moyens employés pour soigner les blessures accidentelles.

« L'art de la trépanation, dit encore M. Broca, s'adressait exclusivement à des maladies spontanées, à celles que nous appelons médicales. Il est probable, dès lors, que les indications de l'opération se rapportaient à l'idée que l'on se faisait alors de certaines affections de la tête et de certains troubles nerveux, tels que l'épilepsie, l'idiotie, les convulsions, l'aliénation mentale, etc...

« Ces affections, que la science considère comme naturelles, ont toujours vivement frappé l'imagination du vulgaire, et ont été attribuées à des causes divines, à des démons, à des possessions [3]. »

1. *Bul. Soc. d'anthrop. de Paris*, IIe série. T. IX, p. 546.
2. *Bul. Soc. d'anthrop. de Paris*, IIe série. T. IX, p. 545.
3. *Bul. Soc. d'anthrop. de Paris*, II série. T. IX, p. 198.

« Qui sait, continue-t-il, si le traitement de l'épilepsie par la trépanation, presque abandonné aujourd'hui, mais plus usité dans les siècles précédents, n'avait pas été imaginé dans l'origine par des gens qui croyaient donner aux démons une porte de sortie[1]? »

La trépanation chirurgicale ne peut plus être sérieusement contestée. La science aura à s'exercer pour la reconnaître, la distinguer toutefois; il n'est pas possible de voir dans tous les cas des opérations chirurgicales. La trépanation, il faut en convenir, était en outre pratiquée dans un but plus élevé, plus général. C'est sous l'inspiration d'une influence morale que la trépanation préhistorique a pris les plus vastes proportions. Il n'est pas permis d'en douter, les populations de l'âge de la pierre polie avaient des croyances religieuses. La divinité féminine représentée dans les grottes néolithiques de Coizard et de Courjeonnet témoigne éloquemment en faveur de cette croyance.

Ces nombreuses rondelles crâniennes, portées comme amulettes, ont également une signification morale. Elles étaient l'objet d'une confiance superstitieuse. Plusieurs archéologues distingués se sont prononcés dans ce sens.

Dans ce nouvel ordre d'idée, il n'est point hors de propos de rappeler ici que certaines maladies étaient considérées comme ayant un caractère mystérieux, sacro-saint. Les individus atteints de ces maladies étaient regardés comme marqués du sceau redoutable d'une consécration particulière. C'est là un fait que la poésie et l'histoire ont fréquemment mis en relief. Ces sentiments généralement répandus remontent aux temps les plus reculés. La trépanation chirurgicale n'a-t-elle pas été aussi pratiquée dans le traitement de ces affections prestigieuses? Elle aurait, dans ces circonstances spéciales, produit un résultat différent de celui qu'elle se proposait lorsqu'elle était pratiquée dans un but thérapeutique. Ces ouvertures qui affectaient le crâne étaient ensuite considérées comme les issues par lesquelles les génies malfaisants s'échappaient. De là un

1. *Loco citato.*

caractère sacré imprimé à ces perforations qui avaient été en contact avec les esprits dont le sujet opéré avait subi la terrible influence. Ainsi la trépanation pouvait avoir un double résultat prévu par l'opérateur : guérir et donner des objets consacrés ou des amulettes.

Il ne faut pas s'étonner de la multiplicité des interprétations, car il n'existe point encore de règles sûres pour distinguer si le motif de la trépanation émanait d'une inspiration religieuse ou provenait de la superstition. Cette distinction, du reste, n'a point une grande portée; ce qu'il importe le plus de bien établir, c'est un but indépendant de la thérapeutique. L'opinion relative à un culte ne saurait être rejetée sans examen, car l'antiquité nous présente l'homme comme profondément pénétré par le sentiment religieux. Il est donc logique d'admettre que cette disposition a dû exercer une action énergique sur les pratiques, les mœurs et les coutumes. Dans l'intérêt de la question que nous traitons, il est indispensable de citer M. le Dr Broca. Ses premières interprétations ont été la base des études qui ont été faites depuis. Elles se sont perfectionnées par de nouvelles observations et de sérieux développements, elles ont victorieusement résisté à la critique et reçu la consécration du temps. La théorie formulée par M. le Dr Broca subsiste dans tout ce qu'elle a de fondamental. Nous conservons dans toute sa teneur l'exposé qu'il en a fait : « Je me demande, dit-il, pour quel motif ces opérations étaient, sinon toujours, du moins presque toujours pratiquées sur des sujets jeunes, ou même sur des enfants, et je hasarde la conjecture qu'elles pouvaient être en rapport avec quelques superstitions, qu'elles faisaient peut-être partie de quelque cérémonie d'initiation à la sainteté de je ne sais quel sacerdoce. Cela suppose, il est vrai, l'existence d'une caste religieuse; mais il n'est pas douteux que les peuples néolithiques n'eussent un culte organisé. Cette rondelle crânienne, que l'on introduisait dans le crâne de certains morts, n'implique-t-elle pas la croyance à une autre vie? Ces sculptures grossières, mais toujours les mêmes, qui représentent une divinité féminine sur les parois des antigrottes de Baye, sculptures dont

M. de Baye vous présentera bientôt les dessins (Pl. I, II, III) et que nous avons vues en place la semaine dernière, M. Lagneau et moi, prouvent, en outre, que le culte des temps néolithiques s'était déjà élevé jusqu'à l'anthropomorphisme. Or un Dieu bien défini, à forme humaine, doit avoir nécessairement des prêtres initiés, et l'initiation par le sang, l'initiation chirurgicale, se trouve, on le sait, chez un très grand nombre de peuples même civilisés. Objectera-t-on que les mutilations crâniennes dont nous retrouvons les cicatrices étaient trop graves pour être acceptées dans des cérémonies religieuses ? Mais il ne faut pas croire que la trépanation soit par elle-même une opération bien dangereuse. Si elle est aujourd'hui très souvent mortelle, c'est qu'elle est presque toujours pratiquée dans des cas déjà désespérés. Ce qui fait périr tant d'opérés, ce n'est pas la trépanation, c'est le traumatisme cérébral dont on cherche à conjurer les accidents par cette opération. En dehors de ces cas traumatiques, la trépanation n'a qu'une gravité très modérée. D'ailleurs l'exaltation religieuse ne connaît pas de limites, et si certains dieux exigent des sacrifices humains, ceux qui ne demanderaient à l'homme qu'un morceau de son crâne pourraient passer pour indulgents. Qu'est-ce que l'ouverture méthodique du crâne auprès de l'éventration ? On sait cependant que, chez les nègres de l'Afrique occidentale, certains individus, pour s'initier à la sainteté et pour éprouver les vertus de leurs amulettes ou gris-gris, s'ouvrent le ventre de leurs propres mains, dévident leurs entrailles en dehors, puis les remettent en place et recousent eux-mêmes leurs plaies. Beaucoup de ces malheureux succombent, mais quelques-uns en réchappent et deviennent des saints dans leurs tribus.

« L'hypothèse que je vous soumets est toute conjecturale sans doute, mais elle ne se heurte contre aucune impossibilité[1]. »

Les crânes trépanés provenant des stations de la Champagne représentent en général des individus âgés, mais

---

[1]. *Bull. Soc. d'anthrop. de Paris*, IIe série, t. IX, p. 199 et suivantes.

le travail de réparation cicatricielle indiquant un laps de temps considérable écoulé après la trépanation, il y a lieu de conclure que l'opération remonte à la jeunesse.

Après avoir exprimé ces opinions, M. Broca s'est montré, dans la suite, disposé à restreindre plus particulièrement les cas de trépanation à des maladies spontanées ; mais, cependant, il conserva ses premières appréciations. Il reproduisit effectivement sa pensée sous cette autre forme : « Les hommes de la pierre polie, ainsi que je l'ai montré dans ma première communication, avaient des dieux à forme humaine, qu'ils sculptaient à l'entrée de leurs grottes sépulcrales ; je montrerai en outre tout à l'heure qu'ils croyaient à une autre vie ; il n'en fallait pas davantage pour faire naître chez eux l'idée d'attribuer certaines maladies à des causes mystiques, et, puisque nous savons qu'ils pratiquaient fréquemment la trépanation du crâne, nous pouvons supposer, avec d'assez grandes probabilités, qu'ils se proposaient de guérir ainsi certaines maladies de la tête, en ouvrant une issue aux mauvais esprits[1]. »

Les excisions posthumes, dont nous avons aussi recueilli des preuves manifestes, sont également admises à l'occasion des faits préconisés par M. le Dr Prunières. L'étude de ces particularités a fourni le prétexte de revenir à l'idée des trépanations pratiquées sous l'influence d'une inspiration morale, religieuse. « Ainsi, dit le Dr Broca, après avoir pratiqué des mutilations posthumes sur les crânes auxquels une ancienne trépanation avait donné des propriétés particulières, on ne croyait pas pouvoir les abandonner dans cet état, et on leur rendait, avant de les inhumer, une amulette qu'on enfonçait dans le cerveau ou qu'on glissait au moins sous la dure-mère. Ce rite funéraire implique nécessairement la croyance à une autre vie. L'amulette intra-crânienne n'était-elle qu'un simulacre destiné à représenter sur le crâne mutilé la partie dont on l'avait privé ? Elle signifiait, je pense, quelque chose de plus. Le fait qu'elle était empruntée de préférence à un crâne

---

1. *Bull. Soc. d'anthrop. de Paris*, IIe série, t. IX, p. 547.

sanctifié par une ancienne trépanation, permet de croire qu'on la considérait comme un viatique capable de porter bonheur au mort dans un nouveau séjour; mais quand même cette dernière interprétation ne serait pas admise, on n'en serait pas moins obligé de reconnaître que les peuples de la pierre polie croyaient à une autre vie[1]. »

L'opinion de M. le Dr Broca est aussi partagée par M. Girard de Rialle, qui s'est particulièrement occupé de ces questions, et il n'hésite pas à reconnaître un caractère religieux à ces pratiques.

Plusieurs coutumes sont signalées par M. l'abbé Durand relativement à la manière dont sont traités les crânes dans certains pays. Des peuples sauvages portent des ossements de leurs ennemis en guise d'amulettes. Ils conservent leurs crânes dans le même but. Les Asphantis, par exemple, conservent les crânes des chefs ennemis vaincus, ils son ttransmis de génération en génération. Chacun de ces crânes a sa légende, et des chants ont été composés en son honneur, de telle sorte qu'à l'aide de ces crânes il serait possible de refaire l'histoire du pays[2].

Quels étaient les motifs qui déterminaient le choix des sujets trépanés? Pourquoi préférait-on des individus en bas âge? Ce sont là d'intéressantes questions plus faciles à poser qu'à résoudre. Il est probable que des caractères physiques, ou quelques dispositions morales, fournissaient des indices qui désignaient les sujets.

Les preuves recueillies dans les stations de la vallée du Petit-Morin, et les témoignages provenant des grottes explorées par M. le Dr Prunières, présentent de nombreux points de ressemblance. Les mêmes faits se généralisent et apparaissent sur des points fort éloignés. A une époque plus rapprochée, M. Prunières retrouve dans les dolmens les mêmes coutumes que dans les grottes de la Lozère; cependant les dolmens sont, de l'avis des archéologues, plus récents que la grotte de l'Homme-Mort, par exemple.

---

1. *Bull. Soc. d'anthrop. de Paris*, IIe série, t. IX, p. 547.
2. *Bull. Soc. d'anthrop. de Paris*, IIe série, t. IX, p. 556.

La pratique de la trépanation et l'habitude de porter des fragments crâniens ne sont pas circonscrites exclusive-

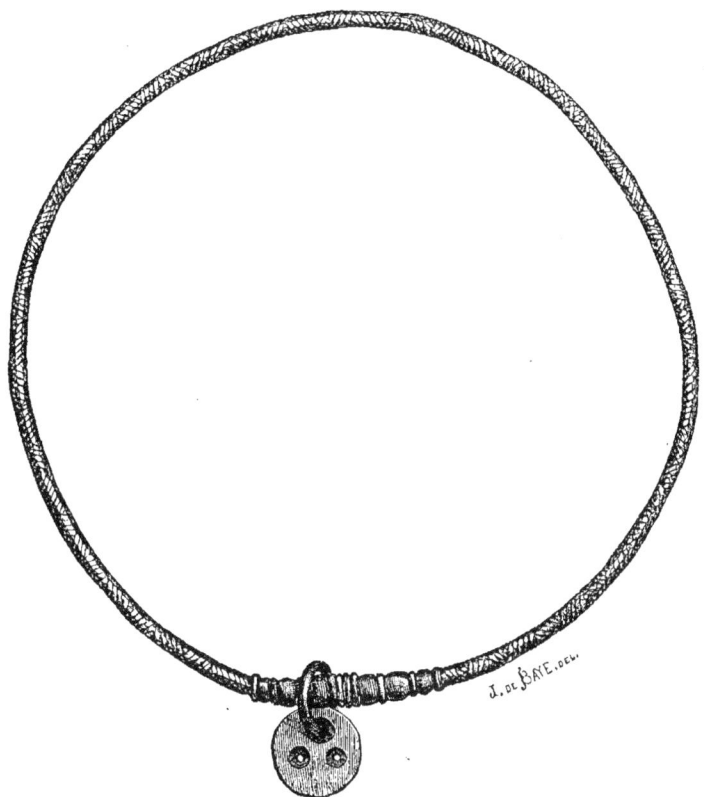

Fig. 28.

ment dans la période néolithique. Les populations gauloises de la Champagne avaient conservé ces coutumes longtemps après. Nous possédons deux rondelles crâniennes qui étaient suspendues à un torques trouvé dans une sépulture gauloise à Wargemoulin (fig. 28). La collection de M. Morel, à Châlons-sur-Marne, renferme aussi des amulettes crâniennes de la même époque. Une de ces pièces est en forme de trèfle. Elles proviennent des cimetières gaulois de Vatry et de Wargemoulin [1] (Marne). Il est tout à fait digne de remarque que les sépultures de Wargemoulin aient ainsi donné trois amulettes crâniennes.

M. de Mortillet cite aussi une amulette gauloise de même nature provenant de la Marne et conservée au Musée de Saint-Germain [2].

Notre attention, depuis longtemps attirée par ces os crâniens travaillés, n'avait pu laisser échapper les rondelles crâniennes de l'époque gauloise. Ces pièces nous paraissaient un prolongement de la coutume que nous avions constatée dans les temps néolithiques. Nous nous sommes empressé d'en signaler l'existence à la Société d'anthropologie de Paris. Dans la séance du 2 mars 1876, nous disions : « La coutume de porter des amulettes crâniennes, si énergiquement accusée en Champagne à l'époque de la pierre polie, ne saurait plus faire l'objet de la moindre réserve, en présence de nombreux faits constatés. Dans le mois de novembre dernier, une nouvelle grotte que j'ai ouverte à Coizard a donné trois de ces amulettes crâniennes, percées de deux trous, et, de plus, un fragment crânien portant les traces évidentes de l'instrument qui l'avait détaché du crâne, mais encore à l'état brut.

« Cet usage n'est pas exclusivement propre à l'époque néolithique, il se retrouve à l'époque gauloise. J'ai l'honneur de vous présenter le dessin d'un torques gaulois trouvé à Wargemoulin (Marne) dans une sépulture gauloise. Il porte, suspendu par un fil de laiton, un fragment crânien où trois perforations ont été pratiquées. Ce même collier portait, de plus, un autre fragment crânien de plus petite dimension affectant la forme triangulaire. Ce dernier est percé d'un seul trou. Le fil métallique suspenseur a été détruit par l'oxydation. M. Morel, de

---

1. *Bull. Soc. d'anthrop. de Paris*, 1876, p. 125.
2. De Mortillet, *Amulettes gauloises*, 1876, p. 125.

Châlons, a aussi recueilli dans des sépultures gauloises de la Champagne d'autres fragments crâniens qui sont conservés dans sa collection. Voilà donc des faits qui paraissent autoriser à considérer l'habitude de porter des amulettes crâniennes comme établie parmi les populations gauloises de la Champagne[1]. »

Après cette courte communication, M. Broca fit remarquer que ces amulettes étaient les seules de ce genre qui avaient été rencontrées jusqu'alors en France. Plus tard M. de Mortillet signala les amulettes de M. Morel et du Musée de Saint-Germain.

Les faits mentionnés dans ce chapitre établissent que la trépanation était pratiquée pendant la période néolithique ; que les os du crâne humain étaient l'objet d'un travail méthodique, soumis à certaines règles fixes dont l'observation reproduisait fréquemment les mêmes types.

La coutume de porter des fragments crâniens comme amulettes ne ressort pas moins des nombreuses découvertes relatées précédemment. Enfin il résulte des premières études qui ont été faites sur ce sujet que les rondelles crâniennes, les fragments crâniens, étaient affectés à un usage religieux et symbolisaient vraisemblablement des croyances en une autre vie.

Nous trouvons ainsi dans ce nouveau sujet d'études, à peine exploré jusqu'à ce jour, la révélation de plusieurs traits caractéristiques des mœurs, des croyances des tribus néolithiques dont l'existence enveloppée d'obscurité pique si vivement la curiosité.

La question relative à l'existence de la trépanation et des pièces crâniennes fut assez mal accueillie dans ses débuts. Elle dut subir les épreuves d'une fort dure quarantaine dans certaines régions de la science archéologique. Nous-même nous avons dû essuyer des sévérités dont le souvenir nous est très agréable. Mais les préjugés se sont dissipés insensiblement ; le succès si brillant obtenu au Congrès de Buda-Pesth lui a conquis

---

1. *Bul. Soc. d'anthrop. de Paris*, 1876, p. 121.

son droit de cité. Parmi les nouveaux convertis nous pouvons citer M. Mazard. En effet, il s'exprime ainsi dans un récent rapport : « Nous avons, nous l'avouons, fait longtemps profession de scepticisme au sujet de la trépanation préhistorique, pratique qui semblerait s'être continuée jusque dans les époques historiques; mais aujourd'hui crânes perforés et amulettes crâniennes se sont assez multipliés pour qu'on se range à l'opinion si savamment exposée au Congrès de Pesth par le professeur Broca[1]. »

---

1. *Revue de Champagne et de Brie*, 1878, p. 316.

FLÈCHES

A TRANCHANT TRANSVERSAL

FLÈCHES

A TRANCHANT TRANSVERSAL

N visitant nos collections les plus riches en objets appartenant à l'époque de la pierre, les archéologues remarquaient, il y a quelques années seulement, un petit nombre d'instruments en silex désignés sous le nom de *tranchets*. Les musées de la Scandinavie en possédaient aussi; ils jouissaient même, dans l'appréciation des savants, d'une importance qu'ils n'avaient pas encore en France. Effectivement leur modeste forme, leur dénomination, produisaient peu d'impression et n'attiraient point l'attention. L'usage indéterminé des instruments, avec leur nom à peu près sans rapport, dans son acception ordinaire, avec leur forme si simple, les avaient laissés dans une sorte d'oubli. Du reste, les moyens de les étudier sérieusement manquaient alors, et personne ne songeait à les regarder comme des flèches, ou à leur assigner un rôle important.

Les premières grottes que j'ai découvertes en 1872 contenaient des silex de ce genre en nombre considérable. En l'absence de documents plus significatifs à cette époque, la position qu'ils affectaient constamment me suggéra l'idée qu'ils avaient été consacrés à un emploi funéraire. Ils étaient invariablement placés en quantité notable sur les squelettes et mélangés à la poussière qui dessinait la place occupée par le corps lorsqu'il était encore intact. Sous l'influence des premières impressions nécessairement incomplètes, j'avais exprimé cette opinion : « Les tranchets paraissent avoir eu un usage funéraire[1]. » Cette première appréciation, basée uniquement sur la position de ces silex, en contact si intime avec les corps déposés dans les sépultures, fut bientôt modifiée. Une note rectificative fut ajoutée au mémoire que j'avais adressé à l'Académie. Dès ce moment, nous étions sur la voie d'une solution relative à l'emploi auquel ils ont pu être affectés. Nous espérions toujours de nouveaux renseignements des faits qui se produiraient, et nous nous bornions à cette simple déclaration : « Les silex qui figurent dans les collections de Saint-Germain sous le nom de *tranchets* ont été trouvés en grand nombre. Ils sont mieux connus sous la dénomination de *flèches à tranchant transversal*. Une intéressante découverte, que nous avons faite le 10 juin dernier, permet d'en déterminer l'usage d'une manière certaine. »

Quelle que soit l'opinion admise touchant l'emploi de ces silex, le sujet offre un grand intérêt et constitue une matière tout à fait digne d'étude. Le rôle de ces instruments faisant connaître un détail de plus des mœurs de l'homme de la pierre polie, nous n'avons pas de motifs pour donner une préférence à une opinion particulière. Que le tranchet soit un outil, un couteau, un objet consacré au culte ou une flèche, la valeur de nos observations reste toujours la même.

Dans la suite, d'autres faits nombreux, examinés avec soin et tendant tous à la même démonstration, établirent que ces silex avaient le même emploi que les flèches ouvrées de

---

1. *Extraits des comptes rendus de l'Académie des sciences*, séance du 24 juin 1872.

différentes sortes avec lesquelles nous les avions rencontrés.

Il importe de bien préciser les circonstances dans lesquelles ont été découvertes les flèches à tranchant transversal dont nous représentons ici une série graduée (fig. 29), et qui proviennent uniquement des grottes de nos stations de la vallée du Petit-Morin. Nous n'entendons nullement parler ici de celles que nous avons trouvées, en assez petit nombre du

Fig. 29.

reste, sur la surface du sol. Ces flèches ainsi isolées, sans relation avec aucun objet contemporain, ne portent avec elles nul enseignement positif. Elles témoignent seulement en faveur d'un usage quelconque, qui exclut toutefois dans ces conditions l'idée d'un emploi funéraire. Il ne s'agit donc ici que des flèches recueillies dans les grottes. Il est d'abord à remarquer que ces objets ne se présentaient jamais aux regards comme les autres instruments. En effet, en pénétrant dans une grotte, on voyait généralement des haches, des silex de différentes dimensions dans des situations apparentes. Il n'en était pas ainsi des flèches à tranchant transversal. Jamais nous ne les avons aperçues dans un endroit vide, libre, comme il nous est arrivé de voir d'autres objets. C'était seulement après avoir relevé les ossements qu'on pouvait les découvrir dans la couche de poussière plus ou moins épaisse qui recouvrait l'aire de la grotte. L'habitude de les rencontrer dans ces conditions les signalait préalablement à l'attention. Cette prévision permettait de les rechercher avec méthode et de déterminer la partie du corps à laquelle leur situation correspondait. Il a été possible ainsi de constater les points où elles étaient spécialement groupées. Nous avions donc là un sujet d'étude tout nouveau, apte à fournir des données intéressantes sur l'emploi de ce silex. Nous sommes présentement en présence d'un fait général. Dans les grottes, les flèches à tranchant transversal jonchent invariablement le sol sous les squelettes, sans jamais sortir des lignes décrites par la décomposition des corps. D'autres instruments ont été trouvés dans des positions qui indiquaient qu'ils avaient été placés dans la main du sujet ou déposés à ses côtés comme des objets votifs. Jamais rien de semblable n'a été remarqué concernant la flèche à tranchant transversal. Nos constatations faites sur une très grande échelle, dans des localités nombreuses et éloignées, revêtent le même caractère d'importance pour les archéologues qui s'occupent de cette question, quelle que soit d'ailleurs l'opinion à laquelle ils se rallient sur la destination de ces silex. Les particularités que nous venons de signaler autorisent à conclure que les flèches étaient engagées dans le corps qu'elles accompagnent et qu'elles sont tombées dans les situations les plus voisines de la partie à laquelle elles étaient adhérentes. Cette conclusion résulte des situations variées qu'elles affectent, et repousse la pensée d'une situation choisie intentionnellement. Tous les archéologues qui ont pratiqué méthodiquement des fouilles savent que certains objets se rencontrent presque invariablement dans les mêmes situations. Nous n'avons rien qui soit analogue ici. Nos observations personnelles ne nous permettent pas de demander quel rôle on peut assigner à un instrument, à une gouge plate, à des ciseaux dans les positions que nous venons de mentionner.

Un fait frappant ne tarda pas à se produire. Environ deux mois après la découverte de nos premières grottes, j'explorais une caverne de la station de *la pierre Michelot*. Cette caverne était un peu séparée du groupe principal. Elle était ignorée absolument et il n'existait aucune indication extérieure qui pût en révéler l'existence. Des sondages multipliés dans le voisinage des grottes précédemment explorées avaient seuls accusé une excavation. Il était évident que la grotte n'avait pas été ouverte depuis l'époque où les corps avaient été déposés. Selon ce qui se pratiquait ordinairement, l'entrée était fermée par des pierres plates très solidement scellées, disposées de manière à former une double clôture. Tous les ossements furent successivement enlevés avec soin et reconnus méthodiquement. Vingt-deux squelettes reposaient dans la grotte;

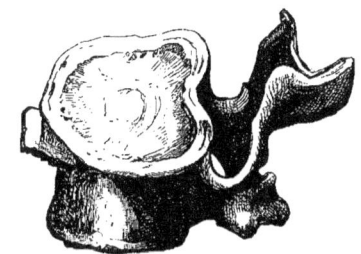

Fig. 30.

ils avaient été superposés. Parmi cette quantité d'ossements régulièrement rangés et conservant généralement leurs relations anatomiques se trouvait une vertèbre humaine percée d'une flèche à tranchant transversal (fig. 30). Cette vertèbre n'avait point été déplacée; elle occupait son rang normal dans la colonne vertébrale. Le projectile était profondément engagé dans l'os et fixé avec solidité.

Les squelettes accumulés dans la grotte n'avaient subi aucun remaniement; les situations étaient parfaitement conservées et sans le moindre désordre dans les rapports. Il n'était pas possible d'en douter, aucune influence ou action étrangère n'était intervenue depuis le moment où les cadavres avaient été réunis dans la grotte. Le silex était donc implanté dans la vertèbre au moment où le sujet fut inhumé. Il était matériellement impossible de le fixer après la décomposition des parties molles sans déranger les ossements et troubler les relations anatomiques, d'autant plus que le sujet se trouvait recouvert par plusieurs squelettes. Un œil observateur distingue facilement une flèche introduite longtemps après la mort. Les bords de la blessure sont irréguliers et le projectile n'est pas encastré exactement. Une grande quantité de flèches reposaient sur le sol de la grotte. Elles étaient évidemment tombées des corps où elles avaient été engagées et elles occupaient respectivement leur place sans avoir jamais subi aucun déplacement. Les sépultures avaient été pratiquées de la manière la plus simple, sans l'adjonction d'une matière pulvérulente. La couche de poussière qui couvrait la surface de la grotte provenait de la décomposition des corps et ne contenait rien d'étranger, si ce n'est les flèches qui, par leur poids, étaient tombées en se détachant des parties dans lesquelles elles avaient pénétré. Leur présence s'explique très naturellement, si l'on se rappelle que tous les sujets reposant dans la grotte étaient adultes et qu'ils avaient tous reçu simultanément la sépulture. Évidemment la grotte ne contenait que des hommes capables, par leur stature et leur âge, de soutenir la lutte et d'affronter les dangers d'un combat. Ils avaient été inhumés avec les silex lancés contre eux et restés dans les blessures. Le rôle de la flèche se prête parfaitement à l'interprétation de ces faits. Si, au contraire, on admet l'hypothèse d'un instrument quelconque, d'une pratique religieuse, les difficultés s'accumulent et l'explication devient impossible. Nos vitrines renferment beaucoup d'instruments en silex qui ont servi ; ils portent des parties usées polies par l'emploi auquel ils ont été affectés. Dans nos flèches nous ne rencontrons pas de tranchants usés, émoussés, arrondis par l'usage. Il n'en serait certainement pas ainsi si les silex à tranchants droits eussent été des outils employés à couper le bois, l'os ou la craie.

Les archéologues qui ne veulent point reconnaître une flèche dans les silex qui nous occupent ont amoncelé les difficultés et multiplié les objections. Nous n'avons pas à discuter les données qui ont paru servir de prétextes à leur opinion, car nous les avons recherchées en vain, et les moyens de les vérifier nous manquent; mais ce que nous pouvons parfaitement affirmer, c'est que les critiques que nous connaissons et qui semblaient viser les faits que nous avons préconisés ne s'appliquent nullement aux constatations qui résultent de nos découvertes. D'abord les circonstances dans lesquelles la vertèbre a été trouvée n'ont jamais été mises en ligne de compte par les partisans de l'opinion contraire à l'emploi des silex à tranchant transversal comme flèches. On parle d'un os dans lequel est engagé un silex, d'une vertèbre percée, comme si l'ossement avait été trouvé isolé, ce qui faciliterait l'admission d'une foule de suppositions pour expliquer le fait. On oublie trop facilement que c'est un squelette complet, intact, faisant partie d'un groupe de squelettes qui portait le projectile. En outre, on nous oppose des instruments incapables de pénétrer dans le corps humain. Nous ne pouvons ici reconnaître les silex provenant de nos découvertes, qui sont très généralement munis d'un tranchant aigu. Nous ne connaissons pas davantage ces types de grande dimension signalés par M. Doigneau. Jamais nous ne les avons vus dans les grottes ni dans le voisinage des corps. Nous possédons, en effet, des types d'une dimension considérable, appelés ciseaux; mais ces instruments ont une autre origine, et jamais il n'a été question de les transformer en flèches. Quant à ces instruments, tellement obtus qu'ils ne pourraient pénétrer même dans un corps mou, ils sont inconnus dans nos stations. Ces particularités peuvent établir une thèse spéciale, mais elles ne combattent nullement les conclusions que nous avons tirées. Nos silex sont bien affilés et coupent parfaitement. Avec la force d'impulsion communiquée par un arc, il n'y a pas à en douter, ils pénétreraient facilement dans le corps humain ou dans la peau d'un animal. Nos flèches à tranchant transversal ne sont pas des éclats de silex, ce sont des formes nettement déterminées et définies; elles ont été détachées intentionnellement. L'usage des flèches s'explique facilement pour celui qui en possède la notion, la réflexion en découvre aisément les effets. On entrevoit sans peine les moyens de les attacher à un jonc, à un roseau, à un bois léger. Enfin elles se présentent comme aussi faciles à diriger que les belles flèches artistement travaillées, sur l'emploi desquelles personne n'a soulevé de discussion. Mais si on veut en faire des instruments pour travailler le bois, l'os ou la corne, il faut reconnaître qu'ils étaient incommodes, très difficiles à manier et peu aptes à recevoir un emmanchement.

Les objections présentées par M. Doigneau, dont nous avons cité les principaux points, ne s'appliquent nullement aux flèches à tranchant transversal provenant des stations de la vallée du Petit-Morin. La quantité de flèches à tranchant transversal, réunies dans certaines grottes, ne doit pas provoquer l'étonnement. Après un combat opiniâtre, il n'est pas extraordinaire de trouver un grand nombre de victimes restées sur le champ de bataille, conservant encore dans leurs blessures les projectiles qui leur ont donné la mort. Il n'est pas nécessaire de recourir à la supposition imaginée par M. Doigneau. Ce n'est pas après la mort que le corps du soldat sert de cible, mais pendant la lutte, et il n'en conserve que trop souvent les preuves évidentes[1].

La même question a été aussi traitée par M. Roujou à la Société d'anthropologie de Paris. Les formes mentionnées par M. Roujou ne se rapportent point à celles que nous rencontrons ordinairement. « Certains types, dit-il, ressemblent presque à s'y méprendre à des pierres à fusil[2]. » Nous n'avons rien de semblable dans nos stations. On comprend les doutes inspirés relativement à l'usage de nos flèches, ainsi assimilées à des instruments d'un emploi impossible. Cependant on ne saurait les reconnaître par la description qui en a été faite par M. Roujou[3]. Les raisonnements qu'il a faits s'appliquent donc aux objets qu'il avait sous les yeux, mais nullement à nos flèches. Il est aussi question d'un silex tranchant qui mesurait 12 centimètres sur 5 ; ce sont là des dimensions qui nous sont inconnues. Dans une discussion aussi impor-

---

1. Doigneau, *Matériaux pour servir à l'histoire de l'homme*, t. IV, p. 24.
2. *Bulletins de la Société d'anthropologie de Paris*, t. VIII, p. 346.
3. *Bulletins de la Société d'anthropologie de Paris*, 1873, p. 45.

tante, il eût été à désirer que les archéologues se fussent mieux renseignés et inspirés directement par l'étude des faits si nombreux, si concluants que nous avons constatés.

Les suppositions, les hypothèses ne manquent point. Quelle que soit l'habileté cependant avec laquelle on présente une explication, les démonstrations n'ont de valeur qu'autant qu'elles s'accordent avec les faits. M. Doigneau reconnaît des ciseaux ou des gouges plates[1] dans les silex à tranchant transversal. Mais sur quelles preuves base-t-il son opinion? En ce qui concerne nos silex de la Champagne, il faut faire violence à la réalité des faits pour l'admettre.

Un autre archéologue, qui paraît n'avoir pas une plus grande connaissance de nos silex ni des faits qui y sont relatifs, déclare que « ces petits éclats semblent avoir servi de flèches et de tranchets[2] ». Puis il propose une autre explication à l'aide de quelques rapprochements ethnographiques. Certaines peuplades de l'Océanie, ne sachant pas tailler les grandes lames de silex, font, dit-il, leurs couteaux au moyen de quatre ou cinq morceaux de pierre réunis. Nos nombreuses et longues lames de silex démontrent surabondamment que nos populations néolithiques n'avaient pas besoin de recourir à ce moyen si compliqué pour se procurer des couteaux. Mais peut-être ces silex armaient-ils les épées? Et, en effet, M. Chauvet, n'étant pas satisfait des explications proposées jusqu'à ce moment, se demande si les anciens habitants de la Gaule n'armaient pas leurs épées comme les Mexicains et leurs couteaux comme les Esquimaux, avec les silex dont nous nous occupons?

La connaissance insuffisante des faits avec les ressources de l'imagination produit souvent d'étranges résultats. Voilà que l'instrument appelé tranchet est devenu un ciseau, une gouge plate, une pierre à fusil, un couteau, une pointe d'épée, etc,..... autant d'expressions qui évoquent les idées les plus contradictoires[3]. Pour nous, nous conservons le nom

---

1. *Matériaux pour servir à l'histoire de l'homme,* 1873, p. 25.
2. Chauvet, *Notes sur la période néolithique dans la Charente,* 1877, p. 24.
3. MM. Doigneau, Roujou, Chauvet, *loco citato.*

de flèche, parce qu'il indique un projectile, et que les faits nombreux que nous avons constatés nous obligent à les considérer comme des armes de trait.

M. de Mortillet s'est prononcé d'une manière différente dans un travail sur les *Races humaines et la Chirurgie religieuse de l'époque des dolmens*. Nous ne pouvons nous dispenser de faire connaître sa manière de voir. La célébrité de M. de Mortillet nous en fait un devoir : « La vertèbre humaine de Courjeonnet est profondément pénétrée, du côté intérieur, par un petit tranchet en silex, espèce de triangle isocèle dont la base a environ les deux tiers de la longueur des côtés. Cette base, taillée en biseau, est très tranchante. C'est elle qui se trouve fortement implantée dans le tissu osseux. Comment penser qu'un pareil instrument, fût-il placé au bout d'un bois de flèche, ait pu traverser tout le ventre pour venir s'implanter avec une telle vigueur dans une vertèbre du côté interne? Cette large ligne droite, cheminant d'une manière transversale, ne se serait-elle pas trouvée puissamment entravée et arrêtée par les divers viscères? Sa force d'impulsion n'aurait-elle pas été complètement amortie avant d'atteindre la vertèbre? Et puis, ce biseau, ce tranchant transversal, qui fréquemment sert de base, de point d'attache à de véritables pointes de flèche, n'est-il pas dans ce petit tranchet un simple simulacre? Nous aurions alors là un fait tout à fait analogue à celui que nous avons observé au dolmen de Font-Rial : une pointe de flèche introduite dans un os par sa base!...

« Évidemment des pointes de flèche qui, au lieu d'un sommet aigu et acéré, présentaient un large tranchant transversal auraient été de très mauvais engins de chasse et de guerre, et pourtant ces engins sont les plus nombreux dans les grottes sépulcrales de la vallée du Petit-Morin. M. Joseph de Baye prétend en avoir trouvé 1,500, tandis que les véritables pointes de flèche, les grattoirs et les haches ne se nombrent qu'entre 100 et 200. On voit donc que ces tranchets étaient des instruments funéraires, ou tout au moins relatifs au culte.

« Ce qui vient confirmer ces considérations, c'est que les

trois autres pièces connues sont aussi des vertèbres lombaires, et les silex dans toutes les trois sont implantés du côté interne, comme s'il y avait un fait exprès, une intention ébauchée et réalisée.

« Bien plus, dans la seconde et la troisième vertèbre de la vallée du Petit-Morin, l'instrument implanté est, d'après la propre expression de M. de Baye, un *couteau-lancette,* c'est-à-dire un instrument qui devait se manier à la main, tout comme les tranchets et mieux encore. La flèche et l'arc n'ont rien à faire dans ces divers cas, surtout dans les deux derniers.

« Les quatre vertèbres, pénétrées par des instruments de silex, ne présentent à la blessure aucune trace de réparation, de cicatrisation. Ces blessures ont donc occasionné la mort immédiate ou tout au moins ont été faites après la mort. Ce sont là certainement des pratiques chirurgicales!... Avaient-elles un but médical ou religieux? Médical, on y eût renoncé, voyant que la mort s'ensuivait toujours. Il est donc plus que probable que nous sommes là en présence d'une pratique religieuse[1] ».

Nous avons, dans le début de nos découvertes, soupçonné un usage funéraire aux flèches dont nous parlons; mais il nous a été impossible de nous arrêter à cette opinion. Un emploi funéraire ou une destination religieuse aurait eu pour effet la reproduction réitérée, constante, des mêmes faits. Cependant le nombre si considérable de silex que nous avons trouvés affectaient les positions les plus variées. Un rite funéraire ou religieux revêt un caractère d'identité invariable que nous ne rencontrons pas ici. Dans certains cas, il faudrait donc admettre que le silex a été introduit dans le corps après l'enlèvement préalable des viscères. Une telle supposition sera accueillie difficilement. Cette théorie présente une multitude de difficultés inconciliables avec les circonstances que nous avons remarquées.

---

1. G. de Mortillet, *Races humaines et chirurgie religieuse de l'époque des dolmens,* 1877, p. 1.

La situation occupée par les silex dans les vertèbres constitue, aux yeux de M. de Mortillet, un fait intentionnel. Mais nous n'avons signalé qu'une seule vertèbre percée d'une flèche à tranchant transversal. Pour conserver au raisonnement toute sa valeur, il ne faudrait pas confondre la flèche à tranchant transversal avec le couteau-lancette. Ce sont deux projectiles différents qui devaient avoir chacun leur rôle. Quelques silex trouvés implantés dans un nombre fort restreint de vertèbres ne suffisent pas pour reconnaître l'existence d'un rite. Pourquoi, en outre, un seul sujet sur vingt-deux aurait-il été l'objet de ce rite funéraire ou religieux à l'exclusion des autres? Enfin il resterait toujours à motiver la présence de cette quantité considérable de flèches qui se trouvent répandues sur le sol et en contact avec les ossements presque sur tous les points du corps.

La vertèbre percée d'une flèche à tranchant transversal n'est pas le motif unique qui détermine dans nos recherches l'emploi de ce silex comme projectile. Les 2,000 spécimens que j'ai recueillis apportaient pour ainsi dire chacun un renseignement. Ils étaient très nombreux dans les grottes où tous les sujets étaient adultes et paraissaient avoir été déposés simultanément. Lorsque le corps reposait simplement sur le sol sans avoir été recouvert, les flèches se trouvaient invariablement au-dessous des ossements et jamais hors du périmètre des corps, nous l'avons déjà dit. Elles étaient donc adhérentes et fixées dans toutes les parties du corps indistinctement, bien qu'elles fussent plus nombreuses dans les régions abdominales.

Un autre fait s'est présenté dans des conditions qui ne sont pas moins instructives. Dans une grotte découverte à Villevenard, j'ai examiné un squelette étendu sur le sol de la manière la plus régulière. La tête, les reins, les pieds reposaient sur des pierres plates; après la décomposition des chairs, les vertèbres cervicales s'étaient détachées de la tête, qui conservait encore sa position sur la pierre plate destinée à la recevoir. Le crâne n'avait fait aucun mouvement, il reposait sur le trou occipital. Il renfermait dans sa cavité trois flèches à tranchant transversal, protégées par la partie supérieure du crâne, qui était tombée par suite de la décomposition des pariétaux. La présence de ces silex exige une explication. Comment s'étaient-ils introduits dans le crâne? Ils n'avaient certainement pu pénétrer par le trou occipital. Cette ouverture était parfaitement obstruée par le fait de son application exacte à la surface de la pierre plate, le crâne étant resté immobile à sa place primitive. L'aire de la grotte ne portait aucun corps étranger. La grotte était une de celles où les sujets avaient été simplement déposés sans être recouverts de cendre ou de terre douce. Il est donc évident que les flèches étaient engagées dans les parties latérales de la tête qui s'étaient précipitées à l'intérieur par suite de la décomposition du crâne.

L'éloignement des sujets placés du côté opposé ne permet pas de supposer que les flèches venaient du voisinage. Le squelette dont le crâne contenait les flèches était seul de son côté; il est impossible d'expliquer l'introduction des flèches par un accident fortuit.

Un autre groupe m'a fourni l'occasion d'observer un fait qui concourt à la même démonstration. Une flèche à tranchant transversal se présentait entre deux vertèbres dorsales dans la partie interne. Comment se trouvait-elle ainsi engagée? Elle était placée parfaitement; de sorte qu'il aurait été impossible d'admettre qu'elle avait pénétré fortuitement par les côtés. L'idée de ce moyen d'introduction peut se présenter à l'esprit lorsqu'on est en présence d'un squelette; mais si l'on songe que les sujets ont été déposés dans les grottes, possédant toutes les parties musculaires, la supposition devient invraisemblable.

A la fin de l'année 1873, j'avais ouvert une grotte appartenant à une autre station, pareillement située sur le territoire de Villevenard. Cette grotte renfermait certainement au moins une trentaine de sujets, tous adultes et accusant, par la charpente osseuse, des individus robustes. La grotte était purement sépulcrale; il n'y restait pas le moindre vide. Les corps stratifiés étaient séparés par des dalles minces et une couche de terre empruntée au voisinage. 73 flèches à tranchant transversal ont été recueillies. Le plus grand nombre offrait, par les situations constatées, un enseignement. Les flèches occupaient des places qui démontrent qu'elles avaient été engagées dans les corps déposés dans la grotte. Elles se rencontraient presque partout ; mais les régions thoraciques et abdominales étaient plus abondamment pourvues. Une flèche reposait sur la face interne de l'os iliaque d'un sujet, dont les relations anatomiques n'avaient éprouvé aucun trouble. Quelques crânes offraient des flèches dans un état de contiguïté remarquable, d'autres les contenaient intérieurement.

Ces faits ont certainement une valeur digne de fixer l'attention et de provoquer de nouvelles études qui auront, j'en suis persuadé, pour résultat de trancher la question d'une manière définitive.

Ce n'est pas seulement contre l'espèce humaine que la flèche à tranchant transversal était employée. Si l'homme de l'âge de pierre avait des ennemis à combattre parmi ses semblables, il éprouvait aussi la nécessité de se défendre contre les animaux et souvent aussi de les attaquer pour les faire servir à son alimentation ou à d'autres besoins presque aussi impérieux. La preuve se trouve dans la rencontre d'une flèche trouvée dans un squelette de blaireau. L'animal blessé avait été mourir dans une grotte commencée, mais abandonnée probablement parce que la craie n'était pas solide. Une couche d'environ 50 centimètres de craie recouvrait l'animal ; cette craie pure, sans mélange, s'était détachée de la partie supérieure. Elle n'avait, en outre, subi aucun remaniement depuis l'époque où l'animal s'était introduit, car les ossements conservaient leurs rapports anatomiques [1].

En considérant les silex dont nous parlons comme des flèches, nous rentrons dans le cercle d'idées admises par des savants qui jouissent d'une très grande autorité. M. Nilson,

---

1. De Baye, *Pointes de flèche en silex à tranchant transversal*, p. 6. *Extrait de la Revue archéologique*, 1874.

un des créateurs des études préhistoriques, a signalé ces silex et les a appelés flèches à tranchant transversal. Il en a donné la description suivante : « Les flèches à tranchant transversal sont faites d'éclats de silex brisés par le travers et retaillés sur les bords [1]. » Ces premiers enseignements se sont enrichis avec le temps, et les archéologues de la Suède et du Danemark partagèrent son opinion en l'appuyant sur de nouvelles preuves.

Le musée de Copenhague conserve une de ces flèches montée (fig. 31). Nous l'avons dessinée nous-même dans les

Fig. 31.

splendides collections du Musée royal des antiquités du Nord. Cette flèche, on l'a souvent répété, provient d'un marais tourbeux, situé sur le territoire de Vissemberg (Fionie). Madsen, qui l'a gravée, la décrit ainsi : « Un instrument en silex, attaché à une tige de bois au moyen d'une corde faite avec de l'écorce de tilleul ; il ne reste que 38 millimètres de la tige [2]. » Madsen ne la donnait pas comme une flèche ; il n'avait pas, du reste, à en déterminer l'usage. Son ouvrage avait pour but de graver les objets les plus intéressants et de les faire connaître. M. Evans dit : « J'ai reproduit ici cette gravure (fig. 31), et on ne peut douter, je crois, qu'elle représente l'extrémité supérieure d'une flèche armée d'une pointe semblable à celle dont se servaient les anciens Égyptiens [3]. »

Des fouilles opérées dans un îlot près de Vester-Ulslev (Lolland), en Danemark, ont donné, selon les renseignements

1. Nilson, *les Habitants primitifs de la Scandinavie*.
2. *Afbildninger*, pl. XXII, 19.
3. *Les Ages de la pierre*, Paris, 1878, p. 402.

que nous devons à M. Engelhardt, un grand nombre d'instruments en pierre taillée, outre les cornes de cerf qui portent des traces du travail de l'homme, et de plus de 1,200 petites flèches. Elles appartiennent au type à tranchant transversal. J'ai pu les examiner et m'en convaincre. Dans une autre série moins abondante, le musée possède une flèche à tranchant transversal provenant de la chambre de géant à Uggerslev, près d'Odense. Cette flèche inédite porte encore une adhérence de bois (fig. 32). J'ai eu plusieurs fois l'heureuse facilité de m'entretenir avec des archéologues danois, et tous les silex

Fig. 32.

dont nous avons fait mention sont regardés comme des flèches. M. Oscar Montelius, dans son ouvrage ayant pour titre : *Sveriges Forntid* (les Temps préhistoriques en Suède, p. 98), s'occupe longuement des flèches à tranchant transversal et ne formule point de doutes au sujet de leur emploi.

Avant de terminer ce que nous nous proposons de mentionner en ce moment au sujet des flèches à tranchant transversal, il paraît important de signaler une variété d'un genre particulier. Elle est capable de jeter une certaine lumière sur nos flèches et de faire disparaître quelques difficultés. « Une autre nation africaine, dit M. Evans, outre les Éthiopiens, se servait de flèches ayant des pointes en pierre, ainsi que le prouvent les flèches provenant des tombes égyptiennes dont on trouve des spécimens dans plusieurs de nos musées. La pointe, qui est en silex, diffère de toutes les formes ordinaires, en ce qu'elle ressemble à un ciseau ou plutôt à une petite pierre à fusil, au lieu d'être pointue. L'arme originale se trouve au *British Museum*. Il est probable qu'on s'est servi, dans l'Europe occidentale, de pointes de fer ayant le même caractère ; mais, jusque tout récemment, l'extrême simplicité de leur forme les a fait échapper aux recherches [1]. » Nous reproduisons ici la figure de cet intéressant projectile (fig. 33), afin qu'il puisse être comparé avec nos types européens.

M. Chabas a traité la question à un point de vue qui peut réagir utilement sur nos études. Son travail, très substantiel, ne saurait être analysé sans perdre de sa valeur.

Fig. 33.

Nous le citons *in extenso* : « Nous retrouvons, en ce qui concerne les armes, les traces historiques de l'emploi du silex ; sans parler des flèches nombreuses provenant des garnisons égyptiennes du Sinaï, on trouve en Égypte même des pointes de flèche de silex de formes diverses. M. Prisse en a figuré une dans ses *Monuments égyptiens*. Elle est en jonc et armée d'un silex aigu, qui paraît être fixé au moyen d'un mastic ; mais la forme la plus remarquable est celle dont les musées de Leyde, de Berlin et du Louvre possèdent un assez grand nombre de spécimens.

En guise de pointe, ces flèches ont un silex à tranchant, ajusté dans la fente d'un bois dur long de 25 centimètres de diamètre. Les ajustages sont maintenus au moyen d'un mastic résineux. Deux pointes de silex aigu, faisant saillie de chaque côté, sont placées au bas du silex principal et retenues par le même mastic. Elles sont évidemment destinées à rendre la blessure plus dangereuse. Voici la reproduction de l'un des

---

1. Evans, *les Ages de la pierre*, p. 362.

dessins que je dois à l'obligeance de M. le docteur Leemans (fig. 34). Dans quelques-unes, les silex latéraux sont un peu moins saillants, et alors la forme de l'ensemble se reconnaît pour parfaitement identique à celle des flèches avec lesquelles les Égyptiens sont représentés chassant au chien courant, dans des parcs fermés, des animaux de grosse espèce, tels que l'antilope et le bœuf sauvage. L'arc est très fortement bandé, à en juger par la courbure de se deux extrémités, et l'archer, tandis qu'il décoche une flèche, tient entre les doigts deux autres flèches ; l'artiste égyptien a donné à ces armes

Fig. 34.

une forme dans laquelle il est impossible de méconnaître celle des flèches de silex par nous décrites, légèrement symétrisées. On la trouve aussi sous la forme plus simple. Cette arme semblerait ne pas avoir une grande force de pénétration, et l'on pourrait s'étonner de la voir employée pour la chasse d'animaux protégés par un cuir épais. Le fait toutefois n'est pas contestable. On aurait pu d'ailleurs faire la même observation à propos des flèches pointues de silex. La pointe de ces flèches n'est pas toujours très aiguë ; elles ont toutes la surface rugueuse et semblent devoir glisser difficilement. Nous avons toutefois des preuves positives de la puissance utile des silex aigus : un de ces instruments a été découvert dans la grotte des Eyzies (Périgord), engagé dans une vertèbre de renne, qu'il avait percée de part en part, après avoir traversé tout le corps de l'animal. M. le professeur Nilson en a rencontré aussi sur le squelette d'un aurochs, et d'autres engagées dans des crânes de cerfs. Ce savant a signalé aussi un crâne humain, trouvé dans une sépulture antique à Tygelsjö, qui était transpercé d'un dard fait d'un andouiller d'élan.

Au surplus, ces flèches de pierre à tranchant transversal n'étaient pas spéciales à l'Égypte, et la question de leur puissance de pénétration est pleinement résolue par les découvertes récemment faites dans les cavernes de la Marne, où, entre autres objets de pierre, il a été trouvé plus de quinze cents de ces engins spéciaux, variant d'un centimètre et demi jusqu'à près de 5 centimètres de longueur.

Une de ces flèches était profondément engagée et encore fortement adhérente dans une vertèbre humaine (fig. 30). Une autre vertèbre humaine était percée par une pointe de silex d'un autre modèle, consistant en une lame tranchante de l'espèce appelée ordinairement *couteau*, terminée en pointe aiguë. Telle était la lame de silex trouvée par M. Lartet dans la vertèbre de renne du Périgord.

Un grand nombre des stations à outils de silex supposés préhistoriques contiennent des flèches à tranchant transversal; les découvertes s'en multiplient journellement. Il en est qui semblent faites pour être emmanchées indifféremment par leur extrémité la plus large ou par leur pointe. D'autres, au contraire, ont la pointe mousse ou obtuse et ne peuvent avoir produit d'effet utile que par leur tranchant droit[1].

Dans un autre passage, M. Chabas complète ainsi sa démonstration : « L'emploi d'armes en apparence aussi primitives et aussi imparfaites que les flèches de pierre à tranchant transversal semblerait caractériser une époque très reculée, un état d'enfance de l'humanité. Il n'en est rien cependant, car les monuments égyptiens nous apportent ici une de ces irréfragables démonstrations dont ils tiennent encore bon nombre en réserve. Les scènes décoratives nous ont montré les engins dont il s'agit en usage sous l'ancien comme sous le nouvel empire; mais les découvertes de M. Passalacqua prouvent que cet usage s'est continué jusqu'aux temps des Lagides, et peut-être même jusqu'à celui des Romains.

« A Qournah, la momie d'un chasseur fournit à M. Passa-

---

[1]. Chabas, *Études sur l'antiquité historique*, Paris, 1873, p. 382.

lacqua douze flèches de roseau, avec extrémités en bois dur armées de silex à tranchant transversal, et de pointes latérales telles que nous les avons décrites plus haut. L'usage de ces sortes de flèches était donc encore vulgaire aux basses époques. Il est curieux de rapprocher de ces instruments primitifs les bijoux et les objets précieux recueillis sur la momie d'une jeune femme dans le même groupe de cercueils : épingles à tête ornée, colliers d'or, de lapis, de cornaline et d'autres pierres fines; boucles d'oreilles d'or, scarabée cerclé d'or, formant chaton de bague, bracelets d'or, ceinture d'or, de lapis, etc., etc. La description donnée par M. Passalacqua confond l'imagination.

« Ainsi donc, pas de doute possible : l'usage de flèches en silex à tranchant droit s'est maintenu dans toute la période historique de l'Égypte et a été contemporain de celui des armes de métal les plus perfectionnées, des plus délicats produits de la joaillerie et du travail des pierres dures. On peut tenir pour démontré qu'il en a été de même de l'emploi des flèches de silex de formes différentes, des outils de pierre polie et des silex éclatés [1] ».

Cet ensemble de preuves, basé sur des faits étudiés par des hommes sérieux, laisse peu d'espace aux contradicteurs. Aussi voyons-nous des hommes dont la compétence est incontestée admettre l'emploi des flèches à tranchant transversal comme projectiles. Nous pouvons citer MM. Montelius, Engelhardt, Valdemar Schmidt, qui, ayant séjourné à Baye, ont étudié ces silex dans les circonstances où nous les avons découverts, comme s'étant prononcés bien nettement pour l'emploi comme projectile. M. de Quatrefages, après avoir également examiné les faits, nous a laissé un témoignage de sa conviction : « Après une étude aussi sérieuse que le permettait la brièveté de mon séjour, je reviens bien convaincu que ce laborieux explorateur a interprété avec beaucoup de justesse deux des points qui ont soulevé le plus de discussions.

---

1. Chabas, *Études sur l'antiquité historique*. Paris. 1873. P. 388. — Passalacqua : *Catalogue raisonné, etc.*, p. 197 à 203.

Je crois avec lui que les grottes doivent être distinguées en caveaux funéraires et en grottes d'habitation plus ou moins temporaires, et je ne puis que voir de véritables pointes de flèche à tranchant transversal dans les silex qu'il a désignés ainsi. »

Enfin, au Congrès de Stockholm, qui fut si brillant, les nombreux savants réunis ont accepté les silex à tranchant transversal comme des flèches. Il n'a pas été prononcé un seul mot d'opposition.

Le nombre considérable de flèches que nous avons trouvées comporte une grande variété de dimensions; mais cette diversité de formes reproduisant exactement le même type, loin de constituer une difficulté à nos yeux, est un moyen d'en expliquer l'usage si étendu et lui-même si varié. Dès l'année 1873, nous avons publié quelques considérations sommaires sur la *Balistique préhistorique*. Le sujet nous paraît toujours aussi digne d'intérêt et nous lui réservons une place ici :

« Nous avons cherché à constituer une série graduée de ces flèches, depuis le type le plus infime jusqu'au type le plus considérable par son poids et sa longueur. Et nous sommes ainsi parvenu à former une collection de vingt et une flèches, dont la plus petite pèse 4 décigrammes et mesure 4 milligrammes. La plus longue pèse 4 grammes trois décigrammes et mesure 46 millimètres. Entre ces poids et ces longueurs nous avons des intermédiaires qui présentent des progressions régulières. Cependant les plus pesantes n'atteignent pas toutes la longueur extrême que nous avons signalée; mais elles n'en rentrent pas moins dans l'ensemble d'une balistique raisonnée qui savait tenir compte du poids des projectiles. Tout le monde sait, en effet, que, sous l'impulsion d'une force égale, la vitesse du projectile est proportionnée à son poids, et qu'une légère différence dans la longueur ne saurait modifier la trajectoire, puisque les diverses particules matérielles du projectile sont le point d'application de la pesanteur, et que le poids n'est rien autre chose que la résultante de toutes les forces appliquées à chacun de ses éléments. La forme plus ou moins longue des flèches de même poids ne saurait donc empêcher de les rattacher à un ensemble régulier et calculé. L'usage spécial auquel elles pourraient être destinées suffirait pour expliquer les dimensions exceptionnelles. Les archers préhistoriques, dont plusieurs savants ont préconisé la force et la dextérité, avaient donc pourvu leur petit arsenal d'une série de flèches proportionnées à la trajectoire qu'ils se proposaient de décrire.

« Il nous semble qu'il n'est pas inutile de signaler que si leur emploi comme projectiles est hors de doute, elles n'en étaient pas moins affectées à des usages variés. Elles étaient probablement destinées à la chasse des oiseaux et des animaux, ce qui expliquerait encore, d'une autre manière, les différences de forme, de volume et de poids.

« Il serait à désirer qu'en s'inspirant des usages des populations qui se servent encore de la pierre, on organisât un arc destiné à lancer les flèches à tranchant transversal, qui seraient montées comme celle trouvée dans les tourbières du Danemark, ou comme les flèches similaires d'origine égyptienne, étudiées par M. Chabas. On pourrait ainsi en expérimenter les effets et constater les résultats obtenus au point de vue des distances par les différents calibres de ces flèches.

« En comparant le nombre de ces flèches à tranchant transversal avec le nombre si restreint des autres flèches en amande, à ailes et à soie, qui sont le plus souvent de véritables objets d'art par la finesse de leur travail, nous nous rallions à l'opinion de ceux qui considèrent la flèche à ailes, très ouvragée, comme un objet de luxe et non comme l'arme ordinaire. Nous serions peu ébranlé si on nous objectait la rareté de nos pointes. En réalité, elles ne sont pas rares; mais souvent la forme de ces silex est si modeste qu'ils ont échappé à l'attention. Ils sont, en outre, si peu vulgarisés qu'il ne nous serait pas difficile de citer des hommes qui s'occupent spécialement de silex qui refusaient naguère de les admettre comme offrant le résultat d'un travail intentionnel. En visitant le musée de Namur, si soigneusement organisé, un savant distingué, M. Steenstrup, remarqua dans un tiroir, et mélangées à des silex sans intérêt, plusieurs flèches à tranchant transversal qui n'étaient nullement classées et reléguées parmi les objets sans valeur.

« Il n'est donc pas étonnant qu'ils aient passé presque inaperçus. Comment expliquer la rareté des autres flèches dans des stations de l'importance de celles que nous avons découvertes et si riches en instruments de tout genre ? Si nous rappelons que nous avons trouvé une de ces flèches en losange finement travaillée, placée parallèlement au tibia d'un squelette trouvé dans nos grottes, on sera de plus en plus porté à conclure qu'elles étaient des ornements, des signes de distinction, des objets votifs, mais nullement des armes employées ordinairement [1]. »

En général, les anthropologues puisent des renseignements dans les comparaisons ethnographiques et trouvent, chez les peuples incivilisés contemporains, l'interprétation des faits appartenant aux époques de la pierre. C'est probablement parce que ces détails ethnographiques n'étaient pas assez présents à l'esprit de quelques archéologues qu'ils ont éprouvé tant de difficultés pour admettre les flèches à tranchant transversal. Nous avions fait souvent allusion à l'emploi des flèches dans les temps reculés de l'histoire. Il eût été préférable de faire entendre la parole des savants chez lesquels nous trouvions si bien exposées les convictions que nous nous étions formées par de laborieuses recherches.

« Aussi longtemps que l'arc et la fronde ont été les seules armes avec lesquelles on pût combattre de loin, l'homme a dû s'ingénier pour donner à ces engins la plus grande portée possible. La découverte de la poudre à canon les a fait négliger et presque oublier. Nous comprenons difficilement aujourd'hui ce qu'on rapporte de l'extrême habileté des frondeurs des Baléares. Le roi David, lançant son silex juste au milieu du front du géant philistin, nous étonne à juste titre, et l'adresse légendaire de Guillaume Tell nous semble à peine croyable. Mais ces faits auraient paru moins surprenants chez un peuple qui exerçait les jeunes enfants à l'usage de ces

---

1. *Matériaux pour servir à l'histoire de l'homme*, 2ᵉ série, t. IV, 1873, p. 27.

armes, et qui, si l'on en croit Diodore, ne leur donnait à manger que le pain qu'ils réussissaient à abattre à coups de fronde. Le génie de l'homme, mis en œuvre par une grande force de volonté, ne connaît presque pas d'obstacles, et, il ne faut pas l'oublier, l'homme antique possédait ce génie au même degré que l'homme moderne.

Les monuments égyptiens et assyriens nous mettent sous les yeux un très grand nombre de scènes de chasse, où l'on voit bœufs, chevaux, lions, antilopes, etc., percés quelquefois d'outre en outre par des flèches. Aménophis III, grand amateur de la chasse des animaux féroces, tua de ses flèches 102 lions dans les dix premières années de son règne, et transmit ce haut fait à la postérité sur de petits monuments qu'il fit reproduire à un grand nombre d'exemplaires. Que les flèches aient été armées de silex ou de métal, l'arme ne nous semble guère en rapport avec la puissance de l'animal à attaquer, et l'on comprend difficilement qu'elle ait pu avoir la force de pénétration que nous représentent tant de monuments. Cependant le fait ne saurait être révoqué en doute. Lors même qu'il y aurait un peu d'exagération dans les tableaux, il n'en est pas moins certain que c'est à coups de flèches que les anciens tuaient les bêtes féroces. Les Romains, qui n'avaient pas d'archers dans leur armée régulière, se servaient cependant de l'arc pour les luttes d'adresse et pour la chasse. L'empereur Gratien tua un lion d'une seule flèche ; mais Ausone trouve le cas surprenant :

Quod leo tam tenui patitur sub arundine letum,
Non vires ferri, sed ferientis agunt.

On sait que certains arcs, qui prenaient une forme presque ronde lorsqu'ils étaient détendus, devaient par la tension se replier en arrière dans le sens opposé à la courbure ; ils acquéraient ainsi une grande force de projection. Les héros de l'antiquité prouvaient leur vigueur exceptionnelle en faisant usage d'arcs que le vulgaire ne pouvait courber. Tel fut le cas de l'arc d'Ulysse, que les prétendants essayèrent vainement d'assouplir avec de la graisse chauffée et qu'aucun d'entre eux ne réussit à tendre. De même, l'arc d'Aménophis II n'aurait pu être bandé par aucun des guerriers de son armée non plus que par les rois des nations étrangères, ni par les généraux des Ruten (Assyriens). Strabon parle d'arcs au moyen desquels les éléphantophages de Duraba tuaient les éléphants; pour tirer la flèche, il fallait trois hommes, deux desquels, s'arcboutant fortement sur leurs pieds, courbaient l'arc, tandis que le troisième plaçait la flèche sur le nerf [1]. »

M. Evans a aussi rappelé fort utilement certains usages particuliers empruntés aux temps modernes et aux époques les plus reculées : « Chez les sauvages, dit-il, la pointe en pierre est parfois fixée à la tige au moyen de fibres végétales et de gomme résineuse, ou au moyen de nerfs d'animaux. La Société des antiquaires d'Écosse possède une pointe de flèche provenant, dit-on, d'une des îles du Pacifique; je serais plutôt disposé à croire qu'elle provient de la Californie; la pointe est attachée à une tige en roseau au moyen de tendons. Les Indiens de la Californie emploient presque toujours ce procédé pour fixer leurs pointes de flèche à la tige; mais ordinairement ils pratiquent une encoche de chaque côté de la base pour recevoir le nerf qui fixe cette base à la tige. La ligature s'étend environ sur 25 millimètres de la tige, et elle est toujours exécutée avec le plus grand soin. Sir John Lubbock et le révérend J.-G. Wood ont gravé des flèches américaines, disposées de cette façon. Une petite encoche est pratiquée dans l'extrémité de la tige pour recevoir le silex, qui est cimenté dans cette encoche avant d'être fixé par les ligatures.

« Les Cafres fixent ordinairement à la tige les pointes en fer de leur sagaie au moyen de lanières de cuir humides qui se contractent et se durcissent en séchant.

« Souvent les tiges sont en roseau, auquel cas on attache souvent au roseau un morceau plus ou moins long de bois plus résistant, pour y fixer la pointe. Tel est le cas chez les anciennes flèches égyptiennes. Il en est de même pour les

---

[1]. Chabas, *Études sur l'antiquité historique*, p. 390 à 392.

flèches des Bosjemans; ces derniers remplacent ordinairement le morceau de bois par un morceau d'os ou d'ivoire; la tige de leur flèche se compose donc ordinairement de trois parties : un roseau, un os d'autruche et un morceau d'ivoire; c'est à ce dernier qu'est attachée la pointe en fer. Dans d'autres cas, les tiges se composent d'un rameau bien droit. Les Esquimaux, qui ont si peu de bois à leur disposition, se servent d'un outil particulier en os, traversé par un trou ovale ou en forme de losange, pour redresser les tiges de leurs flèches. Ils insèrent la soie de la pointe dans une espèce de douille, pratiquée dans la tige, et consolident le tout avec des nerfs d'animaux.

« Dans la plupart des pays, les flèches sont emplumées près de l'extrémité que l'on appuie sur la corde de l'axe; il en était ainsi dès la plus haute antiquité. Hésiode dit que les flèches d'Hercule portaient les plumes d'un aigle noir, et Homère parle des πτερόεντες ὀιστοί; mais on peut se demander, avec M. Yates, si cette expression se rapporte aux plumes. Toutefois, Hérodote cite, comme un fait remarquable, que les flèches des Lyciens, de l'armée de Xercès, tout comme celles des Bosjemans et de quelques autres tribus sauvages modernes, ne portaient pas de plumes; il semblerait donc que cette addition à la tige n'est pas indispensable. On dit que quelques pointes de flèche des tribus de l'Amérique du Nord sont taillées en biseau dans des directions contraires, de façon à leur donner probablement un mouvement rotatoire; ce qui remplit le même but que les plumes. Pour moi, je n'y crois pas[1]. »

Ces documents, sérieusement étudiés, serviront à la solution des objections qui ont été présentées. De plus, ils motivent la présence des flèches à tranchant transversal qui se trouvent répandues sur les points les plus éloignés du globe.

---

1. Evans, *les Ages de la pierre*, p. 403 et 404.

LES POINTES DE FLÈCHES

LES POINTES DE FLÈCHES

I l'emploi des flèches à tranchant transversal a été l'objet d'une discussion prolongée, les pointes de flèches artistement retaillées ont été au contraire unanimement admises comme des traits, des projectiles destinés à être lancés par une arme de jet. Ces sortes de projectiles, de formes extrêmement variées, d'un travail souvent délicat, attirèrent toujours l'attention. Leur ancienneté, un usage remontant à une civilisation oubliée, leur abandon absolu dans des temps plus rapprochés avaient fait attribuer à ces produits étonnants une origine extraordinaire. La superstition attachant une grande importance à ces pierres, elles furent pour ce motif recherchées et recueillies avec un soin empressé. Les flèches ont en outre inspiré de nombreux travaux; elles ont été en effet la matière de beaucoup d'études, qui les ont préconisées sous des aspects très différents. L'ouvrage de M. Evans, *les Ages de la pierre*, contient une dissertation fort intéressante sur leur usage et les différentes appréciations qui en ont été faites

par les écrivains anciens[1]. Leur rôle et leur importance, au point de vue superstitieux, fournissent des détails très intéressants. L'origine des flèches revêt, chez certains auteurs, un caractère mystérieux qui exclut souvent l'idée de les considérer comme un travail humain. Les recherches sérieuses établissent sûrement qu'elles sont d'un usage très ancien, et il n'y a pas du reste à en douter, elles sont contemporaines des flèches à tranchant transversal, qui ont été regardées comme la flèche primitive par certains archéologues.

Lubbock a écrit sur les flèches quelques pages remplies de détails pleins d'érudition et d'intérêt[2]. M. Cartailhac leur a consacré un chapitre d'une réelle importance, où les principales superstitions dont elles ont été l'objet sont relatées[3].

Les flèches ont été, de la part de plusieurs archéologues, l'objet de divers classements. M. Nilsson les a divisées en deux groupes : 1° les flèches munies de soies ; 2° les flèches dépourvues de soies[4]. Sir W.-R. Wilde, cité par Lubbock, divise les pointes de flèches en cinq variétés : 1° triangulaires, ces pointes de flèches ont souvent une entaille de chaque côté, entailles destinées à recevoir la corde qui les attachait à la tige ; 2° celles qui sont creusées ou évidées à la base ; 3° les pointes de flèches à tige, qui portent une saillie destinée à s'enfoncer dans la tige ; 4° celles où les deux côtés se prolongent, et enfin la pointe de flèche en forme de feuille. Les vraies pointes de flèche ont ordinairement environ 1 pouce de longueur ; plus grandes, ce sont des javelines et enfin des têtes de lances[5].

L'abbé Bourgeois, dont l'esprit méthodique était bien connu, a sommairement désigné plusieurs formes de flèches ; nous le citons, car les notions si claires qu'il donne peuvent servir utilement. « Nous trouvons plusieurs formes de flèches : flèches barbelées ou à ailerons, avec pédoncule pour attache ; flèches avec pédoncule sans ailerons ; flèches avec échancrures sur

---

1. J. Évans, *les Ages de la pierre*, p. 353 et suivantes.
2. Lubbock, *l'Homme avant l'histoire*. Paris 1867, *passim*.
3. Cartailhac, *l'Age de pierre dans les souvenirs et les superstitions populaires*, chap. III.
4. Nilsson, *les Habitants primitifs de la Scandinavie*, p. 63.
5. Lubbock, *l'Homme avant l'histoire*, p. 79.

les côtés près de la base; flèches avec base évidée; flèches en losange, flèches elliptiques, flèches triangulaires, flèches à tranchant transversal. Cette dernière forme, la plus commune, a été trouvée avec sa tige dans les tourbières du Danemark et les hypogées d'Égypte. On explique assez généralement l'identité de forme dans les instruments de pierre par l'identité des besoins chez l'homme. Cela peut être vrai pour une forme unique ; mais quand on considère que les huit formes de flèches que je viens de citer se trouvent en même nombre et parfaitement semblables dans tous les pays du monde, quoiqu'une seule forme pût suffire à tous les usages, on est obligé, pour expliquer ce phénomène, de supposer l'unité des traditions industrielles et par conséquent l'unité d'origine [1]. »

D'autres archéologues se sont bornés à l'application de quelques termes plus ou moins heureusement appropriés pour désigner les flèches des différentes variétés. Ces archéologues, comme M. Evans, se sont appliqués à donner une description plutôt qu'à imposer un nom. Récemment, un archéologue anglais, M. Knoles, a proposé l'adoption des termes : pédonculé, dentelé, triangulaire, ovale, lancéolé, losangé, comme exprimant mieux les différentes pointes de flèches que les expressions usitées généralement [2]. Ces mots en effet ont l'avantage d'éviter une périphrase et laissent une idée plus nette dans l'esprit.

Tant de travaux variés, de recherches et d'attention ne pouvaient laisser les flèches dans l'oubli. Aussi furent-elles constamment remarquées et recueillies partout avec le plus grand soin. Répandues sur le sol, elles y furent recherchées dans tous les pays et presque à toutes les époques. Toutefois elles prirent une date certaine dans la vallée du Petit-Morin par leur présence dans les grottes artificielles. Il en fut de même dans les dolmens de la Lozère et dans d'autres stations connues.

Les flèches qui ont été trouvées dans les sépultures des grottes doivent être assimilées pour leur rôle aux flèches à tranchant transversal. On les rencontre effectivement dans des

1. Abbé Bourgeois, *Mémoire sur l'Archéologie préhistorique*. Angers, 1873, p. 14.
2. *Matériaux pour servir à l'histoire de l'homme*, t. X, p. 9.

situations analogues. Cependant leur nombre est sans proportion avec celui des flèches à tranchant transversal. Les grottes nombreuses de la vallée du Petit-Morin ont donné seulement cinquante-sept de ces flèches représentées par plusieurs types différents. Il est évident, par ce chiffre, que la plus grande partie des grottes en était dépourvue.

Les pointes de flèches qui proviennent de la vallée du Petit-Morin se rapportent à plusieurs types. La forme losangée

Fig. 35.   Fig. 36.

(fig. 35), dans sa plus ou moins grande perfection, compte dix-huit spécimens. Malgré des nuances distinctives, elles offrent des lignes géométriques ressemblantes, et se rangent naturellement dans la même catégorie. Les flèches pédonculées à ailerons sont au nombre de trois seulement. Les flèches pédonculées sans ailerons figurent aussi pour le nombre de cinq. Les pointes de flèche en amande avec des altérations plus ou moins sensibles sont représentées par quatorze échantillons. Les flèches losangées, allongées, avec épaulement (fig. 36), forment une série de dix-huit, variant dans les dimensions.

Il est inutile de le répéter, les flèches finement retaillées de différentes formes pédonculées, ou non, losangées ou en amande, sont admises comme des projectiles, comme des armes. Cependant le plus simple examen constate qu'elles ne sont pas plus coupantes que les flèches à tranchant transversal. Il faut donc s'en rapporter aux appréciations des savants qui ont étudié la puissance de l'arc et la force de projection communiquée aux flèches qui pénétraient facilement dans le corps de l'homme et des animaux.

« Plusieurs archéologues ont prétendu que les habitants des amas de coquilles du Danemark avaient dû posséder des armes plus redoutables qu'aucune de celles trouvées jusqu'ici chez eux. Au dire de ces savants, il leur eût été impossible, en effet, d'abattre de gros gibier, comme, par exemple, le taureau et le veau marin, avec les simples armes d'os et de pierre qui seules ont été découvertes jusqu'à ce jour. Le professeur Worsaæ, dans l'ouvrage bien connu intitulé : *Des antiquités primitives du Danemark* ne craint même pas de dire ce qui suit : « Contre les oiseaux et autres petits animaux, ces flèches de pierres pourraient être efficaces; mais, contre les espèces plus grosses, telles que l'aurochs, l'élan, le renne, le cerf et le sanglier, elles étaient évidemment insuffisantes, d'autant plus que ces animaux, à peine frappés, deviennent souvent furieux. » Il est clair qu'en formulant cette supposition, le professeur Worsaæ a commis une erreur complète [1]. La blessure occasionnée par ces flèches était dangereuse, mortelle lorsqu'elle intéressait des organes essentiels de la vie.

Une grotte de la station d'Oyes renfermait un squelette étendu sur un lit de pierre dont l'humérus portait un fragment de silex (fig. 37) implanté dans la partie supérieure à une petite distance de la tête humérale. Il s'est opéré un travail de réparation de l'os autour du silex; il n'est donc pas possible de déterminer à quel genre de projectile il appartient. Cette pièce est une preuve de plus en faveur de l'emploi des flèches et un témoignage énergique démontrant avec quelle force ces armes pouvaient pénétrer. L'humérus d'un sujet adulte, par sa surface arrondie, ne présente point des conditions favorables à l'introduction du silex. Il est à remarquer que l'os a été forte-

[1] Lubbock, *l'Homme avant l'histoire*, p. 453.

ment atteint, car la tête de l'humérus est couronnée d'ostéotyles qui indiquent un état maladif. En effet, l'autre humérus du même sujet n'offre pas de pareilles aspérités. Cet ossement humain est un des rares spécimens qui attestent jusqu'ici la

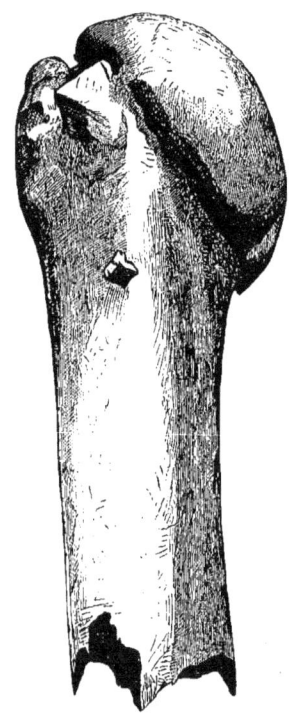

Fig. 37.

survivance du sujet qui avait reçu la flèche. Cette dernière présente une cassure bien nette qui autorise à supposer que le projectile ne pouvant être extrait de la blessure avait été brisé à fleur de l'os. Il est aussi admissible qu'il a pu être brisé par le choc et la vibration au moment où il a pénétré dans l'humérus.

M. Steenstrup a publié plusieurs faits qui se rapprochent beaucoup de celui que nous venons de préconiser. « En second lieu je crois devoir mentionner encore deux os qui, suivant moi, portent témoignage que les individus auxquels ils ont appartenu ont été l'objet de la chasse et des poursuites de la population primitive ou de l'âge de la pierre. Des marques de cette nature seront d'une valeur inappréciable pour décider, dans beaucoup de cas douteux, si un animal disparu a réellement été contemporain de l'homme. Les deux os dont il s'agit ont été trouvés, l'un en Jutland et l'autre en Zélande, avec plusieurs autres os du même individu, soit dans la tourbe même, soit sur la couche sous-jacente. Ils renferment l'un et l'autre des éclats de silex qui y ont pénétré profondément, et qui plus tard, du vivant de l'animal, ont été recouverts d'une nouvelle masse osseuse.

« Sur un maxillaire inférieur droit d'un grand cerf, sur le bord inférieur, entre la troisième et la quatrième molaire, on voit une blessure presque cicatrisée, renfermant des éclats de silex qui proviennent d'une arme en silex lancée avec force contre la mâchoire, et autour desquels s'est formée une nouvelle masse osseuse; l'arme s'est brisée dans le choc en laissant dans l'os un grand nombre de fragments à arêtes tranchantes.[1] »

Il signale également l'extrémité d'une côte de biche avec une blessure entièrement cicatrisée. Sur la face interne et antérieure de l'os on voit saillir une esquille. Une exostose recouvre la blessure.

« Ces deux os, ajoute-t-il, prouvent, je pense, d'une façon décisive, que les animaux auxquels ils appartenaient étaient contemporains d'une population qui poursuivait le gibier avec des armes de jet en silex. Comme ce sont tous deux des cerfs, on comprend facilement que l'important ici n'est pas que la contemporanéité du cerf et de l'homme soit confirmée, car nous savons par nos Kjokkenmoddings en quelle immense quantité la population primitive a abattu ces animaux [2]. »

---

1. J. Steenstrup. Kjœmpe-Oxens (Bos primigenius Boj.) Samtidighed med Landets œldre Fyrreskove. Kjobenhavn. 1871, p. 4 et 5.
2. Ibidem.

M. le D¹ Baudrimont a fait connaître un tibia atteint aussi d'une pointe de flèche en silex. Le tibia provient du dolmen du Fontreal (Aveyron). « Ce fragment, dit-il, appartient à la partie inférieure du tibia droit. L'exostose est assez volumineuse, dure, éburnée; elle a la forme d'un petit prisme triangulaire; elle est oblique de bas en haut, de dedans en dehors et un peu d'arrière en avant. La face supérieure est creusée d'un grand orifice elliptique à grand axe antéro-postérieur dans lequel est implantée une flèche barbelée en silex qui a la direction de l'exostose.

« En sortant cette flèche de sa mortaise, on trouve moulées dans la matière osseuse, en avant deux barbelures et une en arrière ; on constate en effet que cette flèche est enfoncée dans l'exostose, non par la pointe, mais par son talon.

« Persuadé que la facilité que l'on a de créer des hypothèses et de s'en contenter est un des grands obstacles apportés à la recherche tenace et sérieuse de la vérité dans les sciences qui traitent de l'histoire de l'homme, j'émets les suppositions suivantes, les laissant pour ce qu'elles valent et sans y tenir autrement.

«La flèche, sa direction étant donnée par celle de son grand axe, est légèrement oblique d'avant en arrière, de bas en haut. Elle serait donc entrée par la face antérieure et inférieure de la jambe; elle a dû pénétrer très obliquement au-dessus de l'articulation tibio-tarsienne et, après un trajet assez long, presque rectiligne, s'arrêter probablement dans ce ligament résistant qui unit le tibia au péroné. Mais quelle est la position de la jambe, pouvant permettre une telle blessure occasionnée par une flèche ayant une hampe, d'une certaine longueur, dont on est forcé de tenir compte. Pour cela, on doit supposer le sujet placé dans un lieu élevé, au-dessus de l'agresseur et sur une base de petite dimension : alors la flèche est arrivée très obliquement de bas en haut; ou il faut supposer un individu courant, surpris au vol, si je peux m'exprimer ainsi, au moment où la jambe est fléchie sur la cuisse : la flèche a pu de la sorte, lancée presque horizontalement, pénétrer entre le tibia et le péroné. Mais il y a là un organe d'une large surface faisant obstacle : c'est le pied. Il a donc fallu qu'il soit épargné ou que la flèche ait été lancée avec assez de force pour pouvoir traverser la jambe après l'avoir blessée. Si le pied a été épargné ou blessé seulement à son côté externe, quelqu'un, plus hardi que moi en fait d'hypothèse, irait-il jusqu'à dire que pour cela le pied devait être légèrement porté en dedans, fait qui, rapproché de la gracilité de l'os, amènerait à penser que ce tibia est celui d'une femme? Le crâne trouvé à Cro-Magnon ne nous a-t-il pas appris, à ce sujet, que la galanterie n'avait encore aucun droit dans notre pays à la juste renommée dont elle jouit aujourd'hui?

« Maintenant, comment le talon et non la pointe de la flèche se trouve-t-il implanté dans l'exostose? Cette flèche, une fois fichée dans les chairs, a dû être extraite en tirant sur la hampe dans une direction parallèle à celle de l'entrée de la flèche et de la plaie produite. La flèche barbelée, maintenue et enserrée en ce lieu par les fibres du ligament interosseux perforé, ou par les tendons qui s'y trouvent, est venue, entraînée dans cette tentative d'extraction en avant et en bas, buter, par son talon, qui abandonna alors la hampe, contre le tibia, le léser, déchirer le périoste et créer, en un mot, le traumatisme qui a donné naissance à l'exostose décrite.

« La direction de la flèche ne fait pas présumer qu'elle ait pu pénetrer par la partie postérieure de la jambe; mais, aussi, dans ce cas, cette seconde hypothèse reste valable : les plans fibreux et aponévrotiques de la partie inférieure de la jambe ne laissent pas supposer qu'une fois entrée la flèche ait pu se renverser dans la plaie [1]. »

M. Cazalis de Fondonce a fait paraître dans les *Matériaux* un travail sur la grotte du Castellet où une vertèbre humaine percée d'une flèche à silex a été trouvée : « Une des flèches de la grotte du Castellet était fichée dans une vertèbre humaine. C'était probablement l'arme qui avait donné la mort à l'individu auquel appartenait cette vertèbre, qui est la première lombaire. Le trait avait pénétré par le flanc droit. En touchant

---

[1]. *Matériaux pour servir à l'histoire de l'homme*, 2ᵉ série, t. VI, p. 178, 1875.

l'os, la pointe s'était cassée. Mais le trait avait été si vigoureusement lancé que, bien que ne présentant plus qu'une tranche de 5 millimètres de largeur, il s'était enfoncé de 25 millimètres dans le corps de la vertèbre. L'os est nettement perforé, sans éclat ni mâchure; le fond du trou est carré comme la cassure de la flèche, ce qui marque bien que celle-ci était déjà privée de la pointe lorsqu'elle a pénétré dans la substance osseuse. Enfin, l'absence de toute exostose ou de toute trace d'un travail réparateur de l'os indique que la mort a dû suivre immédiatement la blessure. La longueur totale de cette flèche, avec son talon parfaitement intact, mais sans sa pointe, est de 47 millimètres.

« On peut supposer de là, avec quelque raison, que si certaines des trente-trois pointes retrouvées dans la sépulture du Castellet y ont été déposées comme objets de consécration, d'autres peuvent provenir d'armes logées dans les plaies ensevelies avec les corps qu'elles avaient frappé. Dans le plus grand nombre des cas, le trait a pénétré en effet dans les chairs, et, après la décomposition de celles-ci, il a dû tomber dans les terres, où nous le retrouvons après tant de siècles, sans que rien ne décèle s'il provient effectivement d'une blessure ou s'il a été déposé par les soins pieux de ceux qui ensevelirent les morts. Ce n'est que dans le cas où le trait a pénétré dans un os et s'y est fixé que le doute n'est plus possible. Ces cas-là sont évidemment plus rares, et c'est l'un d'eux que nous présente la vertèbre du Castellet.

« Quelques rencontres du même genre ont déjà été faites ailleurs. M. W. Zilienski a trouvé dans le dolmen-tumulus de Fontréal, commune de Saint-Rome-de-Tarn (Aveyron), un fragment de tibia sur lequel la blessure d'une flèche en silex a produit une exostose qui enveloppe l'extrémité de l'arme. M. de Baye a rencontré dans une des grottes artificielles explorées par lui dans la vallée du Petit-Morin, département de la Marne, une vertèbre humaine percée d'une flèche à tranchant transversal. La flèche était profondément engagée dans l'os et encore parfaitement adhérente. Si une semblable flèche pouvait ainsi pénétrer, il n'y a rien de surprenant à ce qu'il ait pu en être de même de la nôtre après la perte de sa pointe. Le même explorateur a recueilli dans d'autres grottes, de la même région, deux autres vertèbres contenant chacune une espèce de couteau-lancette.

« Des quelques exemples de faits analogues, en bien petit nombre, observés jusqu'à ce jour, celui qui se rapproche le plus du nôtre est celui qu'a fait connaître, il y a un an, M. le Dr Prunières, dans la réunion de l'Association française pour l'avancement des sciences à Clermont-Ferrand. Il a montré divers ossements humains, provenant du dolmen de l'Aumède, dans la Lozère, qui présentent des lésions diverses. Parmi eux se trouvait une vertèbre lombaire, d'un sujet jeune, dans le corps de laquelle est logée une étroite pointe de flèche dont on ne voit que le pédoncule finement taillé, c'est-à-dire seulement la partie qui devait être logée dans la hampe du trait. La vue de la pièce prouve que la flèche a pénétré par le flanc gauche, a traversé tous les viscères abdominaux et aurait probablement transpercé complètement le sujet, si le relief fait par la hampe sur le pédoncule du silex n'eût été arrêté par l'os dans lequel la pointe s'était tout entière implantée. En substituant au flanc gauche le flanc droit, ces lignes de M. Prunières s'appliquent textuellement au cas que nous signalons[1]. »

Nous appelons particulièrement l'attention de nos lecteurs sur les faits que nous venons de citer, et sur les conclusions auxquelles ils ont donné lieu. Les raisonnements qui leur sont appliqués peuvent également servir de moyen de solution au cas que nous avons fait connaître longtemps auparavant. En effet les flèches qui ont percé les vertèbres occupent des positions identiques à celles qui ont été découvertes et décrites par M. Cazalis et M. le Dr Prunières. Elles autorisent les mêmes conclusions et supposent les mêmes particularités dans leur action.

Un autre genre de projectile doit être signalé ici, c'est une sorte de lame (fig. 38) à deux tranchants très-aigus, détachée d'un *nucleus* comme toutes les autres lames et se termi-

---

[1]. *Mat. pour servir à l'histoire de l'homme*, t. III, p. 452. 1877. — Compte rendu de la Ve session de l'Association française. Clermont-Ferrand, p. 816. 1876.

nant par une pointe fine qui semble plus particulièrement popre à pénétrer. Cette arme n'a aucune retaille, mais elle n'en est pas moins très meurtrière et préparée dans un but arrêté. Le bulbe de percussion est apparent dans les spécimens complets.

Nous trouvons la preuve de son emploi dans les vertèbres humaines que nous avons rencontrées à Coizard et à Villevenard. Les vertèbres conservent encore ces pointes dangereuses dont elles ont été atteintes (fig. 39). Cette dernière figure représente la vertèbre provenant de la station de Coizard. Le trait a pénétré par le flanc droit et s'engage profondément dans l'os. Le silex n'est pas entier, la partie du bulbe de percussion a été brisée par des causes qu'il est difficile de préciser. Les vertèbres ainsi percées sont des vertèbres lombaires.

Fig. 38.

D'autres vertèbres lombaires portant un projectile implanté ont été remarquées et conservées par les archéologues dans diverses contrées. La répétition du fait avec des projectiles différents ne semble pas favorable à la supposition d'un rite funéraire. La présence des flèches dans les vertèbres lombaires s'explique du reste naturellement au point de vue anatomique. Le projectile ne rencontrait pas dans les régions lombaires antérieures les mêmes obstacles que dans les autres parties du corps et pouvait ainsi continuer sa marche jusqu'à la colonne vertébrale, seule capable de l'arrêter. Les difficultés provenant des vêtements ne sont pas généralement mises en ligne de compte. Cependant, si sauvages que l'on veuille supposer nos hommes de la pierre polie, ils devaient porter un vêtement quelconque pour se garantir contre l'intempérie des saisons et pour se protéger dans les combats. La peau des animaux devait être utilisée vraisemblablement et présentait aussi un corps dur que le trait en lame entamait aisément. Parmi tous les instruments en silex que nous avons trouvés, la lame couteau-lancette est celle qui coupe le mieux ; ses tranchants sont très aiguisés.

Fig. 39.

Le silex dont nous parlons ici n'a pas encore été signalé comme projectile; néanmoins, en l'examinant avec soin, il est facile de se convaincre qu'il peut être aussi aisément employé que toutes les autres flèches. Il n'est pas plus long que les flèches de grande dimension, car il mesure seulement 6 centimètres sur 15 millimètres de large dans la partie la plus développée. Son épaisseur est moindre que celle des autres projectiles connus et ne saurait lui donner un poids considérable capable de ralentir sa vitesse de projection. Dans ces conditions, il n'y a point lieu d'expliquer sa présence autrement que pour les autres projectiles dont il a été parlé. Il a donc été lancé par un arc et il a dû nécessairement donner la mort. Le silex complet est encore aujourd'hui solidement fixé dans l'os (fig. 40); les bords de la blessure sont nets. M. le Dr Broca, pour s'assurer de la puissance de projection, a fortement secoué le trait sans l'ébranler. Dans de telles conditions, il n'y a plus à douter que le sujet ait succombé à sa blessure. Le trait en

Fig. 40.

effet n'a pu venir se fixer si fortement dans la vertèbre qu'en traversant les viscères abdominaux et en causant des lésions mortelles. Nous ne possédons que deux vertèbres percées par ce projectile, mais nous avons trouvé plusieurs de ces armes dans les grottes : il y a donc lieu de croire à leur emploi ordinaire. Le fait est établi par des preuves de la même nature que celles qui déterminent l'usage des autres flèches.

La présence des flèches dans les ossements ou leur simple contact avec les squelettes n'a rien d'étonnant, car il est admis que les hommes de la pierre pouvaient, aussi bien que les sauvages des temps modernes, avoir une grande habileté. De plus, les flèches étaient sans doute alors montées de manière à rester dans la blessure lorsqu'elles étaient destinées à la guerre.

M. Lubbock a réuni, dans un ouvrage très connu, des témoignages de la dextérité de certaines peuplades incivilisées pour lancer leurs traits. « Les Indiens du Brésil, dit-il, tuent les tortues à coups de flèches; mais, s'ils visaient directement l'animal, l'arme ne ferait qu'effleurer l'écaille dure et polie : aussi décochent-ils leur flèche en l'air, de façon qu'elle tombe presque verticalement sur la carapace de la tortue et puisse ainsi la traverser.

« Quelle longue pratique ne faut-il point pour acquérir une telle adresse ! Que de précision aussi doivent avoir les armes ! Il est de toute évidence, en effet, que pour tous les instruments de pierre, chaque espèce distincte a dû recevoir une destination spéciale. Ainsi les différentes variétés de pointes de flèches, de harpons et de haches de pierre, ne peuvent pas avoir servi aux mêmes usages. Chez les Indiens de l'Amérique du Nord, les flèches de chasse étaient ainsi faites, que quand on retirait le bois de la blessure, la pointe en sortait en même temps, tandis que dans les flèches de guerre le bois allait s'amincissant à l'extrémité, si bien que, quand on le retirait, la pointe n'en restait pas moins dans la plaie.[1] » Ces faits sont de nature à faciliter l'admission de l'emploi de nos lames qui dans leur simplicité sont merveilleusement disposées pour servir de projectiles. Le temps, amenant de nouvelles découvertes, fournira d'autres renseignements qui trancheront la question d'une manière absolue, et lèvera tous les doutes.

---

1. Lubbock, *l'Homme avant l'histoire*, p. 452.

LES HACHES POLIES

LES HACHES POLIES

N ne saurait nier que la hache polie occupe un rang distingué parmi les instruments de la période néolithique. A cette époque où les grandes révolutions du globe sont accomplies, les haches se rencontrent à la surface du sol, avec une grande abondance, dans presque toutes les contrées. Ce n'est plus seulement le silex qui est employé; par un progrès qui s'accentue énergiquement, les roches de différentes sortes fournissent la matière première de ces belles haches aux formes variées si soigneusement polies.

L'origine de la hache polie selon d'antiques préjugés, ses propriétés supposées, sont la source des documents historiques les plus intéressants. Une histoire complète de la hache offrirait des exposés riches en détails. Le sujet a déjà été traité sous certains aspects. Nous ne pouvons ici qu'effleurer cette matière si féconde. Nous nous bornerons à l'indication des traits les plus saillants. Pendant longtemps, les haches étaient désignées sous le nom de *celts*, et elles n'étaient pas connues autrement dans les collections des antiquaires qui les conservaient. Cette dénomination, exclusivement adoptée, leur valut dans le langage ordinaire, et même parmi les archéologues, le nom de haches celtiques. La similitude de consonnance avait donné lieu à une erreur. Les haches étaient appelées *celts*, non par allusion à leur origine, mais à cause de leur usage. Du reste, que le mot *celt* dérive de *cœlo* ou de *cœllo*, le rôle naturel de l'instrument est également indiqué.

L'origine extraordinaire qui leur était attribuée, et le respect superstitieux dont elles étaient l'objet, les avaient fait connaître autrement dans les masses populaires. Les haches étaient appelées pierres de foudre, pierres de l'éclair ou pierres de tonnerre. Récemment, M. Henri Martin signalait ainsi une particularité relative aux haches. Les druides la consacraient par des incantations. Un poème bardique en contient une très curieuse. Dans cette incantation, le grand druide qualifie l'arme en question de pierre de foudre, pierre de l'éclair. Cette qualification et l'idée d'où elle procède étaient donc répandues dans tout le vieil Occident, depuis l'Italie jusqu'en Irlande[1]. Dans les pays les plus éloignés, au sein de civilisations très-différentes, les noms désignaient toujours une semblable origine. Il est facile, à l'aide de ces données, de comprendre tout le prestige qu'une telle conviction devait communiquer aux objets.

Pour faciliter l'intelligence du rôle de la hache, il nous paraît utile de citer ici un passage de l'ouvrage de M. Evans : « Chose assez curieuse, on semble avoir attribué à la hache, chez les Grecs de l'antiquité, une certaine importance sacrée. Selon Plutarque, Jupiter Labrandeus tire ce titre de la hache, et M. de Longpérier a cité un passage d'où il résulte que Bacchus, dans un cas tout au moins, était adoré sous la forme d'une hache ou πέλεκυς. M. de Longpérier a aussi décrit un cylindre chaldéen, sur lequel on voit un prêtre faisant des offrandes à une hache placée debout sur un trône ; il a, en outre, appelé l'attention sur ce fait que l'hiéroglyphe égyptien représentant *Nouter*, Dieu, est simplement la figure d'une hache.

1. *Bulletins de la Société d'anthropologie de Paris*, t. II, p. 188, 1879.

« Dans l'Inde, le marteau était l'attribut du Dieu Indra, adoré sous le titre de Vàgràkarti. Un culte semblable semble avoir régné dans le Nord. En effet, Saxo Grammaticus mentionne que le prince danois, Magnus Nilsson, après une expédition heureuse contre les Goths, rapporta au nombre de ses trophées quelques marteaux de Thor, *malleos joviales*, ayant un poids extraordinaire ; ces marteaux étaient adorés dans un temple que le prince avait détruit. En Bretagne, on a remarqué souvent des celts représentés sur les larges pierres des allées couvertes et des dolmens[1]. »

Ces préjugés ne résistèrent pas toujours à l'examen des savants. Mercati, cité par de Rossi, rompant avec les erreurs relatives à l'origine météorique des haches, affirme que ces instruments faisaient partie de l'outillage d'un peuple ancien, auquel l'usage des métaux était inconnu[2]. Il résulte des observations qui ont été faites que la hache en pierre a été en usage dans presque tous les pays du monde, et que l'origine oubliée de ces instruments d'un emploi vulgaire leur a fait attribuer une provenance extraordinaire. Les études archéologiques, en ouvrant une nouvelle voie dans les temps modernes, ont fait disparaître la partie légendaire de l'histoire des haches. Des faits examinés avec un soin attentif ont fait rentrer la question dans le domaine de la réalité.

Boucher de Perthes a consacré plusieurs chapitres de ses *Antiquités celtiques* à l'étude des haches. Le rôle qu'il leur attribue semble pressentir sur plusieurs points ce que les observations des derniers temps ont pu constater. Il ne reconnut qu'un type proprement dit. « La dimension des haches

---

1. Evans, *les Ages de la pierre*, p. 63, 1878.

2. Mercatus dans une dissertation du plus grand intérêt, après avoir discuté l'origine des instruments en pierre *cerauniæ*, termine ainsi : « Nobis autem satis est ostendisse ceraunian hujusmodi potuisse à veteribus parari. Nam hoc materia ejus et figura monstrant, nomen consentit, et usus aliquando tulit. Quæ si certa cognoscerentur, non deberet hæc ceraunia inter ἰδιόμορφους conlocari, quoniam ab arte perfecta esset. Magnam affert dubitationem naturæ jocus, siquidem in rerum imitatione arti nonconcedit. Addit suspicionem parvitas, qua interdum ceraunia reperitur inepta spiculis. De fulmine, quæ prior fuit opinio, nihil affirmari potest, quam quod sparsim inveniatur. Unicuique igitur judicium in medio relinquimus. (*Michælis Mercati Metallotheca*. Romæ, MDCCXVII.)

qu'on trouve en Europe varie extrêmement. Il en est de 33 centimètres de longueur, d'autres qui n'en ont que 2 ou 3 et même moins. »

« A la taille près, leur forme diffère peu. On voit que c'est une figure consacrée et dont on ne devait pas s'écarter. On reconnaît même que certaine déviation au type adopté n'a eu lieu que parce que l'ouvrier a été gêné par la conformation de la pierre, ou bien par un accident et un coup donné à faux. Ces formes avortées font ressortir la beauté et la régularité de celles où il ne manque rien, qui devaient alors avoir une grande valeur. »

« Si l'on met à part ces déviations de la forme ordinaire, déviations tenant à des causes imprévues, et qui dès lors ne sont que des exceptions, il ne restera que cinq à six types principaux de haches dont tous les autres ne sont que des dérivés[1]. » Plus loin, traitant plus particulièrement des haches celtiques, il revient à sa première pensée : « La forme de toutes les haches polies se ressemble ; cependant on peut en indiquer quatre à cinq variétés[2]. »

M. Nilsson, dans un travail beaucoup plus sévère au point de vue de la critique, adopta une autre classification. Il divisa les haches en haches droites ou ordinaires et en doloires ou haches à tranchant transversal[3].

M. Evans préconisa un classement particulier. Il groupa les haches en trois catégories[4]. Dans la première, il rangea les celts éclatés, non aiguisés ni polis ; dans la seconde, il plaça les celts aiguisés à la partie du tranchant seulement. Enfin la troisième renferma les celts polis sur toute leur étendue. Ces divisions, utiles pour mettre un certain ordre dans les études, sont du reste, de l'avis même de M. Evans, arbitraires et dépourvues de caractère scientifique.

Les haches simplement éclatées ont été recueillies à la surface du sol en moindre quantité que les haches bien polies. Il ne peut être question ici des ateliers où naturellement elles

---

1. Boucher de Perthes. *Antiquités celtiques et antédiluviennes*, p. 112, Paris, 1847.
2. *Loco citato*, p. 321.
3. Nilsson, *les Habitants primitifs de la Scandinavie*, p. 83.
4. Evans, *les Ages de la pierre*, p. 67.

abondaient. Ces sortes de haches sont-elles des instruments achevés? On peut se poser la question. Elles ont dû être affectées à des emplois nombreux et variés. Il est probable que ces instruments seulement ébauchés ont été utilisés à des travaux grossiers et qu'il en est qui ne sont rien autre chose que la houe en silex. Les haches du modèle le plus recherché sont probablement les plus voisines du bronze. Elles affectent la forme convexe des deux côtés. Quelques archéologues les considèrent comme des objets d'échange destinés à être exportés à l'état brut pour être ensuite polis dans d'autres contrées. Boucher de Perthes les regarde comme des ébauches qui, fabriquées à la hâte et comme pour remplir une tâche ou payer un tribut, ont été confectionnées le plus vite et à moins de frais possible[1]. Il en est que l'on peut considérer comme ayant été employées simultanément avec le bronze. Certainement, parmi ces pierres taillées de l'époque néolithique, il faut reconnaître des ébauches qui étaient destinées à être polies, toutefois cette particularité n'autorise pas à nier l'existence des instruments achevés, complets, mais simplement éclatés. Rien n'est étonnant dans ce fait, puisque la pierre polie renferme des séries d'instruments uniquement retaillés. Les pièces qui jouissent du luxe du polissage ne forment que l'exception dans l'outillage néolithique.

Les haches, dont le tranchant seul est poli, forment plutôt un type destiné à des usages déterminés qu'un genre particulier. Il n'est pas rare de trouver des haches polies sur toute leur longueur, qui ont été ensuite éclatées pour les rendre plus adhérentes à l'emmanchement. Souvent on a dit que l'homme harmonisait ses instruments avec le but qu'il se proposait d'atteindre. On peut, en partant de ce fait expérimental, présumer combien les formes ont dû varier dans cette catégorie. Les accidents inévitables qui résultèrent de l'emploi journalier des haches ont nécessairement motivé des retailles et apporté des modifications qui changèrent notablement le caractère primitif de l'instrument. Malgré des insinuations contraires, on peut supposer que les haches dans leur usage normal, ordinaire, ne

---

1. Boucher de Perthes, *loco citato*, p. 100

servaient jamais sans être emmanchées. Leur destination primitive leur assignait un rôle dans ces conditions. Dans des circonstances exceptionnelles elles étaient réservées pour d'autres usages qui ne changeaient en rien leur caractère ordinaire.

Les haches polies dans toutes leurs parties ont toujours été en grand honneur et figurent pour un plus grand nombre dans les collections. Cette quantité relativement considérable pourrait parfaitement n'être que le résultat du soin avec lequel les haches de cette catégorie ont été recherchées et conservées. Rigoureusement, on ne peut conclure que l'usage en ait été plus généralisé que pour les précédentes. M. Evans a distingué dans cette dernière classe quatre catégories reliées entre elles par de nombreux intermédiaires. La première catégorie renferme les haches en ovale pointu dont les côtés sont aigus ou peu arrondis. Les facettes que les haches présentent peuvent n'être que le résultat des réparations opérées par suite d'accidents arrivés dans l'emploi. Il est évident en effet que l'usage prolongé devait beaucoup modifier les formes. Les types bien constatés et conservés qui sont en silex se retrouvent également dans les haches en matières étrangères. C'est dans cette première catégorie qu'on retrouve les faces convexes.

La seconde catégorie formant un groupe nombreux se compose des haches dont les côtés sont aplatis. Ces formes communes en France ne sont pas exclusivement en silex. Les haches ovales présentent des variations multipliées. Cette forme en effet peut avoir été primitivement inspirée par la cassure naturelle produite par le procédé employé pour enlever les éclats. Il est facile de reconnaître que la forme ovale offre des variétés considérables depuis le type le plus parfait jusqu'à ces spécimens qui ne paraissent qu'une incertaine réminiscence du modèle le plus parfait. Une troisième catégorie dont l'utilité n'est pas douteuse réunit indistinctement toutes les formes anormales. Dans cette classe on retrouve naturellement tous ces produits qui sont dus à une inspiration particulière, à une fantaisie de l'ouvrier, à une forme naturelle ou bien enfin à l'existence d'une cassure déterminant elle-même, d'une manière absolue, la forme de l'instrument.

Le progrès des études archéologiques aura pour résultat de fournir les éléments d'une classification plus scientifique. Actuellement, les documents sont incomplets ou isolés ; avec des connaissances plus étendues, il deviendra possible de classer méthodiquement les haches. Quelle que soit du reste l'importance que l'on voudra attacher à un classement, et quel que soit le système qu'il plaira d'adopter pour grouper les instruments, nous consignons les observations nombreuses particulières aux stations de la vallée du Petit-Morin. Nous possédons sur ce sujet d'utiles renseignements et plusieurs détails nouveaux et inconnus, qui augmenteront les notions relatives au rôle de la hache.

La hache occupe une place remarquable parmi tous les instruments. Son importance s'affirme puissamment par les sculptures qui la représentent. Déjà il a été parlé de ces sculptures à un autre point de vue. On compte sept grottes dans la vallée du Petit-Morin dont les parois sont ornées de sculptures représentant la hache emmanchée dans différentes positions. Le soin avec lequel la hache était représentée assigne assurément une place distinguée à cet instrument. Le choix dont il a été l'objet, préférablement aux autres instruments qui composaient l'outillage de la pierre polie, n'a pas été fait sans motif. Il a dû mériter le rang qu'il occupe ou le prendre à la faveur des préjugés existant alors. Quelle est l'idée qui a présidé à sa représentation ? Il est facile sur un tel sujet de se livrer à beaucoup de conjectures. Toutefois, en dehors de toutes les appréciations plus ou moins rationnelles, il reste toujours vrai que la hache jouit d'un honneur presque exclusif. D'autres instruments de la même époque et d'un usage répandu auraient pu également remplir un pareil rôle. Quelques archéologues ont pensé que l'utilité de l'instrument et les services qu'il rendait inspirèrent l'idée d'en faire tout à la fois le symbole et la glorification du travail. Mais la hache était aussi un engin de guerre, et à ce titre elle devait avoir une plus grande célébrité. Il existe en effet une propension bien accusée à entourer les armes d'un prestige spécial. Le même honneur n'a jamais été réservé aux instruments d'un usage quotidien et d'une utilité cependant incontestable. N'étaient-elles pas aussi une marque, un symbole de l'autorité et de la prééminence? L'antique légende de la hache est assez riche en détails pour donner de la vraisemblance à cette interprétation. Ce ne serait peut-être pas s'éloigner de la vérité que de regarder la hache sculptée sur les parois des grottes néolithiques comme le commencement de l'histoire de la hache qui arrive enfin à l'apogée des honneurs par la place qu'elle occupe dans les faisceaux consulaires. En parcourant la chaîne des siècles, on rencontre des motifs d'ornementation adoptés par différents peuples et conservés avec une constante persévérance. Ces objets offrent une grande importance au point de vue de l'art et sont caractéristiques. Par analogie, ne peut-on pas considérer la hache comme un attribut propre aux populations de la pierre polie? Elles lui ont effectivement accordé une place d'honneur et l'ont associée étroitement à la représentation des divinités dont la sculpture a reproduit l'image dans leurs grottes. Si l'interprétation des haches sculptées dans les grottes offre de grandes difficultés, l'importance du fait en lui-même n'en conserve pas moins toute sa signification. Il reste toujours un instrument jugé digne d'être représenté exceptionnellement et noblement, occupant une place dans l'esprit des populations néolithiques. La hache était traitée avec une distinction recherchée et destinée à imprimer un caractère spécial aux grottes de la période néolithique, voilà un fait avéré.

Les tribus néolithiques affirmaient leur respect pour la hache, non seulement en la représentant, mais encore par la destination funéraire à laquelle elle était affectée. Elle se retrouve dans les grottes sépulcrales, mais alors elle n'est pas jetée indifféremment çà et là comme un objet abandonné qui occupe fortuitement toutes les positions possibles. Elle avait sa place marquée dans les sépultures. Dans les grottes de la vallée du Petit-Morin, elle était dressée contre la paroi de la grotte entre les corps qui avaient été déposés. Debout comme une garde, la crosse de la gaine reposait sur le sol et le tranchant regardait la partie supérieure de la grotte (fig. 6). Dans ces conditions, l'instrument n'était pas isolé, il formait dans certains cas une série assez considérable. Le plus grand nombre de haches étaient munies de leur gaîne, mais malheureusement la plupart de ces emmanchements étaient profondément altérés par le temps. Souvent il ne restait plus que des débris désagrégés parmi lesquels quelques fragments de corne permettaient de discerner le genre et de déterminer les dimensions. Néanmoins beaucoup de ces gaînes ont résisté à l'action destructive des siècles, et nous avons pu en conserver de nombreux spécimens. La collection se compose aujourd'hui de dix-huit haches pourvues de leurs gaînes, et de vingt-six gaînes dont les haches sont enlevées. De plus, il existe un grand nombre de fragments suffisamment conservés pour donner une idée de la gaîne. Lorsqu'on pénétrait pour la première fois dans une grotte, ces instruments dressés contre la paroi, en contact avec les squelettes et rangés avec ordre, produisaient un grand effet. Dans une circonstance unique, la hache emmanchée occupait une position différente, elle avait été déposée à la tête du squelette à une très-petite distance du sommet du crâne. Il est impossible de ne pas voir un fait intentionnel dans le choix de cette situation. La disposition des lieux était telle qu'elle ne permettait pas de supposer que la hache fût tombée accidentellement dans la position qu'elle occupait. Effectivement le squelette unique étendu dans la grotte touchait par la partie supérieure à une sorte de gradin sur lequel la hache avait été posée horizontalement, le tranchant tourné vers le côté se rapprochant de l'ouverture de la grotte. Dans cette position, il était impossible qu'elle fût tombée accidentellement, puisque le gradin dominait tous les points qui environnaient le squelette. Une autre sépulture contenait une hache pourvue de sa gaîne et du manche, elle avait été placée à droite du squelette à la hauteur de l'épaule. Il est à remarquer que ces deux exceptions se rencontrent dans des grottes occupées par un squelette seul. Ce rang privilégié accordé à la hache révèle incontestablement une pensée. Le rôle exceptionnel de la hache s'affirme d'une manière positive. Ce n'est pas simplement un instrument funéraire, mais bien un objet votif consacré, traité sous l'inspiration d'un sentiment religieux.

L'instrument apparaît donc revêtu d'un caractère moral, religieux, il faut le reconnaître avec les archéologues qui ont écrit sur ce sujet. Les emmanchements soigneusement traités, de plusieurs nuances, attestent de leur côté que tout était mis en œuvre lorsqu'il s'agissait de rehausser l'instrument privilégié. La préparation de la gaine de la hache nécessitait un travail considérable et attentif. Ce travail, toujours exécuté avec une habileté visible affecte très souvent une grande recherche et se présente avec des contours élégants et des formes très-variées. La matière destinée à servir de gaine était recherchée et choisie avec une attention spéciale. Ce n'est point sans des efforts prolongés qu'on est parvenu à donner aux gaines la perfection qu'elles ont acquise. Avec un outillage si primitif il y avait une certaine difficulté à les tailler, les scier et les polir.

Lorsque la corne des cervidés, destinée à former la gaine, conservait son extrémité naturelle, cette partie très dure et d'une grande solidité donnait à l'instrument des conditions précieuses de durée. Les ouvriers qui confectionnaient les gaines semblent en effet avoir cherché à éviter de mettre à jour les parties renfermant les cellules médullaires. Cependant, dans les bois offrant une grande dimension ou lorsque le besoin exigeait une gaine courte, il fallait nécessairement opérer la section et mettre à découvert la partie interne. Dans ces circonstances, le manche perdait considérablement de sa solidité; pour obvier à cet inconvénient, la substance spongieuse était remplacée par un andouiller introduit avec force qui empêchait ainsi l'action de toutes les causes qui auraient pu altérer la force de la gaine. Cet obturateur se retrouve encore fréquemment dans un état de solide adhérence. Toutes les gaines n'étaient pas polies ou retaillées. Les aspérités naturelles de la corne étaient conservées dans certains cas, alors elles formaient une ornementation d'un très-bon effet. La préparation des gaines constituait donc une œuvre matérielle sérieuse, qui donne la mesure de l'importance attachée à la hache. Nous trouvons la preuve de la valeur qui était attachée à la gaine, dans la réparation qui a été faite de ces emmanchements (fig. 41). Deux trous ont été pratiqués sur les côtés opposés de la fente longitudinale, afin de rapprocher les bords et de les consolider à l'aide d'un lien quelconque. Les dimensions des haches emmanchées sont très-variées. Il y a lieu de croire que ces formes diverses répondaient à une destination spéciale.

Les gaines que nous avons pu conserver sont au nombre de vingt-quatre. Les dimensions, sous le rapport de la grosseur et de la longueur, sont excessivement variables. La multiplicité de ces proportions produit nécessairement une grande variété dans le diamètre des orifices destinés à recevoir l'instrument

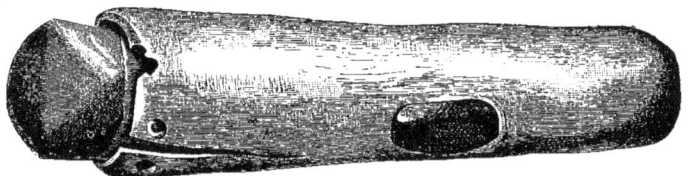

Fig. 41.

lui-même. La longueur des gaines compte depuis 13 centimètres jusqu'à 24. La direction du tranchant n'est pas toujours la même; généralement le tranchant est perpendiculaire au trou du manche, mais il se présente des cas exceptionnels où il est placé horizontalement. La perforation qui permettait d'introduire le manche dans la gaine n'occupait pas toujours le centre. Une des sculptures de Coisard représentant une hache complète porte son manche vers l'extrémité de la gaine. Ce procédé permettait d'employer utilement la hache dans un espace étroit et dans les situations resserrées.

Parmi les gaines provenant des grottes, une est particulièrement digne d'attention, la partie destinée à recevoir la hache n'est pas évidée. Sa forme est si parfaitement semblable à celle des gaines, qu'il semble difficile de lui prêter une destination différente. Ce n'est point un instrument complet, car il n'existe aucune trace de l'usage auquel il aurait été employé. Il est donc probable que c'est là une gaine inachevée qui a été déposée dans la sépulture pour un motif que nous ignorons.

Les haches restées adhérentes à la gaine ou au moins ayant conservé leur position sont au nombre de dix-huit. La plus courte mesure 17 centimètres et la plus longue 29. Entre ces deux dimensions extrêmes, il existe de nombreux intermédiaires qui forment une gradation régulière. L'instrument, dans ces conditions, revêt des aspects très nuancés. La série des haches emmanchées présente des différences très marquées ; car, indépendamment des dimensions qui varient beaucoup, comme nous l'avons déjà dit, les unes sont droites, d'autres légèrement courbées et plusieurs fortement arquées. En présence de ces dispositions matérielles, il est difficile de ne pas entrevoir que la hache devait avoir un rôle et des usages multipliés. Naguère, M. Boucher de Perthes disait : « Les haches étant employées dans les combats corps à corps, elles n'auraient pu ni percer, ni couper assez profondément pour tuer d'un coup, ni même blesser bien dangereusement. Elles servaient donc comme massue. Mais ici encore leur forme ovale et polie était superflue et même nuisible; car une pierre brute eût été plus redoutable par ses aspérités mêmes, et plus ferme dans la main[1]. » L'expérience nous démontre aujourd'hui que, sans exclusion pour son rôle symbolique, la hache était certainement un outil. Les haches qui ont conservé leur emmanchement portent en grand nombre les marques certaines de l'emploi qui en a été fait. De plus, les grottes artificielles de nos stations de la Champagne conservent les empreintes innombrables des coups de hache qui ont incontestablement servi à régulariser les parois. On peut même juger de la perfection de l'instrument par les traces qu'il a laissées dans la craie. Souvent les brèches qui existaient sur le tranchant impriment un caractère spécial aux coups qui ont été portés. Les haches en matière étrangère trouvées

---

1. Boucher de Perthes, *loco citato*, p. 119.

dans les grottes ne paraissent pas avoir eu une destination différente. Ce ne sont pas des souvenirs ni une sorte de reliques, comme on l'a répété plusieurs fois. Ce sont bien des armes ou des instruments; quelques-unes ont conservé leur gaine, et même nous possédons un spécimen dont la gaine, fendue par l'usage, conserve la preuve d'un essai de réparation. Deux incisions ont été pratiquées pour arrêter la fissure qui se produisait et retenir l'attache qui réunissait les parties qui tendaient à se séparer. Cette précaution ne peut s'expliquer autrement que par la nécessité d'avoir un instrument solide pour le travail.

La hache polie, considérée isolément en elle-même comme tranchant, revêt des nuances nombreuses dans les grottes de la vallée du Petit-Morin. Les dimensions sont très-multipliées. La plus petite hache pèse 25 grammes et mesure 5 centimètres; la plus grande est longue de 18 centimètres et pèse 375 grammes. Les intermédiaires relient ces dimensions extrêmes par une gradation pour ainsi dire insensible. Toutes ces haches sont disposées pour être employées et complètement terminées selon leur type réciproque, car on ne rencontre dans les grottes aucune de ces ébauches si abondantes à la surface du sol. Nous comptons cent trente-six haches en silex de différentes variétés. Il importe de signaler ici que ces divers types prennent une date authentique par leur présence dans les grottes. Beaucoup de haches ne conservent guère que le tranchant présentant une régularité satisfaisante. Les mutilations apparentes qui affectent quelques-unes étaient destinées à faciliter une solide adhérence dans les gaines. L'instrument ainsi solidement emmanché avait une grande force, et sa puissance n'était pas diminuée même par la suppression du talon. C'était aussi en vue de l'emmanchement que quelques petits éclats étaient enlevés au talon lorsque ce dernier était conservé. Les haches en matière étrangère subissaient aussi une préparation particulière pour obtenir une solide adhérence; elles étaient seulement martelées, pointillées, leur petite dimension n'exigeait pas qu'elles fussent aussi énergiquement traitées que les haches en silex. La matière du reste ne se prêtait pas aux modifications apportées aux haches en silex. Sans vouloir rattacher toutes nos haches à certains types connus, nous pouvons néanmoins affirmer que nos stations possèdent, à quelques exceptions près, toutes les formes les plus répandues. Nous pouvons toutefois mentionner les haches dont les tranchants sont arrondis, d'autres presque carrés, puis les haches de formes plates et les autres ovoïdes. Les mesures que nous avons données nous dispensent de dire que ces haches aux grandes dimensions que l'on rencontre dans la Scandinavie, qui mesurent jusqu'à 45 centimètres[1], étaient inconnues dans nos stations. Les haches de dimension exceptionnelle, ainsi que celles de moindre grandeur qui n'étaient point accompagnées de leur gaine, devaient nécessairement avoir un emmanchement différent de celui que nous retrouvons. Il est difficile de croire que la corne du cerf aurait pu présenter la solidité nécessaire pour des instruments si pesants; si développé que l'on veuille supposer le bois d'un cerf, il n'aurait jamais atteint les proportions indispensables pour recevoir de tels tranchants. Il n'est pas du reste nécessaire de recourir aux suppositions pour expliquer leur emploi. Les faits sont là pour faire connaître les divers modes d'emmanchements qui étaient usités. Le nombre et la variété des haches démontrent aussi bien que les gaines combien les usages auxquels elles étaient employées étaient multipliés. Au point de vue de leur composition minéralogique, les haches se divisent en deux catégories : les unes sont en silex de formation marine provenant de la craie, et les autres sont en silex d'eau douce. Les haches en silex étaient confectionnées dans le pays. Les ébauches provenant de plusieurs ateliers l'attestent assez. De plus, comme nous l'avons déjà dit, il existait dans les environs des stations des polissoirs qui ont servi pour leur donner ces belles formes qui sont tant admirées. Les alentours de ces polissoirs ont fourni un grand nombre de spécimens de haches. Nous avons pu le constater nous-même et remarquer des quantités de silex qui étaient en voie de préparation. Les grottes n'ont point

---

1. Montelius, *la Suède préhistorique,* p. 20.

donné de haches en grès, cependant il en existe dans la région qui ont été trouvées sur le sol.

Les roches étrangères sont représentées dans nos stations par vingt exemplaires dépourvus de leur gaine. Ces haches sont en jadéite, chloromélanite, néphrite, schiste, aphanite, diorite et serpentine magnétique. Cette dernière (fig. 42) est percée vers le milieu. La perforation a été pratiquée par des procédés très-primitifs, car il est facile de constater combien le travail a été péniblement exécuté. L'ouverture a été faite en opérant sur les deux surfaces opposées. Vraisemblablement, cette

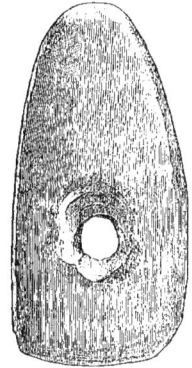

Fig. 42.

hache a dû être portée longtemps, car le tranchant est émoussé d'une manière qui indique un frottement doux et prolongé plutôt que les résultats de percussions réitérées. Les exemples où la hache est employée comme amulette sont assez fréquents pour autoriser à reconnaître ici un de ces talismans dont il a été si souvent parlé dans les travaux archéologiques. Après ces détails sur les éléments composant la hache complète, il nous paraît utile de renvoyer à la planche IVe indiquée à la page 166. Il est facile, par l'inspection de la figure, de se représenter la hache telle qu'elle était en usage dans les stations néolithiques de la Marne. La fabrication des haches a donné lieu à des opinions très-différentes. Les uns voient un travail sérieux de longue durée, d'autres une opération facile, peu difficultueuse.

Les archéologues qui ont recherché les moyens employés pour fabriquer les haches et travailler le silex en général ont signalé plusieurs procédés qui sont encore en usage chez les sauvages. Les expériences les plus sérieusement faites en Danemark avec les instruments dont l'industrie dispose aujourd'hui démontrent que le travail est difficile et qu'il faut un temps considérable pour obtenir un résultat satisfaisant. Les tribus néolithiques n'ayant pas les ressources que l'industrie donne aujourd'hui devaient nécessairement consacrer un temps considérable malgré l'habileté résultant d'une grande pratique. Le Dr Forel a prétendu, au contraire, que le travail était très-facile. C'est ainsi qu'il s'exprime en effet : « J'ai choisi, dans un tas de cailloux d'erratique alpin, un fragment d'*euphotide* (Gabbro), l'une des roches dures employées par nos ancêtres pour la confection de leurs haches ; ce morceau était gros comme les deux poings et de forme assez convenable ; en m'aidant seulement des outils primitifs, j'en ai façonné une hache du poids de 515 grammes. J'ai commencé par la tailler en la martelant, à grands coups d'abord, puis à petits coups, avec un fragment de *saussurite* (feldspath très-lourd et très-compacte), et j'ai employé, en deux séances, une heure et dix minutes pour lui donner la forme parfaite d'une belle hache du type des hachettes et sur palafittes. Je l'ai ensuite aiguisée en la frottant sur une meule dormante de molasse, grès à très-petits grains, et, en plusieurs séances, je suis arrivé, au bout de quatre heures et dix minutes, à lui donner un tranchant très-régulier. Cela représente un total de cinq heures et vingt minutes, soit une demi-journée de travail pour la taille et l'aiguisage d'une grosse hache de pierre très-dure, avec les moyens mécaniques et les procédés antiques. »

« *Deuxième expérience.* — J'ai choisi un morceau de serpentine, pierre tendre relativement à la pierre précédente, et, sans aspirer à la forme idéale et à la facture finie et bien terminée d'une très-belle hache, j'ai cherché à fabriquer, aussi rapidement que possible, un instrument assez tranchant pour être immédiatement utilisé. En trente-cinq minutes de temps, j'avais, avec mon marteau de saussurite et ma meule dormante, assez bien aiguisé ce morceau de serpentine pour en faire une hache, informe il est vrai, mais cependant capable de couper un morceau de bois et surtout de fendre un crâne[1]. »

Les roches qui ont servi de matière première pour faire les haches ont été particulièrement étudiées par M. Damour qui en a fait connaître la composition. Les aspects sous lesquels la jadéite se rencontre ont été indiqués dans les plus grands détails, ainsi que les résultats de l'analyse chimique qui en a été faite.

Les nombreuses variétés de jadéite, bien que présentant une grande ressemblance, ne sont pas absolument d'une composition identique. « Du reste, ajoute M. Damour, il est à considérer que la matière des haches est rarement d'une pureté absolue, et que, sur bien des échantillons, elle constitue non une espèce simple, mais plutôt un mélange de divers éléments dans lesquels la jadéite paraît entrer pour une plus ou moins forte proportion. Les matières mélangées peuvent appartenir à des minéraux de la famille des épidotes ou des pyroxènes isomorphes de la jadéite et d'une densité à peu près égale ; car, dans le cas où il y aurait mélange de minéraux feldspathiques, la densité serait notablement plus faible[2].

« *Gisement de la jadéite.* — C'est de l'Asie centrale et particulièrement de la Chine que sont venus les objets sculptés en cette matière, actuellement répandus dans les collections. La jadéite se trouve sur une montagne nommée *Yu-sin* (montagne de jade), située sur la province de Tche-Kiang, frontière du Kiang-Sy. Les habitants du pays désignent cette espèce minérale sous le nom de fy-tse. Je tiens ces renseignements d'un négociant chinois établi à Paris.

« J'ai lieu de croire que la jadéite se trouve aussi sur le

---

1. Forel, *Sur la Taille des haches de pierre*. Matériaux, p. 521 et 522. 1875.
2. Damour, *Sur la Composition des haches en pierre*, p. 12.

continent américain. Il est venu du Mexique, dans ces dernières années, divers objets sculptés dont la matière réunit les principaux caractères de cette substance minérale. Malgré bien des recherches, je n'ai pu découvrir ni dans les Alpes ni dans les collections de minéraux et de roches de provenance européenne aucun échantillon qui me parût se rapporter à la jadéite. Mais, avant de trancher la question de l'origine asiatique que plusieurs archéologues sont tentés d'attribuer aux haches celtiques façonnées avec cette matière, il serait nécessaire de s'assurer, par de nombreuses recherches en diverses contrées de l'Europe, s'il n'en existe pas quelque gîte resté inconnu jusqu'à ce jour[1].

La chloromélanite. — « Les caractères physiques de cette roche et surtout son état cristallin, sa dureté, sa densité, sa fusibilité, puis enfin la forte proportion de soude qu'il renferme, tendent à le rapprocher, en effet, de l'espèce précédente. On pourrait la considérer comme une variété de jadéite dans laquelle une certaine proportion d'alumine serait remplacée par de l'oxyde ferrique, et qui contiendrait, en outre, à l'état de mélange intime, quelque autre espèce minérale, telle que : augite, œgirine, chlorite, etc. On observe d'ailleurs assez fréquemment des grenats dans les haches en chloro-mélanite. Ces grenats, de diverses grosseurs, ont une teinte rose ou brune. Ils sont fortement empâtés dans la masse du minéral et ne peuvent en être dégagés complètement. Des pyrites de fer y sont encore fréquemment associées.

« Le gisement de la chloromélanite, dit M. Damour, m'est complètement inconnu ; c'est encore une matière qui doit appeler l'attention des géologues. Au premier aspect, on peut la confondre avec quelqu'une des roches connues sous les noms d'aphanite, diabase, diorite, dolérite, éclogite, grunstein, schaalstein, etc. Mais aucune des matières ainsi dénommées ne m'a montré, réunies au même degré, la dureté, la densité, la fusibilité qui caractérisent le minéral que je viens de décrire[2]. »

1. Damour, *Sur la Composition des haches en pierre*, p. 14.
2. Ibidem, *loco citato*, p. 16.

On appelle diorite et aphanite des roches essentiellement formées par l'association des substances minérales, amphibole et feldspath. « La couleur des diorites varie sensiblement selon les proportions diverses des deux espèces qui les constituent et des minéraux accessoires qui s'y trouvent mélangés. Cette roche est habituellement grise, ou gris noirâtre, gris bleuâtre, gris verdâtre, ou à marbrures noires et blanches. Sa structure est souvent cristalline, quelquefois aussi elle est compacte. »

« L'aphanite est habituellement gris cendré, gris jaunâtre, brune ou verdâtre (*Grünstein*). Elle est souvent terreuse à la surface, par suite d'une décomposition superficielle du feldspath qu'elle contient. Cette altération se montre également sur certains échantillons de diorite[1].

« *Gisement*. — Les roches de diorite et d'aphanite se trouvent répandues sur un grand nombre de points du globe, parmi les terrains cristallins, où elles forment des amas, des veines, des filons. Leur densité, leur dureté et leur résistance au choc ont dû naturellement les signaler à l'attention des peuplades primitives, comme évidemment propres aux usages auxquels elles furent employées. Il est assez difficile de déterminer avec quelque degré de certitude le gîte de la matière d'une hache en diorite, à moins que cette matière ne présente des caractères extérieurs bien tranchés[2]. » Les autres roches qui ont servi à la confection des haches ont des gisements connus sur des points assez rapprochés.

Les substances minérales de plusieurs provenances dont les haches sont formées indiquent, selon certains archéologues, des relations commerciales, et, pour d'autres, elles ne sont admises que comme de simples importations isolées. « En effet, considérant la rareté des gisements de ces substances minérales, de savants archéologues ont émis l'opinion que les haches et autres objets préhistoriques en jade-néphrite et en jadéite dont on voit de nombreux échantillons réunis dans les musées, dans les collections particulières, et que l'on recueille journel-

---

1. *Matériaux à servir pour l'histoire de l'homme*, p. 144. 1867.
2. *Loco citato*, p. 147.

lement encore dans nos contrées, ont été importés par les peuplades qui, selon les plus anciennes traditions, émigrèrent du continent asiatique pour pénétrer dans les diverses parties de l'Europe. La présence de ces objets sur le sol de notre continent serait, à leur avis, une preuve matérielle à l'appui des inductions morales tirées de la tradition et des données historiques.

Cette hypothèse n'est pas dénuée de vraisemblance; mais elle a trouvé des contradicteurs. D'autres archéologues considèrent comme plus probable : 1° que les peuples répandus sur les divers points du globe, dans les temps préhistoriques, ont façonné les instruments à leur usage avec les seuls matériaux que mettait à leur disposition la nature minéralogique des terrains placés dans leur rayon d'activité: 2° qu'il a dû exister en Europe un ou plusieurs gisements de jade-néphrite et de jadéite. Si ces gisements ne se retrouvent plus actuellement, c'est parce qu'ils ont été épuisés par les hommes de ces premiers âges du monde, ou bien parce qu'ils ont disparu, ensevelis sous des éboulis ou des alluvions nouvelles; qu'enfin des recherches poursuivies avec attention et persévérance pourront les faire retrouver sur les terrains qui les recèlent encore[1].

En présence de cette divergence d'opinions, il reste toujours vrai que les haches en roches étrangères au pays où elles se trouvent indiquent des rapports entre les diverses peuplades. Il n'y a pas à douter des relations commerciales, sinon pour les contrées lointaines, au moins pour les populations néolithiques de l'Europe.

Les haches qui sont ordinairement considérées comme les principaux témoins de l'âge de la pierre ont été retrouvées dans quelques circonstances avec des instruments en métal, et ces particularités ont paru suffisantes pour nier l'existence de l'âge de la pierre. Les stations de la vallée du Petit-Morin suffiraient pour attester une période pendant laquelle le métal était inconnu. Ces nombreuses grottes intactes dont les parois ont été retaillées avec le silex, ne contenant que des instruments en

1. *Matériaux pour servir à l'histoire de l'homme*, p. 503 et 504. 1878.

pierre ou en os, excluent énergiquement la connaissance des métaux.

Au Congrès de l'Association française pour l'avancement des sciences, tenu au Havre, M. le Dr Hamy a démontré que les nègres eux-mêmes avaient eu leur âge de pierre. « Se basant sur ce que les nègres ont connu et utilisé le fer depuis la plus haute antiquité, l'égyptologue Ebers a émis l'idée qu'ils n'avaient pas passé par l'âge de pierre. Idée fausse; évidemment les nègres doivent avoir eu un âge de pierre. Cela est prouvé par la linguistique. Dans diverses langues ou tout au moins idiomes de l'Afrique centrale, hache et pierre sont désignés par les mêmes mots, ou par des mots à peu près identiques. L'observation directe des faits vient confirmer cette déduction de la linguistique. Au musée de Copenhague, il y a trois haches en pierre polie de l'Afrique. Il y en a également trois au musée de Leyde. Toutes les six proviennent de la côte d'Acra. Ce qu'il y a de très-curieux, c'est que ces haches, d'après les étiquettes du musée de Copenhague, sont appelées haches de Dieu et, d'après celles du musée de Leyde, pierres de foudre. Il n'existe donc plus chez les nègres de souvenir de l'emploi de ces instruments, et on les a considérés là, de même que chez nous, comme des amulettes ou des produits du tonnerre. Lubbock a également signalé des haches polies provenant d'Acra. Le Muséum de Paris possède aussi trois haches polies provenant du haut Sénégal. L'une d'elles en minerai de fer, mais en minerai employé comme roche et non comme métal, a été donnée dans le pays à M. Regnault, comme tombée du ciel. M. Hamy montre le moulage des trois haches du Muséum, en avançant qu'elles ont des formes étrangères à l'Europe.

« La linguistique, d'après M. Hovelacque, suffirait seule pour établir l'âge de la pierre chez les nègres, où le mot pierre et hache est le même, comme dans nos langues indo-européennes[1]. »

L'existence d'un âge de pierre dans des pays où le fer fut si anciennement connu ne permet pas le doute pour les régions

---

1. *Matériaux*, p. 529 et 530. 1877.

qui possèdent des stations de l'âge de la pierre sans le moindre mélange. Des observations récentes démontrent en outre la longue durée de la période de la pierre sans la plus petite trace du bronze[1].

1. Dr Forel, *les Ténevières des lacs suisses.* Matériaux, t. X, p 204.

AUTRES INSTRUMENTS

PROVENANT DES GROTTES

AUTRES INSTRUMENTS

PROVENANT DES GROTTES

ous les instruments de la période néolithique qui se rencontrent sur la surface du sol ne trouvaient pas leur place dans les grottes. Ceux qui en paraissent exclus n'avaient probablement point de destination funéraire. Il serait difficile d'admettre que nous n'avons pas encore rencontré les cavernes qui les contiennent. Le nombre si considérable de grottes que nous avons visitées nous autorise au contraire à conclure de l'absence de certains instruments, qu'ils ne faisaient point partie du mobilier funéraire. Il ne serait peut-être pas hors de propos de remarquer que les grottes recevaient seulement les instruments confectionnés pour l'usage direct de l'homme de la pierre polie. Au contraire, les outils destinés à fabriquer les premiers n'avaient pas le même honneur. Ils formaient une catégorie inférieure. On aurait ainsi l'explication de leur présence exclusive sur la surface du sol.

Nous n'avons donc plus à ajouter à la série des instruments dont nous nous sommes occupés précédemment, que la lance, les grattoirs, les pilons ou éclateurs et les couteaux.

LES LANCES

Huit spécimens représentent la lance dans nos grottes. La lance est, comme on le sait, une arme caractéristique de l'époque néolithique. Les lances sont formées d'un éclat de silex détaché d'un nucléus et présentant un côté lisse sans retailles et un autre côté soigneusement travaillé. La partie finement ouvrée offre dans plusieurs exemplaires des points qui ont été polis. Ce travail de polissage se remarque surtout sur l'arête médiane.

La plus longue tête de lance, provenant des grottes de Villevenard, station de *la Vigne-Basse*, a 21 centimètres de longueur. Elle est en silex micacé du Grand-Pressigny (Indre-et-Loire). C'est encore là une nouvelle preuve des relations qui existaient entre les différentes tribus de la période néolithique. Une partie considérable de cette arme est recouverte d'une patine bien accentuée que l'on ne trouve point ordinairement sur les silex du Grand-Pressigny. Il y a lieu de croire que la tête de lance se trouvait placée dans un milieu favorable à la production de cette patine et qu'elle a ainsi revêtu un caractère inconnu au Grand-Pressigny. L'extrémité opposée à la pointe a été polie par l'usage. Il y aurait lieu alors de supposer qu'elle avait été employée comme poignard. Cependant le frottement de cette extrémité contre la hampe aurait pu à la rigueur produire ces traces d'usure. Cette arme revêt parfaitement tous les caractères signalés dans les définitions qui ont été données de la tête de lance. On voit parfaitement que l'éclat a été enlevé sur un nucléus et que la surface opposée au bulbe de percussion a seule été retaillée.

Les têtes de lance de la dimension que nous avons indiquée plus haut sont très-rares. Cependant diverses publications archéologiques ont décrit plusieurs pointes de lances trouvées

Fig. 43.

dans différentes grottes : la lance de Villehonneur ; une autre trouvée en Touraine ; M. de Caix de Saint-Aymour en a fait connaître deux. Toutefois ces armes ne sont pas aussi grandes que celles dont nous venons de parler. Il en est de même de plusieurs autres que les *Matériaux pour servir à l'histoire de l'homme* ont successivement mentionnées.

Les autres têtes de lance de nos stations n'atteignent pas les proportions exceptionnelles que nous venons de citer. L'une d'elles en silex noir d'eau douce, provenant de la station du *Trou-Blériot* à Courjeonnet, mesure 16 centimètres. Cette remarquable pointe de lance ressemble beaucoup à celle trouvée à Sordes par M. Louis Lartet. M. de Mortillet la faisait connaître de la manière suivante : « Il y a entre autres une pointe de lance, dont la plus grande largeur, vers la base, n'atteint pas 3 centimètres, et qui pourtant est longue de 16 centimètres. La base est triangulaire, le sommet fin et délié, la taille est comme faite à coups de gouge; une arête vive suit tout le dos, la section étant triangulaire. Mais ce qui surtout caractérise cette pièce, tout à fait exceptionnelle, c'est qu'elle est très-finement dentelée sur les bords et polie sur la surface plane. Fait singulier, une pièce tout à fait analogue, quoique un peu moins bien taillée, a été découverte par M. Joseph de Baye dans les souterrains-sépultures de la Marne[1]. »

La station de *Razet*, à Coizard, a donné aussi une tête de lance d'une forme beaucoup plus déliée, d'un travail finement exécuté. Les bords de cette arme sont retaillés avec une grande régularité et sont pour ainsi dire dentelés. Une patine blanche qui la recouvre entièrement lui imprime un cachet d'une nuance insolite. La figure 43 reproduit cette tête de lance dans sa grandeur naturelle.

Moins longue, mais d'une épaisseur extraordinaire à sa base et sur toute son étendue, d'une force exceptionnelle, la quatrième tête de lance constitue un type spécial. Cette tête de lance revêt donc une puissance susceptible de résister à des chocs violents.

Une autre lance d'environ 12 centimètres, composée d'un silex de formation d'eau douce de provenance locale, n'a pas été retaillée avec autant de soin. L'instrument est privé de sa pointe.

---

1. *Bull. Soc. d'anthrop. de Paris*, 1874, p. 145.

Enfin la dernière tête de lance de forme lancéolée, la plus courte de toutes, est aussi en silex d'eau douce. Les retailles sont assez rares sur la partie convexe, mais en compensation les bords sont soigneusement travaillés et finement dentelés.

Deux autres lances plates s'éloignent beaucoup des précédentes par leur configuration. La première est une très-belle lance en silex du Grand-Pressigny, longue de 16 centimètres; elle provient de la station des *Ronces* à Villevenard. Les deux extrémités présentent deux pointes à peu près identiques, l'une d'elles cependant plus arrondie. Les retailles portent particulièrement sur les bords et les deux extrémités. La partie convexe a été préparée par l'enlèvement de trois longs éclats. Sur la face inférieure, le bulbe de percussion a été enlevé en détachant quatre petits éclats. Ce sont les seules retailles qui affectent la surface concave. La seconde, composée d'un silex d'eau douce emprunté aux gisements du pays, revêt le même aspect que la précédente. Ces deux formes identiques, reproduites avec des silex de provenances si différentes, semblent démontrer que l'industrie de la vallée du Petit-Morin s'inspirait du travail du Grand-Pressigny. Il y a lieu de croire que les objets en silex de cette localité célèbre ont été importés confectionnés. L'absence d'éclats et de nucléus en silex du Grand-Pressigny dans nos stations autorise l'admission de ce fait.

LES GRATTOIRS

Les grattoirs qui se rencontrent si fréquemment à la surface du sol ne se rangent pas d'une manière tranchée dans la catégorie des instruments ayant un rôle funéraire, dans nos grottes sépulcrales. En effet, le grattoir court, arrondi, de forme discoïdale, se trouve en grande quantité dans les ateliers et sur les plaines fréquentées par les tribus néolithiques. Au contraire, les grottes nombreuses de la vallée du Petit-Morin n'ont donné que quatre de ces instruments. Il résulte de ces faits que les grattoirs, répandus sur la surface du sol, ne se trouvent que d'une manière exceptionnelle dans nos grottes.

Les grattoirs de forme allongée sont plus abondants. Cette particularité seule pourrait faire pressentir un emploi différent. Leur forme rappelle, dans une certaine mesure, les couteaux, malgré leur épaisseur qui est beaucoup plus considérable. L'extrémité, arrondie par les retailles, présente des traces d'usure qui ressemblent à une sorte de polissage. Ces instruments sont parfois munis vers le milieu de deux entailles parallèles destinées à en rendre le maniement plus facile. Les grattoirs de ce genre fournissent des spécimens qui ont été employés des deux côtés. Dans ces circonstances, il devient évident que la queue opposée à la partie discoïdale n'était pas destinée à recevoir un emmanchement.

Nos grottes ont fourni aussi deux grattoirs d'une autre forme (fig. 44). Ils méritent sous plusieurs rapports d'être

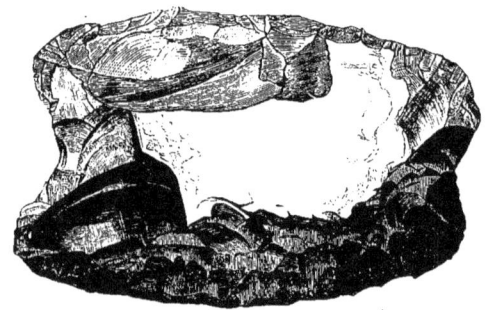

Fig. 44.

signalés à l'attention des archéologues. Ce sont, comme il est facile de le voir, des silex retaillés de forme oblongue pourvus d'une échancrure à chaque extrémité. Ces instruments ont d'abord été remarqués dans l'atelier du Grand-Pressigny ; ils furent désignés sous le nom de la localité où ils furent trouvés. Dans la suite, d'autres spécimens furent rencontrés dans divers autres ateliers ou mieux à la surface du sol. Dans ces conditions, les instruments isolés n'avaient aucune date. Plus tard, leur présence dans les grottes de la vallée du Petit-Morin où ils étaient associés à des haches polies fut un motif sérieux de les classer naturellement dans l'outillage néolithique. L'abbé Bourgeois désigne ces instruments sous le nom de racloirs. « Ce sont, dit-il, des lames larges, retouchées sur les bords, avec une entaille à chaque extrémité. Cette forme, que je proposerai de nommer type du Grand-Pressigny, est commune et très-bien caractérisée dans cette station[1]. »

Les grattoirs sont généralement considérés comme ayant servi à la préparation des peaux. C'est par suite d'un rapprochement ethnographique que cet emploi leur a été attribué. On sait en effet que les Esquimaux en font encore usage aujourd'hui. La variété des formes ne répugne nullement à l'admission d'un rôle multiple, varié. M. Evans, tout en concluant que, malgré la diversité possible des emplois, le terme de grattoir leur est très-justement appliqué, n'exclut pas la multiplicité des rôles auxquels ils étaient affectés. « Ces instruments servent, dit-on, à racler les peaux, usage pour lequel ils paraissent très-propres, si l'on pose verticalement sur la peau la face plate de la pierre. Toutefois les manches sont mieux adaptés pour pousser les grattoirs en avant sur une surface plane et, à en juger par l'usure des manches, on doit les employer de cette façon. Sir Edward Belcher les appelle des rabots, et il m'a affirmé que les Esquimaux s'en servent pour fabriquer leurs arcs et d'autres objets en bois.

« Les Pennacooks de l'Amérique septentrionale se servaient d'un grattoir à bords droits pour racler les peaux, et, bien que chez les Esquimaux certains de ces outils aient pu servir de rabot, il est certain que beaucoup ont servi à la préparation des peaux.

« D'ailleurs, soit que les instruments tenus verticalement

---

1. Abbé Bourgeois, *Mémoires sur l'archéologie préhistorique.* 1873, p. 14.

servent de grattoirs, soit que tenus horizontalement ils servent de rabot, le terme grattoir leur convient admirablement, et il n'y a pas de raison pour ne pas donner le même nom aux antiques outils qui leur ressemblent, d'autant que les bords de ces derniers sont, dans bien des cas, comme nous le verrons tout à l'heure, usés de façon à indiquer qu'ils ont servi à racler[1]. »

LES PILONS

Nous avons présentement à parler d'un instrument peu connu, qui cependant se trouve en grande quantité dans nos grottes. Quelques archéologues le regardent comme un pilon de petite dimension. Ces silex peuvent en effet être des réductions des pilons qui sont connus dans l'outillage de la pierre polie. Ces instruments sont indistinctement composés de silex marins ou de silex d'eau douce, mais toujours de silex empruntés au pays. Le travail ne comporte pas ces retailles fines qu'on remarque sur les flèches et les pointes de lance. La forme en est allongée et se rapproche avec une plus ou moins grande exactitude de la figure cylindrique. La longueur varie. Quelques-uns ont seulement 5 centimètres et d'autres vont jusqu'à 13 centimètres. Malgré les nuances au point de vue de la configuration et de la dimension, il est impossible de méconnaître l'identité des objets. Ils paraissent avoir été affectés à un même usage. Les deux extrémités représentent généralement deux pointes émoussées (fig. 45). Ces parties extrêmes sont celles qui servaient particulièrement. Elles portent en effet les marques d'un emploi réitéré affirmé par l'oblitération des arêtes et un polissage bien visible résultant de l'usage. Plusieurs de ces instruments ont été faits avec des fragments de haches polies. Dans plusieurs exemplaires, il est facile de reconnaître

---

1. Évans, *les Ages de la pierre*, p. 293.

le travail caractéristique de la hache par les surfaces planes qui ont été conservées. D'autres sont de simples rognons de silex qui avaient pour ainsi dire été préparée par la nature et qui se rapprochaient beaucoup de la forme adoptée. Alors la gangue avait été simplement enlevée aux deux extrémités et conservée sur les autres points. L'instrument offrait ainsi plus

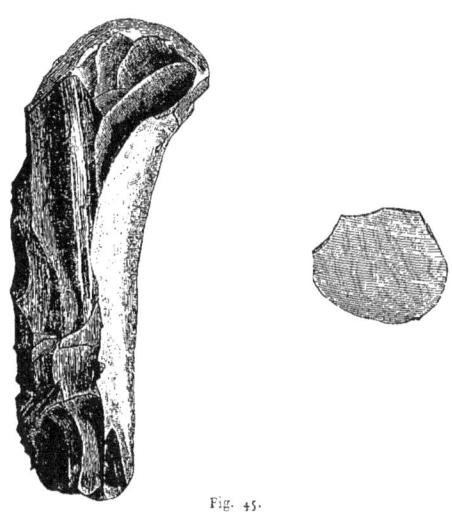

Fig. 45.

de facilité pour le maniement et la main le saisissait sans avoir à redouter les aspérités des parties retaillées. Quelquefois aussi l'instrument avait été détaché d'un nucléus et laissait voir d'un côté une surface lisse caractéristique de la cassure. Ces silex se rencontrent assez rarement à la surface du sol. Ils sont du reste peu capables d'attirer l'attention et doivent échapper facilement aux regards. Ils ont été trouvés au contraire assez fréquemment dans nos grottes, qui en ont donné plus de quatre-vingts exemplaires.

Quel était l'emploi de ces instruments? Il est assez difficile de le savoir. Nous n'avons pu constater rien qui en déterminât l'usage. On peut à cette occasion faire remarquer que ces instruments sont ceux qui représentent les éclats les plus épais. Toutes nos recherches dans les ouvrages qui traitent des silex de la pierre polie ont été infructueuses. M. Evans mentionne « un outil auquel il a donné, dit-il, le nom provisoire d'éclateur. Cet outil symétrique est taillé dans du silex gris; il est recourbé à une extrémité, probablement pour mieux s'adapter à la forme de la main Les côtés, qui étaient primitivement aigus, ont été émoussés par le polissage, probablement aussi pour le même motif. Les angles de l'extrémité recourbée ont été enlevés. L'autre extrémité est complètement arrondie, à demi polie, usée, caractères qui se retrouvent chez tous ces outils. La courbe, dans le sens de la longueur, ressemble, dans une certaine mesure, à celle des éclateurs esquimaux; cette courbe est assez fréquente chez ces outils. Ces outils varient beaucoup quant au travail que l'on a exécuté sur eux; les uns sont de simples éclats dont les bords ont été arrondis; les autres ont été travaillés avec autant de soin que les haches ou les ciseaux en silex. Ceux qui sont fabriqués avec soin ont fréquemment une face beaucoup plus convexe que l'autre. Leur longueur varie de 5 à 10 centimètres. Les plus grossiers ont ordinairement des proportions plus épaisses, comme si l'on cherchait avant tout un outil très-résistant; on remarque souvent une certaine abrasion à chaque extrémité. La figure 347 représente un de ces outils grossiers. Il est usé et arrondi, non seulement à la pointe, mais sur une grande partie des côtés; la surface endommagée porte des traces de contusion[1]. » Peut-on assimiler ces instruments à ceux de la vallée du Petit-Morin et leur assigner le même emploi? Nous sommes porté à la même réserve que M. Evans; néanmoins nous serions assez disposé à les regarder comme des éclateurs.

Les comparaisons sont pour ainsi dire impossibles jusqu'à ce moment, puisque les archéologues n'ont préconisé aucun objet

---

1. Évans, *les Ages de la pierre*, p. 405 et 406.

semblable. L'instrument est du reste de forme assez modeste pour avoir échappé à l'attention, mais d'un autre côté il est incontestable qu'il faisait partie de l'outillage néolithique et qu'il était d'un emploi fréquent, comme l'attestent des traces d'usure.

LES COUTEAUX

Les couteaux sont beaucoup plus connus et la forme qu'ils affectent est commune à tous les gisements néolithiques. Les couteaux sont, comme on le sait, des lames plus ou moins longues présentant un tranchant sur leurs deux côtés. La face inférieure détachée du nucléus se développe sur un seul plan conservant à une extrémité le bulbe de percussion. La partie supérieure laisse voir généralement plusieurs arêtes produites par l'ablation de divers éclats dans la préparation du tranchant désiré. L'extrémité opposée au bulbe est généralement négligée, son rôle étant sans utilité puisque les tranchants seuls étaient employés. Nous avons trouvé un grand nombre de ces couteaux dans les grottes. La plus longue lame de ce genre mesure 16 centimètres. Le temps n'a point altéré ces tranchants aigus. Un grand nombre des couteaux conservent un taillant parfait. Il en existe une quantité considérable dans des dimensions plus petites. On comprend facilement qu'il devait en être ainsi. L'usage journalier comportait nécessairement l'emploi de petits couteaux. Il est évident que ces lames devraient être fréquemment employées dans la pratique; aussi le nombre semble-t-il dépasser beaucoup celui des autres instruments. Il y a lieu de constater ici que les couteaux sont formés de silex d'eau douce ou de formation marine de provenance locale, comme la plus grande partie de l'outillage néolithique. Cependant les plus longs sont composés de silex d'eau douce : cette matière première était plus favorable à l'extraction d'une lame de grande dimension.

NUCLÉUS

Les grottes ont fourni un seul nucléus. Une exception si rare, unique, autorise à se demander s'il avait été déposé intentionnellement. Les nucléus, si abondants à la surface du sol, s'expliquent sans difficulté. Ils n'avaient point de raison d'être dans les grottes, leur nature y répugne. Lorsqu'un nucléus avait donné le nombre de lames qu'on pouvait en obtenir, il était abandonné.

OUTILLAGE EN OS

OUTILLAGE EN OS

ÉNÉRALEMENT les grottes ne renfermaient pas d'une manière exclusive des silex travaillés, comme uniques représentants de l'industrie de la période néolithique. L'homme avait su enrichir son outillage, en utilisant les os de certains animaux pour confectionner de nombreux et commodes instruments. Les ossements des animaux constituaient en effet une ressource qu'il s'empressa d'exploiter avec soin. Les civilisations antérieures avaient, du reste, inauguré depuis longtemps la voie en employant les os des animaux pour se procurer une quantité d'ustensiles dont on retrouve principalement les traces dans les foyers de l'âge du renne.

Nous n'avons plus à traiter ici des gaines de haches dont il a été question dans un précédent chapitre. Nous les avons fait suffisamment connaître, comme les produits d'une industrie exercée avec des procédés méthodiques.

HOUES

Les instruments en os ou en corne qui offrent les plus grandes dimensions sont les houes. Au premier aspect ces outils ressemblent beaucoup aux gaines de hache. Comme ces dernières, elles sont faites en cornes de cerf plus ou moins façonnées (fig. 46). La longueur ordinaire et normale des houes ne saurait être indiquée d'une manière absolue, puisque par l'usage elle subissait quotidiennement des oblitérations qui en modifiaient les dimensions. Les plus longues, provenant de nos stations de la Marne, mesurent 20, 21, 23 et 24 centimètres. Nous en avons trouvé un exemplaire qui mesure seulement 10 centimètres. Si on en juge par la grosseur, cette dernière était susceptible d'un plus long développement; ce n'est probablement que par suite d'un usage prolongé qu'elle a été ainsi réduite.

L'instrument désigné sous le nom de houe, dont nous nous occupons, est formé d'une corne de cerf choisie aussi droite que possible; la corne était conservée dans son état naturel. Les parties polies paraissent avoir été régularisées par des frottements réitérés résultant de l'emploi. L'extrémité qui était disposée pour le travail est taillée en biseau plus ou moins régulier. La perforation destinée à recevoir le manche est pratiquée vers l'extrémité de l'outil, c'est-à-dire vers sa base. Cette disposition était adoptée dans le double but d'assurer une plus grande longueur de corne pour l'usage et aussi pour obtenir une plus grande solidité, puisque les nodosités de la partie inférieure de la corne étaient conservées. Une perforation établie au milieu de la corne n'aurait point présenté la même solidité, et se serait inévitablement ouverte sous l'influence des chocs produits dans le travail. La solidité de l'œil destiné à recevoir le manche paraît avoir été particulièrement

OUTILLAGE EN OS.

recherchée, car dans plusieurs échantillons on voit que la perforation a été pratiquée au milieu de protubérances qui for-

Fig. 46.

maient ainsi une sorte de douille solide et très-résistante. L'ouverture destinée au manche est ordinairement de forme allongée. La dimension de cette ouverture permettait toujours d'introduire un manche proportionné à la force de l'instrument. Le manche était naturellement en bois. Nous n'avons aucune donnée jusqu'à présent qui autorise à en déterminer la longueur. Le manche devait du reste être approprié à la destination de l'outil dont l'usage variait.

Rien ne détermine l'emploi de la houe d'une manière sûre. Le nom qui lui a été donné indique qu'elle aurait été affectée à des travaux agricoles. D'autres faits et des comparaisons ethnographiques sont favorables à cette destination. M. Nilsson dit : « Il est peu constaté que ces houes aient servi à des travaux agricoles quelconques. L'on concédera toutefois que si, comme il paraît probable, l'agriculture a commencé par l'incendie des forêts, suivie du semis dans la cendre de graines de navets, etc.,... ces houes étaient parfaitement appropriées à cette culture[1]. »

La houe a été retrouvée dans plusieurs pays, en Suède[2], en Autriche dans les tourbières et les cités lacustres[3], en Danemark dans les Kôkkenmöddings de Meilgaard[4].

M. Evans mentionne également l'usage de plusieurs ustensiles en corne de cerf : « J'ai déjà dit qu'on se servait des bois de cerf pour en faire des pics et des douilles pour les hachettes en pierre. Parfois aussi on aiguisa le bois de cerf et on l'employa en guise de hache ou de houe. On trouve des haches en bois de cerf dans diverses parties du continent. Ces haches ne sont pas rares en Scandinavie, sauf toutefois celles sur lesquelles on a gravé des cercles et autres figures en guise d'ornements. Le musée de Stockholm possède une erminette de cette nature, sur laquelle est gravée l'image très ressemblante d'un cerf. On a trouvé une hache faite avec l'ulna d'une baleine. Lindeschmidt a gravé plusieurs haches en corne provenant principalement du Hanovre. On en trouve aussi en

---

1. Nilsson, *les Habitants primitifs de la Scandinavie*, p. 100 et pl. VIII, fig. 170 et 171.
2. Montelius, *Antiquités suédoises*, Stockholm, 1875, p. 11, fig. 43.
3. Wurmbrand, *Ergebnise der Pfahlbau-Untersuchungen*. Tafel III. — Pfahlbauten. — Funde.
4. Madsen, *Antiquités préhistoriques du Danemark*, pl. III. — Congrès intern. de Copenhague, pl. XIV, fig. 6 et 7.

France[1]. » Ces différents types se retrouvent dans les grottes que nous avons explorées ; toutefois les instruments ne portent aucune figure.

Ces instruments, dont nous parlons présentement, ne sont pas toujours classés d'une manière certaine par les archéologues, parce que leurs gisements ne réunissaient pas toujours les conditions nécessaires pour exclure le doute. Nous les avons trouvés exclusivement dans les cavernes de la vallée du Petit-Morin. Ils étaient même relativement rares, mais cependant en nombre assez considérable pour prendre naturellement place dans l'outillage de la pierre polie. Une seule grotte de la station des *Ronces* à Villevenard en contenait quatre. Trois autres en bon état de conservation proviennent de différentes stations. Certaines grottes ont donné des fragments de houes, mais le temps avait tellement altéré ces restes qu'ils étaient complètement frustes. L'outillage en os ou en corne ne résiste pas à l'action destructive du temps comme les silex travaillés. De là vient la rareté des instruments en os. C'est aux conditions exceptionnellement avantageuses de quelques grottes que nous devons la conservation des objets qui figurent dans nos collections.

LISSOIRS

Le mobilier des grottes néolithiques de la Marne contenait aussi des lissoirs en os. Le nombre de ces instruments est assez considérable pour qu'il ne soit point nécessaire de leur rechercher un rôle et une place dans l'outillage néolithique ; ils s'affirment assez catégoriquement. Les lissoirs sont ordinairement en os, néanmoins il en existe en corne de cerf. Plusieurs, de longues dimensions, sont formés de tibias de bovidés. Le plus grand mesure encore dans son état actuel 23 centimètres.

---

1. Evans, *les Ages de la pierre*, p. 430 et suiv.

Un autre dans un parfait état de conservation a encore 18 centimètres. Ces dimensions autorisent à considérer ces pièces comme se rapprochant beaucoup de leur état primitif. En effet, en ajoutant par la pensée l'apophyse dont l'enlèvement était nécessaire pour produire le biseau du lissoir, on obtient la longueur moyenne du tibia des bovidés de taille ordinaire. L'instrument représente dans sa largeur le tibia entier; la partie supérieure de l'os est détachée et laisse complètement à découvert la cavité médullaire. Les parois latérales sont rabattues de manière à former vers l'extrémité une lame plate; les bouts sont généralement arrondis. Cette forme, très avantageuse pour le travail, pourrait bien n'être simplement que le résultat d'un usage prolongé. L'extrémité opposée à la pointe conservait les articulations dans leur état naturel. Cette disposition contribuait singulièrement à donner de la force à l'instrument et à en rendre le maniement plus facile. Nos stations ont donné six de ces grands lissoirs. Il en existe une quantité d'autres de moins grande dimension, formés d'os de mouton ou de chèvre, d'autres de corne de cerf et plusieurs d'os dont il est difficile de déterminer la nature. Le plus grand, en os de mouton ou de chèvre, a encore 17 centimètres. Les autres s'approchent de cette mesure ou sont quelque peu plus courts. Il est impossible de ne pas voir sur la plupart les preuves d'un emploi très-prolongé. Une grotte d'Oyes contenait trois beaux lissoirs qui attestent par leur état un service de longue durée. L'état si nuancé dans lequel se présente la collection affirme que l'instrument était fréquemment en usage et utilisé aussi longtemps que les retailles successives dont il était l'objet lui laissaient une longueur qui permettait de le saisir commodément. Dans différentes conditions, la collection de ces instruments se compose aujourd'hui de vingt spécimens.

Les lissoirs étaient destinés, selon quelques archéologues, à corroyer les peaux et à rabattre les coutures qui les unissaient. Cet usage paraît indiqué par l'emploi si considérable que les populations préhistoriques faisaient des peaux de bêtes. Du reste cet outil est encore fréquemment employé par ceux qui travaillent le cuir chez les peuples modernes civilisés.

M. Schaaffhausen fait allusion à l'usage des lissoirs. Au Congrès de Bruxelles, il dit en effet : « Passant à un autre sujet, je présente un petit instrument en bois de cerf, provenant de la caverne de Balve, en Westphalie. Cette forme d'outil est bien rare; je ne l'ai pas observée dans beaucoup de collections. Cependant il s'en trouve un spécimen au musée de Bruxelles; il provient de la caverne de Goyet et il est marqué : *Bois de cerf ayant servi de lissoir*. M. Nilsson donne une description et la gravure d'un même instrument trouvé à Schonem, en Suède, avec cette seule différence qu'il est percé d'un trou pour servir à le prendre. Je ne crois pas, avec M. Nilsson, que ce soit un instrument pour travailler la terre, il n'est pas assez dur pour cela; mais il paraît très-convenable pour détacher la peau des animaux de chasse. Un silex aurait déchiré la peau par son tranchant[1]. »

Les suppositions relatives à la destination des instruments sont toujours faciles, et la curiosité naturelle cherche avec avidité à déterminer l'usage des objets trouvés dans les demeures des populations primitives. M. Lubbock, avec cette supériorité de vues caractéristique de ses œuvres, nous paraît avoir été plus heureusement inspiré lorsqu'il dit en parlant de divers objets des époques de la pierre : « Il est inutile de spéculer sur l'emploi de ces armes grossières, mais vénérables. Nous pourrions presque aussi bien demander : A quoi ne pouvaient-elles pas servir? Quelque nombreux, quelque spéciaux que soient nos instruments modernes, qui oserait décrire l'usage exact d'un couteau? Mais le sauvage primitif n'avait pas un semblable choix d'instruments; nous avons peut-être devant les yeux tout le contenu de ses ateliers; et, avec ces instruments, quelque grossiers qu'ils puissent nous paraître, il a pu peut-être couper des arbres, les creuser pour en faire des canots, arracher des racines, attaquer ses ennemis, tuer et dépecer ses aliments, faire des trous dans la glace pendant l'hiver, préparer du bois pour son feu, etc. Mais quand nous aurons examiné les preuves physiques de l'état du pays à cette époque, quand

---

1. *Congrès intern. d'anthrop. et d'archéol. préhistoriques de Bruxelles*, p. 545.

nous aurons étudié les animaux contemporains, nous serons plus à même de nous faire une idée des habitudes de ces hommes, nos ancêtres, depuis si longtemps disparus[1]. » Ces sages réflexions devraient présider aux interprétations des archéologues. Elles nous préserveraient de beaucoup d'assertions aventurées.

POIGNARDS

Parmi les objets en os contenus dans les grottes, il en est un qui attire infailliblement l'attention par l'originale singularité de son aspect. Il se compose d'un os de bœuf conservant sur presque toute son étendue ses formes naturelles, qui ont été utilisées. La pointe est taillée de manière à obtenir un instrument résistant et capable de percer comme le ferait un poignard. L'extrémité opposée à la pointe s'élargit naturellement de manière à présenter un corps qui remplit la main, et offre, par les points d'articulation qui ont été conservés, des moyens de préhension assez commodes ; les doigts s'appliquent avec une grande aisance. Cet instrument peu commun a été gravé sous le simple titre de poinçon dans les publications de la Scandinavie. Cependant il s'éloigne de la forme ordinaire des poinçons. Il est évident qu'il ne pouvait jouer le rôle de ces pointes fines et longues, comme celles dont nos poinçons sont munis. Du reste, l'un de ces instruments que nous possédons s'élargit vers la pointe et indique un usage qui n'est pas celui des poinçons ordinaires, les protubérances résultant des articulations ayant été conservées comme point d'appui ; on peut voir qu'il s'agit là d'un instrument destiné à une action énergique. Les deux instruments que nous avons conservés et qui paraissent formés de la clavicule du bœuf sont différents. L'un provient d'un jeune sujet et ne présentait pas un os d'une

---

1. Lubbock, *l'Homme avant l'histoire*, p. 281.

densité convenable pour être affecté à un usage qui réclamait de la solidité. Ils sont, du reste, formés de clavicules de côtés opposés. Peut-être pourrait-on voir des poignards dans ces instruments, car rien ne s'oppose à ce qu'on les considère comme des armes offensives. La station de Coizard a seule donné de ces pointes.

Des instruments de pareille forme ont été trouvés en Danemark dans les Kökkenmöddings de Meilgaard[1] et de Sölager[2]. Madsen les désigne sous cette dénomination : « Fragments d'os pointus en os de bœuf ».

POINÇONS

Les poinçons en os sont très-nombreux dans les grottes de la vallée du Petit-Morin. Sauf quelques rares exceptions, ils sont composés en os d'oiseaux. Les échassiers qui habitaient nécessairement les vastes marais de Saint-Gond à l'époque de la pierre polie fournissaient la matière première. Les os longs des oiseaux sont merveilleusement disposés pour le rôle naturel des poinçons. Ces os sont en effet d'une grande densité et les cellules médullaires rares. Ils devaient ainsi avoir une solidité exceptionnelle. Ces poinçons taillés et polis avec soin, malgré l'attention avec laquelle ils ont été travaillés, sont cependant dépourvus d'ornements dans les grottes de la Marne. Les poinçons paraissent avoir été d'un grand usage ; le nombre en est considérable et tous portent des traces bien visibles de leur emploi. Les dimensions en sont variables, tant au point de vue de l'épaisseur que de la longueur. Le plus long, provenant de la station d'Oyes, atteint la longueur de 20 centimètres ; il est formé d'un tibia d'oiseau. Ce dernier

---

[1]. Madsen, *Antiquités préhistoriques de Danemark*, pl. III, fig. 4.
[2]. *Congrès intern. d'anthrop. et d'archéol. préhistoriques de Copenhague*, pl. XIII, fig. 1 et 2.

était placé debout, la pointe en haut et appuyée sur la paroi de la grotte à la tête d'un squelette.

La collection renferme quarante-cinq spécimens de différentes variétés et dans un état de conservation plus ou moins satisfaisant. Nous avons trouvé dans une grotte de Coizard trois morceaux de grès semi-cylindriques ayant visiblement servi à aiguiser des pointes dures et assez fines, comme on le voit par la dimension du sillon que le frottement réitéré a creusé. Il y a lieu de croire que ces grès friables servaient à aiguiser les poinçons. Lorsque nous avons trouvé ces instruments, le sillon et ses pourtours portaient encore les restes faciles à reconnaître d'un corps gras dont le grès était imprégné pour adoucir le frottement.

M. le comte Béla signale un objet de même nature en chlorite argileuse, trouvé en Hongrie[1].

Dans une longue et intéressante étude, M. Evans s'est occupé des pierres à aiguiser : « On a découvert dans d'autres tertres tumulaires du Yorkshire des cailloux de grès façonnés, dont une surface unie semble avoir servi de polissoir.

« On a trouvé dans les tertres tumulaires de Wiltshire plusieurs polissoirs en pierre affectant une forme toute particulière; la figure 185 représente un de ces polissoirs, si tant est que ces outils aient servi à cet usage. Cet outil en grès fin a été découvert avec deux autres dans un tertre tumulaire près d'Amesbury. Le Rev. Edward Duke, de Lake, près de Salisbury, qui a bien voulu me prêter ce spécimen, en possède deux autres. Ces instruments varient peu au point de vue de la forme et de la grandeur; ils affectent ordinairement une forme demi-ovoïde tronquée; une rainure arrondie règne tout le long de la surface plate; ils sont toujours en grès.

« Un tertre tumulaire à Upton Lovel contenait un de ces instruments avec des celts en silex, une hache perforée en pierre, divers instruments en os, une épingle ou un poinçon en bronze et divers autres objets. On en a trouvé un autre

---

1. Comte Béla Széchenyi, *Trouvailles de l'âge de la pierre.* Budapest, 1876, tab. III, fig. 6.

dans un tertre tumulaire à Everley, avec un ciseau en bronze, une pierre à aiguiser qui n'a jamais servi, et une pierre à rasoir de couleur bleuâtre; on en a, enfin, trouvé un troisième dans un tertre tumulaire à Wilsford, avec un squelette, un marteau en pierre, un celt en bronze, un tube en os et d'autres objets.

« Sir R. Colt Hoare pense que ces pierres servaient à aiguiser la pointe des épingles et des autres instruments en os; ces pierres semblent d'ailleurs très-propres à cet usage, et les Esquimaux s'en servent encore aujourd'hui; elles peuvent aussi avoir servi à polir les bois de flèches.

« M. W.-C. Lukès a trouvé dans un tertre tumulaire, en Bretagne, une pierre semblable, ayant 10 centimètres de long. On a découvert en Allemagne des pierres affectant la même forme. Le musée de Mayence en possède deux qui proviennent d'un cimetière près de Monsheim. Toutefois ces pierres allemandes sont un peu plus longues que les pierres anglaises. On a trouvé, avec des instruments polis en pierre dans la caverne de la Casa da Moura, au Portugal, un objet qui appartient très-probablement à cette classe de pierre à aiguiser à rainures. Il y a des polissoirs de la même espèce parmi les antiquités trouvées dans le lac de Varèse[1]. »

Nos pierres à aiguiser sont très-certainement de l'époque de la pierre polie. La grotte qui les contenait était pure et intacte. L'instrument a dû continuer d'être en usage à l'âge du bronze, mais il existait précédemment.

Les poinçons se rencontrent fréquemment dans les stations néolithiques et ils affectent généralement les mêmes formes.

MARTEAUX OU CASSE-TÊTES

Nous avons rencontré aussi des instruments formés de la base d'une corne de cerf, percée au centre d'une ouverture destinée à recevoir un manche en bois. L'instrument, ainsi

---

1. Evans, *les Ages de la pierre*, p. 260 et 261.

préparé, formait un marteau ou un casse-tête capable d'asséner de redoutables coups. La base de la corne est en effet plus compacte et porte des nodosités qui la consolident énormément. Les deux spécimens que nous possédons ont été fréquemment employés, car ils sont visiblement oblitérés par l'usage. Ces instruments sont tellement usés qu'ils ont pris une forme ronde un peu irrégulière. Le nombre des marteaux de ce genre est peu considérable et on peut même regarder ces pièces comme rares dans nos grottes de la Marne. M. Dupont attribue un pareil rôle aux cornes de cerf[1]. Le bois de cerf était aussi employé comme hache et comme marteau.

MANCHES CYLINDRIQUES

Les grottes ont donné une notable quantité d'objets cylindriques en corne de cerf (fig. 48). Ils se ressemblent beaucoup, malgré la diversité des aspects; ils se rangent fort naturellement dans une même catégorie, puisqu'ils affectent à peu près un type unique, nonobstant quelques différences dans les dimensions. Dans certaines circonstances, la corne a été polie de manière à former un objet très-régulier. Quelquefois le morceau d'andouiller conserve ses aspérités naturelles. Ces cylindres sont ordinairement dépourvus d'ornements; cependant il en existe quelques-uns qui ont été l'objet d'une ornementation fort simple, consistant en lignes tracées en creux, perpendiculaires à la base, et en lignes circulaires rares et d'un effet peu sensible. Les opinions les plus opposées se sont produites au sujet de ces instruments. Des archéologues les regardent comme des grains de collier, d'autres comme des flacons destinés à contenir les couleurs destinées au tatouage[2]. En considérant combien les instruments nécessaires à l'homme

---

1. Dupont, *l'Homme pendant les âges de la pierre*. Bruxelles, 1872, p. 237.
2. Nicaise, *Puits funéraires de Tours-sur-Marne*. Châlons, 1876, p. 13.

étaient nombreux, il nous paraît naturel d'admettre que les emmanchements devaient être très-variés. Le plus grand nombre de ces objets n'est point percé entièrement; dans cet état, ils ne pourraient être des grains de collier; ceux qui ont une perforation complète peuvent devoir cette particularité à la décomposition de la partie médullaire, plus susceptible de détérioration. Quelques-uns portent à la partie supérieure une gorge évidée, caractéristique des manches; d'autres vont en

Fig. 47.

s'amincissant comme pour s'identifier à l'objet qu'ils devaient recevoir, et en tout cas on remarque toujours une cavité destinée à recevoir un instrument. L'état de la partie supérieure atteste que la retaille a été opérée lorsque l'outil était introduit dans le manche. Il est difficile de formuler une appréciation absolue, en l'absence de renseignements positifs. Nous possédons environ quarante objets du genre de ceux qui nous occupent présentement. Malgré nos recherches, nous n'avons jamais pu recueillir les indications nécessaires pour en déterminer l'emploi. Assez nombreux, comme on le voit, dans nos grottes, ces objets ont été remarqués sur plusieurs autres points, au foyer de Chassey[1], à Tours-sur-Marne[2].

M. de Caix signale les mêmes objets de la manière suivante : « Je ramassai un morceau de corne percée pour la suspension dans le sens de la longueur. Un morceau tout à fait analogue, mais plus petit, fut recueilli dans le sable provenant de cette même chambre où j'ai trouvé les cinq crânes et leurs amulettes. » Selon l'appréciation de M. de Caix, les objets seraient des amulettes, et ils sont représentés sous ce nom[3].

BURIN

Une grotte de la station des *Ronces* à Villevenard contenait un instrument en os qui attire particulièrement l'attention par la singularité de sa forme et sa rareté (fig. 48). Il est formé d'un fémur de chèvre ou de mouton dont les deux extrémités enlevées laissent la cavité médullaire béante. Les deux ouvertures extrêmes ont été ensuite armées d'une incisive de porc profondément enfoncée et bien ajustée dans l'os. Ainsi préparé, l'instrument pouvait servir de burin pour graver sur la craie et même sur le bois. Ce rôle n'a rien d'invraisemblable. Personne n'ignore combien la dent des animaux encore jeunes et munie de son émail est solide et propre à entamer les matières dures. La dent parfaitement émaillée formant un biseau naturel offre un tranchant aigu et d'une grande résistance. Si le rôle de burin paraît trop recherché, il n'est pas difficile de trouver sans un grand effort d'imagination divers emplois à cet instrument. Les populations de la pierre polie

---

1. Perrault, *Note sur un foyer de l'âge de la pierre polie.* Châlon-sur-Saône, 1870, pl. IV, fig. 4, 6, 8 et 9.

2. *Loco citato.*

3. De Caix de Saint-Aymour, *Études sur quelques monuments mégalithiques de la vallée de l'Oise.* 1875, p. 32.

OUTILLAGE EN OS. 349

telles qu'elles s'affirment dans nos stations de la Marne n'avaient pas que des instincts grossiers à satisfaire. Les sculptures ne

Fig. 48.

pouvaient-elles pas être avantageusement perfectionnées avec cet instrument léger, facile à manier et propre à opérer avec sûreté? Dans un ordre de choses inférieur, il pouvait trouver facilement son emploi par exemple pour écorcher les animaux, pour évider certains ossements, pour enlever la moelle des os brisés. A l'état complet, d'une extrémité à l'autre, l'instrument avait 18 centimètres. Pourvu d'un tranchant aux deux extrémités, il paraît avoir été préparé pour éviter toute interruption dans le travail. S'il en était ainsi, il y a lieu de croire que son rôle avait une certaine importance. La grotte qui a donné cet instrument contenait d'autres dents de porc qui avaient été placées auprès de l'objet qu'elles semblaient destinées à compléter lorsque les dents serties dans l'os étaient brisées dans le travail. L'instrument dont nous donnons la figure a, en effet, une des dents brisée au niveau de la cavité qui la contenait. Il est facile à voir que l'instrument a dû éprouver des chocs considérables, car l'os lui-même a perdu plusieurs éclats. L'instrument que nous signalons est inconnu dans l'outillage en os de la pierre polie ; du moins nous n'avons trouvé aucune trace de son existence dans les découvertes de l'époque néolithique.

GARNITURES DE SCIES

Nous avons trouvé et conservé trois os travaillés, pourvus d'une rainure et munis d'un trou de suspension à une des extrémités. Ces manches, formés d'un os plat mesurant environ 7 centimètres de long, étaient privés du tranchant en silex qu'ils étaient destinés à recevoir. En comparant ces objets en os avec les scies mentionnées par M. Desor[1] et par M. Lubbock, il nous a été impossible de ne pas reconnaître le même instrument dans les objets en os que nous avions devant nous. C'est ainsi que M. Desor les signale : « Les éclats du silex étaient employés en guise de couteaux ou de scies. On possède

---

1. Desor, *les Palafittes ou Constructions lacustres*. Paris, 1865, p. 19, fig. 12.

dans plusieurs collections de ces silex qui sont enchâssés dans un fragment de corne et dont on se servait probablement pour abattre des arbres et couper des branches. » M. Joly cite de son côté un instrument qu'il figure d'après Lubbock et dont il parle ainsi : « La scie en silex, généralement de petite dimension, est fixée dans une lame en bois, creusée d'une rainure où elle est retenue solidement par un mastic noirâtre dont on ignore encore la composition[1]. » L'analogie entre cet instrument et ceux que nous possédons est très-frappante. Le musée de Saint-Germain possède le moulage d'un instrument provenant des cités lacustres qui rappelle très-exactement nos manches de scies.

Le Musée ethnographique de Copenhague conserve un instrument en bronze avec un manche en bois qui revêt la même forme[2].

Des éclats de silex ont été pareillement signalés par M. Evans comme ayant été fixés dans un manche en bois d'if d'une forme qui se rapproche beaucoup de nos garnitures en os[3].

Il est évident pour nous que les os travaillés que nous avons trouvés étaient destinés à des instruments semblables à ceux que nous venons de rappeler.

LAMELLES

Des lames très-minces se trouvaient çà et là dans les grottes en assez notable quantité. Ces lames ont été traitées avec beaucoup de soin. Elles sont d'une grande fragilité et ne pouvaient guère être employées qu'à des usages délicats et qui n'exigeaient point d'efforts. Ces lames se terminent en pointe

---

1. Joly, *l'Homme avant les matériaux*. Paris, 1879, fig. 33.
2. Vitrine 33. Vestgronland.
3. Evans, *les Ages de la pierre*, p. 285.

plus ou moins affilée. L'une de ces lames porte un trou de suspension. Certaines paraissent formées avec les os des côtes qui ont été dédoublés. Ces diverses pièces ont de 9 à 12 centimètres de longueur.

Ces délicats instruments en os finement traités se sont trouvés dans des conditions qui ne nous apprennent rien relativement à leur usage. Nous n'essaierons pas de proposer des emplois plus ou moins vraisemblables; en l'absence de documents positifs, les suppositions auraient peu de valeur. Il nous semble plus utile d'attirer l'attention sur le caractère de ces objets travaillés avec soin, qui sont très-propres à donner une idée des mœurs des populations qui s'en servaient. En effet, lorsqu'on retrouve les ustensiles simplement dégrossis, la massue informe du sauvage, il est facile de conclure qu'il vivait dans l'état d'une civilisation à peine ébauchée. La grossièreté de semblables ustensiles représente l'homme qui ne recherchait que la satisfaction des appétits les plus impérieux et les plus vulgaires de la nature. Au contraire, ces instruments en os, légers, fragiles et quelquefois munis de pointes d'une finesse remarquable, indiquent des habitudes douces et les goûts d'un être civilisé. Un instrument délié suppose une opération délicate et l'opération de ce genre affirme la culture de l'intelligence, la vie intellectuelle même.

PIOCHE

Nous avons aussi recueilli un instrument probablement en corne de cerf très-soigneusement régularisée. Dans son état complet, l'objet mesure 25 centimètres. Il représente très-exactement une réduction de la pioche dont les terrassiers font usage encore aujourd'hui. L'ouverture destinée à recevoir le manche occupe le milieu. Dans la taille, le pourtour du trou

OUTILLAGE EN OS.

d'emmanchement a été ménagé de manière à conserver plus de force et à former une sorte de douille. Les deux pointes sont taillées de manière à présenter un côté concave et l'autre convexe et reproduisent ainsi la courbure que l'on donne encore aujourd'hui aux pioches. L'ouverture destinée à recevoir le manche était considérable eu égard à la dimension de l'instrument; à l'orifice extérieur du côté où le manche devait être introduit elle a 6 centimètres. Cet instrument (fig. 49) qui révèle une grande habileté dans sa confection est le seul

Fig. 49.

que nous eussions trouvé dans les grottes, il provient de la station des *Ronces* à Villevenard. Nous ne connaissons aucun objet semblable et des archéologues qui ont visité un grand nombre de musées le regardent comme l'unique exemplaire jusqu'à ce jour.

DÉFENSES DE SANGLIERS

Plusieurs défenses de sanglier faisaient partie du mobilier des grottes. Quelques-unes sont remarquables par leurs dimensions. Elles indiquent des sujets de taille extraordinaire et d'un âge avancé. Ces défenses ont été taillées vers leur extrémité extérieure de manière à former un poinçon solide et capable de percer des corps très-résistants. Une de ces défenses est pourvue d'un trou de suspension. — Était-elle un trophée ou un instrument? L'usure indique le dernier rôle. La plus grande défense a été dédoublée, elle est du reste dans des proportions tout à fait exceptionnelles.

ANDOUILLERS

Les andouillers de cerf étaient aussi utilisés. Nous en avons trouvé une grande quantité. Leur forme naturelle se prêtait avantageusement à divers emplois; il est facile de remarquer sur leurs extrémités des preuves de leur usage et des traces d'usure. Quelques archéologues pensent qu'ils ont été employés comme lissoirs; rien ne répugne à cet emploi. Il est même vraisemblable qu'ils occupaient un rang important dans l'outillage, car une seule grotte d'Oyes en a donné trois.

Leur présence a été signalée dans plusieurs localités.

Un bois de cerf a donné un instrument percé à une bifurcation. Il est probable que par ces moyens on avait obtenu une sorte de hoyau. Le fragment que nous avons pu sauver permet de reconnaître en effet un pic ou hoyau.

DIVERS OBJETS EN OS

L'outillage en os devait être considérable à l'époque de la pierre polie. Les ossements fournissaient en effet une matière première facile à se procurer et d'un emploi avantageux. Les instruments qui ont été faits avec l'os ont disparu en grand nombre. Cependant, grâce à ces conditions favorables qu'ils rencontraient dans les grottes, il s'en est conservé beaucoup. Les spécimens sont peu communs, mais la série présente de la variété. Il nous reste encore à citer divers objets qui démontrent l'exactitude de cette assertion.

Nous avons aussi remarqué et conservé des instruments en os très soigneusement polis, choisis avec beaucoup d'attention qui offrent l'aspect de l'ivoire. Ces instruments ont de 8 à 14 centimètres de longueur. Leur surface est bombée au milieu des deux côtés. Les extrémités sont susceptibles d'être utilisées. Du reste, il est facile d'y remarquer des traces d'usure. Un autre instrument également en os ayant 8 centimètres de longueur affecte la forme d'une spatule. Une grotte sise à Oyes contenait un objet en os rectiligne ayant environ 8 centimètres. Il a été dédoublé par le temps, qui a séparé les surfaces réunies jadis par les cellules médullaires. Une lame très déliée de 6 centimètres est terminée par une pointe fine arrondie. Un ossement pourvu d'un chas à l'extrémité aurait pu servir d'aiguille. La longueur est de 7 centimètres. La force est considérable. L'instrument pouvait être destiné à des usages grossiers. Enfin un ciseau en os de 11 centimètres, bien taillé et poli se trouvait aussi dans les grottes. La matière est d'une grande densité, le tranchant bien aiguisé comme un ciseau d'acier pourrait l'être. Plusieurs grottes contenaient des ossements de différents animaux, des cornes de cerf qui étaient certainement des matériaux gardés en réserve pour un emploi ultérieur. Un canon de cheval a été scié avec le silex, il ne reste plus que les deux tiers de ses parties normales. Un autre canon de cheval conservé intact se trouvait dans une grotte très riche en instruments en os. Un ossement de mouton ou de chèvre a été préparé pour faire des grains de collier. Des entailles circulaires profondes dessinent les grains qui ne sont qu'à l'état d'ébauche et encore adhérant les uns aux autres.

Des cornes de cerf entières ont été aussi retrouvées. Elles n'avaient subi aucune altération. — On ne peut leur attribuer aucun rôle funéraire; l'artisan les tenait en réserve pour les utiliser au besoin.

PARURES

PARURES

ARES ou abondants, les ornements personnels se rencontrent toujours dans les lieux où l'homme a longtemps séjourné. Les motifs qui ont inspiré le choix de ces parures nous échappent, et ne sauraient être sûrement indiqués. Il y a lieu de croire que les mêmes raisons n'ont pas toujours présidé à l'adoption des pièces qui devaient servir à orner le costume de l'homme. Dans un degré de civilisation infime, les objets brillants, d'une forme extraordinaire, pouvaient avoir été employés sans être destinés à rehausser l'éclat de la personne. Cependant Théophile Gautier a pu dire : « L'idéal tourmente les natures même les plus grossières. Le sauvage qui se tatoue, se barbouille de rouge ou de bleu, se passe une arête de poisson dans le nez, obéit à un sentiment confus de beauté. Il cherche quelque chose au delà de ce qui est; il tâche de perfectionner son type, guidé par une obscure notion d'art : le goût de l'ornement distingue l'homme de la brute plus nettement que toute autre particularité. »

M. Joly, dans un ouvrage classique, n'a pas craint d'affirmer bue dès l'âge de la pierre, et surtout de la pierre polie, l'arsenal de la parure est presque au complet, tant le goût des ornements est naturel à l'homme, et plus encore peut-être à la femme [1].

Il est assez difficile néanmoins d'admettre que nos grains de collier grossiers étaient adoptés sous la même influence et dans le même but que les ornements d'un goût délicat, qui paraissent les remplacer dans les civilisations plus avancées. Dans les pays où les populations sont particulièrement adonnées aux travaux des champs, il n'est pas rare de rencontrer des hommes qui remarquent attentivement et recherchent même tout ce qui revêt un caractère insolite dans les productions de la nature. Souvent on voit ces ouvriers observateurs rentrer au village ornés de quelques objets de formes bizarres. Ces dispositions sont plus accentuées chez les peuples qui ne connaissent pas les produits de l'industrie. L'homme de l'époque néolithique, n'ayant point d'autres ressources que celles qu'il trouvait dans la nature, dut s'emparer avec un empressement avide de tout ce qui sortait du cercle des choses ordinaires.

Quelle que soit du reste l'origine des parures, l'usage en est partout répandu, et elles existent dans les temps les plus reculés. Les grottes de nos stations de la Marne en donnent de nombreuses preuves.

L'usage des colliers remonte aux premières civilisations. Les populations néolithiques les connaissaient. Les sépultures ont en effet donné plusieurs de ces ornements. Il n'est point possible d'élever de doutes sur leur existence attestée par des faits multipliés. Leur emploi est également déterminé d'une manière sûre. Ils ont été trouvés en contact avec les vertèbres cervicales ou bien dans des régions très rapprochées du cou. Les sculptures des grottes néolithiques de la station de Coizard fournissent un témoignage irrécusable de l'emploi des colliers. On voit un des sujets qui sont représentés dans les grottes (pl. 11) orné d'un collier dont la partie centrale, pendant sur la poitrine, a été coloriée en jaune.

---

1. Joly, *l'Homme avant les métaux*, p. 191.

Les grains dont sont formés les colliers appartiennent à deux genres différents. Les uns sont empruntés à la nature : ce sont des produits qui offraient des conditions avantageuses dans leur forme naturelle et qui se prêtaient au rôle auquel ils étaient destinés. D'autres, au contraire, sont le résultat du travail de l'homme qui les a façonnés selon ses désirs et leur a donné une forme qui se répète souvent d'une manière exacte. Ce sont, en un mot, les produits de l'industrie de l'époque; ils sont dus au travail de l'homme.

Parmi les grains de collier de la première classe, nous avons trouvé le *Coscinopora globularis* (d'Orb.) *orbitolina concava* (Parker et Jones). Ce fossile d'une grande dureté appartient au terrain quaternaire et à la craie blanche. Le Dr Rigolot a le premier rencontré ces grains à Saint-Acheul, où ils se trouvent en nombre considérable. Leur agglomération les fit regarder comme constituant des grains de collier. Les perforations naturelles avaient inspiré quelques doutes. Cependant rien de plus fréquent que les objets naturellement perforés employés comme grains de collier. Un examen plus attentif découvrit du reste des ouvertures artificielles. Cette circonstance paraissait trancher la question, bien qu'elle ne fût pas rigoureusement nécessaire. « En effet, dit Lyell, j'accorde bien qu'il y ait eu des cavités naturelles dans quelques-uns d'entre eux ; mais il ne s'ensuit pas qu'on n'en ait pas profité pour les enfiler en chapelets et qu'on n'en ait pas percé d'autres artificiellement[1]. » M. le Dr Hamy partage cette manière de voir. Il signale en outre l'existence de ces pièces d'enfilage dans d'autres localités. « Ajoutons, dit-il, que des pièces semblables ont été ramassées à Khorsabad, dans les fouilles de Ninive, et que M. Milne Edwards a reconnu dans la collection déposée au Louvre, une espèce au moins identique à celle de nos alluvions profondes. L'usage de semblables ornements s'est maintenu très tard sans doute, car, dans une sépulture de l'âge du fer à Equihem, nous avons trouvé, associées à deux rondelles en pâte de verre d'un assez beau travail, deux coscinopores per-

---

1. Lyell. *L'Ancienneté de l'homme.* Paris 1870, p. 130.

forées[1]. » Ces détails ne laissent pas le moindre doute sur l'emploi de ces fossiles comme grains de collier. Mais leur présence dans les grottes néolithiques de la Marne ajoute un argument irrécusable en faveur de leur rôle. Les conditions dans lesquelles ils ont été trouvés déterminent clairement leur usage. Ils ne pouvaient être fortuitement dans la grotte, et ils prenaient rang parmi des objets appartenant à l'industrie néolithique. L'adoption de ces grains naturels recommandables par leur dureté et leur légèreté se prolongea longtemps après, car nous en avons recueilli dans des sépultures gauloises et même dans des tombes franques.

D'autres fossiles ont été aussi utilisés pour confectionner des colliers. Les dentales peuvent facilement fournir des pièces d'enfilage. Néanmoins elles sont susceptibles d'être employées d'une autre manière. En effet, le musée des Antiquités du Nord à Copenhague, dans la partie destinée à l'ethnographie, renferme des colliers formés de dentales rangées parallèlement. Cette disposition aurait pu être adoptée également par nos tribus néolithiques[2].

Il y a lieu de croire qu'un grand nombre de concrétions naturelles attirant l'attention par l'étrangeté de leur forme, la variété de leur coloris ou par des perforations naturelles, ont été fréquemment utilisées. Les grottes contiennent effectivement beaucoup de pièces naturelles de ce genre qui ont été recueillies, employées et enfin déposées dans les grottes avec les individus qui les avaient portées.

Ce n'est pas seulement au règne minéral que nos tribus néolithiques empruntaient les ornements dont elles se paraient. Le règne animal leur fournissait aussi son contingent. Les vertèbres de poissons, par leur forme, ne manquèrent pas de fixer l'attention. En effet, il fallait peu de travail pour les transformer en grains de collier. Aussi furent-elles employées comme pièces d'enfilage. La vallée du Petit-Morin, par ses vastes régions couvertes d'eau, devait fournir des poissons en grande

---

1. Hamy, *Précis de paléontologie humaine*. Paris, 1870, p. 202.
2. *Matériaux*, t. VI, p. 143.

quantité. Nous avons donc pu recueillir un certain nombre de vertèbres qui avaient servi comme grains de collier. Le fait est incontestable. Aucune cause fortuite ne pouvait avoir introduit ces vertèbres dans les grottes. Leur association avec d'autres grains déterminait assez leur usage. Du reste, les grottes ne contenaient aucun débris de poisson. Il n'y a donc pas à songer à les regarder comme des restes abandonnés avec indifférence et sans rôle intentionnel. Des archéologues ont également trouvé des vertèbres de poisson qui avaient été affectées à un pareil usage. Plusieurs collections renferment des colliers composés de grains qui ne sont point autre chose que l'épine dorsale légèrement modifiée.

Quelques colliers sont composés de coquillages marins qui ont conservé presque toutes leurs formes naturelles. Ils

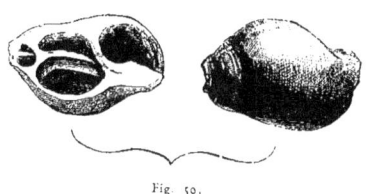

Fig. 50.

portent seulement des perforations destinées à les réunir. Plusieurs espèces sont employées; mais les *cardium*, les *vénéricardes* et des genres qui s'en rapprochent sont les plus en usage. « Les rondelles perforées en test de cardium ont pu ne pas être employées uniquement enfilées en colliers ou en bracelets. Elles ont pu servir à orner d'autres objets. Les Indiens de l'Amérique du Sud en emploient de semblables pour décorer les instruments de bois de couleur sombre dont ils se servent[1]. » Ces coquillages avaient un rôle varié comme ornement.

D'autres coquillages en très grand nombre ont été taillés

---

1. *Matériaux*, 6ᵉ année, p. 144.

de manière à découvrir complètement les cloisons intérieures de la spirale (fig. 50). Ces pièces sont nombreuses et répandues dans un grand nombre de grottes. Ces produits avaient dû nécessairement être apportés de loin ou introduits par des échanges.

Dans d'autres colliers, le travail de l'homme s'affirmait d'une manière plus considérable. Les grains étaient tirés d'une matière quelconque et représentaient alors les tentatives d'une industrie mieux exercée. De nombreux grains de collier en craie (fig. 51) proviennent des grottes. Ils ont été recueillis en

Fig. 51.

grande quantité; en général ils sont faits avec soin et leur forme est très régulière. Ces rondelles sont naturellement percées au centre et quelquefois plates. D'autres grains sont bombés de chaque côté et laissent par leur rapprochement un espace vide sur le bord. Les formes qu'ils affectent sont variées, mais il est à croire qu'elles ont été modifiées par les frottements inséparables de l'usage. Une matière aussi tendre ne pouvait conserver ses formes primitives du moment qu'elle était portée, et ainsi exposée à une multitude de forces destructives. Néanmoins, les types primitifs se trouvent, car il en existe qui n'ont point été mis en usage; ces derniers n'ont point leurs contours émoussés ni polis. Pour les habitants des grottes de la Champagne, la matière première de ces ornements était aussi abondante que possible. On peut à cette occasion remarquer que les tribus néolithiques aimaient à travailler la craie. On a retrouvé en effet plusieurs objets qui attestent des retailles évidentes et, en outre, les parois des grottes portent une foule d'essais et de tentatives grossières.

Il existe aussi d'autres grains d'une forme plus soignée. Ces pièces d'enfilage sont en pétoncle. Ces coquillages offrent beaucoup plus de solidité que la craie et peuvent prendre des formes durables. Ces grains sont donc travaillés avec une certaine perfection. Ils sont aussi plus brillants et représentent une industrie d'un caractère supérieur comparativement aux grains composés de craie. Dans les colliers ces grains alternaient souvent avec des grains en craie.

Il existe également des grains en schiste. Cette matière minérale était l'objet d'une véritable recherche à l'époque néolithique. D'autres objets sont formés de cette même matière. Il est probable que la facilité que l'on trouve à la tailler et la proximité des gisements ont contribué à la vulgariser.

Les grottes de nos stations de la vallée du Petit-Morin ont donné des colliers dont les grains sont en os. Ces pièces sont préparées avec soin et paraissent avoir été tirées dans le fémur de moutons ou de chèvres. Ces grains représentent de petits annelets ou des sortes de coulants. Le diamètre de ces grains est celui même de l'os duquel ils proviennent. Les grottes qui ont donné ces pièces sont très vraisemblablement celles qui se rapprochent le plus de la fin de la période néolithique. Les grains de collier en os sont plus volumineux que ceux dont il vient d'être fait mention précédemment.

Un objet de parure généralement rare a été trouvé dans une grotte de la station d'Oyes, à la butte du moulin. C'est un grain en *calaïs*. Son diamètre mesure un centimètre. M. Damour parle ainsi d'objets de parure analogues trouvés dans le Morbihan : « Ces grains, arrondis et polis sur leurs contours, présentent pour la plupart deux surfaces planes opposées et perforées plus ou moins symétriquement vers le centre. La perforation est inégale, évasée aux orifices, comme on l'observe sur les plus anciennes pierres travaillées et sur celles que l'on recueille encore de nos jours chez certaines tribus sauvages[1]. » Ces caractères s'appliquent parfaitement au spécimen que nous avons trouvé. M. Damour ajoute ensuite : « La couleur de cette matière est le vert pomme, se rapprochant du vert de l'émeraude ; quelques échantillons sont comme marbrés de parties blanches et de parties bleuâtres. D'autres sont maculés de veines et de taches brunes ou noires, par suite d'un mélange accidentel de matières argileuses[2]. » Le gisement de la calaïs n'est pas connu jusqu'à ce moment. Il a été trouvé de la calaïs en Bretagne, en Provence dans les dolmens ; on en signale aussi dans le Portugal, mais l'origine de ces produits n'est pas déterminée. L'échantillon que nous signalons est l'unique qui ait été trouvé dans les régions de l'Est et du Nord.

Deux grains d'ambre avaient été déposés dans une grotte de la station d'Oyes. L'un, rond, est percé à son centre ; l'autre, en olive, porte sa perforation dans toute sa longueur. Ce sont les seules traces d'ambre qui aient été remarquées dans les stations de la vallée du Petit-Morin. Nous avons signalé la présence d'un seul grain au Congrès de Stockholm, mais le second grain qui était en mauvais état ayant pu être conservé, nous possédons deux spécimens. Nous donnons le résumé de notre communication sur ce sujet :

« La question relative à la route suivie dans l'antiquité par le commerce de l'ambre trouve un élément de solution dans un fait que je viens signaler au Congrès.

« Dans une grotte située à Oyes (Marne), explorée à la fin de l'année 1873, j'ai trouvé un grain de collier en ambre. La grotte qui recélait ce collier ne contenait que des objets en pierre.

« Cet objet en ambre, d'une ressemblance frappante avec le grain de collier représenté dans l'ouvrage de M. Nilsson, a

---

1. Damour, *Sur la calaïs. Comptes rendus de l'Acad. des Sciences*. Paris, vol. LIX, page 938.
2. *Loco citato.*

été trouvé en France, dans un milieu préhistorique de l'époque de la pierre polie. C'est un simple fait. Mais le fait est un jalon. Il signale la présence de l'ambre à une époque où il n'avait pas été remarqué jusqu'à présent.

« On a même prétendu que l'ambre ne se rencontrait pas dans les milieux préhistoriques privés de métaux.

« D'un autre côté, si l'on ne peut considérer cet ambre comme indigène, il met en vue un point géographique où l'ambre, importé des régions du Nord, serait parvenu.

« La nature de l'ambre recueilli pourrait, jusqu'à un certain point, autoriser à le considérer comme indigène, car il est très-pur. En outre, le département de l'Aisne, qui confine avec la Marne, renferme de nombreux dépôts contenant du succin. Cette cosidération n'a pas cependant une grande portée ; car la présence de l'ambre, constatée dans les temps modernes, n'admet pas nécessairement qu'il était connu dans les temps préhistoriques. L'industrie des époques suivantes, qui en faisait un abondant usage, n'en aurait pas, il le semble du moins, si complétement perdu l'usage et le souvenir. Je suis très-autorisé à tenir ce langage, car j'ai trouvé dans des sépultures franques de nombreuses parures en ambre, composées parfois de grains de forte dimension et d'une épaisseur considérable ; cet ambre, à mon avis, n'est pas d'origine française, et il se rencontre dans les mêmes parages que celui trouvé dans le milieu préhistorique. J'ai de plus été en position de comparer cet ambre avec des échantillons d'ambre français, et j'ai noté des différences essentielles.

« Il résulte donc de ce fait que l'ambre se rencontre en France dans les grottes de l'époque de la pierre polie, contrairement aux assertions de plusieurs archéologues. De plus, cet ambre, il y a lieu de le croire, vient du Nord. La région septentrionale de la France offre cette matière dans les sépultures gauloises et franques. Or il n'en est pas de même dans le Midi. Cependant on devrait le rencontrer dans cette partie de la France, s'il venait de régions plus méridionales, puisque les communications étaient plus faciles et la fréquentation plus ancienne.

« Tout le monde sait avec quelle facilité les cavaliers germains vinrent au secours des Remi, lorsque Jules César mit le siége devant Reims. On sait également avec quelle rapidité ils reprirent la route de leur pays après la défaite. N'était-ce pas là le chemin du Nord connu depuis longtemps, par lequel l'ambre était venu en Champagne sans même passer par la Belgique comme l'ont supposé plusieurs archéologues[1] ? »

L'*arragonite* a été aussi portée comme ornement sous forme de grain de collier par les hommes de la pierre polie, dans les stations de la vallée du Petit-Morin. L'arragonite qui n'est rien autre chose que la chaux carbonatée dure, avec une addition de carbonate de strontiane, est remarquable par ses prismes rectangulaires. Ses cristaux ont de l'éclat sur leurs faces. C'est probablement par ces feux qu'ils ont attiré l'attention. L'arragonite se trouve dans les gypses de l'île de Chypre, des Alpes et des Pyrénées. Les gîtes les plus rapprochés sont en Auvergne dans les terrains volcaniques. On la trouve aussi dans les mêmes conditions en Sicile.

Nous avons remarqué dans une grotte de la station de la *Vigne-Basse* à Courjeonnet une grande quantité de petites rondelles ou grains de collier en schiste et en nacre mélangés ; ils alternaient dans la parure qu'ils formaient. Nous avons pu en conserver un certain nombre qui sont entiers. Le temps avait profondément altéré ces pièces d'enfilage. La grotte était en effet accessible aux infiltrations, parce que la voûte était tombée ensevelissant tout ce qui avait été déposé sur l'aire de la caverne. Ces grains étaient formés des exfoliations de la partie nacrée d'un coquillage et de lamelles de schiste. Il y a lieu de croire qu'ils avaient été percés et préparés en conservant toute l'épaisseur du coquillage. De même une couche de schiste avait été arrondie et perforée, ensuite les grains avaient été détachés grâce à la texture lamellaire de la matière minérale. Le travail sur une substance d'une si grande fragilité aurait été très-difficile, presque impossible même, avec l'outillage imparfait des temps néolithiques. Les grains se trouvaient répandus sur toute la surface du crâne comme s'ils avaient formé une résille. Nous

---

1. *Congrès intern. d'anthrop. et d'archéol. préhistoriques de Stockholm*, p. 811 et 812.

n'aurions pas soupçonné un pareil usage si, depuis, M. Rivière n'avait rencontré des coquilles appliquées sur la tête de l'homme de Menton et n'avait fait connaître cette parure qui devait coiffer la tête à la manière d'une véritable résille[1]. Quelles que soient du reste les raisons qui motivent la présence de ces rondelles, il est toujours important d'en constater le genre et la situation. L'opinion que nous formulons n'est pas sans fondements. Nous voyons dans l'ouvrage de M. Joly, *l'Homme avant les métaux*: « Quant aux coquilles d'espèces vivantes ou fossiles, elles étaient employées non seulement à faire des colliers, des bracelets, des anneaux, mais encore à orner des résilles pour la tête, ou les vêtements eux-mêmes, comme on l'a vu chez les hommes de Menton et de Langerie-Basse[2]. »

Comme objet de parure formant colliers, nous signalerons trois grains en quartz trouvés dans une grotte de la station d'Oyes. Deux d'une parfaite limpidité sont en cristal de roche. Le troisième, transparent, coloré en violet par les oxydes de fer et de manganèse, forme une belle améthyste. Ces grains sont polis d'une manière très imparfaite et portent le cachet de leur origine toute primitive. Ils ont été en outre percés dans leur longueur. Les perforations sont irrégulières, évasées à l'orifice. On voit que le travail a été difficile et très péniblement exécuté. Ces grains sont fort rares, ils constituaient assurément une parure recherchée. Il est inutile de faire remarquer que le pays ne produit point de cristal de roche. Le gisement le plus rapproché paraît être le Dauphiné; les quartz que nous possédons peuvent venir des roches primitives où ils sont disséminés en petits fragments. La présence de ces objets de luxe, il faut le constater, affirme des relations avec les contrées éloignées.

Les ornements en cristal de roche n'ont pas été fréquemment découverts. Néanmoins on a retrouvé un collier, dans un tombeau de la Vieille-Verrerie (Var), qui était orné de deux pendeloques en cristal de roche[3].

---

1. *Congrès de Bruxelles*, p. 168.
2. Joly, *l'Homme avant les métaux*, Paris 1879, p. 193.
3. *Matériaux*, 1878, pag. 297.

PENDELOQUES

L'usage de ces ornements était très-répandu. On rencontre en effet les pendeloques sous les formes les plus variées. Plusieurs de ces parures provenant des stations de la vallée du Petit-Morin sont en os ou en corne. Elles ont été disposées en cône allongé terminé par une tête ronde et quelquefois par

Fig. 52.

une ouverture pratiquée avec soin, destinée à les suspendre. Cette ouverture habilement pratiquée n'altère pas la forme géométrique. Nous avons trouvé sept de ces objets surmontés d'une petite sphère aplatie (fig. 52). Un seul spécimen provenant de Vert-la-Gravelle était percé à son sommet. Il se trouvait dans un crâne où il avait été volontairement introduit par le trou occipital.

M. Perrault, dans sa publication : *Note sur le foyer de Chassey*, a mentionné et représenté une pièce semblable. L'objet est indiqué dans les termes suivants : « Je figure ici, en demi-grandeur, un manche formé de l'extrémité d'un andouiller, qui a été polie avec soin et travaillée de manière à former un bouton terminal parfaitement sphérique ; c'est évidemment dans une intention d'ornementation que ce travail a été fait[1]. »

Un autre genre de pendeloque a été aussi trouvé dans les grottes néolithiques de la Marne. Cet ornement est formé des restes fossiles de bélemnites. Les bélemnites sont, comme on le sait, des fossiles des terrains crétacés. Celles qui ont été utilisées dans nos régions appartiennent à la craie blanche, où elles sont assez communes. Les bélemnites ont été diversement travaillées de manière à les approprier à leur rôle. Quelques-unes ont été conservées dans leur état naturel, c'est-à-dire telles qu'on les trouve dans les couches calcaires du pays. D'autres, au contraire, ont été polies soigneusement, ont pris une teinte ambrée et sont pour ainsi dire translucides. Dans cet état, il en est qui ont été percées d'un trou de suspension évasé à ses deux orifices. Celles qui sont ainsi munies d'une ouverture ont été divisées et forment de la sorte un corps demi-cylindrique. La perforation d'une bélemnite entière eût du reste offert de très grandes difficultés. Le moyen de suspension pour d'autres spécimens a été simplifié : il se borne à une rainure destinée à retenir le fil suspenseur. Quelquefois on remarque sur les bélemnites, comme ornementation, uniquement un trait circulaire. Nous avons conservé aussi des bélemnites dont la conformation naturelle avait été profondément modifiée par un travail énergique, qui avait pour but de leur donner la forme de quelques grains de collier réunis. Cette pièce pouvait être portée telle qu'elle existe présentement, ou bien elle était destinée à faire des grains de collier qui devaient être isolés et détachés par un dernier travail.

Il existe aussi des pendeloques composées de différentes

---

1. Perrault, *Note sur un foyer de l'âge de la pierre polie*, p. 13.

formations minéralogiques d'un aspect extraordinaire, bizarre, ayant des cavités ou des perforations naturelles qui en rendent la suspension facile. Dans ces circonstances, le type est toujours unique et ne fournit que des spécimens isolés.

L'arragonite a aussi fourni la matière d'une pendeloque qui a été trouvée dans une grotte de la station de *Razet*. L'arragonite a une cristallisation qui donne des reflets brillants; il est probable que cette particularité devait la faire rechercher comme nous l'avons déjà dit. Du reste son aspect était de nature à le faire remarquer par les populations néolithiques,

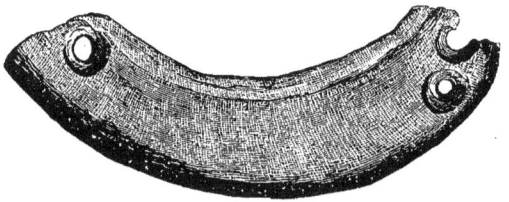

Fig. 53.

qui s'emparaient avec avidité des matières qui leur paraissaient aptes à former un ornement par leur singularité.

Le schiste fut aussi très fréquemment employé pour confectionner un genre de pendeloque qui a été en grand usage et qui paraît avoir joué un rôle considérable. Ces sortes de parures devaient jouir d'une importance marquée dans l'appréciation des populations qui habitaient les stations de la pierre polie dans la vallée du Petit-Morin. Ces ornements étaient conservés avec le plus grand soin. Les accidents qui en altéraient les formes étaient réparés plusieurs fois, comme on peut encore le voir. Lorsque les trous de suspension étaient détruits par l'usage, d'autres ouvertures étaient pratiquées sur un autre point. C'est pour cette raison que ces pièces portent des brèches et ont été réduites à des proportions bien différentes de celles de la forme primitive. Ces pendeloques n'étaient pas uniquement destinées à servir d'ornement; il y a lieu de croire qu'elles servaient à aiguiser les pointes en os qui étaient alors en usage. La forme primitive de ces objets formait un demi-cercle ou représentait l'arc d'un cercle (fig. 53) et portait une ou deux perforations aux extrémités.

La série de ces objets que nous avons réunie se compose de trente et un spécimens. Vingt-quatre ont deux perforations; six ne portent qu'une perforation et un seul est dépourvu de trou de suspension.

Sur un exemplaire de ces pendeloques, on voit une encoche allant d'un trou à l'autre; cette rainure est évidemment le résultat du frottement du cordon suspenseur. Une nouvelle preuve de l'usage de porter ces parures ressort de cette particularité.

Deux objets de même forme sont en serpentine. Ils ont un aspect plus ornemental, qu'ils doivent à la matière même. La substance étant étrangère au pays, les pièces de ce genre sont plus rares.

Des objets en schiste de la même catégorie ont été remarqués dans différentes autres localités. M. de Caix en a découvert à Vauréal, dans les monuments mégalithiques qu'il a explorés[1]. D'autres ont été trouvés à Meudon, Argenteuil[2], Compans et dans les grottes du Chaffaud (Vienne), à Mizy et à Tours-sur-Marne (Marne)[3].

M. Chauvet cite également un de ces objets qu'il a trouvé dans la Charente[4].

---

1. De Caix, *Études sur quelques monuments mégalithiques de la vallée de l'Oise*, p. 29.
2. De Mortillet, *Promenades au musée de Saint-Germain*, p. 129 et 130.
3. Nicaise, *Puits funéraires de Tours-sur-Marne*, p. 15.
4. Chauvet, *Notes sur la période néolithique dans la Charente*.

CEINTURES

Des dents incisives de porc ont été trouvées dans plusieurs grottes (fig. 54). Ces dents se rencontraient, lorsqu'elles étaient en petit nombre, répandues isolément et ne paraissaient pas occuper une position fixe. Elles ont été recueillies un peu

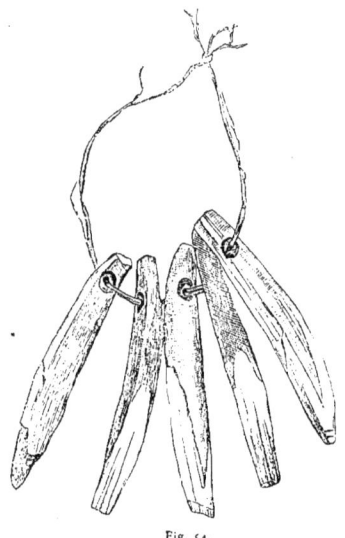

Fig. 54.

partout dans les grottes. Toutefois, dans une gotte de la station de la *Vigne-Basse,* à Courjeonnet, elles se trouvaient groupées en grand nombre. Elles formaient ceinture autour du squelette qu'elles accompagnaient. Chaque dent est munie d'une perforation pratiquée à la racine. Tout autorise à croire qu'elles avaient été réunies par un fil de manière à former une cein-

PARURES. 375

ture. La position où elles étaient rangées suffirait seule pour indiquer leur destination. Un usage existant de nos jours chez les sauvages des temps modernes, nous montre de semblables ceintures en dents de porc qui sont encore portées aujourd'hui. On voit au musée de la Haye un costume de sauvage qui comprend une ceinture en dents de porc. Cette comparaison ethnographique nous semble de nature à établir l'emploi de la ceinture en dents de porc.

AMULETTES

Déjà nous avons longuement parlé des os crâniens retaillés, perforés, qui étaient employés comme amulettes. Les rondelles

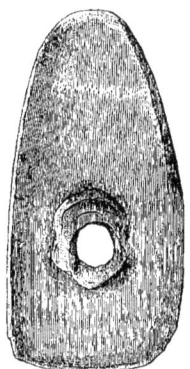

Fig. 55.

crâniennes, amulettes ou ornements, se rattachaient par un point à la question de la trépanation. Présentement il convient de rappeler que ces objets étaient affectés à un autre usage et portés comme amulettes. Plusieurs archéologues nt classé parmi les amulettes divers os travaillés que nous regardons comme des pendeloques ornementales. On a pu du reste multiplier énormément le nombre des objets considérés comme amulettes, car à l'aide de cette dénomination fort élastique on assigne facilement un rôle à des pièces d'un usage indéterminé, encore inconnu.

De petites haches perforées ont été décrites et classées par des archéologues parmi les amulettes. Une grotte de la station de la *Vigne-Basse* à Villevenard contenait une amulette de ce genre en serpentine magnétique (fig. 55).

Les fouilles opérées par M. de Caix à Vauréal ont donné une hache en jadéite munie d'une perforation qui avait permis de la placer au milieu d'un collier formé d'annelets de rondelles en os et en corne[1]. M. Brongniart, dans l'allée couverte de Bellehaye, a remarqué un objet semblable. « Nous trouvâmes, dit-il, une hache en jade vert de très petite dimension, et percée à son extrémité pointue d'un trou qui montre évidemment que cette hache n'était point une arme, mais un ornement destiné à être suspendu au cou ; au même endroit, j'ai trouvé plusieurs petites pierres rondes percées et une assez grande quantité de petites rondelles percées faites en nacre de coquilles et provenant évidemment d'un collier[2]. »

La mâchoire inférieure d'un petit carnassier est percée à l'extrémité comme ayant été portée pour servir d'ornement ou en qualité d'amulette. Un fait semblable a été mentionné par un archéologue qui constata l'amour des ornements chez les peuplades néolithiques, en faisant ressortir qu'elles ne se bornaient pas à porter des dents d'animaux percées, mais la mâchoire entière.

Un fragment de carapace de tortue a été observé dans une grotte de la station d'Oyes. L'écaille a été retaillée, polie et percée d'un trou de suspension. Les aspérités naturelles sont presque toutes effacées ; on peut en conclure qu'elle a été

---

1. De Caix, *loco citato.*
2. *Bul. Soc. d'anthrop. de Paris,* 1874, p. 560.

longtemps en usage. On y remarque sur toute l'étendue les traces d'un frottement réitéré résultant de l'usage. L'emploi ne saurait être révoqué en doute.

Un fragment de carapace de tortue simulant une amulette crânienne a été présenté à la Société d'anthropologie de Paris par M. Chauvet et étudié par M. Broca. Après avoir été soumise à une sérieuse étude, l'amulette fut reconnue comme étrangère aux os crâniens de l'homme et des animaux. Plus tard l'examen microscopique qui en a été fait par M. Latteux

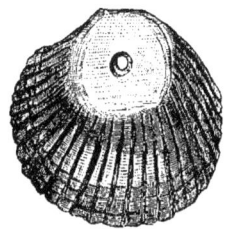

Fig. 56.

a prouvé que cette pièce avait été prise dans le bord d'une carapace de tortue[1]. Le fait que nous relatons n'est donc pas isolé et se rattache à une coutume.

Un fragment carré de défense de sanglier, pris dans la partie la plus large, constitue une pièce qui se rapproche, sous le rapport de l'aspect, de l'amulette que nous venons de citer. Cet objet, d'une grande régularité, est pourvu d'un trou de suspension; des traces qui y sont empreintes attestent un long usage.

Les coquilles perforées sont entrées dans la composition de diverses parures de l'époque néolithique. Leur rôle a été très-varié, les différentes positions qu'elles affectaient dans les sépultures le prouvent. La multiplicité des coquilles perforées,

---

1. *Bull. Soc. d'anthrop. de Paris*, 1876, p. 461 et 511.

378 PARURES.

qui ont eté incontestablement portées comme ornement, classe ces objets au rang des parures les plus vulgarisées. Parmi ces coquilles, il en est qui sont d'origine marine. Dans un grand nombre de circonstances, elles conservent leur forme naturelle, et d'autres fois elles sont profondément modifiées par des retailles énergiques. Les *cardium* et leurs congénères sont largement représentés; plusieurs étaient probablement fossiles. Les perforations que ces coquilles portent à la charnière ont

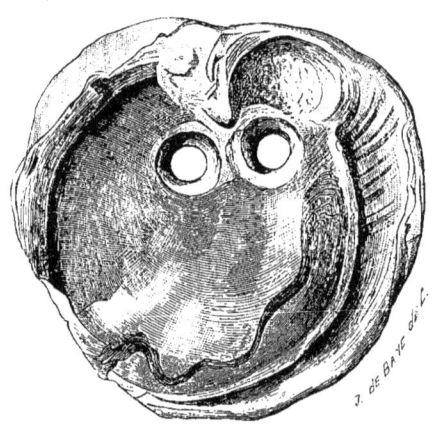

Fig. 57.

été opérées par le frottement contre un corps dur (fig. 56).

M. Dupont, énumérant les coquilles provenant du trou de Chaleux, ajoute : « Ces coquilles ont été d'ordinaire trouées artificiellement près de la bouche, soit par un outil appointé, soit par le frottement[1].

Les coquilles lacustres ou fluviatiles sont très-nombreuses dans les stations du Petit-Morin. Le plus souvent elles ont deux perforations et conservent leurs dimensions naturelles. D'autres, au contraire, ayant subi des retailles considérables, ont été réduites, et leur forme a été essentiellement modifiée.

1. Dupont, *l'Homme pendant les âges de la pierre*, p. 158.

Les coquillages qui présentent la plus grande dimension et qui produisent le plus d'effet parmi les parures de ce genre sont les coquillages percés de deux trous qui appartiennent au genre *unio littoralis* (fig. 57). La partie nacrée est très-brillante. Cet ornement a été aussi retrouvés dans d'autres localités. M. de Mortillet en cite qui proviennent du dolmen d'Argenteuil[1]. D'autres collections renferment aussi de ces coquillages ayant servi d'ornements à l'époque de la pierre polie. Le genre *ciprœa* a été aussi retrouvé dans les grottes de la Marne. Le *cône* perforé à son sommet était également en usage parmi les populations de nos stations. On peut leur appliquer ce que M. Dupont a lui-même remarqué : « Les ornements abondent dans leurs demeures, des pendeloques de toute sorte, des pierres à reflets agréables. Les dents des animaux étaient également portées comme des ornements; elles ne faisaient pas seulement partie des colliers, elles étaient aussi employées isolément. Nous avons remarqué et conservé, comme provenant des stations du Petit-Morin, des dents de loup, de cheval, de bœuf et de renard. Des faits semblables ont été remarqués sur beaucoup d'autres points. Il faudrait pour ainsi dire indiquer toutes les fouilles qui ont été faites. Des dents d'animaux, notamment la canine d'un jeune ours, ont été perforées; c'étaient évidemment des ornements[2]. »

Les stations de la Marne affirment avec surabondance ce que M. Desor a lui-même reconnu : cependant les peuplades de l'âge de la pierre n'en étaient pas réduites au seul souci de pourvoir à leur existence. Quelque chétifs que fussent leurs armes et leurs ustensiles, le besoin de se parer ne leur était pas complétement étranger, comme l'attestent quelques ornements faits de pierre et d'os. Ces objets ne pouvaient être de leur nature que très-simples. C'étaient des dents de carnassiers percées d'un trou, et qu'on portait sans doute en guise de collier mêlées avec des disques ou grains d'os et de bois de cerf également percés[3].

---

1. Dupont, *l'Homme pendant les âges de la pierre*, p. 155.
2. Dupont, *loco citato*, p. 157.
3. Desor, *Palafittes*, p 29.

L'ensemble des parures qui se trouvaient dans les grottes de la vallée du Petit-Morin est plus riche, plus complet, et démontre un grand progrès.

LA CÉRAMIQUE

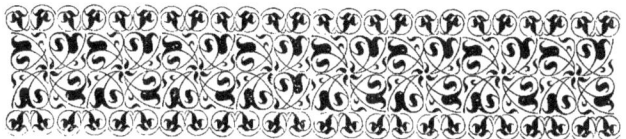

LA CÉRAMIQUE

N peut arffimer, sans avoir à redouter une sérieuse contradiction, que les poteries de la période quaternaire sont d'une extrême rareté et souvent l'objet de graves discussions. Les vases en terre qui avaient été déposés dans les grottes des stations néolithiques de la vallée du Petit-Morin sont donc probablement, sinon les plus anciens, au moins les premiers représentants incontestés de la céramique. Les vases qui proviennent des dolmens appartiennent à une époque beaucoup plus rapprochée et à une civilisation certainement plus avancée; personne n'en saurait douter. Un œil un peu exercé distingue simplement à la vue les poteries des dolmens. Ces dernières sous le rapport de l'ornementation offrent beaucoup plus d'analogie avec la céramique de l'époque du bronze qu'avec les tentatives grossières de décoration propres à la pierre polie, qui se rencontrent, fort rarement du reste, dans les grottes de la Marne.

Les archéologues insistent avec une grande force pour

faire ressortir que les ustensiles de première nécessité, fournis par la céramique, sont si fréquemment employés par l'homme, qu'il semble impossible de supposer qu'il ait pu rester longtemps privé de leur indispensable secours. L'idée de se procurer des véhicules pour les liquides a dû germer rapidement dans son esprit.

Cependant les études ethnographiques préconisent certaines peuplades, qui ne possèdent aucune poterie, et chez lesquelles la céramique la plus élémentaire est encore inconnue. La difficulté de concevoir le modèle d'un vase rudimentaire n'est pas aussi terrible qu'on pourrait le croire. Sans nous arrêter à la banalité accoutumée des pas de l'homme et des grands animaux, susceptibles d'indiquer tout à la fois et la forme et la matière des vases, ne savons-nous point que tous les règnes de la nature fournissent avec une merveilleuse variété des récipients naturels, capables de suggérer la forme des premiers types et de fournir de nombreux modèles? Est-il en outre bien conforme à la réalité des faits de considérer l'homme comme tellement dépourvu d'intelligence et d'aptitude que l'invention d'un vase grossier eût été pour lui un acte d'une portée extraordinaire? Des enfants, élevés loin des pays où l'on fabrique la poterie, font pour leur bon plaisir de grossiers essais qui n'étaient pas certainement au-dessus des efforts de nos populations préhistoriques. Cette habileté incontestable, qui s'affirme dans le confectionnement de l'outillage si varié des époques primitives, ne serait-elle pas une étonnante anomalie, si on s'obstinait à refuser à l'homme la dextérité et l'intelligence nécessaires pour exécuter avec succès une ébauche de poterie? L'absence de vases peut s'expliquer par l'emploi des peaux et des vessies des animaux utilisées pour contenir et transporter les liquides. Mais ces moyens ne remplacent pas le récipient en terre cuite dans une foule de circonstances. Nos appréciations se retrouvent avec certaines variantes dans les lignes suivantes : « Chose rare, en étudiant le travail céramique chez les peuples encore enfants, on peut se rendre compte de la marche suivie par les nations les plus antiques, et appuyer ainsi les inductions suggérées par le raisonnement sur l'observation directe de faits actuellement en évolution. Les peuplades sauvages confectionnent aujourd'hui, avec les matériaux les plus primitifs, des vases que l'œil pourrait confondre avec les premiers essais des Grecs, des Étrusques ou des Incas ; elles emploient les mêmes procédés, inventent les mêmes modes décoratifs, confirmant cette loi qu'admettrait *à priori* la philosophie la plus élémentaire, savoir: que les idées identiques naissent dans des conditions semblables et se développent plus ou moins rapidement suivant des circonstances prévues.

« Le jour où l'homme, marchant sur un sol argileux, détrempé par l'inondation ou les pluies, s'est aperçu que la terre conservait l'empreinte de ses pas, la plastique était découverte; lorsque, allumant un grand feu pour réchauffer ses membres ou pour cuire ses aliments, il a remarqué que l'aire du foyer changeait de nature et de couleur, que l'argile rougie devenait sonore, indétrempable, invariable dans sa forme nouvelle, il avait trouvé l'art de fabriquer des vases propres à contenir les liquides. Qu'on observe les curieuses épaves de l'âge de pierre, c'est-à-dire les ouvrages des premiers temps du monde, ou les essais des sauvages de la Polynésie ou de l'intérieur de l'Afrique, on reconnaîtra que partout les choses ont commencé ainsi, et qu'une progression d'expériences semblables a partout amené des progrès analogues[1]. »

Les peuples chez lesquels les vases en terre sont inconnus, aussi bien que les foyers qui n'en conservent aucune trace, prouvent uniquement que les mœurs contemporaines ne comportaient pas l'usage de ces vases multipliés, de formes nuancées, qui naquirent avec les progrès de la civilisation. La conservation de l'eau et des différents liquides, qui joue un si grand rôle aujourd'hui, n'atteignait pas primitivement une si haute importance dans les habitudes d'un peuple naissant. Combien de coutumes qui nécessitent l'intervention des liquides, qui sont essentiellement consécutives aux développements d'une civilisation déjà perfectionnée! Les stations des âges de

---

1. Albert Jacquemart, *Histoire de la céramique*, p. 1 et 2.

la pierre ne sont-elles pas ainsi, sauf quelques exceptions, situées généralement auprès des cours d'eau, dans le voisinage des sources, réservoirs naturels inépuisables, où l'homme trouve en abondance l'eau dont il varie les usages selon ses désirs? Pénétrons dans certaines maisons de nos populations rurales, et nous trouverons des familles où la céramique compte seulement quelques modestes produits affectés selon les circonstances aux rôles les plus variés.

Les foyers quaternaires, exempts de tout remaniement, auraient parfaitement conservé les vases ensevelis sous une couche épaisse de détritus, de cendres et de terre. L'absence de cuisson n'empêche pas les poteries séchées de résister à l'action du temps, lorsqu'elles sont immobilisées et recouvertes de matières protectrices. On ne trouve presque point de vases, parce que les hommes de l'époque paléolithique en employaient peu ou point. Les tranchées qui conduisent dans les grottes néolithiques ont itérativement donné des fragments de vases bien conservés, parce qu'ils étaient enterrés à l'abri des influences atmosphériques, et placés dans des conditions avantageuses, qui en assuraient indéfiniment la conservation. Ces fragments, atteints une grande partie du temps par les infiltrations des pluies, se ramollissaient et ressemblaient à une pâte consistante, qui se malaxait aisément; mais, après quelques heures d'exposition aux rayons solaires, ils devenaient susceptibles d'être transportés. Les cavernes naturelles fréquentées à l'époque paléolithique étaient, dans leur plus grand nombre, favorables à la conservation, puisqu'elles préservaient les objets abandonnés, ou intentionnellement déposés, de la pluie et des intempéries des saisons.

Les témoins de la céramique quaternaire ont été très-discutés. Plusieurs appartiennent aux couches supérieures des cavernes, et peuvent avoir été laissés par des populations d'une autre époque. Les jugements critiques qui ont été portés sur quelques autres spécimens de poterie, qui semblent se rattacher à la période paléolithique, inspirent des doutes, et imposent une prudente réserve.

Le vase trouvé par M. Dupont dans le trou du Frontal

est comparativement si soigné au point de vue de la fabrication, qu'il donnerait une supériorité incontestable à la céramique de la pierre taillée. Il suppose en effet une pratique plus savante, une meilleure inspiration sous le rapport de l'élégance que les types de l'époque néolithique. Il se rapproche d'une manière frappante de quelques formes contemporaines des métaux. La découverte de ce vase provenant du trou du Frontal a été mentionnée dans les termes qui suivent : « Les fragments d'une urne qu'il a été possible de reconstruire et qui est un des produits les plus curieux de la céramique primitive[1]. » Précédemment, le savant archéologue avait dit : « Le trou du Frontal est plutôt un abri sous roche qu'une véritable caverne[2]. » Cette circonstance nous paraît d'une grande importance et digne d'être remarquée.

La question de la céramique à l'époque quaternaire dispose, du reste, de si peu de documents certains pour la guider avec autorité, que plusieurs archéologues ont cru pouvoir affirmer que la poterie était inconnue pendant cette période. D'autres moins affirmatifs ont suspendu leur jugement et attendent de nouvelles données pour se prononcer. Cependant la question de l'origine et de l'invention d'un art si utile que la céramique est par sa nature d'un grand intérêt.

Faut-il absolument voir dans les poteries une indication du degré de perfectionnement de la civilisation ? La céramique peut, dans certaines conditions données, servir de règle, mais il n'en est pas de même pour les âges primitifs. Certainement l'usage des vases en terre remonte à des temps très-reculés. Mais est-on autorisé néanmoins à se demander logiquement, à cette occasion, à quel âge de l'humanité remonte l'invention de la céramique ? Les stations les mieux caractérisées de la pierre ne personnifient pas l'humanité. Les tribus préhistoriques, branches de la grande famille humaine, sont sans doute les bases des ramifications suivantes, mais elles ont pu se détacher d'un tronc qui jouissait déjà d'une civilisation plus avancée, que les ressources matérielles nécessaires n'ont

---

1. Dupont, *l'Homme pendant les âges de pierre*, p. 198.
2. Dupont, *loco citato*.

pu conserver. Il semble difficile de déterminer à quel âge de l'humanité remonte l'invention de la céramique, par les documents que nous étudions présentement.

Quelle que soit du reste la solution qui sera donnée à ce problème, il s'attache un grand intérêt à l'origine d'une industrie dont le rôle est si vaste et si splendide. Nous possédons dans la vallée du Petit-Morin un des plus antiques anneaux de cette chaîne qui se prolonge à travers les âges avec de si merveilleuses améliorations. M. Mazard a heureusement exprimé dans les lignes qui suivent la portée de la question : « L'art du potier, dit-il, s'il n'est pas le premier en date, si même ses progrès ont été moins sensibles au début que ceux de la métallurgie, n'est pas moins l'art qui s'est développé de la façon la plus générale et la plus heureuse. Chez presque tous les peuples, ses progrès suivent la marche de la civilisation, ils en sont quelquefois les seuls indices ; et depuis le simple fragment qui, à défaut d'autre document, peut prendre la valeur d'un titre historique, jusqu'aux productions les plus parfaites de la Grèce et de l'Europe, la céramique sous toutes ses formes est une source inépuisable d'études pour l'archéologue, soit au point de vue de l'histoire, soit au point de vue de l'art[1]. »

La collection des poteries néolithiques, que nous avons formée par nos recherches dans la vallée du Petit-Morin se compose de vingt-trois exemplaires, parmi lesquels figurent deux parties notables de vases de plus, un nombre très-considérable de fragments attestent l'existence d'une grande quantité d'autres vases brisés. Il est facile, en voyant ces nombreux produits, de se faire une idée de l'importance du rôle de la céramique dans les mœurs des populations des stations de la pierre polie.

Tous les vases ont été trouvés exclusivement dans les grottes ; ils affectaient des positions plus ou moins rapprochées des squelettes qu'ils accompagnaient. Les situations qu'ils occupaient étaient variées, selon les circonstances, et ils

---

1. M. Mazard, *la Céramique*, p. 4.

présentaient des particularités intéressantes, que nous ferons connaître dans le cours de notre exposé.

Toutes les grottes ne contenaient pas de vases ; le plus grand nombre même en était dépourvu. Jamais les sépultures qui comptaient un grand nombre de sujets, comme celles dont nous avons parlé page 175, n'ont donné la moindre trace de produits céramiques. Les sépultures mélangées, que nous considérons comme renfermant les membres d'une même famille, en contenaient beaucoup plus que toutes les autres.

Ces remarques sont rigoureusement fondées sur des faits examinés avec un soin attentif ; elles permettent peu de reconnaître une destination funéraire absolue et générale aux vases déposés dans les sépultures. Les différences si variées dans les situations des vases, qui n'offrent aucuns caractères fixes dans les positions qu'ils affectent, la manière dont ils sont posés, si propre à indiquer leur usage, s'opposent à la pensée d'un rôle funèbre admis. Un emploi funéraire ordinaire comporterait vraisemblement un plus grand nombre d'exemplaires : les sujets inhumés étaient si multipliés ! Dans les nécropoles des époques subséquentes, les vases, les urnes funéraires abondent ; néanmoins il faut bien admettre que certaines sépultures en sont souvent dépourvues. Nos vases néolithiques, sauf de rares exceptions, ne paraissent pas davantage se rattacher à un rite ; on ne retrouve pas d'ossements d'animaux ; ils ne laissent apercevoir aucunes traces de liquides. Sont-ils des symboles de la profession comme les antiques sépultures égyptiennes en fournissent de nombreux témoignages ? ou bien leur présence est-elle due à l'attention bienveillante des parents qui ont voulu laisser à un mort regretté les objets qu'il avait affectionnés pendant la vie ? Parmi les observations dont l'examen des grottes a fourni les éléments, deux vases font cependant exception. Le premier, provenant d'une grotte très-riche de la station des *Vignes Basses* à Villevenard, contient des os calcinés, noircis par le feu, et des matières terreuses. Les ossements appartiennent à l'espèce humaine : il est facile encore de discerner des fragments de côtes et une rotule. Les petites dimensions de ces restes indiquent certainement un jeune sujet. Cet exemple de crémation peut être un fait exceptionnel, nécessité par une mort survenue pendant le cours d'une migration. Le second vase, trouvé dans la station de *Vert-la-Gravelle*, d'une fabrication plus soignée, renferme de la cendre mélangée à une substance calcaire qui offre l'aspect d'une poudre homogène assez fine. Ce sont probablement les produits d'une incinération pratiquée sur le sol crayeux du pays. Ces deux faits sont les seuls qui aient été remarqués. Déjà nous avons signalé la présence d'ossements carbonisés; cette circonstance vient encore s'ajouter à d'autres observations du même genre, et semble de nature à établir que les ossements qui subsistaient après la crémation étaient parfois recueillis et déposés dans les grottes affectées à un mode de sépulture tout différent. Quant à la cendre blanche, sa signification n'est pas pour le moment suffisamment déterminée; cette homogénéité qui la caractérise ne convient guère aux résultats d'une incinération. Rien, d'un autre côté, n'insinue la destination.

La position occupée par les vases n'était pas la même dans toutes les grottes. Dans la station de *la Vigne-Basse*, à Courjeonnet, les vases étaient placés près de l'entrée de la grotte dans l'intérieur. Ils étaient rangés le long de la paroi antérieure et penchés contre elle. Cette position leur avait-elle été donnée primitivement? Il serait peut-être téméraire de l'affirmer. Les terres s'étaient précipitées de la partie supérieure de la grotte et elles pouvaient, dans leur chute et par la pression, avoir incliné les vases qui trouvèrent naturellement un point d'appui contre la paroi près de laquelle ils avaient été déposés. Dans une grotte située à Oyes, deux vases de forme cylindrique étaient couchés sur l'aire de la caverne et placés à 1 ^{m},50 environ de la paroi du fond, et à une distance de 60 centimètres du squelette. Un des vases était vis-à-vis de la partie inférieure du tibia et l'autre à la hauteur des épaules; l'ouverture était tournée vers le squelette. Cette position était celle qui leur avait été primitivement assignée; aucune cause visible n'avait pu les renverser. Du reste, la régularité symétrique des situations ne permet pas d'admettre l'intervention d'une force inconsciente, ou d'un accident fortuit. Le sol de la caverne était d'une propreté remarquable, il n'existait aucun indice d'éboulement. La position des vases était celle qui leur avait été primitivement donnée, comme nous l'avons dit précédemment. Selon toutes les apparences, ces vases n'avaient rien contenu; ils n'avaient pas été employés comme véhicules, ni comme récipients. Le vase de Vert-la-Gravelle devait nécessairement reposer sur le fond, puisqu'il contenait une matière pulvérulente. Il était très-rapproché des squelettes, car il était placé entre deux sujets parallèles; il devait être en contact immédiat avec les corps, lorsqu'ils conservaient encore leurs parties molles. Le vase de Villevenard, dans lequel nous avons signalé la présence des ossements brûlés et calcinés, était aussi debout : cette position était la conséquence obligée de l'emploi auquel il était affecté.

Plusieurs autres vases, parmi ceux que nous avons reconstitués, étaient susceptibles d'occuper de semblables positions, mais des éboulements survenus les avaient réduits en fragments ; il est très-difficile de déterminer leurs positions respectives. Deux autres vases étaient réunis dans une même grotte du groupe de la craïère de Villevenard ; ils étaient placés à 0^m,30 de la tête d'un squelette. La terre qui était tombée de la voûte de la caverne les avait remplis ; ils reposaient sur le sol et se trouvaient encore debout et intacts lorsqu'ils ont été découverts. Le premier vase trouvé dans la station de *Razet* était appliqué sur un crâne, comme si on avait voulu l'en coiffer. Tous ces faits n'ont certainement pas une signification intentionnelle. Nous les notons exactement néanmoins, parce qu'ils peuvent un jour recevoir leur interprétation. Les découvertes de l'avenir apporteront certainement de nouvelles lumières, et la multiplicité des faits identiques contribuera à établir l'existence d'une coutume, d'un usage existant parmi les tribus des temps de la pierre polie.

La poterie préhistorique des stations de la Marne appartient au même et unique genre de fabrication, avec quelques nuances légères. Tous les vases se rangent dans la classe des terres cuites à pâte tendre, sans glaçure, à surface mate ou terne. Nos poteries constituent l'enfance de l'art dans sa plus grande simplicité. C'est, selon M. Jacquemart, « la plastique proprement dite qui remonte à la plus haute antiquité et dont on retrouve l'usage dans les civilisations naissantes [1] ». Cependant un procédé, bien différent de celui auquel nous devons nos vases, est aussi indiqué : « Suivant Tylor, le vase en bois ou la corbeille de jonc ou d'osier aurait été, à proprement parler, le premier substratum de la céramique ou de l'art du potier. Enduit, soit à l'intérieur, soit à l'extérieur, d'une couche d'argile destinée à mieux protéger le contenant ou le contenu, puis consumé par une combustion volontaire ou par un incendie purement accidentel, le bois détruit aurait laissé intact le revêtement argileux. De là à l'idée de faire des vases avec la terre seule et de la durcir au feu, il n'y avait réellement qu'un pas à franchir ; le pas fut franchi en effet et l'art du potier prit naissance. Le procédé indiqué par M. Tylor paraît avoir été employé de temps immémorial par les sauvages du nouveau continent [2]. » Ce mode de fabrication ou plutôt cet aspect de l'industrie céramique, dont on retrouve des traces à des époques plus rapprochées, n'a laissé aucun vestige dans les stations de la pierre polie de la vallée du Petit-Morin. Les vases que nous conservons n'ont pas été moulés ou appliqués sur des produits naturels. On ne rencontre nullement les traces de ces procédés ; du reste, les formes ne rappellent aucun objet connu dans la nature. Nos poteries ont été pétries et faites à la main. Le travail est d'une extrême grossièreté et révèle peu d'habitude ; c'est l'œuvre d'un ouvrier inexpérimenté. La terre, imparfaitement préparée et insuffisamment malaxée, forme une pâte qui manque de cohésion, mélangée de diverses matières. Sa porosité est très-grande et la cassure prend l'aspect de celle d'une brique composée d'une mauvaise terre mal cuite. Les graviers nombreux incorporés dans la pâte entraient naturellement dans la composition de la terre, ou bien ils s'y étaient accidentellement attachés. Les places sur lesquelles opéraient nos

---

1. M. Jacquemart, *Histoire de la céramique*, p. 5.
2. M. Joly, *l'Homme avant les métaux*, p. 279.

potiers primitifs, ne devaient pas être très-soigneusement préparées. Souvent des traces incontestables de charbons sont faciles à reconnaître dans les cassures des poteries néolithiques. Il est fort probable que des matières végétales ligneuses avaient pénétré dans la pâte ou dans la terre employée et que l'action du feu les avait carbonisées dans la suite. Les quelques vases à parois minces que nous avons découverts sont formés d'une pâte plus homogène dont les graviers étaient proscrits par la force même des choses. La présence des corps étrangers dans l'argile ne nous paraît pas avoir été le résultat d'une introduction voulue, car les matières étrangères à la terre plastique présentent peu d'analogie et ne revêtent pas cette physionomie uniforme, qu'un même procédé de fabrication offrirait certainement. Des hommes compétents, nous ne l'ignorons pas, ont pensé que ces graviers étaient destinés à diminuer les qualités plastiques de l'argile et à prévenir le retrait qui s'opère dans la cuisson. Cette opinion, qui peut être très-fondée pour certains cas, ne paraît pas applicable aux produits céramiques des grottes de la Champagne. Les procédés de fabrication employés, selon ces règles, nous sont inconnus; nous sommes d'autant plus porté à les récuser, que les vases dont la texture possède le plus de sonorité et de cohésion sont totalement dépourvus de graviers.

La cuisson des vases dont nous parlons a été très-imparfaite et d'une grande inégalité. Ces résultats si peu satisfaisants sont attribuables à la manière employée pour cuire. Il est évident qu'une cuisson pratiquée à l'air libre ne pouvait donner des produits d'une qualité convenable. C'est de ce procédé que proviennent les teintes si différentes, ces coups de feu variés et l'absence d'homogénéité dans la texture. Quelques vases revêtent un aspect intérieur uniforme; il est possible que cette régularité dans la nuance ait été obtenue en ensevelissant le vase à cuire dans des matières incandescentes qui le préservaient des variations atmosphériques, en conservant dans leur masse une chaleur égale et prolongée.

Les exemplaires de céramique que nous venons d'indiquer sommairement se reconnaissent pour le plus grand nombre aux caractères généraux mentionnés plus haut. Tous cependant ne sont point dans les mêmes conditions, au point de vue de la cuisson. Deux vases font exception, l'un provient de Vert-la-Gravelle, l'autre de la station d'*Oyes*. Il semble que ce dernier a été confectionné avec une terre dont la silice aurait été rendue fusible par la présence fortuite d'un alcali. Ces deux vases sont beaucoup plus durs que les autres ; leur cassure n'est pas terreuse, mais d'une texture résistante et d'une solidité qui ne redoute pas les chocs. Nous ferons remarquer qu'ils étaient dans des grottes que nous avons regardées comme appartenant à la fin de la pierre polie. Il est à croire qu'après de longs tâtonnements les ouvriers avaient acquis une expérience qui leur donnait des produits d'une plus grande perfection. La terre pouvait aussi avoir contribué à la production de ces qualités supérieures, car il existe dans les environs de la grotte des terres qui ont été employées à faire la poterie à des époques historiques très-reculées.

Certaines irrégularités, qui frappent dans la cuisson des vases, sont attribuables à l'usage auquel ils ont été affectés. La partie exposée au feu devait nécessairement se durcir, et prendre des caractères qui disparaissent sur les parois qui n'avaient pas subi le contact du foyer. Les teintes noires, qui se voient sur un certain nombre de vases, ne proviennent pas de la cuisson destinée à durcir la terre du vase cru, elles sont le résultat de l'enfumage produit par l'usage. Les tons noirs ne subsistent que lorsqu'ils sont dus à une chaleur intense ; ceux qui résultent d'une cuisson pratiquée à l'air libre et imparfaite n'auraient pu résister aux frottements, à de fréquents emplois, aux approches réitérées du feu et aux contacts multipliés des liquides doués de propriétés chimiques. La variété qui existe dans la cuisson ne saurait être attribuée à un genre de fabrication particulier. La dimension, l'épaisseur du vase devaient nécessairement créer des nuances spéciales. Les parois épaisses conservent leur partie centrale dans un état terreux.

Les parties intérieures échappaient effectivement à l'action de la chaleur, puisqu'elles ne pouvaient éprouver l'in-

LA CÉRAMIQUE.

fluence d'une température élevée et constante, sous la double protection de la paroi interne et externe. Ainsi deux vases d'épaisseurs différentes pouvaient sortir de la main du même artisan et revêtir des caractères très-opposés. Le même vase offre fréquemment des variantes dans les diverses parties de son pourtour; les parois supérieures amincies sont plus dures que le pied ou fond, très-épais ordinairement. Les différences sont souvent si tranchées que les bords de l'ouverture paraissent provenir d'un autre vase que le fond auquel ils appartiennent réellement.

La destination des vases, si on en juge par les formes, les dimensions surtout et leur solidité, devait être certainement très-variée. Les poteries bien cuites étaient susceptibles de contenir des liquides, quelques-unes se prêtaient assurément à ce rôle et peuvent former une catégorie distincte. D'autres, d'une pâte de moindre densité, allaient parfaitement au feu et rendaient ainsi de précieux services; elles forment une seconde catégorie. Les distinctions que nous établissons ne sont pas arbitraires; car il se trouve beaucoup de vases qui ne portent point la plus légère trace du feu, en dehors de la cuisson subie antérieurement à l'usage. Plusieurs vases sont si petits qu'ils possèdent à peine la capacité d'un verre à boire ordinaire. Leur emploi devait être différent de celui des premiers grands spécimens dont nous avons parlé. Leur exiguïté leur assigne un rôle approprié. Enfin il existe des poteries qui sont fêlées et qui n'ont point été répudiées; néanmoins les fêlures excluent la possibilité d'y conserver des liquides; elles devaient être affectées à une destination particulière. Il y a lieu de conclure que, déjà à l'époque néolithique, l'emploi des vases était très-nuancé et que leur rôle était différencié selon les besoins.

La céramique, on l'a répété avec une certaine emphase, permet de suivre, à travers les siècles, les progrès de l'intelligence humaine. S'il est vrai qu'elle puisse donner approximativement la mesure des efforts tentés par l'homme vers les choses de l'art, nos produits néolithiques ne sauraient guère affirmer que les premières et laborieuses tentatives d'un être dénué sinon d'intelligence, au moins de tous les moyens matériels nécessaires pour le servir utilement. Sous un autre point de vue, si rudimentaires qu'ils soient, nos vases, intéressants par leur naïve simplicité, nous fournissent de rares détails sur les mœurs de l'homme de la pierre polie. Ils retracent, en effet, des traits nombreux de ses habitudes et attestent un état relatif de civilisation. Déjà il s'applique à rendre son existence moins précaire et s'assure, par des travaux de prévoyance, les moyens de pourvoir à ses besoins.

La physionomie des vases néolithiques des stations, lorsqu'ils sont simplement l'objet d'un coup d'œil rapide, semble la même pour tous. Cependant un examen attentif découvre beaucoup de détails qui les distinguent et les particularisent. Leur extrême simplicité les rattache, comme leur provenance, à la même industrie; mais ils fournissent à l'étude des types divers et dénotent des inspirations spéciales.

Nous avons précédemment parlé de deux vases couchés, qui se trouvaient dans une grotte du groupe d'Oyes : le premier, bien conservé dans toutes ses parties, mesure 18 centimètres de hauteur; son diamètre à l'ouverture est de 13 centimètres. Toute sa surface extérieure est boursouflée, elle ne laisse apercevoir aucune trace de polissage ou de lisssage. Le vase a été pétri et façonné à la main; la pâte a été pressée et étirée également à la main : l'aspect n'autorise point l'intervention démontrée d'un instrument. Vers la base, le vase va en diminuant, comme si on avait voulu former un cône. Puis le pied se dessine grossièrement, dans une dimension beaucoup plus petite que le vase. Immédiatement avant les bords, qui forment l'ouverture, il subit un léger rétrécissement et se termine sans rebord; on n'y voit pas le travail caractéristique des bords ordinaires. La surface intérieure offre un aspect à peu près semblable à l'extérieur; mais les irrégularités sont concaves. Il est probable que la main introduite dans le vase, lorsqu'il était encore frais, a exercé une action qui a produit les protubérances extérieures. Les parois sont épaisses, et la partie centrale est noircie. La fumée a dû exercer une influence, lorsque le vase était exposé au feu. Les preuves d'un usage réitéré sont encore parfaitement visibles. Le deuxième vase reproduit à peu près les mêmes dimensions; une partie de la paroi s'est affaissée; la cassure est terreuse, granulée. La pâte manque de cohésion; différentes matières étrangères apparaissent dans la pâte; leur présence ne paraît pas attester une préparation intentionnelle. La surface de cette poterie, à l'intérieur et à l'extérieur, est unie; bien que provenant de la même grotte, ce dernier est mieux réussi que le précédent : l'ouvrier avait pu acquérir une certaine dextérité. Les deux vases de forme cylindrique présentent néanmoins des perfectionnements. Dans le second exemplaire, le pied est large comme le vase lui-même et s'en détache à peine par une étroite dépression; les bords sont larges et s'évasent extérieurement après une gorge fortement prononcée.

Deux vases, trouvés debout dans une grotte éboulée de la station de la craïère de Villevenard, sont bien conservés. Le plus petit, le plus solide, est intact à 16 centimètres de hauteur; il est presque droit, dépourvu de panse; les bords de l'ouverture sont faiblement accusés. La dépression qui précède les bords est peu profonde. Le pied est plat et la saillie peu sensible. La surface offre des irrégularités, elle est rugueuse et rien n'indique qu'elle ait été l'objet d'un polissage ou d'un simple lissage pratiqué avec un instrument. La coloration de plusieurs points atteste qu'il a été exposé à un foyer. Le plus grand atteint 20 centimètres; sa fabrication est d'une frappante analogie avec le précédent; ce sont deux frères, s'il est permis de s'exprimer ainsi. Cependant il est ventru vers le sommet: la panse, dans tous nos vases, affecte cette position. Elle n'occupe pas la partie moyenne de la pièce, comme on le rencontre dans les modèles de céramique des autres temps. Le sillon qui forme la gorge suit immédiatement le renflement de la panse pour recevoir les bords étroits qui ressortent légèrement. Les parois sont minces et moins matérielles dans leur évidente grossièreté. Il n'y a pas à douter, ce dernier vase a été soumis aussi aux influences d'un foyer, il en conserve des marques visibles. Un spécimen de pareille dimension, mais d'une autre provenance, tout en conservant ses formes, porte une brèche à la panse. La régularité générale de ce vase laisse énormément à désirer;

il est déjeté et néanmoins il se tient debout. Cette attitude penchée provient évidemment du retrait que la terre argileuse a subi dans la cuisson; il est probable que la répartition inégale de la chaleur en a été la cause. Cette poterie, ayant une fêlure qui compromettait son existence, a été percée sur les bords de la fente de deux trous opposés destinés à rapprocher les parties réparées, par une attache. La gorge est profonde, les bords irréguliers accusent peu d'habileté, une dépression bien marquée prépare la naissance du pied. La panse est plus prononcée d'un côté. L'extérieur est assez uniforme, mais il ne donne aucune preuve d'un travail accentué pour obtenir ce résultat. Les soins que le détenteur a pris pour consolider cette poterie ébauchée expriment toute l'importance qu'il attachait à sa conservation et le prix qu'il lui attribuait. Les détériorations que cet échantillon a éprouvées sont la preuve de son emploi; les pourtours de la brèche sont brûlés.

Le plus grand vase possédant toutes ses parties mesure 27 centimètres de hauteur et 17 centimètres de diamètre. Il est fortement incliné vers sa partie supérieure, sa position est donc un peu anormale. Une légère diminution dans le bas dessine le pied, qui forme une saillie peu considérable. Ce vase de grande capacité est néanmoins dépourvu d'anses et de protubérances destinées à le porter. Cette absence d'anses dans nos poteries de la pierre polie est digne de remarque, surtout lorsqu'il s'agit d'un récipient de pareille dimension. L'antiquité de la céramique néolithique s'affirme et se distingue ainsi des produits de la période des dolmens et de l'époque du bronze.

Un autre vase conique mérite une mention à cause de ses dimensions. Il est haut de 24 centimètres et mesure 17 centimètres de diamètre. Le pied dans sa plus grande largeur a 11 centimètres. Les bords sont très-peu renversés. Vers la base, il diminue sur une minime partie, pour former ensuite un large pied qui s'appuie solidement. Le travail est rudimentaire. Malgré ses grandes dimensions, ce vase est dépourvu d'anses.

Tous les vases de la collection présentent d'intéressants détails. Cependant une description spéciale à chacun d'eux entraînerait des longueurs et nécessiterait d'inutiles répétitions.

Nous mentionnerons seulement ceux qui attirent l'attention par des particularités rares. Une poterie assez mal conservée, dépourvue de bords, se termine à l'ouverture par une coupure en biseau de la paroi qui a été taillée avant la cuisson. Nous signalerons encore un vase qui, par l'exiguïté de ses dimensions, attire l'attention : il mesure environ 7 décimètres de hauteur, son diamètre est de 6 décimètres et le pied seulement de 3 décimètres. Il est caliciforme et le seul trouvé de ce genre.

Le vase qui contient des ossements humains carbonisés est conique; il est petit et grossièrement traité; l'ouverture est dépourvue de bords, ou plutôt elle est à bords droits, formés simplement de l'épaisseur de la paroi. Le vase provenant de Vert-la-Gravelle est turbiniforme.

Plusieurs poteries, qui ont été certainement employées à des usages que nous ne pouvons déterminer, n'ont pas été exposées aux ardeurs d'un foyer après la première cuisson. Elles conservent la teinte propre aux terres peu cuites. Dans la catégorie de ces vases, nous devons en signaler un particulièrement; sa forme est d'une remarquable régularité : non-seulement les proportions sont bien gardées, mais il est soigné et sa surface n'offre point d'aspérités. Évidemment, il a été poli ou fortement lissé. Le travail n'a point dû être exécuté après la cuisson, à moins que les frottements, inévitables lorsqu'il était en usage, en aient fait disparaître les traces.

Comme nous l'avons déjà dit, nos vases sont façonnés à la main, leurs formes irrégulières l'attestent bien. Les surfaces, dans le plus grand nombre de cas, ont dû être lissées avec la main mouillée légèrement. Les exemplaires de nos vases qui ont été traités avec le plus de succès n'indiquent pas un progrès acquis; ils sont vraisemblablement des faits isolés et n'impliquent pas l'existence de procédés de fabrication perfectionnés. Les types sont presque tous les mêmes, ils appartiennent à ces genres communs employés pour les plus vulgaires usages. Lorsque les poteries n'affectent pas la forme cylindrique la plus simple, elles présentent une panse protubérante, qui s'amoindrit sans préparation préalable vers le bas, pour donner naissance à un pied rudimentaire qui pose d'une manière peu solide. Les bords, lorsqu'ils existent réellement, sont le plus souvent droits, c'est-à-dire fort simples, ou bien constamment recourbés en dehors. Les moyens de suspension font toujours défaut. La partie inférieure, qui est à proprement parler un fond plutôt qu'un pied, se résume en une saillie formée en pinçant la terre molle pour l'étendre.

La série si nombreuse de nos vases ne contient donc que des spécimens d'une simplicité rustique. Les bords, comme nous l'avons déjà dit, sont les seules parties qui fournissent les marques d'une certaine industrie. Pas la moindre trace de ces cordons surajoutés que l'on cite à l'occasion de quelques vases antiques appartenant aux peuplades des premiers temps. Cependant il nous a été permis de trouver des fragments de céramique dans des grottes bien conservées et pures de mélanges qui portent les premiers essais d'une ornementation... Nous conservons quatre restes de vases ornés. Deux présentent des impressions obtenues avec les ongles et disposées circulairement. (fig. 58). Deux autres conservent des digitations profon-

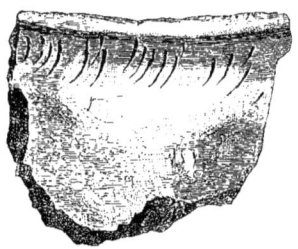

(fig. 58).

des. Ce sont là les seules ornementations destinées à la décoration de la céramique de nos stations néolithiques. Nous possédons des fragments de vases de l'époque du bronze de provenance locale[1]. La différence dans l'ornementation est énorme.

1. J. de Baye, *Sur les poteries de Barbonne (Marne)*. Congrès. intern. d'anthrop. et d'archéol. préhistoriques de Stockholm. 1874, p. 405.

Les produits de ces deux périodes voisines sont incomparables. La céramique du bronze constitue de véritables objets de luxe comparativement à nos vases grossiers à peine ébauchés. Les traces des torchis qui laissent des caractères si frappants, lorsqu'ils ont été faits avec des graminées robustes, ne se trouvent pas sur nos vases de la pierre polie.

Les nombreux spécimens de céramique composant le mobilier des grottes de la vallée du Petit-Morin forment un genre que nous retrouvons difficilement dans les divers gisements qui ont été explorés et signalés par les archéologues. Le type de nos vases (fig. 59) se distingue bien nettement des

Fig. 59.

poteries des dolmens et des produits de l'époque du bronze; nous ne saurions trop attirer l'attention des savants sur ce point. Beaucoup de poteries, décrites dans les travaux archéologiques publiés depuis dix ans, sont données comme appartenant à la période de la pierre polie, et le fait est fort douteux. La poterie que nous avons rencontrée dans les stations de la Champagne constitue le type le plus certain, le plus pur, le plus authentique et incontestablement le plus ancien de la pierre polie. Les vases d'une quantité d'autres provenances, attribués à l'industrie néolithique, appartiennent, dans la Marne, à d'autres temps. Nous en possédons les preuves matérielles; ces témoignages, nous les avons recueillis personnellement dans des foyers que nous avons scrupuleusement étudiés. Ces poteries, considérées comme se rattachant à la pierre polie, sont moins anciennes que les ébauches si primitives qui représentent les premiers efforts des habitants des grottes de nos diverses stations. En l'absence de produits plus anciens, les vases dont nous venons de parler étaient naturellement rattachés à la pierre polie, qui les datait en apparence par les restes de son industrie qui les accompagnaient.

L'industrie céramique de la période néolithique n'était pas exactement connue et le courant des idées était loin d'en vulgariser la notion. Les critiques les plus en renom avaient une inexplicable propension à rattacher les objets bien travaillés de l'âge de pierre à l'âge du bronze. Pour la céramique, le contraire s'est produit; les vases de l'époque du bronze ont été souvent attribués à la pierre polie.

Les poteries du camp de Chassey, regardées comme appartenant à la pierre polie, diffèrent énormément de celles de la vallée du Petit-Morin. M. Perrault les fait connaître ainsi : « Les fragments de vases étaient en quantité très-considérable; il serait difficile d'apprécier le nombre des récipients auxquels ils ont appartenu. Je n'ai pas recueilli moins de 223 anses, et tous les vases n'étaient pas pourvus de ce moyen de suspension. — Je dois aussi faire observer que quelques-uns me paraissent en avoir eu plusieurs, — quatre ou six. — Je n'ai trouvé rien d'à peu près entier, sauf la tasse hémisphérique. Plusieurs vases peuvent cependant être reconstitués en grande partie.

« Un certain nombre de tessons sont assez larges pour permettre de reconnaître les formes et les dimensions principales des vases auxquels ils ont appartenu.

« Ces poteries ont toutes été façonnées à la main, et souvent elles portent les traces de stries ou de lignes indiquant qu'elles ont été lissées à l'aide d'une planchette ou d'un bouchon d'herbe. La pâte très-grossière, peu compacte et très-friable dans le plus grand nombre, est quelquefois fine et bien travaillée. . . . .

. . . . La grandeur de ces vases était très-variable. Quelques-uns avaient 40 centimètres et plus de diamètre, d'autres 5 à 6 centimètres à peine. Il n'est pas possible d'apprécier la hauteur des plus grands; ceux de moyenne dimension pouvaient avoir de 15 à 20 centimètres et les petits de 0^m, 6 à 0^m, 8.

« Ces derniers étaient le plus souvent hémisphériques; d'autres sont à fonds plats, à parois verticales, ou à panse renflée au milieu de la hauteur, et rétrécie à la partie supérieure en forme de col. Les bords des vases sont ou droits et unis, ou légèrement inclinés à l'extérieur, ou aplatis et formant un mince bourrelet, qui donne de la solidité au vase et lui sert d'ornement. En un mot, les formes des vases et leur ornementation sont extrêmement variées. . . . .
. . . . Par des frictions faites avec un enduit de matières grasses, l'argile devient plus consistante, l'épaisseur des vases diminue, leur solidité augmente, les formes deviennent plus gracieuses, et l'ouvrier commence à y ajouter quelques ornements très-rudimentaires, il est vrai, mais qui témoignent du développement de son goût et de son habileté[1]. »

Nous sommes ici en présence d'un art qui a déjà progressé. Nous avons conservé des fragments de vases de l'âge du bronze qui se rapprochent des spécimens figurés par M. Perrault. Une cuillère en terre cuite provenant d'un foyer gaulois présente de grandes analogies avec les cuillères à bouche trouvées au camp de Chassey. Ces rapprochements ne sont guère de nature à nous garantir que les poteries du camp de Chassey représentent la céramique de la pierre polie proprement dite. Les palafittes du lac de Neufchâtel, dont tous les produits ont été savamment interprétés par M. Desor, ont aussi donné des vases. « Nous rencontrons, dit-il, chez nos lacustres de l'âge de la pierre un commencement d'industrie qui atteste l'aurore d'une civilisation. Ils fabriquent de la poterie informe et gros-

---

1. Ernest Perrault. *Note sur un foyer de l'âge de la pierre polie découvert au camp de Chassey*, p. 15, 16, 17.

sière à la vérité, mais qui n'en est pas moins digne d'intérêt par sa composition, autant que par sa forme et ses dimensions. Ce sont pour la plupart de grands vases pansus, façonnés à la main; le tour du potier n'était pas connu. La pâte est peu homogène, grise ou noire, jamais rouge, toujours mélangée de petits cailloux siliceux destinés sans doute à parer aux inconvénients d'une cuisson inégale et imparfaite. Il n'existe guère que des rudiments d'ornements[1]. »

Les vases des palafittes sont aussi très-supérieurs au point de vue de la fabrication à ceux des stations préhistoriques de la Marne; ils affirment une habileté qui ne paraît pas dans nos poteries.

M. de Caix de Saint-Aymour, dans son travail ayant pour titre : *Etudes sur quelques monuments mégalithiques de la vallée de l'Oise,* mentionne un vase qu'il a découvert. Cette poterie offre une grande analogie avec celle des grottes de la Marne. Malheureusement les fragments rendent la comparaison difficile. La poterie du camp de Catenoy (Oise), considérée comme une station de l'époque néolithique, s'éloigne considérablement du type de la vallée du Petit-Morin. « La pièce de céramique la plus intéressante est un vase à peu près carré, composé de quatre côtés légèrement convexes, reliés par des angles un peu arrondis; les parois ont en moyenne $0^m,1$ d'épaisseur, et le fond est fortement relevé vers l'intérieur; ses dimensions sont de $0^m,10$ à $0^m,115$ et demi de hauteur; l'une des parois est percée, à un niveau situé au-dessous du milieu de la hauteur intérieure, de deux trous parallèles disposés pour recevoir un lien de suspension. L'ornementation de cet objet est ce qui présente le plus d'intérêt; elle se compose d'un dessin en échiquier produit par une série de lignes à peu près parallèles aux bords du vase, irrégulièrement tracées et divisées en petits parallélogrammes obliques ou losanges formés de surfaces à peu près égales alternativement unies et striées . . . . Celle du bas fait exception à l'ensemble du dessin en ce qu'elle est entièrement remplie

---

1. Desor, *Les Palafittes*, p. 24.

de stries . . . . tous les traits ont été incrustés d'une matière blanche qui existe encore en grande partie [1]. »

La belle série de céramiques mentionnée par M. Jeanjean, dans son ouvrage : *l'Homme et les Animaux des cavernes des Basses-Cévennes,* rappelle une industrie beaucoup plus avancée que la poterie des stations néolithiques de la Champagne. S'il est vrai que les cavernes des Basses-Cévennes sont de la pierre polie, il est à croire qu'elles appartiennent à la fin de cette époque,

La poterie de la pierre polie est aussi beaucoup plus parfaite en Suède. M. Oscar Montelius, dans un splendide album, fait connaître des vases très-intéressants de l'âge de la pierre polie, qui revêtent un caractère de perfection relative qui ne permet pas même de leur comparer nos grossiers essais de la même époque. La comparaison autorise les mêmes conclusions pour les produits des autres contrées.

M. Chouquet, qui a pu étudier des stations successivement occupées à l'époque de la pierre et à l'âge du bronze, a facilement constaté le progrès de la céramique. Après avoir décrit les poteries du Croc-Marin, il ajoute : « On voit donc un progrès sur la céramique de l'époque néolithique, une préparation plus intelligente de la terre, une tendance à des formes nouvelles et une cuisson plus parfaite, mais rien encore qui accuse la régularité d'exécution des poteries de l'âge du fer ou gauloises [2]. »

L'étude prolongée que nous avons faite des poteries de la vallée du Petit-Morin, les rapprochements multipliés que nous avons pu opérer, nous autorisent à préconiser nos vases comme les plus anciens de la période néolithique. Peut-être ne serait-il pas impossible de les donner comme les plus anciens même de la pierre. La discussion qui a eu lieu le 1er mai 1879, dans la Société d'anthropologie de Paris, laisse encore dans le doute l'existence de la poterie paléolithique.

Nous devons donc aux grottes de la Champagne les premiers vases en terre cuite. D'autres ustensiles en corne ont précédé les céramiques proprement dites, qui tirent leur nom

1. *Matériaux pour servir à l'histoire de l'homme.* 1874, p. 218.
2. *Matériaux pour servir à l'histoire de l'homme.* 1879, p. 277.

de ΚΕΡΑΣ, corne, et dont le rôle est si parfaitement exprimé par ΚΕΡΑΝΝΥΜΙ, verser à boire.

M. Joly insinue la même pensée à un autre point de vue. « L'étymologie du mot céramique, dit-il, est assez singulière pour que nous prenions le soin de la rappeler ici. Le mot κερας d'où vient *céramique*, a signifié d'abord la corne des animaux dont on se servait en guise de vase à boire : ce mot n'indique donc pas la matière employée, mais la forme et la nature originelle des vases à boire[1]. »

Un foyer préhistorique considérable, situé sur le territoire de Pierre-Morains, canton de Vertus (Marne), nous a fourni une cuillère en terre cuite de couleur brune. Elle ne provient donc pas des grottes, mais rien ne démontre qu'elle ne soit point de la même époque que celles que nous avons indiquées comme étant de la fin de la pierre polie. La cuillère pouvait parfaitement avoir un rôle qui ne comportait pas sa présence dans les grottes. Cette cuillère à bouche de forme allongée est formée d'une terre plus fine et mieux préparée que celle des vases. Elle se trouvait dans un amas de cendres profondément enfoui. La forme et la couleur rappellent les cuillères du camp de Chassey.

Quelques fusaïoles provenant des grottes d'Oyes sont les seuls produits céramiques que nous puissions ajouter à ceux que nous avons cités précédemment. La petite dimension de ces objets autoriserait à les regarder comme des grains de collier ; la perforation en est simple et très-petite. La pâte est solide et compacte. Les grottes qui ont donné ces fusaïoles appartiennent à la fin de l'époque néolithique.

1. M. Joly, *l'Homme avant les métaux*, p. 280.

CONCLUSION

L'industrie de l'époque néolithique est donc remarquablement personnifiée dans les stations de la vallée du Petit-Morin. Les prévisions formulées dans le début de leur découverte, se sont réalisées au delà de tout espoir. Désormais c'est dans la Champagne qu'il faudra venir étudier l'âge de la pierre polie. Malgré le nombre considérable de silex qui ont été recueillis à la surface du sol, nos plaines fréquentées à l'époque néolithique répondront longtemps encore aux interrogations des archéologues. Elles attesteront l'existence de populations qui s'affirment aussi distinctement que les autres peuples qui appartiennent aux temps historiques. Les restes de la civilisation néolithique revêtent la même valeur archéologique que les produits des époques historiques qui partagent le cours des siècles.

Ces vestiges affectent des caractères distinctifs propres et constituent un mode de civilisation qui ne se représente jamais dans la suite avec l'ensemble qui existe à l'âge de la pierre polie. L'époque même des dolmens ne s'identifie pas, nous le croyons du moins, avec le temps de notre industrie de la pierre polie. Des savants d'une incontestable compétence paraissent attribuer l'existence des grottes de la Champagne à l'absence des mégalithes. L'idée, si ingénieuse qu'elle soit, n'est pas conforme aux faits. Les grottes artificielles étaient fermées avec des blocs énormes qui auraient pu facilement être utilisés à la construction des dolmens. La station du Trou-Blériot à Courjeonnet conserve encore *in situ* de ces grandes pierres qui obstruaient l'entrée des grottes; du reste les monuments mégalithiques élevés postérieurement dans la contrée démontrent par le fait que la matière première ne faisait point défaut.

Les grottes artificielles présentent, il y a lieu de le remarquer, une physionomie caractéristique dans la Champagne; mais si la constitution géologique du pays leur imprime un caractère spécial, elles ne forment cependant pas une exception dans la rigueur du terme.

Ces grottes, pratiquées avec un grand soin, étaient dans certains cas de véritables habitations. Le choix du lieu et la disposition ne laissaient rien à désirer. Nous n'avons pas besoin d'autre preuve que la conservation de ces ossements à l'aspect éburné qui paraissaient sortir de la cuve, comme le disait un savant paléontologiste. Les différents modes d'inhumation se trouvent parfaitement représentés dans les grottes de la vallée du Petit-Morin.

Les empreintes qui subsistent encore d'une manière frappante sur les parois attestent un outillage particulier, spécial, qui ne se retrouve à aucune autre époque. Il n'est pas plus possible d'identifier cette époque avec les premiers âges du fer, qu'il n'est possible de confondre l'architecture romane avec celle de la Renaissance. Cependant dans des constructions du XVIe siècle on rencontre des ouvertures dont la forme est romane. Il y a tout simplement lieu de conclure qu'au point de vue de l'utilité, on avait emprunté à des époques précédentes des formes que ne comportait pas l'art contemporain dans sa pureté originelle, comme on avait utilisé pour un emploi vulgaire les épaves de la pierre polie.

La civilisation propre aux stations néolithiques n'est pas seulement représentée par un outillage exceptionnel : les essais de sculpture démontrent un art naissant et établissent l'existence de populations fixées avec des demeures permanentes.

CONCLUSION.

Les soins apportés pour orner les habitations attestent des habitudes sédentaires. Il n'y a point à en douter, les contrées où sont situées les grottes ont été constamment habitées depuis l'époque de la pierre polie.

Les ressources que l'étude de l'anthropologie trouve dans les sépultures pratiquées dans les grottes permettront de reconnaître que certains caractères propres à la population actuelle de la contrée existaient déjà à l'époque de la pierre. Il est nécessaire de rappeler que nous avons mis en réserve, à la disposition des savants, des éléments précieux pour les études anthropologiques. Les types sont nombreux dans les collections de crânes du musée de Baye.

Plusieurs questions nouvelles, d'un très-grand intérêt, ont été posées à l'occasion de plusieurs faits qui ont été relevés dans nos diverses stations. La trépanation préhistorique s'y trouve affirmée par d'irrécusables témoignages. Il y a là un détail remarquable dans les habitudes des tribus néolithiques. Malgré les savantes interprétations qui ont été proposées déjà, la question fera de nouveaux progrès.

Les faits qui se rattachent à cette intéressante étude ont été l'objet de nombreuses critiques parmi ceux qui ont traité la matière d'une manière superficielle et sans avoir les pièces sous les yeux. Les difficultés étaient en réalité plus apparentes que réelles. Les impossibilités invoquées n'existaient pas. Le seul point qui reste encore obscur concerne les motifs de la trépanation. L'opération est indiscutable, les raisons qui la motivaient ne sont pas suffisamment connues.

Une autre question nouvelle a été aussi introduite par le fait de nos découvertes. Elle est relative à l'emploi des flèches à tranchant transversal comme projectile. Nous avons exposé les raisons qui déterminaient l'usage de ces sortes de flèches. Les objections qui se sont produites, basées le plus souvent sur des données fautives, n'intéressent pas le fond même de la question. Souvent aussi les oppositions proviennent d'une connaissance imparfaite du sujet discuté. Les conclusions subsistent donc; l'opinion favorable à leur emploi a pu rallier l'assentimen d'un grand nombre de savants. Nous ne connaissons pour le moment aucune localité qui ait donné autant de documents sur cette matière.

Les haches polies se présentent aussi dans nos grottes avec une importance digne de mention. Les emmanchements et les positions qu'elles occupaient déterminent nettement leur rôle. Elles sont même représentées en relief sur les parois des grottes et ce genre de sculpture est encore unique aujourd'hui. L'outillage considérable renfermé dans les grottes a permis de rattacher d'une manière certaine à l'époque néolithique le grattoir désigné sous le nom de type du Grand-Pressigny. Jusqu'alors il avait été exclusivement trouvé à la surface du sol.

Les conditions favorables réunies dans les grottes ont contribué à conserver un outillage en os très-intéressant. La collection fournit des points de comparaison nombreux et préconise des types inconnus. Cette partie de l'industrie de la pierre polie mérite d'attirer l'attention, car plusieurs pièces accusent une incontestable dextérité. La rareté des instruments en os de l'époque donne elle-même une grande importance à l'ensemble de l'outillage, dont la matière est empruntée aux ossements des animaux.

Les parures, qui occupent déjà un rang remarquable à l'époque néolithique, sont très-nombreuses dans nos stations. Elles fournissent de précieux renseignements sur les mœurs, les habitudes des populations néolithiques. Elles indiquent des peuplades qui avaient déjà des tendances supérieures aux préocupations de la vie matérielle.

Les amulettes rangées avec plus ou moins de raison parmi les objets de parure sont caratéristiques d'un autre ordre d'idées. Elles nous montrent déjà des dispositions morales qui se retrouvent aux autres époques.

La céramique, qui remonte certainement à l'époque de la pierre polie, nous révèle les traits d'une industrie rudimentaire. Il n'y a point lieu de rechercher à l'époque qui nous occupe les procédés de la fabrication méthodique. Nous pouvons seulement reconnaître les efforts tentés par l'homme pour se créer des ustensiles de première nécessité. L'âge du bronze étant représenté au point de vue de la céramique dans nos régions, nous possédons ainsi des moyens sûrs de déterminer la provenance des divers types de vases.

Toute l'importance de nos spécimens paraît particulièrement dans l'indication nette de la céramique néolithique. Cette partie de l'archéologie préhistorique laisse beaucoup à désirer. Nos collections forment une ressource précieuse pour l'étude. Elle permettra d'établir désormais la distinction qui existe entre la céramique néolithique et la céramique du bronze.

Les éléments de classification qu'elle renferme seront utilisés avec avantage et rendront à leur industrie spéciale des produits qui avaient été naguère attribués à la pierre polie.

Nous pensons avoir rendu un véritable service aux études archéologiques, en conservant et en faisant connaître les produits de l'industrie d'un temps si reculé. L'incontestable authenticité des objets découverts, jointe aux détails les plus scrupuleusement constatés sur les conditions dans lesquelles ils ont été trouvés, donne à nos types de la vallée du Petit-Morin une incomparable valeur.

TABLE DES PLANCHES

Planches	Pages
I. Anti-grotte avec sculpture. Groupe de Courjeonnet.	160
II. Divinité féminine sculptée. Groupe de Coizard.	161
III. Seconde figure humaine sculptée. Groupe de Coizard	164
IV. Hache montée sculpture. Groupe de Coizard.	166
V. Sculpture représentant un objet inconnu. Groupe de Coizard	167
VI. Squelette avec deux couteaux en silex. Groupe de Villevenard.	177

TABLE DES FIGURES

Figures	Pages
1. Type de Saint-Acheul.	38
2. Type du Moustier	39
3. Type de Solutré	41
4. Hache polie.—Atelier de la Vieille-Andecy	81
5. Grotte artificielle.—Station de Courjeonnet	85
6. Hache emmanchée.—Station de Courjeonnet.	87
7. Hache emmanchée.—Cité lacustre	97
8. Hache emmanchée.—Dolmen d'Argenteuil	104
9. Dolmen de Stala (Suède)	105
10. Ébauche de hache. — Surface du sol. — Coizard	114
11. Grattoir.—Atelier de la Vieille-Andecy.	116
12. Flèche triangulaire.—Atelier de la Vieille-Andecy	118
13. Ciseau. — Surface du sol. — Coizard.	122
14. Nucleus. — Atelier de la Vieille-Andecy	124
15. Intérieur d'une grotte artificielle. — Courjeonnet	140
16. Grotte munie de sa fermeture. — Villevenard	143
17. Entrée d'une grotte. — Coizard	148
18. Rondelle crânienne. — Dolmens de la Lozère	217
19. Crâne avec perte de substance. — Dolmens de la Lozère	218
20. Rondelle crânienne avec trou de suspension — Grottes de la vallée du Petit-Morin	221
21. Rondelle crânienne. — Même provenance	223
22. Rondelle crânienne. — Même provenance.	224
23. Rondelle en os percés. — Même provenance.	225
24. Crâne trépané.—Vallée du Petit-Morin	226
25. Crâne trépané. — Même provenance	227
26. Crâne trépané Double perte de substance. — Même provenance	229
27. Crâne. Toute la partie supérieure sciée. — Même provenance	231

TABLE DES FIGURES.

Figures.	Pages.
28. Torques gaulois en bronze avec amulette crânienne suspendue. — Wargemoulin (Marne)	245
29. Série graduée de flèches en silex à tranchant transversal. Grottes de la vallée du Petit-Morin	253
30. Vertèbre humaine percée d'une flèche à tranchant transversal. — Station de la Pierre-Michelot. Courjeonnet	255
31. Flèche à tranchant transversal munie de sa monture. — Wissemberg. Fionie.	265
32. Flèche à tranchant transversal avec adhérence de bois. Chambre de géant. — Uggerslev, près Odense	266
33. Flèche à tranchant transversal emmanchée. — Provenance africaine	267
34. Flèche à tranchant transversal montée. — Origine égyptienne. Musée de Leyde	268
35. Flèche losangée avec épaulement. — Grottes de la vallée du Petit-Morin	282
36. Flèche losangée. — Même provenance	282
37. Humérus frappé d'un projectile en silex. — Grottes d'Oyes	284
38. Flèche en forme de couteau-lancette. — Grottes de Villevenard	290
39. Vertèbre percée d'une flèche couteau-lancette. — Grottes de Coizard	291
40. Vertèbre percée d'un pareil projectile. — Grottes de Villevenard	292
41. Hache emmanchée réparée. — Grottes de la vallée du Petit-Morin	307
42. Hache en serpentine magnétique avec trou de suspension. — Grottes de la vallée du Petit-Morin	315
43. Pointe de lance en silex. — Même provenance	323
44. Grattoir avec échancrures. — Même provenance	326
45. Éclateur. — Même provenance	329
46. Houe en corne de cerf. — Même provenance	337
47. Manche cylindrique en corne de cerf. — Même provenance	347
48. Burin. — Même provenance	349
49. Pioche en corne de cerf. — Grottes de Villevenard	353
50. Coquillages taillés pour grains de collier. — Grottes de la vallée du Petit-Morin	363
51. Collier en craie. — Même provenance	364
52. Pendeloque en os. — Même provenance	370
53. Pendeloque en schiste. — Même provenance	372
54. Dents de porcs percée. — Même provenance	374
55. Hache-amulette. — Même provenance	375
56. Cardium percé. — Même provenance	377
57. *Unio littoralis* avec double perforation. — Même provenance	378
58. Fragment de vase orné de dignations. — Même provenance	400
59. Vase néolithique de la vallée du Petit-Morin	401

TABLE DES CHAPITRES

Chapitres		Pages
I.	— Époque tertiaire	1
II.	— Époque quaternaire	33
III.	— La transition entre les deux époques de la pierre	59
IV.	— Époque néolithique	71
V.	— La pierre polie dans les stations de la Marne	107
VI.	— Grottes artificielles de la pierre polie	129
VII.	— Caractères des grottes	145
VIII.	— Les grottes à sculptures	157
IX.	— Les sépultures	169
X.	— Aperçus anthropologiques	187
XI.	— La trépanation préhistorique	211
XII.	— Les flèches à tranchant transversal	249
XIII.	— Les pointes de flèches	277
XIV.	— Les haches polies	295
XV.	— Autres instruments provenant des grottes	319
XVI.	— Outillage en os	333
XVII.	— Parures	357
XVIII.	— La céramique	381

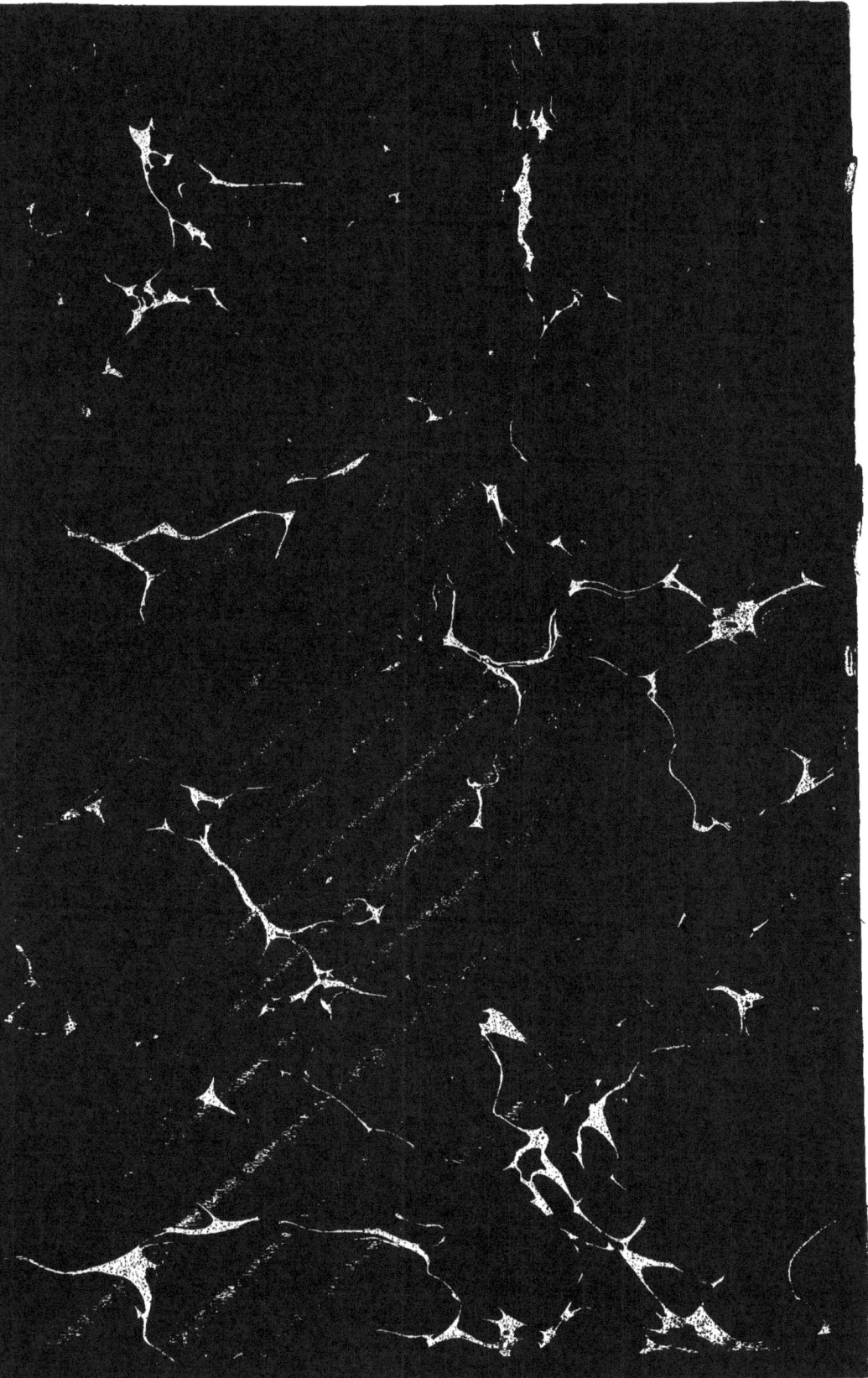

www.ingramcontent.com/pod-product-compliance
Lightning Source LLC
Chambersburg PA
CBHW070546230426
43665CB00014B/1830